权威·前沿·原创

皮书系列为
"十二五""十三五""十四五"国家重点图书出版规划项目

BLUE BOOK

智 库 成 果 出 版 与 传 播 平 台

法治蓝皮书
BLUE BOOK OF RULE OF LAW

中国法院信息化发展报告 *No.6*（2022）

ANNUAL REPORT ON INFORMATIZATION OF CHINESE COURTS No.6 (2022)

主　编／陈国平　田　禾
执行主编／吕艳滨
副 主 编／胡昌明

社会科学文献出版社
SOCIAL SCIENCES ACADEMIC PRESS（CHINA）

图书在版编目（CIP）数据

中国法院信息化发展报告 . No. 6，2022/陈国平，
田禾主编 . -- 北京：社会科学文献出版社，2022.5
（法治蓝皮书）
ISBN 978 - 7 -5201 -9943 - 8

Ⅰ . ①中… Ⅱ . ①陈… ②田… Ⅲ . ①法院 - 信息管
理 - 研究报告 - 中国 - 2022 Ⅳ . ①D926. 2

中国版本图书馆 CIP 数据核字（2022）第 049971 号

法治蓝皮书
中国法院信息化发展报告 No. 6（2022）

主　　编／陈国平　　田　禾
执行主编／吕艳滨
副 主 编／胡昌明

出 版 人／王利民
组稿编辑／曹长香
责任编辑／郑凤云　　史晓琳
责任印制／王京美

出　　版／社会科学文献出版社 （010 ）59367162
　　　　　 地址：北京市北三环中路甲 29 号院华龙大厦　邮编：100029
　　　　　 网址：www. ssap. com. cn
发　　行／社会科学文献出版社 （010 ）59367028
印　　装／天津千鹤文化传播有限公司

规　　格／开　本：787mm × 1092mm　1/16
　　　　　 印　张：25.25　字　数：378 千字
版　　次／2022 年 5 月第 1 版　2022 年 5 月第 1 次印刷
书　　号／ISBN 978 - 7 -5201 -9943 - 8
定　　价／139. 00 元

读者服务电话：4008918866

法治蓝皮书·法院信息化
编 委 会

主　　编　陈国平　田　禾

执 行 主 编　吕艳滨

副 主 编　胡昌明

工作室主任　吕艳滨

工作室成员　（按姓氏笔画排序）

王小梅　王祎茗　刘雁鹏　陈欣新　胡昌明

徐　卉　栗燕杰

学 术 助 理　（按姓氏笔画排序）

马铭泽　车文博　艾卓成　冯迎迎　刘烨宁

米晓敏　孙东宁　李　卫　李奕辰　张玉洁

洪　梅　袁　晴　彭馨宇

官 方 微 博　@法治蓝皮书（新浪）

官方微信 法治蓝皮书（lawbluebook） 法治指数（lawindex）

官方小程序 法治指数（Lawindex）

撰稿人（按姓氏笔画排序）

马晓春	王　志	王　勇	王　嵩	王才英
王小梅	王亚慧	王延染	王祎茗	王晓东
王诺兰	王淑媛	车文博	尹　毅	邓　颖
邓丹云	石　佳	田　禾	白　斌	冯迎迎
匡　华	成　杰	吕艳滨	年　亚	任慧星
刘冬梅	刘丽云	刘冠华	刘雁鹏	米晓敏
许婷婷	孙　冰	孙　浩	孙东宁	孙玲玲

孙家坤	苏喜平	杜　前	杜　锋	李　响
李　莹	李玉玲	李建立	李晓虹	李鹏飞
杨占晓	杨崇华	吴　娟	吴　翔	吴顺华
吴家川	吴雪峰	邱腾涛	余凯越	闵仕君
沈　如	沈庆琪	宋淑君	张　静	张小丽
张妍妍	张金旭	张春和	张喆姝	陆　诚
陆忠明	陈　庚	陈　琳	陈叶君	武万发
周　丹	周　峰	周文霞	周东瑞	周同泽
周俊洋	周晶晶	郑紫琴	孟振华	赵　龙
赵新华	胡由虎	胡昌明	柯　军	施晶宇
姜　苗	洪　梅	姚海涛	袁翠玉	栗燕杰
贾静文	徐　红	徐旭芬	徐清宇	徐婷婷
殷坤炙	高文祥	高忠伟	郭　琦	郭家勇
席林林	黄　艳	黄　健	曹　腾	曹红星
曹忠明	龚　成	龚芸伟	谢宝红	鲍一鹏
廖娅杰	熊思明	熊跃宇	薛忠勋	魏悦悦

主要编撰者简介

主　编　陈国平

中国社会科学院法学研究所、国际法研究所联合党委书记。

主要研究领域：中国法制史。

主　编　田　禾

中国社会科学院国家法治指数研究中心主任，法学研究所研究员，中国社会科学院大学法学院特聘教授。

主要研究领域：刑法学、司法制度、实证法学。

执行主编　吕艳滨

中国社会科学院国家法治指数研究中心副主任，法学研究所法治国情调研室主任、研究员，中国社会科学院大学法学院宪法与行政法教研室主任、教授。

主要研究领域：行政法、信息法、实证法学。

副　主　编　胡昌明

中国社会科学院法学研究所助理研究员。

主要研究领域：法理学、司法制度、法社会学。

摘　要

2021年是"十四五"开局之年，也是全面建设社会主义现代化国家新征程的开启之年。各级人民法院在更高起点上全面深化智慧法院建设，推动建设人民法院信息化4.0版，整合优化信息系统，推进司法数据中台和智慧法院大脑建设，完善四大公开平台，升级人民法院在线服务，构建了中国特色、世界领先的互联网司法模式，创造了更高水平的数字正义。《中国法院信息化发展报告No.6（2022）》总结了2021年人民法院信息化建设成效和面临的问题，展望了2022年法院信息化建设前景，从智慧审判、智慧诉讼服务、智慧执行和司法大数据四个维度对全国3500余家法院的信息化建设进展情况进行了评估，指出中国法院信息化建设继续保持世界领先地位并稳步推进，在新的历史时期开局良好，为打造人民法院信息化4.0版赢得了主动。此外，蓝皮书还设立电子诉讼实践、智慧审判执行、智慧审判管理和智慧社会治理等板块，刊载了各地法院信息化建设的典型案例。电子诉讼实践板块介绍了北京、山东等法院电子诉讼平台建设情况；智慧审判执行板块突出了江西、吉林、广东、江苏、浙江等地法院将最新科技运用于审判执行的工作成效；智慧审判管理板块展示了河南、河北、上海等地法院加强审判监督、为审判人员"智慧画像"等做法；智慧社会治理板块总结了四川、重庆等多家法院运用智慧手段参与社会治理的创新举措。

关键词： 法院信息化4.0版　数据中台　电子诉讼　智慧社会治理

目 录 ↖

I 总报告

II 调研评估报告

Ⅲ　电子诉讼实践

Ⅳ　智慧审判执行

V 智慧审判管理

VI 智慧社会治理

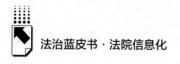
Ⅶ 大事记

皮书数据库阅读 使用指南

总 报 告

General Report

B.1

2021年中国法院信息化发展
与2022年展望

中国社会科学院法学研究所法治指数创新工程项目组*

摘 要： 2021年是中华人民共和国国民经济和社会发展第十四个五年规划开局之年。在《国民经济和社会发展第十四个五年规划和2035年远景目标纲要》和《人民法院信息化建设五年发展规划（2021~2025）》指引下，各级人民法院切实抓好"十四五"规划开局之年信息化建设的各项任务，优化智慧服务、智慧审判、

* 项目组负责人：田禾，中国社会科学院国家法治指数研究中心主任、法学研究所研究员，中国社会科学院大学法学院特聘教授；吕艳滨，中国社会科学院法学研究所法治国情调研室主任、研究员，中国社会科学院大学法学院宪法与行政法教研室主任、教授。项目组成员：王小梅、王祎茗、车文博、冯迎迎、刘雁鹏、米晓敏、胡昌明、洪梅、栗燕杰等（按姓氏笔画排序）。执笔人：王祎茗，中国社会科学院法学研究所助理研究员；田禾。感谢广东省高级人民法院、山东省高级人民法院、江苏省高级人民法院、吉林省高级人民法院、广州市中级人民法院、苏州市中级人民法院、成都市中级人民法院、南通市中级人民法院、齐齐哈尔市中级人民法院、淄博市博山区人民法院、余姚市人民法院、重庆两江新区人民法院等对法院信息化调研工作的大力支持！

智慧执行、智慧管理等信息系统，扎实推进司法数据中台和智慧法院大脑建设，推进人民法院在线运行，构建了中国特色、世界领先的互联网司法模式，为实现审判体系和审判能力现代化提供坚强的科技支撑，为推进国家治理体系和治理能力建设、全面建设社会主义现代化国家开局起步作出新的贡献。2021年的人民法院信息化建设，继续彰显"以人民为中心"本质特征，信息技术与审判执行业务融合程度进一步提升，司法管理质效随之迈上新台阶，司法工作参与社会治理的维度得以拓展。在保持强劲发展势头的同时，人民法院信息化建设依然亟须妥善处理地方创新与全国统筹的矛盾、信息化供给能力与满足不同用户群体需求的矛盾、利用大数据深度参与社会治理与个人信息保护的矛盾这三对矛盾。此外，互联网司法还面临日益严峻的网络安全形势。今后，人民法院信息化建设应进一步注重协调好顶层设计与地方创新的关系，为不同需求的用户提供个性化解决方案，适应个人信息保护要求，深化信息化在社会治理领域的应用，加强网络安全防范意识与保障力度。

关键词： 人民法院信息化　智慧法院　司法改革　司法公正

人民法院信息化建设始终坚持以习近平新时代中国特色社会主义思想为指导，深入贯彻习近平法治思想，紧扣推动高质量发展主题，准确把握立足新发展阶段、贯彻新发展理念、构建新发展格局要求，围绕实施全面依法治国战略、创新驱动发展战略、网络强国战略，以全面推进审判体系和审判能力现代化为目标，坚持服务人民群众、服务审判执行、服务司法管理、服务廉洁司法、服务国家治理。无论是制度建设方面还是实体建设方面都实现了从无到有、由弱到强的历史转变，获得并保持世界领先地位。

"十三五"时期，在以习近平同志为核心的党中央坚强领导下，最高人民法院和地方各级法院开拓进取、攻坚克难，建成人民法院信息化3.0版，形成全业务网上办理、全流程依法公开、全方位智能服务的智慧法院。

"十四五"时期是中国在全面建成小康社会基础上开启全面建设社会主义现代化国家新征程的第一个五年，新冠肺炎疫情全球大流行使世界百年未有之大变局加速演变，国际经济、科技、文化、安全、政治等格局都在发生深刻调整。人民法院信息化建设面临前所未有的机遇和挑战，需应对推动新时代人民法院工作高质量发展提出的新的更高要求。在形势发展方面，提升国家治理效能、全面推进依法治国、推进科技强国建设、全面深化司法体制改革等各项需求必须摆在首要位置；在业务发展方面，人民群众的多元司法需求不容忽视，提升审判执行质效、实现科学管理决策、推进人民法院过硬队伍建设、服务经济社会发展等各项需求均需着力满足；此外，人民法院信息化建设还必须适应技术发展和社会进步等其他多方面的需求。《国民经济和社会发展第十四个五年规划和2035年远景目标纲要》明确提出"加强智慧法院建设"的要求。人民法院信息化建设抓住"十四五"时期国家信息化规划重大机遇，立足新发展阶段，紧扣国家社会发展脉搏，适应贯彻新发展理念、构建新发展格局、推动高质量发展要求，适时提出《人民法院信息化建设五年发展规划（2021~2025）》。《人民法院信息化建设五年发展规划（2021~2025）》明确了"十四五"时期人民法院信息化的建设目标、发展思路、建设任务、实施路线，确定了"打造全方位智能化、全系统一体化、全业务协同化、全时空泛在化、全体系自主化"的人民法院信息化4.0版建设目标，力争在"十四五"时期实现"到2022年底，基本建成人民法院信息化4.0版总体框架；到2025年底，人民法院信息化4.0版在全国各级人民法院得到普及推广和深化完善"的新"两步跃升"①。

2021年也是"十四五"开局之年。各级人民法院切实抓好"十四五"

---

① 新"两步跃升"是相对"十三五"期间人民法院信息化实现的"两步跃升"而言。

规划开局之年信息化建设的各项任务，扎实推进司法数据中台和智慧法院大脑建设，深入推动电子卷宗随案同步生成和深度应用，全面推进一站式多元解纷和诉讼服务体系建设，加快构建中国特色、世界领先的互联网司法模式，创造更高水平的数字正义，为实现审判体系和审判能力现代化提供坚强的科技支撑，为推进国家治理体系和治理能力建设、全面建设社会主义现代化国家开局起步作出新的贡献。2021年，中国法院信息化建设继续保持世界领先地位并稳步推进，在新的历史时期开局良好，为打造人民法院信息化4.0版赢得了主动。

一 2021年人民法院信息化取得的成效

（一）人民法院信息化全面彰显"以人民为中心"本质特征

人民法院信息化建设牢牢坚持需求导向，全力打造多层次全方位智慧服务体系，全面彰显智慧法院建设"以人民为中心"的本质特征。各项举措深入践行以人民为中心的发展思想，让改革的成果更好地惠及人民，切实维护人民权益。2021年，各级人民法院继续以中国移动微法院升级为牵引，实现全国法院一站式诉讼服务能力拓展，让人民群众享受智慧法院带来的"数字红利"，优化网上立案、网上调解、网上开庭等功能，集成调解、诉讼服务、律师服务等功能，提升一站式多元解纷和诉讼服务能力，加快推进跨域立案、诉讼服务全覆盖，推动电子诉讼向移动端拓展；加强诉讼服务指导中心信息平台多元调解、在线诉讼、速裁快审、涉诉信访等数据汇聚和应用，完善诉讼业务协同，提升诉讼服务一体化指导管理能力；升级完善涉诉信访业务系统，实现全国涉诉信访系统一体化升级；全面总结疫情防控期间电子诉讼的经验和存在的问题，补足互联网庭审等短板弱项，协同推进互联网司法建设，全面巩固和发展符合中国国情、满足人民期待、体现司法规律、引领时代潮流的中国特色纠纷解决和诉讼服务模式。

电子诉讼在司法审判中得到广泛应用。《"十三五"国家信息化规划》提出，2020年电子诉讼占比要达到15%以上。"十二五"期间，全国法院电子诉讼占比不足1%。"十三五"期末，全国法院电子诉讼应用水平远超既定目标15%，达到18%，相较"十二五"取得显著成效。自2020年新型冠状病毒疫情发生以来，全国法院大力推行电子诉讼，引导当事人通过人民法院在线服务平台等开展在线立案、在线缴费、在线开庭、在线证据交换。2021年，全国法院在线立案1143.9万件，在线立案占比居前10位的依次是山东、上海、河南、广东、北京、新疆、河北、重庆、吉林、四川等地的辖区法院。全国法院在线缴费1093.2万次，在线缴费占比居前10位的依次是上海、重庆、湖南、浙江、北京、河北、山东、河南、吉林、江苏等地的辖区法院。全国法院在线开庭127.5万场，在线开庭占比居前10位的依次是北京、河北、西藏、上海、新疆、云南、江西、河南、天津、青海等地的辖区法院。全国法院在线证据交换260.1万次，在线证据交换占比居前10位的依次是北京、河北、山东、重庆、青海、浙江、新疆、广东、黑龙江、上海等地的辖区法院。电子诉讼的广泛应用在应对突发公共卫生事件中发挥了重要作用，有效保障了当事人诉权，也有效提升了智慧法院服务审判执行的能力（见表1）。

表1　2021年全国法院在线诉讼相关数据居前10位的法院所在省份

项目	全国数据	全国占比居前10位的法院所在省份
在线立案	1143.9万件	山东、上海、河南、广东、北京、新疆、河北、重庆、吉林、四川
在线缴费	1093.2万次	上海、重庆、湖南、浙江、北京、河北、山东、河南、吉林、江苏
在线开庭	127.5万场	北京、河北、西藏、上海、新疆、云南、江西、河南、天津、青海
在线证据交换	260.1万次	北京、河北、山东、重庆、青海、浙江、新疆、广东、黑龙江、上海

数据来源：最高人民法院信息中心。

一站式多元解纷平台建设成果丰硕。一站式多元解纷平台建设是智慧法院语境下信息对称型诉讼审判的有益实践，为有效实现服判息诉提供了科技解决方案。近年来，各级法院坚持把非诉讼纠纷解决机制挺在前面，并优化

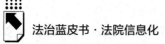

人民法院调解平台，完善诉讼服务中心一站式服务功能，全面推进一站式多元解纷和诉讼服务体系建设，努力满足人民群众的多元诉讼服务需求。截至2021年底，平台汇聚全国3500多家法院，调解案件2446.29万件，调解成功率62.88%。

截至2021年，全国法院已经将跨域立案服务主体从中级法院、基层法院、海事法院拓展到全国四级法院，实现立案登记范畴内的案件类型全覆盖。全国法院网上立案帮助诉讼参与人节约近4.5亿元。

最高人民法院建设了人民法院律师服务平台，为律师提供标准化、特色化、专业化的诉讼服务渠道。截至2021年底，平台累计注册用户285181人，浏览量2874.35万次，累计申请网上立案1648293件，律师扫码2346062次，网上阅卷247424次，事项申请445885次。

智慧法院建设助力司法公开。最高人民法院及各级法院加大了司法公开平台建设和整合力度，强化信息共享和业务协同，让诉讼活动更加透明、诉讼结果更可预期，以阳光司法确保公正司法。截至2021年底，中国审判流程信息公开网访问次数6.2亿次，已公开案件5980.70万件，有效公开案件5326.54万件；2021年全年已公开案件2093.14万件，有效公开案件1999.73万件；中国裁判文书网公开文书30447781篇，累计公开文书1.3亿份，累计总访问量787.4亿次。中国庭审公开网累计公开直播1715.78万场，累计观看量440.05亿次。2021年全年已公开直播624.73万场，观看量33.01亿次。

面向当事人的诉讼服务平台建设迈上新台阶。建设诉讼服务指导中心信息平台2.0版，扩展汇聚全国法院诉讼服务相关系统的数据，全面、客观、准确地展现全国法院诉讼服务质效情况。截至2021年12月，平台已经汇聚调解案件2331万件，立案案件3268万件，信访案件562.37万件，送达文书1.36亿份。

此外，在全国法院推广应用人民法院委托鉴定平台，实现对外委托鉴定任务全流程网上办理；推动全国法院网上担保和保全在线办理，建立全国统一电子担保书系统上线使用。截至2021年底，系统入驻专业机构

15301 家，发起委托鉴定 69.91 万件。通过人民法院保全系统申请保全案件共计 49.01 万件，保全总标的额 1.36 万亿元，26.28 万当事人选择诉责险担保方式。

充分发挥 12368 热线对外服务群众、对内服务审判执行的职能。截至 2021 年底，平台共汇聚送达案件 1754 万件、9724 万次送达数据，其中电子送达 4147 万次，目的地集中打印邮寄送达 1036 万次；通过重构信访信息系统架构设计，完成最高人民法院信访系统升级改造，完善了系统功能和响应速度。

（二）信息技术与审判执行业务融合程度进一步提升

2021 年，人民法院信息化建设的发展趋势与审判执行业务结合日益加深，各级人民法院切实解决司法工作中亟待解决的现实问题，一路走来逢山开路、遇水架桥，推动了审判执行质效的大幅提升。"十四五"期间的人民法院信息化建设以智能化服务和共享协同为重点，以体系集成功能模块为基础，集成融合和健全完善各类应用系统，努力建设高度智能、上下贯通、横向协同、泛在接入的智慧服务系统，为各类用户提供智能、协同、泛在、一体的应用服务。

人民法院信息化建设进一步加大推进电子卷宗随案同步生成力度。新疆生产建设兵团、上海、贵州、新疆、云南、山东、北京、吉林、安徽、海南等地法院大数据管理和服务平台新收案件电子卷宗覆盖率均超过 99%（见表 2）。全国法院形成了电子卷宗、电子档案的一体化共享调阅能力，文件可调阅率达 95%，100M 以上的 PDF 文件调阅时间不超过 10 秒，支持流媒体格式存储的音视频文件调阅；庭审音视频跨地域、跨层级一体化调阅完成技术验证和试点。最高人民法院组织力量，深入分析解决了部分法院进度迟滞的问题，全面推广类案强制检索和智能推送、文书辅助生成、要素式智能审判等应用，切实重视电子签章、电子签名应用，努力形成全流程无纸化、智能化办案局面，全面提升智慧审判能力。同时，升级了执行系统电子卷宗深度应用，实现与办案系统电子卷宗在线流转、协同，提升信息自动回填、文书自动生成、查控自动启动、风险自动预警等智能化辅助能力，应用基于智能合约技术的审判执行自动衔接模式，实现智慧执行高效率。

表2　2021年全国法院信息化建设主要数据及排名前10位的辖区法院所在省份

项目	全国数据	全国前10位的辖区人民法院所在省份
司法大数据置信度	平均置信度98.72%	北京、天津、陕西、吉林、河南、安徽、云南、辽宁、江西、山东
司法区块链上链法院占比	94.9%	北京、吉林、山东、云南、福建、广西、安徽、四川、湖南、浙江
新收案件电子卷宗覆盖率	99%	新疆生产建设兵团、上海、贵州、新疆、云南、山东、北京、吉林、安徽、海南

数据来源：最高人民法院信息中心。

最高人民法院加快了办案平台升级改造。按照全流程无纸化网上办案、全链条立体式司法公开要求，实现从收案、立案审查、审理到结案、排版、签章、印制、归档等全流程覆盖，落实了关于文书公开、流程公开和庭审公开工作要求，实现办案平台与信访平台、审委会系统、科技法庭系统、机关人事系统等其他业务系统的互联互通、信息共享功能，全面提升了办案平台性能，切实解决了一线审判人员、审判辅助人员及各审判管理主体工作中的痛点难点问题。为切实满足刑事审判业务急需，最高人民法院加快推进了涉密办案系统建设，完成最高人民法院远程提讯系统建设和对接技术要求的编制。

信息化继续发力，助力"切实解决执行难"。最高人民法院完善了执行指挥管理平台功能，健全"一案双查"工作机制，建设"异地执行协作"报备系统，建立异地执行向上一级法院和执行地法院备案制度。同时，升级改造了执行流程系统，进一步扩充执行查控系统协查部门。2021年共计上线协助查询部门3971家、协助冻结部门3963家、协助扣划部门3921家。

保障巡回法庭和知识产权法庭需求。2021年全年，最高人民法院信息系统保障了最高人民法院六个巡回法庭和知识产权法庭内网开庭1555次，其中六个巡回法庭共开庭710次，知识产权法庭共开庭498次，最高人民法院本部开庭 347 次。

多年来人民法院信息化建设的发展道路呈现两个突出的特点。

第一，实践先行，规则更新紧随其后，为诉讼法学理论发展开拓空间。人民法院信息化建设为解决司法实践现实问题而生，在高速发展的同时推动了诉讼规则的现代化转型。2021 年 5 月 18 日，《人民法院在线诉讼规则》经最高人民法院审判委员会第 1838 次会议审议通过，于 2021 年 8 月 1 日起施行。《人民法院在线诉讼规则》标志着系统化、具有可操作性的在线诉讼规则体系正式确立。随着这一司法解释的出台，在线诉讼规则的地方创新变得更为活跃，也更加细致深入。例如，浙江省余姚市人民法院依据《人民法院在线诉讼规则》中关于在线作证要设置在线作证室或在线出庭的场所的要求，出台了《在线作证规则（试行）》，余姚市结合 e 站法庭，在室外利用公证处设置的在线作证室，方便证人出庭，保证证言的客观真实。这是技术与业务融合的重要体现，余姚法院的规则创新如能在全国法院推广，在线作证室的设想如能在所有法院落地，必将大幅提升出庭作证的效率，节省司法成本。与此同时，法院信息化建设的实践和对传统诉讼规则的挑战也拓展了诉讼法学研究的场域。中国司法解释的出台已经在世界范围内领跑诉讼规则的转变，为司法制度和司法文明发展提供技术推动力。随着线上诉讼实践的发展，中国法学界对诉讼规则、诉讼原理的深入研究必将在未来处于世界诉讼法学发展的领先地位，这种学术地位的获得源于世界领先的卓越实践。

第二，中级法院是智慧法院创新应用的沃土。自推进法院信息化和智慧法院建设以来，众多智慧法院建设成果都是从中级法院研发起步并最终在全国法院复制推广的。例如，从宁波中院走出的移动微法院，从苏州中院走出的电子卷宗自动生成和自动编目系统，广州中院率先建设的 5G 实验室等一大批项目对全国智慧法院建设影响深远。这一局面的形成与中级法院所处位置不无关联：一方面，中级法院是执行上级法院各项建设要求同时实现因地制宜转化的主力；另一方面，中级法院与业务量大、创新积极性高、业务与技术融合落地的基层法院联系紧密，能够及时全面总结地方碎片化的经验，为最高人民法院总体决策提供参考借鉴。

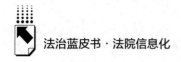

（三）信息技术快速推广应用显著提升司法管理质效

2021 年，在最高人民法院领导下，人民法院信息化建设着力加强了数据中台智慧大脑建设，充分运用信息论、控制论、博弈论，加强对人民法院审判执行的管理，解决反馈的突出问题，实现管理成效上下贯通、不打折扣。

智慧法院大脑平台基本框架构建完成。该大脑平台具备了数据智能推荐、知识服务、区块链存证验证等通用服务能力，形成智慧法院大脑门户；自然人和法人有关信息达到完整度不低于 90%、准确性不低于 85% 的标准；依托统一工作桌面，形成以核心数据资源、审判态势与审判质效、信息化运行质效、法官案件审判办理为重点的可视化数据智能推荐能力，推荐有效性不低于 70%；形成立案风险预警、"四类案件"识别、语音识别、卷宗数字化、卷宗分类、类案推荐、文书质检与纠错、当事人画像、庭审巡查、量刑规范等全国通用服务能力，建立知识服务名录遴选上线发布机制，知识服务集成上线时间缩短至 5 日，服务应用普及度平均不低于 30%；司法区块链驱动电子送达、电子证据、电子合约等直接面向用户和第三方的在线验证场景实现落地。2021 年全国共有 3307 家法院实现了数据上链，占比 94.9%。数据上链占比位于前 10 名的依次是北京、吉林、山东、云南、福建、广西、安徽、四川、湖南、浙江的辖区法院（见表 2）。

智慧法院建设服务司法管理成效在最高人民法院层面落地。最高人民法院与 17 家高级人民法院行政公文业务贯通和本院智能化辅助能力升级。以四级法院行政公文业务贯通和公文智能辅助为要点，推进办公平台四级应用，指导各高级人民法院办公平台与最高人民法院办公平台对接，17 家高级人民法院实现四级法院公文在线流转和网上办理能力；实现最高人民法院办公平台手机端移动办公功能；建设行政公文智能化辅助能力，实现行政公文自动生成、公文智能纠错、公文自动排版、公文左看右写、智能检索等功能。此外，最高人民法院以统一工作桌面为抓手，以办公办案系统为核心，完成应用集成整合，全面提升一体化服务水平。实现了统一工作桌面对应用系统单点登录支持率不低于90%；基于统一工作桌面的待办事项办理实现对执行、信访、财务、人事、老干部服务等工作事务的拓展；以办公系统为核心，实现对司法改革台账、"三个规定"等现有系统的整合；以办案系统为核心，实现对科技法庭、互联网庭审、审委会、合议、电子送达、一键归档、存证验证、两级协同、重大敏感案件管理、信访案件管理等功能的融合应用。

推进5G网络在人民法院的深化应用。最高人民法院启动"5G＋"智慧法院的试验验证，完成三个办公区三大运营商室内5G网络的全覆盖；依托智慧法院实验室，完成5G法庭试验环境的搭建和5G科技法庭技术方案的编制；联合多家地方法院开展5G网络切片技术在科技法庭的试验验证，完成法院5G专网技术方案的编制，提升了人民法院智慧司法的业务能力。

高度重视人民法院的网络安全建设。最高人民法院信息中心围绕护网演练任务，建立常态化主动安全机制。确保护网演练过程中关键信息基础设施和核心、敏感数据的安全；采用针对性和随机抽查相结合的方式对全国法院开展渗透测试，建立常态机制，形成法院专网安全风险的主动发现能力；建设全国法院信息安全通报联络平台，形成安全风险通报和事件处置的闭环机制。突破数据采集与隐患预警等方面的痛点与难点，实现可视化质效型运维管理平台的智能化提升与产品化升级，为质效型运维管理工作提供工具支撑。研发上线通用型监控工具，实现对资源利用、应用性能、用户行为、用户体验等信息化运行质效指标的一站式自动化采集管理；优化告警模块，保障告警准确率达到100%，故障与告警切合率稳定在85%以上，实现多场景隐患预警；完成平台采集配置可视化、任务调度自动化升级改造，实现平台监控、管理、决策及运营分析的综合监管能力提升。

提升智慧法院建设的运维保障能力。智慧法院建设打通了四级法院运维报修渠道，建立全国法院运维工作上下联动的沟通联络机制。拓展互联网运维管理系统应用范围，将最高人民法院90%以上统建系统纳入统一报修通道，实现全国50%以上法院统建系统统一报修；建立内外网交互报修途径，实现60%以上内网应用系统通过运维管理系统一键报修；专网运维管理系统实现各途径运维工作统一汇总与质效分析，分析指标不少于 10 项；指导 10 家以上高院推进本地化质效型运维体系落地实施，并与最高人民法院可视化质效型运维管理平台实现技术对接。优化运维保障服务能力，探索远程运维保障发展新模式，提升用户满意度。

（四）信息技术拓展司法工作参与社会治理的维度

信息技术不断推动司法大数据拓展司法工作参与社会治理的维度。2021年，人民法院大数据管理和服务平台集中汇聚数据质量始终处于较高水平，平均置信度达到 98.72%，数据置信度位于前 10 名的依次是北京、天津、陕西、吉林、河南、安徽、云南、辽宁、江西、山东的辖区法院（见表 2）。

除了在国家党政决策和立法层面形成的大数据辅助决策成果以外，基层法院探索服务基层社会治理的成果开始显现。2021 年 7 月 1 日，中共中央、国务院印发的《关于加强基层治理体系和治理能力现代化建设的意见》指出："基层治理是国家治理的基石，统筹推进乡镇（街道）城乡社区治理，是实现国家治理体系和治理能力现代化的基础工程。"但基层事务头绪繁多庞杂，其治理效果如何评价一直是困扰基层政府和上级政府的难题。苏州工业园区法院首创基于司法大数据的"县域基层治理司法指数"，为科学评估基层治理状况和水平以及发现隐形社会风险作出了有益的探索。人民法院受理的案件中，存在诸如善良风俗类、社区治理类、行业治理类、治安治理类、重大风险类等与基层治理密切相关的案件类型，对这些案件进行统计分析，以基层治理类案件数量与常住人口数量的比例为基础，综合考虑各地区经济总量等因素，加权生成"基层治理司法指数"，能够实现对基层治理状况的客观"评判"，从而为科学评估基层治理水平提供量化依据。江苏南通中院以审判工作积累的司法大数据为基础，对南通法院审判执行运行情况和南通经济社会运行情况进行综合评估分析，形成了《南通法院审判执行运行情况评估报告》《南通经济社会运行情况评估报告》，为提升优化营商环境、助力市域社会治理提供参照，服务南通党政决策。

二 2021年人民法院信息化面临的问题

人民法院信息化建设行稳致远，扎实推进，但在发展过程中也承受着信息技术发展迅猛、立法和司法实践日新月异、干警和人民群众期待不断提升等各方面的压力。法院信息化的建设者以积极态度面对问题，在不断发现与解决问题的过程中推动人民法院信息化建设走向更高水平。目前，人民法院信息化建设有以下几方面的问题亟待解决。

（一）地方创新与全国统筹的矛盾

中国法院信息化的工作模式在建设起步阶段具有正面激励、高效等优势，但也潜藏了全国统筹与地方创新的矛盾。从地方创新起步是中国法院信息化发展的显著特征，地方法院开发试点在前、上级法院统建在后，这对于鼓励地方从适应基层司法工作需求出发进行创新具有积极正面意义，但同时也会带来一系列问题，如法院信息化建设规划的指导作用发挥不充分，各地实践标准差异大造成系统兼容性不理想、数据共享困难等，信息化建设的一些总体设计在全国范围内展开不全面，全国范围统筹推进的信息化项目难以适应地方个性化需求等。

一方面，最高人民法院对法院信息化建设进行了全面部署，顶层设计不可谓不完备，但相对完备的制度框架下，顶层设计的引领作用在实践中容易出现部分总体规划条款难以落地的问题。由于部分技术标准和各地重点建设任务分配统筹规划不到位，各地各级法院根据自身需求进行信息技术研发，重复建设严重，出现了智慧法院建设成本与收益不对称现象，这也是难以建成统一、精简的数据平台的制度根源所在。目前，智慧法院应用系统多而杂，有效的集成整合还不充分，部分业务模块重复建设，业务数据资源相对独立，各应用系统的兼容性、协同性不足。相同案件信息在多个系统上传、公开，或是一个案件的多个信息分散在不同系统中。信息系统一体化、智能化水平有待提升，各类分散的应用系统迫切需要集成整合，应用系统整合力

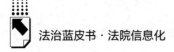

度和业务支持能力亟待加强。

另一方面，全国或全省统筹的系统仅考虑普适性的流程和功能，未协调兼顾各地尤其是广大一线办案办公人员的个性化需求，给基层法院预留的可拓展研发空间有限。这造成各地法院有关系统应用遇到了新业务系统无法有效满足实际需求、正式全面推广的系统功能和实用性不如之前独立研发的系统的情况。

可以说，全国统筹、统一标准与鼓励地方创新、满足地方需求之间的矛盾将会始终存在，而且这也绝不是智慧法院建设独有的现象。如何在实践中不断弥合全国统筹和地方创新及其满足个性需求之间的矛盾，始终是信息化推进中的一大课题。

（二）信息化供给能力与满足不同用户群体需求的矛盾

在法院信息化起步阶段，系统研发的供需矛盾比较单一，即无论是法院干警还是诉讼参与人都在一定程度上排斥新生事物，对网上办案、网上诉讼需要相当长的适应期。但随着十余年来法院信息化平台的发展普及，不同用户群体的需求也出现了分化。

在法院内部，由于十余年来的推广、培训、考核，加之新老更替，完全不能接受网上办案、无法使用信息化系统的干警人数逐年减少，因难以掌握而抵触应用已经不是法院信息化建设在法院内部面临的主要矛盾，上升为主要矛盾的则是信息化能否更好地辅助法官办案、提升各级法院的办案质量及办案规范化水平、提高法院办公与管理水平等问题。换言之，干警对法院信息化的技术应用提出了更高的要求、有更多的期待，在部分领域甚至出现法院信息化应用进度没有跟上当代信息技术进步速度、未能有效回应办公办案需求的问题。例如，影响工作效率的信息系统卡顿延迟问题至今仍时有出现。此问题长期未能根本解决并多发于办案系统启动、查看案件详情、调取电子卷宗、开展电子签章网上审批等各环节，即使升级系统与硬件也只能解一时之急。司法实践中还存在因当事人硬件设备或网络状况不佳造成诉讼活动难以顺利进行的情况，这类法院、法官不可控的情况愈发招致对信息化系统的责难。再如，平台系统林立、一体化格局尚未形成也给司法工作带来诸多不便，较大程度影响了工作效率。各类分散的应用系统整合难度较大，以统一工作桌面为统一入口的集成化办公办案体系尚未实现，以中国移动微法院为统一入口的一体化诉讼服务格局尚未形成，微法院与办案系统、执行系统衔接不畅，各类应用的流程节点、系统功能、数据资源的全面融合尚待设计。最后，就信息化对司法工作的核心作用——智能辅助而言，各类业务的智能应用能力亟待提升。核心业务的辅助支撑水平难以达到干警期望的程度，司法区块链的应用场景有待扩展，司法大数据深度分析和应用在地方人民法院还未全面展开，面向用户的数据主动推荐能力不足，面向应用的知识服务不够丰富，不少辅助应用的精准度和实际效果还有待提升，移动端服务质效与内外网切换通路不畅等问题始终是制约智能辅助效果的瓶颈。

对于诉讼参与人而言，一方面，信息化系统、线上诉讼的接受度问题依然存在，而且随着社会老龄化程度日深，这一局面可能愈发严峻。目前，帮助老年人和弱势群体跨越"数字鸿沟"的举措多数还未落到实处，如简单的大字体显示等，并未真正了解老年人的需求，更未能就如何优化系统设计与应用界面展示进而引导老年人使用信息系统提出好的方案。其实越是对信息技术不熟悉的群体，对于系统的易用性及其逻辑的直观性、简洁性的要求就越高，但现有信息化平台几乎没有从根本上实现适老化适弱化改造，法院信息化系统概莫能外。由于缺少硬性推广、内部考核的压力，法院信息化系统稍有瑕疵或不便，就会被年纪稍长且不熟悉信息技术的当事人、律师等诉讼参与人排斥，形成法院信息化红利不能惠及老年人等弱势群体、这个群体游离其外的"互相抛弃"局面。另一方面，泛在化是中国法院信息化建设的显著特征之一，但内部应用率等考核标准不能通过各种形式传导到诉讼参与人身上，无论其选择线下传统方式还是线上诉讼方式都在情理之中、法律许可范围之内，即使是掌握先进信息技术的中青年人，拒绝使用体验感差、效率不佳的信息化系统也是其基本诉讼权利。但实践中极个别法院超出引导的适当限度，采用非线上不予立案等手段强迫诉讼参与人进行线上诉讼，这种急功近利的做法，对法院信息化发展造成负面影响。

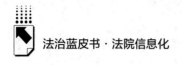

（三）利用大数据深度参与社会治理与个人信息保护的矛盾

党的十九届五中全会将"国家治理效能得到新提升"作为"十四五"时期经济社会发展的主要目标之一，要求"社会主义民主法治更加健全，社会公平正义进一步彰显"。司法大数据的应用在 2021 年取得了诸多成就，成为党政决策的可靠依据，但相对于海量的司法数据资源而言，其服务国家社会治理的潜能只发掘了一小部分，还有更广的空间有待进一步开发。司法大数据能否走出单纯的司法领域，与其他社会领域的数据相互结合、印证，进而建立综合性的计算模型，将是决定其服务国家治理能力水平的关键。

但目前司法大数据应用中的多重壁垒依然存在，国家司法审判信息资源库的数据资源不够丰富，从根本上制约了其作用的充分发挥。首先，法院内部业务数据资源相对独立，各应用系统的兼容性、协同性不足，数据共享交换平台未全面覆盖，共享信息资源目录仍需完善，数据共享缺少有效管控手段。其次，法院内部信息与市场监管、税务、银信、保险等重要部门外部信息联动不足，未能实现资源共享；虽与公安部、司法部、银监会等部门在全国层面实现数据共享，但这些数据无法在省级端调用，数据隔离依然存在。

2021 年 11 月 1 日起，《个人信息保护法》正式施行，标志着中国法律体系在个人信息保护方面日趋完备，虽然未明确规定国家公权力机关的保护义务，但也对公权力机关如何合法、妥善使用因职务行为搜集到的个人信息提出了挑战，即使是出于公益目的的应用也将面临更加明确和严格的法律限制。司法大数据显示，2020 年法院信息化系统查询公民身份信息 4500 万次，在这一庞大的数据衬托下，对于个人信息保护法治的积极回应显得尤为急迫。在《个人信息保护法》出台之后，司法公开与个人信息保护的紧张关系话题又在不同场合被旧事重提，形成新一波争议热点。

（四）网络安全形势依然严峻

习近平总书记指出："没有网络安全就没有国家安全，就没有经济社会稳定运行,广大人民群众利益也难以得到保障。"① "网络安全和信息化是相辅相成的。安全是发展的前提,发展是安全的保障,安全和发展要同步推进……从世界范围看,网络安全威胁和风险日益突出,并日益向政治、经济、文化、社会、生态、国防等领域传导渗透。特别是国家关键信息基础设施面临较大风险隐患,网络安全防控能力薄弱,难以有效应对国家级、有组织的高强度网络攻击。这对世界各国都是一个难题,我们当然也不例外。"② 法院信息化建设虽重视安全问题,但实际效果不甚理想,法院信息化系统面临的网络安全形势依然严峻。

有的系统研发初期重应用、轻安全,开发者对安全问题重视不够、准备不足,导致上线的系统存在安全漏洞,弊端显现后再行补救效果不佳;数据安全和云安全建设滞后于应用;各类业务应用缺乏统一身份认证机制;网间交换及专网安全防护能力不足;全网安全态势感知、监测预警、应急处置等主动安全防护能力不足,体系化安全运营与防护机制尚未建立。特别是部分中基层法院尚处于网络安全建设起步阶段,未能形成各级法院一张安全网的整体态势。

委托第三方网络公司对系统数据进行管理与维护的惯性做法,导致司法数据大多掌握在公司手中,再加上数据分类分级策略、访问控制策略等尚未充分实施,司法数据难免存在一定的安全风险。

三 2022年人民法院信息化建设展望

根据《人民法院信息化建设五年发展规划(2021～2025)》的要求,"十四五"期间,全国法院将继续坚持服务人民群众、服务审判执行、服务司法管理、服务廉洁司法、服务国家治理,加强智慧法院建设,推进智能协同应用,拓展数据知识服务,构建一体云网设施,提升质效运维水平,夯实

---

① 2018年4月20日至21日,习近平在全国网络安全和信息化工作会议上的讲话。
② 2016年4月19日,习近平在网络安全和信息化工作座谈会上的讲话。

主动安全体系，加强科技创新引领，打造人民法院信息化4.0版，推动智慧法院支持多元解纷、诉讼服务、审判执行、司法管理、司法决策等能力水平实现新的跃升，向构建中国特色、世界领先的互联网司法模式、创造更高水平的数字正义的目标迈进，实现在已有坚实基础上的高质量发展。把现代科技从工具性运用推向更深层次的规则治理和制度构建，推进在线诉讼、在线调解、在线运行规则实施，构建中国特色、世界领先的互联网司法模式。

（一）激发地方创新活力同时推动顶层设计落地，精简优化系统

地方创新是中国法院信息化建设的灵感源泉和持续发展的不竭动力，全系统一体化、全业务协同化是中国法院信息化建设的显著特征和必由之路，因此必须协调好地方创新和全国统筹发展的关系。要继续强化顶层设计，做好信息化建设发展规划、总体设计和标准体系建设，同时对地方法院的指导与要求需加大力度，确保全国法院协同推进。深入推进信息系统总体设计，调动两个积极性，统筹最高人民法院和地方法院信息化建设，整合优化、系统集成。

中国法院信息化建设已走过了粗放发展、遍地开花的肇始阶段，既已达到而今的规模与水平，应放慢脚步，适时回顾，对系统去粗取精，进而谋求统筹、统一。下一步应积极贯彻政务信息系统整合共享要求，大力推动基础设施集成、应用集成、数据集成、知识集成和门户集成，切实解决信息系统长期存在的条块分割、"数据孤岛"等突出问题，为数据共享和业务协同提供坚实支持。

（二）针对不同用户需求，提供个性化解决方案

法院干警对法院信息化技术应用提出的高要求与其自身发展目标相一致，人民法院信息化发展的进阶应该突出协同性与智能化，着力于人工智能技术对法院干警非必要劳动的科学替代，因此，针对法院内部需求应进一步落实全业务协同办理与全方位智能化的要求。统筹优化人民法院内外部业务流程，以电子卷宗同步生成和深度应用为突破口，以体系集成的功能模块为

基础，集成整合完善各类应用系统，充分融合数据驱动和知识服务，建成高度智能、上下贯通、横向协同、泛在接入的智慧服务、智慧审判、智慧执行、智慧管理系统，支持构建跨层级、跨地域、跨系统、跨部门、跨业务的人民法院信息共享和业务协同体系，全面提升司法工作质效。构建一体化智慧云网设施，围绕全国法院专网一朵云、一张网目标，实现重要场所的标准化建设和一体化集成、各类终端的全场景泛在化接入和网间信息安全交换、异构多云的统一管理、就近接入和弹性服务、云网一体化管理和智能化调度。聚焦案件、政务、人事，加强智慧管理建设，建设统一工作桌面，整合各类应用，拓展移动泛在化工作模式。全面深化机器学习、知识图谱和神经网络等人工智能技术与人民法院业务深度融合，运用智慧法院大脑、司法数据中台和司法人工智能综合引擎，为各类司法业务和用户提供精准的数据服务、丰富的知识服务和高度适配的智能辅助支持。

信息化系统泛在性特征的表述不应超越司法工作本身的范围，即使当事人选择线下诉讼，法院内部的各项工作依然可以在系统中开展并留痕，无非增加了部分材料的转换环节，并不妨碍线上办公与司法大数据的收集。社会发展对在线诉讼的需求是与日俱增的，选择更加便捷高效的线上诉讼是必然的发展趋势，因此在社会公众中普及推广线上诉讼应采取适当的宣传方式，不应通过限制诉权的方式强迫使用。提升公众对线上诉讼接受度的正确路径应是切实找准公众需求点，对系统进行有针对性的升级改造，如符合老年人思维逻辑和应用水平的适老化改造，充分考虑律师工作流程和现实需求以便利其工作的立案系统改造等。线上线下诉讼皆是维护公平正义防线的重要方式，应同步发展，二者应实现灵活自由转换。

（三）深化法院信息化在社会治理领域的应用，妥善处理个人信息

法院信息化带来了海量数据资源，数据本身而今已非稀缺，需要关注的是数据的准确性和建立科学严谨、符合法律规定与司法规律的计算模型。应加快建设司法数据中台和智慧法院大脑。持续汇聚各类数据资源，融合多源多态司法大数据，形成人民法院司法数据中台，建设司法人工智能综合引

擎，构建智慧法院大脑，支持数据一体化共享应用，提升数据驱动、知识生成和智能服务能力，面向各类用户提供精准数据分析和精准推送服务，面向各类应用提供智能辅助支撑和知识服务，支持高层司法决策和社会治理态势分析预警。

法院信息化还应找准司法工作与社会治理的结合点。例如，多地研发试点的"诚信诉讼评价系统"在打击虚假诉讼方面产生了显著效果，这一系统完全可以和建设中的社会信用体系对接并成为其中一部分。再如，人民法院主导建立的基于信息化系统的一站式多元解纷平台是进行溯源治理和化解基层纠纷的有效手段，这一平台的应用范围和效率均应进一步拓展和提升。2021年10月，最高人民法院印发《关于加快推进人民法院调解平台进乡村、进社区、进网格工作的指导意见》，加速了一站式多元解纷平台的推广和向基层下沉。

《个人信息保护法》颁布以后，很多企业都依法更新了隐私政策以示跟进，虽然目前对于国家公权力机关的法律要求并不明确，但未来的立法趋势定会如此。因此，国家公权力机关特别是司法机关应未雨绸缪，以身作则，引领个人信息保护法治发展的历史潮流。

（四）健全安全风险事先评估预防机制，安全发展协调并进

对于网络安全和信息化建设的关系，习近平总书记强调："网络安全和信息化是一体之两翼、驱动之双轮，必须统一谋划、统一部署、统一推进、统一实施。做好网络安全和信息化工作，要处理好安全和发展的关系，做到协调一致、齐头并进，以安全保发展、以发展促安全，努力建久安之势、成长治之业。"①

法院信息化建设应处理好发展与安全的关系。首要的是实现全体系自主化。在满足业务系统稳定运行的前提下，逐步实现关键基础设施的国产化替代，实现重要业务系统的适配应用。既进一步推进科技手段与司法工作深度

---

① 2014年2月27日，习近平在中央网络安全和信息化领导小组第一次会议上的讲话。

融合，又注意维护信息数据安全、优化防爬虫等机制，强化安全保障，夯实主动安全防御体系。任何系统在开发阶段都应进行安全风险事先评估，并未雨绸缪提出应急预案；系统应用应严格遵循等级保护和分级保护要求，优化完善身份认证和权限管理机制，支持不同业务应用的多源身份认证；进一步强化安全隔离交换和边界防护措施，实现隔离交换合规性全面审查；优化完善安全监控和安全运维体系，有效支持安全态势预警和安全事件协同处置；健全补强云安全体系，保障云平台及云上业务安全稳定运行；加强数据安全体系建设，保障司法大数据全生命周期安全；不断提升基于安全态势的主动防御能力，构建智慧法院信息系统全方位安全保障体系。

法院信息化建设是一项社会工程，不能仅靠法院自身力量，必须处理好法院主导与社会化的关系。在有效借助社会资源的同时，必须明确法院全程主导的地位，数据、关键节点须掌握在法院手中，知识产权归属于法院，绝不能受制于人。司法数据回流难、被爬取滥用等问题应得到重视和解决，必要时通过司法或行政手段切实维护法院的数据权利。

调研评估报告

Research and Assessment Reports

【篇首语】2021 年，中国法院以智慧法院4.0 版建设为目标，以司法数据中台、智慧法院大脑、在线法院建设为重点，全面推进法院信息化建设。2021 年末，中国社会科学院国家法治指数研究中心、中国社会科学院法学研究所法治指数创新工程项目组受最高人民法院委托，对法院信息化建设开展了第 6 次调研评估。项目组基于全国 3500 余家法院 2021 年度信息化建设进展情况，重点从智慧审判、智慧诉讼服务、智慧执行和司法大数据四个维度对人民法院信息化辅助审判的成效、线上诉讼如何更好地服务人民群众、智慧执行的最新进展以及司法大数据服务社会大局工作进行调研、评估。

评估发现，2021 年法院信息化建设水平进一步提高，特别是在网络诉讼利用率、建立电子诉讼规则以及诉讼服务一体化、便捷化等方面"百尺竿头更进一步"。但与此同时，也存在一些问题和不足，有待在人民法院信息化4.0 版建设过程中继续完善。调研评估结果详见本板块的《中国法院"智慧审判"第三方评估报告(2021)》《中国法院"智慧诉讼服务"第三方评估报告（2021）》《中国法院"智慧执行"第三方评估报告（2021）》《中国司法大数据的发展、挑战与回应》四篇调研评估报告。

B.2
中国法院"智慧审判"
第三方评估报告（2021）

中国社会科学院法学研究所法治指数创新工程项目组*

摘　要： 2021年，中国社会科学院法学研究所法治指数创新工程项目组受最高人民法院委托，第6次对全国法院智慧审判建设情况开展第三方评估。评估发现，在法院信息化4.0版建设的开局之年，人民法院的智慧审判围绕深入推进无纸化办案模式、加快构建电子诉讼平台、加强智慧审判的保障支撑，用科技武装法庭、推动办案平台一体化建设以及用智慧管理手段提升审判质效等工作进一步探索，取得了一系列新成果。法官的审理和裁判越来越离不开智慧审判的最新成果。但是评估也发现，智慧审判建设还面临诸多挑战，如智慧审判的智能化水平、一体化程度还有进一步提升的空间，智慧审判建设还需要向使用者特别是弱势群体倾斜，司法信息的安全保障有待进一步加强等，智慧审判的发展还任重而道远。

关键词： 智慧审判　电子诉讼　无纸化办案　第三方评估

---

* 项目组负责人：田禾，中国社会科学院国家法治指数研究中心主任、法学研究所研究员，中国社会科学院大学法学院特聘教授；吕艳滨，中国社会科学院法学研究所法治国情调研室主任、研究员，中国社会科学院大学法学院宪法与行政法教研室主任、教授。项目组成员：王小梅、王祎茗、车文博、冯迎迎、刘雁鹏、米晓敏、胡昌明、洪梅、栗燕杰等（按姓氏笔画排序）。执笔人：胡昌明，中国社会科学院法学研究所助理研究员。

2021 年是人民法院信息化 4.0 版建设的开局之年。这一年,智慧法院建设以司法数据中台、智慧法院大脑、在线法院为重点,全面深化。随着中国迈入"十四五"新发展阶段,新一代信息技术的升级迭代进一步应用于法院信息化,智慧审判在推动审判能力现代化的过程中发挥着越来越重要的作用。智慧审判建设围绕《人民法院第五个五年改革纲要(2019~2023)》(以下简称《五五改革纲要》)、《人民法院信息化建设五年发展规划(2021~2025)》提出一系列信息化重点建设任务,从构建移动电子诉讼平台、进行无纸化办案探索、推广应用智能审判辅助系统、建设一体化办案平台以及通过智慧管理手段促进审判智能化等方面着力,推动全国智慧法院建设应用成效再上台阶。

中国社会科学院国家法治指数研究中心、中国社会科学院法学研究所法治指数创新工程项目组(以下简称"项目组")继续对 2021 年全国法院的智慧审判建设情况进行评估①,总结智慧审判的最新进展与成效,分析智慧审判存在的问题与不足,探索未来的发展方向。

一 深入推进无纸化办案模式

《五五改革纲要》明确提出,要完善电子卷宗生成和归档机制。"健全电子卷宗随案同步生成技术保障和运行管理机制,实现电子卷宗随案同步上传办案系统、电子卷宗自动编目、原审卷宗远程调阅、诉讼文书辅助生成和类案智能推送应用覆盖全国法院。逐步推动实行电子档案为主、纸质档案为辅的案件归档方式。建立全国统一的电子档案管理系统。"因此,利用电子卷宗实现全国法院无纸化办案,继而推动智能辅助办案成为近年来人民法院智慧审判建设的重中之重。

第一,继续全面推进电子卷宗随案同步生成工作。早在 2019 年,最高人民法院就提出将电子卷宗随案同步生成作为智慧法院的基础工作来抓。

---

① 如文中没有特别注明,评估的截止时间为 2021 年 12 月 31 日。

评估发现，2021 年，全国新收案件中 20485502 件生成了电子卷宗，电子卷宗覆盖率为 90.77%，32 家高级法院中有 19 家电子卷宗覆盖率超过 95%。最高人民法院 2021 年审理案件的原审案件电子卷宗档案合并可用率为 95.82%，全国范围内 31 家高级法院的电子卷宗档案合并可用率达到 95% 以上，标志着以电子卷宗深度应用为核心的审判工作实现全面跃升。电子卷宗的随案同步生成，为实现无纸化办案和智能化审判提供了有力的辅助。

第二，以电子卷宗随案同步生成为基础，推动无纸化办案模式。为改变法官基于纸质卷宗办案的传统办案方式，近年来，最高人民法院先后发布了《关于全面推进人民法院电子卷宗随案同步生成和深度应用的指导意见》《最高人民法院关于进一步加快推进电子卷宗随案同步生成和深度应用工作的通知》等规范性文件，明确诉讼材料电子化要求，推广案件基本信息回填、电子卷宗数据化、电子卷宗网上阅卷以及电子卷宗对外公开等十余项智能化服务功能，大力推广无纸化办案模式。各地方法院也积极试点无纸化办案模式。2020 年 5 月，浙江高院就在全省法院全面推进"无纸化办案"改革。2021 年，浙江法院无纸化办案推行三项治理，即全面加强卷宗治理，从源头上减少纸质材料；全面加强流程治理，将电子卷宗应用于办案全流程；全面加强行为治理，形成无纸化办案新常态。通过"卷宗 + 流程 + 行为"三项治理，突出"全流程、全要素、全覆盖"，形成"以在线办理为原则、以线下办理为例外，线上线下协调一致、互联互通"的办案新模式。山东法院以《人民法院在线诉讼规则》出台为契机，构建全流程无纸化网上办案模式，实现诉讼服务、审判执行、监督管理和绩效考核全部线上运行。武汉法院全面加强卷宗治理，从源头上减少纸质材料；全面加强流程治理，将电子卷宗应用于办案全流程；全面加强行为治理，形成无纸化办案新常态。

第三，电子卷宗推进无纸化办案的功能应用。基于电子卷宗随案同步生成和网上流转，各级法院应用文本识别、语义分析等技术积极研发各类智能化辅助办案应用。在诉前阶段，电子卷宗能够为当事人提供诉讼风险评估；

在立案阶段，电子卷宗实现信息自动回填并辅助规范立案；在审理阶段，电子卷宗辅助要素式审判及监督管理；在案件裁判阶段，电子卷宗的普遍应用不仅使得办案法官可以利用左看右写、案件标注等功能提高案件审判效率，还可以使数字审委会成为现实。2021 年全国法院数字审委会具备同步案件信息功能，支持调阅案件卷宗、庭审录像和语音转写功能的比例分别为 75.47%、74.4% 和 61.71%。全国三级法院实现电子签章功能的法院达到 91.0%，电子签章功能已由高级法院逐步向中级、基层法院不断推广。可以说，电子卷宗能够贯穿案件办理全流程，为当事人、法官等提供智能化辅助应用。

总之，在实际操作中，全流程无纸化办案体系取得了良好成效。一是提升了办案效率，加速了案件的流转；二是推动司法公开，打造阳光司法；三是利用司法数据实现动态监管，主动接受外部监督，充分保障了当事人和其他诉讼参与人的参与权和监督权，使得司法监督更加实时有效；四是推进审判改革，助力法院强力发展，进一步提升人民群众的获得感、幸福感、安全感。

二　加快构建电子诉讼平台

习近平总书记在党的十九大报告中指出，要善于运用互联网技术和信息化手段开展工作①。《法治社会建设实施纲要（2020～2025 年）》又进一步提出，推动大数据、人工智能等科技创新成果同司法工作深度融合，完善"互联网＋诉讼"模式，加强诉讼服务设施建设，全面建设集约高效、多元解纷、便民利民、智慧精准、开放互动、交融共享的现代化诉讼服务体系②。"互联网＋诉讼"模式的提出，要求人民法院加快构建完整、便利的电子诉讼平台。

① 习近平：《决胜全面建成小康社会　夺取新时代中国特色社会主义伟大胜利——在中国共产党第十九次全国代表大会上的报告》，《人民日报》2017 年 10 月 28 日，第 1 版。
② 《法治社会建设实施纲要（2020～2025 年）》，《人民日报》2020 年 12 月 8 日，第 1 版。

第一，建立健全电子诉讼规则。2018年，最高人民法院出台的《最高人民法院关于互联网法院审理案件若干问题的规定》明确了互联网审判中身份认证、立案、应诉、举证、庭审、送达、签名、归档等在线诉讼规则，为全国法院推广电子诉讼提供规范指引。2020年，最高人民法院又发布了《最高人民法院关于新冠肺炎疫情防控期间加强和规范在线诉讼工作的通知》。一些地方法院也纷纷出台了指导意见，规范本地区的电子诉讼，如《浙江法院网上诉讼指南（试行）》、重庆市高级人民法院的《关于规范在线庭审活动的工作规则（试行）》等。2021年6月16日，最高人民法院发布了《人民法院在线诉讼规则》。该规则一共39条，是一部涵盖从在线诉讼的适用范围、基本原则到在线立案、送达、调解、质证、庭审、宣判等各个诉讼环节的司法解释。与此前的几部司法解释相比，该规则具有适用范围广泛、覆盖诉讼流程全面、效力层级较高的特点，对未来一个阶段中国的在线诉讼起到重要的指导作用，为在线诉讼的长期健康发展提供了制度保障。此外，2021年12月24日，全国人民代表大会常务委员会决定修改《民事诉讼法》，本次修改涉及完善在线诉讼及送达规则，如明确通过信息网络平台在线进行的民事诉讼与线下诉讼活动具有同等法律效力、进一步拓展电子送达适用范围，允许对判决书、裁定书、调解书适用电子送达等。

第二，不断完善移动电子诉讼。《第48次中国互联网络发展状况统计报告》显示，截至2021年6月，中国网民规模达10.11亿人，互联网普及率达71.6%，其中手机端网民10.07亿人，比2020年12月增长2092万，占上网人数的99.6%①。随着智能手机的普及，微信小程序、移动诉讼App等不断升级，移动电子诉讼为人民群众提供了一种全新的、便捷的诉讼途径。在宁波、广州等地法院试点的基础上，2020年，"中国移动微法院"在全国四级法院铺开。2021年5月，为了统一移动微法院的标准，中国移动微法院标准版正式上线，标准版中国移动微法院具有技术更加先进、功能更

---

① 参见中国互联网络信息中心《第48次中国互联网络发展状况统计报告》，中国互联网络信息中心CNNIC微信公众号，2021年9月23日。

加齐全的特点，实现全国法院统一的核心功能、业务流程、数据标准、技术状态，并对诉前调解、立案申请、远程庭审、案件执行等功能进行迭代升级，让在线诉讼更为便捷、智能，做到为当事人提供无差别同质化服务。在中国移动微法院先行先试的浙江宁波，移动微法院实现了合议庭成员包括人民陪审员在手机上可远程参加庭审功能，实现"多方视频"由原来的 4 路扩充至同时 9 路视频，满足合议庭成员手机远程庭审和"多方视频"扩容两项移动电子诉讼的现实需求。

从评估情况看，2021 年全国法院使用统建的中国移动微法院已实现与办案系统对接。2021 年全年，全国法院利用移动微法院网上立案 457.59 万件，占网上立案的比例为 42.45%。2021 年，利用移动微法院网上开庭 4.47 万次，网上调解 24.79 万份，网上证据交换 38.70 万次，电子送达 285.89 万件，跨域立案 5.91 万件，实名用户共 425.03 万，累计访问量超过 9.63 亿次，有效撬动了法院的数字化转型。

第三，通过高科技助力在线庭审。2021 年，全国法院在线开庭 127.5 万场，较上年同期增长 37.64%。其中，高级法院实现的比例远高于中级法院和基层法院。人民法院在线开庭法院数量增加、网上开庭案件比例提升得益于全国各地法院创新技术手段，将最新的科技与在线庭审实践有机结合。

一是将最新科学技术融入在线审判体系。例如，北京法院将互联网、云计算、大数据、人工智能等技术与庭审规则深度融合，完成了云法庭在线庭审、固定式的互联网法庭、高清式的 5G 融法庭等创新应用，着力构建现代化在线庭审体系。在四川，成都互联网法庭充分利用新科技与技术手段，将区块链 +5G 技术与互联网审判相结合，服务司法审判，提升审理效率和安全性。重庆市第四中级人民法院则打造了"云上天平"跨域庭审系统。该系统上线后，成功完成在线举证质证、笔录核对签字等庭审程序，解决了传统互联网庭审难以充分举示证据和庭审秩序不规范、庭审场景不严肃等问题。

二是探索"异步审理""一对多"等在线审判新模式。一些法院为便利当事人参与审判活动，提升审判效率，研发了异步质证和异步庭审新模式，法官可以批量发起多个案件异步质证和异步庭审，当事人在指定期限内以非同步方式完成证据交换及质证，质证或庭审结束后系统自动生成质证笔录，当事人在线签名。异步质证、庭审系统的应用，一方面实现法官同时进行多个案件质证、庭审，将法官从线下庭审活动中解脱出来，将更多时间投入案情研判中；另一方面，也实现了当事人尤其是律师同时完成多个案件质证和庭审，减轻当事人诉累。有的法院针对疫情期间辖区看守所禁止提审被告人、部分刑事案件又存在多名被告人分散羁押、刑事案件开庭难等问题，搭建了刑事多方远程庭审系统，实现任意法院与多个看守所间的"一对多"远程庭审功能，助力刑事案件"全在线"审理。

三是排除在线诉讼的安全风险。面对在线诉讼业务系统上线后必定面临各种各样的安全风险，一些法院集中指挥统一调度，制订标准措施，帮助安全部门解决资产脆弱性、防御有效性、流程标准化等问题。例如，江苏常州法院建立安全指挥中心，通过平台的大数据分析能力对采集数据以及外部威胁情报、漏洞预警信息进行关联分析，可以确保安全威胁感知全面准确。吉林珲春法院依托5G网络建设"法官移动办案平台"，其重要特色之一是移动办案设备采用移动安全终端，并安装安全沙箱，使移动办案平台与终端其他应用之间文件、应用完全隔离，实现移动办案终端统一管理和安全保护。

三 加强智慧审判的保障支撑

（一）建设智能审判辅助系统

"十三五"期间，各级法院不断拓展基于法院信息化的审判智能辅助系统，智能化辅助办案手段不断丰富，大幅减轻法官的事务性工作。河北法院研发的智审系统，不仅能够将案件卷宗内容文档化、数据化、结构化，还能够帮助法官一键生成各类制式文书，如传票、公告、送达回证等，并通过起诉状、答辩状、庭审笔录等信息回填功能，辅助法官快速生成裁判文书的部分内容。截至 2021 年底，智审系统在河北 190 家法院使用，服务 1.5 万名法官，累计生成 4546 万份文书，其中辅助制作裁判文书 313 万份。

裁判文书是人民法院审判工作的最终产品，是承载全部诉讼活动、实现定分止争、体现司法质量的重要载体。各地法院积极推广建设文书智能生成系统、同案不同判风险预警系统，文书纠错系统全面辅助法官提升文书质量。上海法院研发裁判文书大数据智能分析系统，通过对裁判文书中 61 项要素的智能分析，以智能方式应对存在瑕疵的裁判文书，有效发现人工评查不易发现的逻辑错误、诉讼请求遗漏、法律条文引用错误等问题，提升司法公信力。截至 2021 年底，上海法院共分析裁判文书 82 万余篇，瑕疵占比同比降低 6.07 个百分点。

司法区块链平台用于辅助法官查验证据，提高法官认证能力。2021 年，最高人民法院基于人民法院司法区块链统一平台，全面推动司法链基础技术建设及深度应用，形成了以存证验证、智能合约、可信操作、跨链中继等四大功能组件为核心的司法链能力，对法院应用系统中的重要数据进行存证，为法院应用系统提供可信操作和智能合约支撑，为机构及法院部门协同提供跨网跨链能力；推进知识服务应用，累计上线知识服务 11 项，在 307 家法院开展服务试用，累计调用 1.3 亿次服务。例如，浙江省嘉兴市中级人民法院聚焦实物证据数字化改革难点，自主研发基于区块链技术和 3D 成像技术的"云上物证室"，构建实物证据采集、上链、查阅、管理等全链条云应用模式，运行 6 个月就采集清理实物证据数据 3000 余件，腾空库房面积 500 余平方米。截至 2021 年底，人民法院司法链平台共有法院专网端节点 15 个、互联网端节点 36 个，合计上链数据超过 17 亿条；司法链平台对接 201 家法院或单位的 204 个系统，累计上链数据 19 多亿条，其中通过互联网上链的系统 44 个，覆盖 3300 多家法院；通过法院专网上链的系统 162 个，覆盖 3162 家法院，提升了审理效率和安全性，促进互联网司法现代化。

（二）推广检索类辅助服务平台

"法信——中国法律应用数字网络服务平台"作为中国首家法律知识

和案例大数据融合服务平台，集约七大核心功能——自动识别卷宗案情、分级智推类案裁判、法条依据全维超链、关联串案分析提示、权威观点智能匹配、快捷生成检索报告、识别学习新民法典；嵌入法院办案平台与电子卷宗数据对接后，能够为法官、律师、公众等提供精准的资源检索、智能推送服务。截至2021年底，法信平台注册用户数为140万人，平台总访客量3660.2万人次，总浏览量3.53亿人次。此外，最高人民法院还建设完善了中国法官培训网、上线最高人民法院云课堂、中国司法案例网等教学资源平台，为法官提供法规检索、类案推送等办案常用功能。

此外，据统计，支持法律条文自动关联推送、支持类案自动推送和能够辅助制作类案检索报告的法院分别有3275、3256和3191家，3169家法院同时具备法条及类案推送三项功能，占91.04%。此外，一些地方法院还建设了具有自身特色的案例库。例如，2021年6月8日，宁波海事法院打造的"海事司法案例库"正式上线运行。该平台是国内首个海事司法领域的专业数据库，形成1个"海事案例"主库＋"海事法规""海事应用""海事研究""海事发布""海事在线""海事国际"6个特色库的"1＋6"模式，成为推进国际海事司法中心建设和智慧法院建设、提升中国海事司法国际影响的重要举措。

（三）用科技武装审判法庭

"十三五"期间，最高人民法院围绕审判法庭信息基础设施、业务应用系统等制订信息化标准，推进全国法院建设支持庭审录音录像、庭审证据在线展示、庭审语音自动识别的科技法庭。截至2021年底，全国建设科技法庭4.59万个，其中浙江、江苏、上海等地法庭100%为科技法庭。在科技法庭与办案系统对接方面，目前全国已有93.8%的法院实现了科技法庭与办案系统对接，较2020年略有提升。其中，高级法院100%对接，中级法院和基层法院实现对接的比例也分别达到96.1%和93.5%。

科技法庭的普及为庭审直播、庭审巡查、互联网开庭、远程开庭提供了基础条件。随着当事人网上开庭需求的不断增长，部分法院创新建设简易互联网法庭，用电子屏幕替代传统审判法庭的原告席、被告席，大大节省法庭空间，提高庭审便利性。北京互联网法院还推出虚拟法庭舱，3 平方米空间即可开庭审理案件，疫情期间，北京互联网法院实现首次居家互联网庭审。随着信息科技和法庭的不断深入结合，法庭的样貌、庭审的形式正在发生深刻变化。

智能化应用延伸到开庭环节。依托现代科技，科技法庭利用显示屏、音视频采集系统同步进行庭审录音录像；引入庭审语音识别系统，能够区分、识别庭审过程中不同人员的语音信息，并即时转换成庭审笔录，大大减轻了书记员的工作压力，提高了庭审质效；庭审语音识别系统在全国法院广泛应用。科技法庭还配备了电子证据随讲随翻系统，利用语音能够直接调取证据材料，便于法官当庭比对印证、查明案情，同时，也有利于庭审结束后诉讼参加人及时在庭审笔录上进行电子签名。

四 推动办案平台一体化建设

信息平台一体化建设是智慧法院能够服务审判的重要保障。从整体来看，"十三五"期间，全国法院围绕"五网三云"的整体架构推进法院网络体系化建设，"五网"即"法院专网、移动专网、涉密网、外部专网、互联网"，"三云"即"专有云、涉密云、开放云"。最高人民法院推动法院专网覆盖至全国四级法院和人民法庭，法院专网实现四级人民法院 100% 覆盖，人民法庭接入率超过 96%。截至 2021 年底，最高人民法院和 90% 以上的高级人民法院建成专有云并承载法院专网应用；最高人民法院和 75% 以上的高级人民法院通过自建或租用方式完成开放云建设；音视频应用全面推进，高级人民法院全部建成覆盖辖区人民法院的音视频综合管理调度平台。从各地法院来看，全国法院纷纷根据自己的司法实践和案件特色，尝试与其他部门合作，建立类案一体化办案平台。

一是研发刑事案件智能辅助办案系统。2017 年开始，上海法院启动

"206 工程"建设，研发刑事案件智能辅助办案系统，解决刑事案件办理中存在的证据标准适用不统一、办案程序不规范等问题。截至 2021 年底，上海法院刑事案件智能辅助办案系统实现三个 100% 目标：证据标准指引覆盖常涉罪名达到 100%、上海市常涉罪名案件录入系统达到 100%、一线办案干警运用系统办案达到 100%。上海常涉罪名的刑事案件办理已实现从立案、侦查、报捕、起诉、审判均在刑事案件智能辅助办案系统内运行，系统累计录入证据材料 4621 万余页，提供证据指引 54 万余次，提示证据瑕疵 5.4 万个，公安录入 15.4 万件，检察院审查起诉 6.3 万件。截至 2021 年底，全国高院 100% 实现了刑事案件跨部门协同办案。

二是创建金融案件一体化办案平台。安徽、广东、江苏、海南、浙江、湖北等多地法院积极构建金融案件审理一体化平台，对金融案件实行集约化、专业化、信息化、标准化、流程化审理。例如，安徽省芜湖市中级人民法院打通金融类案系统与金融机构系统通道，引入区块链存证平台，引导金融机构从源头固定证据，破解合同假签名、假印章等难题，对存证证据自动核验，有效降低交易成本，防范化解金融风险。广东省深圳市前海合作区人民法院的至信（金融）云审平台通过优化金融机构电子合同的特定要素，构建金融类案速裁模型，实现案件全流程数字化审理。江苏省苏州市工业园区人民法院建立的金融纠纷立审执一体化办案平台进行金融案件的数据挖掘、提取、清洗、分析、统计和展示，深度挖掘、多维分析，实时展现金融案件办理动态，反馈风险点，从而完成风险防控闭环建设，实现司法数据服务区域经济。海南省海口市美兰区人民法院的金融案件一体化办案平台自 2020 年 8 月以来，快速办理金融纠纷案件数量超过一万件，平均办理效率提升一倍以上，有效提高了法院办案效率。

三是建立破产案件管理系统。为依法高效审理破产案件，促进市场主体积极拯救和及时退出，服务保障经济高质量发展，助力营造市场化、法治化、国际化营商环境，各地法院紧扣"破产"属性，创新利用大数据、区块链、物联网等前沿信息技术，结合法院丰富的办案经验，建立破产案件管理系统。例如，广州市中级人民法院创建结合"智慧破产审判管理系统"和"破产重整'智融'平台"的破产信息一体化平台。该平台整合案件审理、资金监管、债权保护、监督评价四大核心功能，能够实现线上办案、资金监管、管理人考评、债权人评价、线上会议和表决、破产财产线上处置等功能。江苏南通法院建设了基于"银法"系统对接及全省审执关联案件联动提醒的支云破产管理系统，在降低破产清算成本的同时加强了对清算管理人工作的金融服务和支持，推动了清算过程和清算资金的透明化和有效监管。海南省第一中级人民法院搭建网上业务协作平台，实现"法官+破产管理人"破产案件办理的全流程、全方位、多角度程序公开，通过债券网上申报、破产协同管理、债权人网络会议等模式，提升破产案件办理的审判质效和办理效率，全省法院破产案件年结案率从原来不到20%提高到50%以上。

四是搭建多种案件管理一体化平台。各地法院还从自身审判特点出发搭建了知识产权审判、环境生态案件等的类案审理一体化平台。广州互联网法院发挥互联网司法制度优势，自主研发了网络著作权全要素审判"ZHI系统"，首创"知识图谱+人工智能"司法应用，从权利作品、权利主体、侵权行为和责任承担四大维度归纳形成包含1500多个要素的知识图谱，实现知识产权案件100%要素化起诉应诉，其中裁判文书生成功能可以实现一键自动抓取、AI智能识别以及简易案件裁判文书批量生成等，文书生成完整度高达90%，文书辅助生成功能利用率高达96%。浙江省湖州市中级人民法院开发建设了生态环境协同治理系统"绿源智治"。系统整合生态环境治理职能部门和第三方资源，支持多主体在线协作共享，省、市、区县三级，法院、检察、生态环境等九大条线，837个职能部门可依托系统开展业务协同，使用评估鉴定、咨询专家等服务资源，有力服务生态环境科学治理和立法顶层设计。

法院与行政主管部门、其他司法机关之间的信息共享和业务协同，有效提升了司法审判工作效率，还使证据和裁判标准得以统一，促进了公正司法。

五 用智慧管理提升审判质效

对审判流程进行智慧化管理有助于提高案件审理的质量和效率、提升法院管理水平，是智慧法院建设的重要内容。2021 年，中国法院智慧审判管理不断创新，形成了一些有益的实践和做法。

一是采用智慧方式加强审判监督和案件分析。2021 年，全国各级人民法院在政法队伍教育整顿活动中，借助信息化手段强化内部审判监督，将审、执、立、裁等各个诉讼环节置于智慧监督之下，实现对审判过程、审理结果全流程、全方位的及时监督。可以说，信息化使得办案过程公开透明、有痕有迹，案件运行情况"看得见、摸得着、管得住、说得清"。2021 年，对全国 32 家高级法院的评估显示，全国范围内 31 家高级法院能够运用信息化手段实现对辖区法院庭审活动规范性以及庭审音视频故障情况进行自动巡查，比 2020 年增加 2 家。庭审自动巡查系统将传统的人力巡查简化为自动化、批量化的全面巡查，大大提高了巡查效率和准确性，扩大了监督范围。评估发现，32 家高级法院均能实现人案关联分析、审判态势数据智能统计与分析，不仅能够基于审判信息资源为法院工作提供多维度自定义统计分析，还可以从时间、空间等维度分析各类案件、罪名、案由的审判态势。

2021 年，各地法院也纷纷通过搭建一体化审判监督平台等方式开启司法监督新模式。河北法院、江苏法院等以纪检监督为中心，以内部监督和外部监督结合为基础研发了一体化审判权运行监督平台，通过大数据分析，整合各类风险节点、案件、人员、事件等信息，并设定不同阶段警告值，对案件立案、审理、执行敏感节点全程监督、比对，对人为超期、久拖不结、拖延发放案款等关键节点，系统能主动发起对主办人提醒。根据设定节点自动提请院庭长监督，自动推送给纪检监察部门，实现内部监督和外部监督无缝衔接，实现从案件、节点、事件、人员四个维度进行一体化在线层级监督。广西法院、贵州法院建设了法院廉政风险防控系统，与审判、执行、审务督查、车辆管理等系统对接，将审判、执行和政务管理等重要业务节点作为源头，完成各系统数据动态监督并进行智能分析，解决人工信息收集效率低和廉政风险防控难的问题。河南法院建成了"法官画像可视化系统"，实时追踪审判运行态势，科学分解审判管理指标，通过法官和书记员办案质效的精准分析，用数据作"笔"，为法官"画像"。还有的法院建设舆情风险评估管理系统，对法院所有评估过的案件进行数据统计分析，掌控案件的舆情风险评估结果，形成风险等级动态感知、监测预警和应急处置能力，为舆情风险的科学处置提供有力支撑。

二是利用公开平台促进审判公开。2021 年，中国法院继续拓展司法公开的广度和深度，司法公开信息化水平显著提升。除了全面建成运行四大公开平台外，近年来，最高人民法院还上线了全国企业破产重整案件信息网、中国司法案例网等新型司法公开平台，全国法院开放、动态、透明、便民的阳光司法机制全面形成。

此外，各地法院不断完善互联网官方网站，发布法院资讯，公开人民法院基本情况、审判执行、诉讼服务、司法改革、司法行政事务、队伍建设等各方面信息，全面拓展司法公开范围。例如，吉林省吉林市中级人民法院全面构建"360 度"的公开机制，建立一体化公开平台，实现裁判文书、庭审活动、审判流程、执行信息、审务信息公开"一站式"阅览，实现"全覆盖"的动态实时更新，运用图表等方式展示裁判文书、庭审信息等动态数据信息。

司法全方位、无死角公开，一方面切实满足了人民群众的司法需求，提高了司法的公信力；另一方面形成了倒逼机制，迫使法官规范司法行为、提高司法水平。

三是建设办公平台，提升审判效率。办公电子化和网络化是法院审判管理信息化的基础。2021 年，各地法院网上办公与管理水平进一步提升。从办公平台的融合度来看，整体上业务系统融合水平较高，32 家高级法院全部实现了通过同一窗口登录审判管理、人事管理、档案管理、纪检监察等不同的业务平台。从网上办公应用水平来看，2021 年全国已有 3313 家法院具备公文起草、审批、查阅等网络办公管理能力，比例高达 95.2%。其中，高级法院 100% 实现网上办公，上海、重庆、江苏、河北、安徽等辖区内的三级法院全部实现了网上公文起草等办公管理功能。从网上办理公文的使用情况看，2021年全国法院网上办理公文共803783421份，2341家法院公文实现电子签章流转。从各级法院支持工作人员利用移动终端办公办案的情况看，2021年全国共有2556家法院部署应用人民法院互联网综合业务平台，占73.4%，较2020年提升11.7个百分点。从人事管理系统水平来看，2021年全国法院100%实现了在人事管理系统功能中部署或对接全国法院人事管理系统、人事信息覆盖法院所有干警、人事信息完整。此外，3086家法院实现人民陪审员管理，占88.7%。在与办公办案系统关联共享方面，全国仅有2746家法院支持该功能，占比78.9%，与其他功能差距较大。据统计，2021年全国已有2674家法院同时具备人事管理系统各项功能，占76.8%。

2021年，各级地方法院纷纷积极推进办公平台建设。辽宁法院实现了机关办公平台四级公文贯通功能应用，完成了无纸化办公和四级法院协同办公的目标。青海法院高度重视办公平台建设，围绕"一年时间内实现法院各项工作在网上运行，推进智慧法院建设"的目标任务，新建了考勤管理系统，完善了报销管理系统。江苏省扬州市邗江区人民法院创建了人民陪审员智能管理系统，主要功能覆盖陪审员网络或现场随机抽取、自动语音呼叫确认、短信跟随通知、参与排期查询、庭前指引、扫码过安检、庭审签到、云陪审、参审统计、在线请销假、培训和互评以及参审积分管理等全过程，使得陪审员管理更有序，工作量统计、参审能力考核更方便。

六　智慧审判的未来发展方向

"十三五"期间，法院信息化建设获得了长足发展，特别是人工智能互联网、大数据、5G和区块链的广泛应用，给智慧审判带来了前所未有的机遇。然而，在看到信息化积极推进审判体系和审判能力现代化的同时，也应当看到中国智慧审判在智能化水平、一体化程度方面还有进一步提升的空间，智慧审判建设还需要向用户特别是弱势群体倾斜，同时应当更加重视信息的安全保障和智慧审判的配套制度建设。

（一）审判信息化向智能化发展

法院信息化经过 20 多年的建设发展，已经从人民法院信息化 1.0 版、2.0 版、3.0 版向以知识为中心的人民法院信息化 4.0 版迈进，信息化技术和手段与法院工作的不断融合，审判信息化水平的不断提升，为提高审判质量、提升审判效率提供了重要支撑。然而，目前的审判信息化水平与审判智能化还有一定差距。虽然信息化和智能化联系紧密，从发展阶段讲，司法智能化是司法信息化发展到一定阶段的产物；从发展逻辑讲，司法智能化是建立在信息化基础上的应用延伸。然而，信息化和智能化也存在本质差异，智能化是信息从人工、自动到自主的过程，意味着系统能力的提升，需要使用对象具备灵敏准确的感知功能、正确的思维与判断功能、自适应的学习功能以及行之有效的执行功能。因此，从审判信息化到审判智能化还有很长的路要走。以电子卷宗深度应用为例，目前，全国电子卷宗随案同步生成工作进步明显，但尚未在全国法院实现电子卷宗全流程网上流转和网上办案，离电子案卷的深度应用还有差距，甚至出现了电子和纸质案卷同时流转加重法官负担的现象。又如，在区块链应用方面，应当大大拓展区块链技术的应用领域，除了存证验证之外，还要推进区块链在智能合约、遗嘱公证、物证管理、执行查控等其他领域的应用。

（二）对全网一体化提出更高要求

人民法院信息化建设已形成"网络覆盖最全、业务支持最多、数据存量最大、公开力度最强、协同范围最广、智能服务最新"发展格局，但部分系统设计不够科学，操作平台不统一、应用系统过于分散，内外网应用尚未全面打通，大大制约了人民群众和法院干警的运用频率和依赖程度。为此，《五五改革纲要》对智慧审判平台和系统的融合提出了明确要求，包括优化整合各类办案平台，完善道路交通事故等纠纷网上数据一体化处理机制、建成全国法院智能语音云平台。今后，应当借鉴"中国移动微法院"的建设经验，先经过各地试点，形成成熟的平台或者应用后，由最高人民法院统一设立端口，向全国法院系统推广，避免各自独立重复建设，导致信息化建设资源的浪费。此外，最高人民法院应花大力气整合审判管理平台、增进数据的互联互通，避免出现每增加一项应用就增加一个入口一个账号的现象，尽量使审判人员从一个端口进入就可以实现开庭、电子卷宗管理、归档乃至办公执行等各项功能。

（三）善于与使用者沟通

2021 年，中国智慧审判建设虽然成效显著，但有些地方将智慧审判建设搞成了形象工程，建而不用，脱离了信息化建设服务群众、服务审判的初衷；有的地方系统界面不够友好，操作不够简便，降低了用户的使用意愿，由此导致"推广应用跟不上"，部分审判人员、律师、当事人"不会用、不想用"的老问题仍在一定程度上存在。这些问题归根结底在于开发者与使用者信息互通不够，智慧审判应用开发者与使用者未能达到思维一致，对智慧审判运行中产生的问题没有进行全方位的预估，导致最终设计出来的、建设完成的应用和平台与使用者的需求不配套。因此，在智慧审判应用项目开发时，应及时、全面加强与应用使用者（法官、司法辅助人员、当事人）的沟通，从传统的"用户围着系统转"向"系统围着用户转"转变，实现智慧审判为法官、为人民群众服务，而不是为了指标服务。

（四）加强对部分特殊群体的保护

近年来，"银发一族"网民占比显著增长。《第 48 次中国互联网络发展状况统计报告》提到，截至 2021 年 6 月，50 岁及以上网民占比为 28.0%，较 2020 年 6 月增长 5.2 个百分点[①]。然而，在智慧审判特别是网上诉讼过程中，老年人等特殊群体不熟悉网络环境、学习成本过高的问题依旧突出。对于没有掌握信息技术，不习惯在网上操作的老年人、残疾人而言，不管是线

---

① 参见中国互联网络信息中心《第 48 次中国互联网络发展状况统计报告》，中国互联网络信息中心 CNNIC 微信公众号，2021 年 9 月 23 日。

上立案还是线上提交材料或者开庭，都是十分陌生的领域，其诉讼权利可能无法充分、便利地行使。2020 年 11 月 15 日，国务院印发的《关于切实解决老年人运用智能技术困难的实施方案》指出，"持续推动充分兼顾老年人需要的智慧社会建设，坚持传统服务方式与智能化服务创新并行，切实解决老年人在运用智能技术方面遇到的困难"①。对于司法机关而言，一方面要加强指导培训，除常规的视频、操作手册外，还可参照新手训练营模式，以模拟训练的方式引导老年当事人逐步了解和运用网上诉讼的各项功能；另一方面，在推广运用网上诉讼模式时，应当以各方当事人同意为前提。赋予当事人纠纷解决机制的选择权，这既是司法规律的要求，也是增进电子诉讼合法性，提高公众对电子诉讼的信服度、接纳度及其社会适应性的要求②。

（五）继续加强网络安全建设

2021 年，全国法院案件数据集中汇聚质量和信息安全问题值得关注。在"互联网＋"时代各项司法业务不再各自为政，法院汇聚了越来越多的司法数据，审判信息系统的可视化、综合化、统一化管理，对网络安全提出了更高的要求。如果网络安全保障不完善，数据的传输、存储过程遭到病毒植入、黑客非法入侵，导致数据被窃取或者篡改，将严重威胁当事人隐私安全、企业的商业秘密乃至国家秘密。数据显示，2021 年全国法院数据汇聚的平均置信度为 98.72%，较 2020 年有所下降。人民法院信息安全保障体系还需按照等级保护 2.0 标准加强，数据安全和云安全建设还滞后于应用；跨网安全隔离交换系统建设与最新标准存在差距，边界访问控制策略尚不完善。个别地区法院出现法院内外网互联的情况，对网络安全和数据安全造成了一定程度的影响。因此，要坚决贯彻习近平总书记统筹安全与发展的指示精神，要确保法院的网络安全，针对存在的问题及时进行整改，提升系统安全性，厘清内外、查漏补缺。

---

① 《关于切实解决老年人运用智能技术困难的实施方案》，中国政府网，http：//www. gov. cn/zhengce/content/2020－11/24/content_ 5563804. htm，最后访问日期：2021 年 1 月 21 日。

② 王福华：《电子诉讼制度构建的法律基础》，《法学研究》2016 年第 6 期。

B.3

中国法院"智慧诉讼服务"
第三方评估报告（2021）

中国社会科学院法学研究所法治指数创新工程项目组＊

摘　要： 近年来，智慧诉讼服务正逐步成为人民法院诉讼服务的主流样态。全国的"互联网＋诉讼服务"迈向以中国移动微法院为基础，各类服务平台为延伸，突出一站、集约、集成、在线、融合，一站式多元解纷和诉讼服务信息化架构体系不断健全的新阶段。但其智能辅助在应用率、专业水平、精准性和实际效果等方面还有较大提升空间，今后应依托信息化提升诉讼服务与司法活动各环节、司法外部的融合性，为当事人和人民群众提供全流程、全业务、全时空、高质量、针对性、智慧化的诉讼及相关服务。

关键词： 智慧诉讼服务　第三方评估　多元解纷　社会治理

在中央和地方的持续努力下，智慧诉讼服务逐步成为人民法院诉讼服务的主流样态，一站式多元解纷诉讼服务体系建设基本实现，诉讼服务的信息化，正逐步迈向硬件软件相结合、制度机制提供规范保障、内外部联结融合，地区差距明显缩小、人民群众获得感显著提升。

＊ 项目组负责人：田禾，中国社会科学院国家法治指数研究中心主任、法学研究所研究员，中国社会科学院大学法学院特聘教授；吕艳滨，中国社会科学院法学研究所法治国情调研室主任、研究员，中国社会科学院大学法学院宪法与行政法教研室主任、教授。项目组成员：王小梅、王祎茗、车文博、冯迎迎、刘雁鹏、米晓敏、胡昌明、洪梅、栗燕杰等（按姓氏笔画排序）。执笔人：栗燕杰，中国社会科学院法学研究所副研究员。

2021 年 5 月，最高人民法院印发了《人民法院信息化建设五年发展规划（2021~2025）》（法〔2021〕127 号）。2021 年 5 月，《人民法院在线诉讼规则》经最高人民法院审判委员会第 1838 次会议审议通过，于 2021 年 8 月 1 日施行，对于进一步便利人民群众诉讼，规范在线诉讼及相关服务，提升审判效率，具有重要意义。

一 系统服务支撑能力显著增强

诉讼服务的信息化运维管理迈上新台阶。最高人民法院和 78% 以上的高级人民法院建成外部专网和移动专网，依托电子政务外网开展协同业务；最高人民法院和 93% 以上的高级人民法院通过自建或租用方式完成开放云建设。平台、专网的建设运行为智慧诉讼服务打下了坚实基础，为指导各地法院提升诉讼服务水平提供重要支撑和抓手。诉讼服务的信息化运维管理，已从搭建结构、功能完备化阶段迈向质效提升阶段。最高人民法院和 56% 以上的高级人民法院初步建成可视化质效型运维管理平台，部分高级人民法院还完成了平台数据与最高人民法院的对接。

人民法院委托鉴定系统逐步推广。人民法院委托鉴定系统（http://dwwtjd.court.gov.cn/）上线，在全国逐步推广应用，实现对外委托鉴定任务全流程网上办理。系统向鉴定申请人提供便捷高效的委托鉴定服务，通过信息系统实现集中办理诉前调解、审判和执行过程中的委托鉴定事务，诉讼服务机制进一步集约化。截至 2021 年底，系统入驻专业机构 15301 家，发起委托鉴定 69.91 万件。

最高人民法院建成内外对接融合平台。数据内外融合平台不断整合优化、平台内网共享对接，对于智慧诉讼服务的拓展具有基础意义，并提供了平台支撑。最高人民法院积极引入全国组织机构代码、全国统一社会信用代码全国人口身份信息、律师信息等，实现司法审判执行数据和外部数据的深度融合。与此同时，法院系统还积极向外提供数据服务，包括向公安部提供交通肇事危险驾驶刑事案件信息、交通事故责任纠纷类案件信息、犯罪记录信息等，向民政部提供涉婚姻案由案件基本信息等。法院内外信息的互通与数据共享，为诉讼服务的进一步延伸和智慧化夯实了数据基础。最高人民法院政务网站集成司法公开、诉讼服务等各类应用，提供获取各类在线诉讼服务的统一入口。

司法链平台初步建成。司法链平台已涵盖部分法院、国家授时中心、多元纠纷解决平台、公证、司法鉴定中心，可面向各级法院、当事人和人民群众提供统一数据存证和验证服务，支持链上取证核验。比如，山西省太原市中级人民法院深挖区块链技术与法院业务的契合点，依托司法链实现电子数据的存证、验证、流转和使用的全流程可信性。太原市中级人民法院已实现全部诉讼材料、证据材料和审判文书上链。当事人通过诉讼服务网、自助终端等渠道线上立案提交的材料及证据，接入司法链平台，实现立案材料上链固化，并支持核验校验，全程司法链留痕、刻痕、可追溯①。北京互联网法院成立后，着力打造实用、创新、中立、包容、安全、可控的互联网法院电子诉讼平台，通过"天平链"保障了电子数据信息安全。北京互联网法院运用区块链智能合约技术推进智慧执行，实现一键执行立案和一键发还案款，每笔案款发还缩短到 20 秒，平均发还时长仅 3.72 天②。上海市第一中级人民法院、江苏省苏州市中级人民法院、安徽省合肥市中级人民法院和杭州互联网法院共建长三角司法区块链联盟，打造"全流程记录、全链路可信、全节点见证"的电子存证系统。截至 2021 年 10 月底，上链数据总量超过 56.6 亿条，通过区块链调取电子证据 6800 余条，相关案件调撤率达到 93.2%③。

---

① 参见《"区块链+司法"，太原中院打造"链上法院"进行时》，https：//shanxify. chinacourt. gov. cn/article/detail/2021/05/id/6038321. shtml，最后访问日期：2021 年 11 月 14 日。

② 2021 年 9 月 16 日，北京互联网法院召开"数字正义视阈下的互联网司法"新闻发布会，发布《数字正义视阈下的互联网司法白皮书》，https：//www. 163. com/dy/article/GK3IEIRS051986PN. html，最后访问日期：2021 年 10 月 22 日。

③ 《最高法发布〈人民法院服务和保障长三角一体化发展司法报告〉（附全文）》，https：//www. 163. com/dy/article/GNR8IC920514QH2U. html，最后访问日期：2021 年 11 月 28 日。

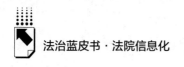

二 平台建设日臻完善

最高人民法院高度重视智慧诉讼服务的制度设计和标准化，形成从规划、建设、应用到评估的常态化闭环管理机制。2016 年，最高人民法院组织印发《人民法院信息化标准体系表》，首次建立人民法院信息化标准体系。2017 年，最高人民法院印发《人民法院信息化标准制定工作管理办法》，进一步规范了法院信息化标准立项、编制、征求意见、审查、报批发布、废止修订的操作流程。最高人民法院编制出台诉讼服务大厅、诉讼服务网建设标准，为各地提供规范指引。最高人民法院将网上立案、网上缴费、网上证据交换、网上开庭、电子送达五项功能作为在线诉讼服务的标准功能模块，在全国推广。

最高人民法院建设的诉讼服务指导中心信息平台投入运行，面向全国的质效评估体系发挥着越来越重要的功能。诉讼服务指导中心信息平台于2019 年 6 月上线后，聚焦多元解纷、分调裁审、立案服务、审判辅助、涉诉信访等基本内容，强化大数据集成功能，汇聚全国法院诉讼服务数据，全面、客观、准确展现全国法院诉讼服务质效的实时态势，并为通过大数据应用服务中央决策、服务国家治理夯实了基础。

诉讼服务大厅站点迈向全覆盖。全国诉讼服务大厅建设成效显著，95%以上的人民法院建成了信息化诉讼服务大厅，在诉讼引导、自助诉讼服务、高清录音录像方面均有大幅提升。全国三千多家基层法院和一万余个人民法庭，普遍建立了诉讼服务站点，司法服务进乡村、进社区、进网格。由此，信息化诉讼服务大厅已基本普及，各地法院通过配备大屏幕、智能导诉台、查询机、联网电脑等各种信息化设施，为当事人和普通群众提供诉讼引导、诉前调解、立案登记等纠纷化解"一条龙"服务。广东省还在未设立人民法庭的乡镇设立 73 个网上巡回法庭，通过线上方式进行网上开庭、在线调解。97% 以上的人民法院实现安防监控音视频应用，高级人民法院全部建成覆盖辖区内人民法院的音视频综合管理调度平台。湖南省高级人民法院出台

《关于进一步推进诉讼服务中心建设的通知》，要求依托信息化建设成果，在诉讼服务中心安排熟悉设备操作的工作人员，引导群众充分利用自助设备办理诉讼事务，在大厅显著位置张贴"移动微法院""人民法院律师服务平台"等二维码；及时对网上立案、跨域跨境立案、在线保全等线上诉讼进行审核，积极开展网上信访、视频接访工作，并按照"有信必录、有访必录、有录必全"的要求将来信来访信息准确、全面录入人民法院涉诉信访信息管理系统。上海市宝山区人民法院在诉讼服务大厅自助专区设置诉讼服务"智慧舱"，提供具有私密保密的半封闭舱体、触摸式电脑一体机、摄像头、高拍仪、触控笔等一系列硬件设施，有需求的群众可以根据自身需求按照界面操作提示自助办理诉讼服务业务。诉讼服务"智慧舱"可为律师、法律服务工作者、当事人及公众提供各类诉讼相关服务，涵盖自助办理网上预约、网上立案、智能查询、诉讼费用缴纳、文书送达、廉政监督等多种业务，并较好保证了当事人的隐私和信息安全。

12368 诉讼服务平台全国通办。北京法院 12368 司法服务热线于 2009 年初正式开通。到 2014 年，最高人民法院开通 12368 诉讼服务热线，面向当事人、诉讼代理人和社会公众提供案件受理、合议庭组成人员、开庭时间、案件进度、案件结果、法律咨询等服务。在此基础之上，最高人民法院建成全国法院 12368 统一调度中心、全国法院统一短信平台，实现了 12368 一号全国通办，咨询、查询、联系、预约、转办、投诉建议等六大类功能均告实现。12368 热线除传统的电话渠道外，还提供网络在线、短信、手机 App、微信、微博、窗口等多个渠道机制，按照"一号对外、分级部署、上下联动、限时办结"的原则，成为当事人获得诉讼服务的又一重要渠道，架起群众与法院、法官之间沟通的桥梁。比如，河北省全面升级 12368 诉讼服务热线功能，打造一号通办主渠道，提供特色服务。一是智能联系法官服务，系统自动匹配承办法官并转接到其办公电话；如法官未能及时接听，系统将自动向承办法官发送短信告知当事人来电信息，法官也可回拨 12368 热线联系当事人。二是 AI 座席全天候提供案件查询、法律咨询、投诉建议等服务。其 AI 座席结合语音识别、自然语言理解、拟人化语音合成等技术，实现了整体接通和群众随时打得进的 24 小时自助服务。针对一些地方存在的有案不立问题，河北 12368 热线开通了不立案投诉专门通道，对群众投诉反映的不立案问题，在线形成工单并派发给相关机构核查督导。福建省石狮市人民法院在建成诉讼服务中心、网上服务平台、自助服务终端、掌上微法院、12368 诉讼服务热线五位一体大平台基础上，还将 12368 诉讼服务热线与石狮市 12345 便民服务热线对接，提供从立案到执行的全程线上服务。

调解平台全面覆盖全国四级法院。2018 年 2 月，人民法院调解平台上线后，与多个部委对接，可集合法院的审判调解资源和全社会的纠纷化解资源，共同做好纠纷化解工作。全国 3500 多家法院全部与人民法院调解平台对接，调解平台法院应用率达到 100%，已入驻各类调解组织 6.48 万家，调解员 26.2 万人。全国 95% 以上的法院建立类型化调解室，通过"法院 + 社会力量"，借助社会资源一站式化解纠纷。

"一站式"国际商事纠纷多元化解决平台投入运行。2021 年 7 月，最高人民法院依托最高人民法院诉讼服务网、中国移动微法院、人民法院调解平台、最高人民法院办案系统等，组建"一站式"国际商事纠纷多元化解决平台（http://cicc.court.gov.cn/html/1/218/321/index.html）。该平台实现系统数据传输对接、机构网站相互链接，为中外当事人提供立案、调解、证据交换、开庭等纠纷解决全流程线上办理。平台为当事人、律师提供电脑 PC 端国际商事法庭网站、手机端"中国移动微法院"微信小程序两种登录渠道，便于根据所处环境等选择不同的上线方式；提供中英文等多种语言服务界面，方便外国当事人使用；融合最高人民法院域外法查明统一平台功能，提供域外法查明等服务。

全国统一电子担保书系统上线。法院网上担保、保全事务在线办理。最高人民法院网上保全系统借助区块链技术，实现电子担保书防篡改，保证担保行为合法有效；通过该系统，申请人可实现诉前、诉中财产保全的网上申请，保全费用的网上支付，电子担保书在线下载等。系统可对接各省高院、各级担保机构，实现担保机构、当事人和法院之间电子担保书的全流程在线流转。截至 2021 年底，通过人民法院网上保全系统申请保全案件共计

49.01 万件，保全总标的额 1.36 万亿元。

全国法院统一电子送达平台建成并推广应用。2021 年最高人民法院通过的《人民法院在线诉讼规则》将电子送达作为规范的重点，明确了其总体机制、适用条件、适用范围和生效标准等。在以"当事人同意"作为电子送达的前提下，构建"默认同意"规则，扩展至事前约定、事中行为和事后认可，稳妥有序推进电子送达。全国法院统一电子送达平台与移动、联通、电信三大运营商、中国邮政、公安户籍网对接数据资源，获取更加丰富、实时的受送达人信息，并通过系统对接方式共享给各地法院。人民法院送达平台与邮政系统实现总对总对接，为全国法院提供目的地集中打印邮寄送达服务。全国法院统一电子送达平台已经与中国审判流程信息公开网、中国移动微法院、人民法院公告网等系统对接，法官可通过人民法院送达平台对受送达人网络账号进行置信度分析，选择一种或多种渠道进行文书送达。由此，送达的找人难问题得到极大缓解，法院送达效率大幅提升，也满足了当事人通过各类渠道方式接收的送达查收需求。截至 2021 年 12 月底，平台共汇聚送达案件 1754 万件、送达数据 9991.5 万次，其中电子送达 4259.9 万次，目的地集中打印邮寄送达 1036 万次。

保全区块链系统应用逐步深化。2019 年 12 月，"上海移动微法院保全中心"正式开通上线。2020 年 4 月，上海第一份区块链电子保单保函通过上海移动微法院保全中心成功出具。之后，移动微法院诉讼保全区块链系统 V1.0 通过权威测评，提供诉前保全、诉讼保全业务，并根据不同担保方式设计业务流程，可有效杜绝虚假保函、恶意篡改保函等现象，有利于破解电子数据存证难、合规难等业务困局。

人民法庭智慧诉讼服务快速推进。人民法庭组织体系覆盖整个基层社会，在各级法院体系中，人民法庭处于司法服务群众、解决纠纷的第一线，处于司法服务基层治理的最前沿。司法能否回应人民群众的新期待，能否便于当事人诉讼，人民法庭的智慧诉讼服务至关重要。全国人民法庭基本实现法院专网和互联网全覆盖，城区法庭、城乡接合部法庭基本实现科技法庭配备。在最高人民法院指导下，人民法庭直接立案或基层人民法院派驻立案机制稳步推进；要求在具备硬件设施的人民法庭建立诉讼服务站，鼓励在人民法庭设立自助诉讼服务设备，方便当事人及其代理人就近办理诉讼业务。人民法庭信息平台作为人民法庭工作的新闻宣传平台，全方位展示人民法庭的新闻动态、工作成效、队伍建设、为民举措等方面的工作情况，便于社会公众直观了解人民法庭的动态，加深对法院工作的认知理解，也起到普法宣传与纠纷预防化解的效果。2021年9月，最高人民法院发布《关于推动新时代人民法庭工作高质量发展的意见》，以专门板块要求人民法庭提升一站式诉讼服务能力，完善人民法庭直接立案机制，确保人民法庭作为立案协作端办理跨辖区、跨县、跨市、跨省立案，积极优化司法确认程序等，以积极服务基层社会治理，积极服务人民群众高品质生活需要。2021年10月，山东省高级人民法院出台《人民法庭加强多元解纷和诉讼服务实施办法》，要求各人民法庭全部对接人民法院调解平台，由人民法庭法官指导调解或直接调解，实行调裁一体化运行；还要求人民法庭设立诉讼服务台，轮值人员帮助群众办理网上立案、智能诉状自动生成、网上缴费退费手续、材料上传、远程阅卷、诉讼风险智能评估等，开通无障碍通道，为残疾人、老年人等特殊困难群众提供预约上门立案服务。

三 运行效果全方位提升

2017年，《最高人民法院关于加快建设智慧法院的意见》（法发〔2017〕12号）就提出，要打造"互联网＋"诉讼服务体系，要求整合诉讼服务大厅、诉讼服务网、12368热线、移动客户端等诉讼服务渠道，构建线上线下打通、内网外网互动的立体式诉讼模式，为诉讼参与人提供一体化、全方位、高效率的诉讼服务。在最高人民法院统一部署和有力推动下，全国四级法院全面建成诉讼服务网、诉讼服务大厅、12368诉讼服务热线并上线应用中国移动微法院；各中级、基层人民法院和海事法院实现跨域立案服务全覆盖。全国支持网上缴费、网上开庭、电子送达、分调裁审、网上调解的法院均超过90％，2021年全国法院使用统建的中国移动微法院已实现全面覆盖。最高人民法院于 2021 年 3 月正式宣告，人民法院一站式多元解纷和诉讼服务体系基本建成。由此，智慧诉讼服务做到了"线上与线下融合、服务与解纷融合、前台与后台融合"的融合发展，全方位提升了诉讼服务的可及性、便捷性，可为人民群众提供"全链条""一站式"的移动电子诉讼服务，为律师提供专业化的诉讼服务。

全国范围实现跨域立案。2015 年，福建省泉州市开始探索跨域立案诉讼服务。2017 年起，最高人民法院在全国范围内推行跨域立案服务。发展至今，跨域立案已在全国中基层法院全面实现，当事人和律师可通过本地法院跨域立案窗口现场立案、各省诉讼服务中心平台网上立案、微信小程序移动微法院立案和邮寄立案等方式，实施跨域立案。全国支持网上立案和跨域立案的法院比例均为 100%。基于这些改革成果，全国法院平均当场立案率超过 95.7%，天津、上海、浙江、福建、重庆、云南等地法院当场立案率超过 98%①。对于以往较为突出的年底不立案问题，除可通过来访来信之外，还可通过 12368 诉讼服务热线反映、举报。长三角地区法院共同签署《长江三角洲地区智慧法院信息资源共享平台建设方案》，着力破除跨域执法办案信息壁垒，推进办案信息跨域网上交换流转、共享共用，长三角地区智慧法院"诉讼服务平台"已依托长三角政务服务"一网通办"平台实现在线运行。

道交纠纷一体化处理平台应用普及化。该平台已在 75% 以上的法院得到应用。进入 2021 年之后，各地法院不断使用该平台。宁海县人民法院还进一步试点道交纠纷诉源治理，引入公安交警调解、保险行业调解、人民调解委员会调解、法院诉前调解、诉中调解和特约调解，实现从交通事故发生到结案全流程各环节多主体全方位调解；立足"网上数据一体化处理"平台，将本地区主要的大型保险公司纳入平台，实现数据对接共享，与保险公司商定赔偿方案和标准，加速实现各家保险机构赔偿规则透明

---

① 《全国法院整治年底不立案新闻发布会》，最高人民法院门户网站，http://www.court. gov.cn/zixun－xiangqing－332811.html，最后访问日期：2021 年 11 月 28 日。

化、赔偿标准统一化，规范外地保险机构代诉理赔和伤残鉴定的统一调判尺度。

人民群众利用程度不断加深。各地法院将诉讼服务与为人民群众办实事相结合，使得智慧诉讼服务成为为人民群众办实事的重要抓手。比如，电子卷宗网上阅卷等功能不断延伸。随着电子卷宗随案同步生成和深度应用工作的推进，电子卷宗的网上阅卷、电子卷宗的对外公开功能全面实现。在此基础上，诉前阶段，电子卷宗可为当事人提供更加精准化的诉讼风险评估；在审理阶段，可助力要素式审判和案件管理；在执行阶段，还可协助统管申请执行人、被执行人各项信息。由此，电子卷宗辅助诉讼服务专业化水平提升的效应得以凸显并不断放大，在纠纷化解全流程为当事人、法官等提供智能化辅助应用。2021 年全年，四川法院网上立案申请 61.33 万件，立案通过 46.05 万件。全省法院使用在线调解平台处理案件 28.04 万件，结案 23.85 万件，调解成功 19.15 万件。

诉讼服务专业化水平不断提升。最高人民法院持续推进"法信"平台的完善。2017 年以来，"法信国际版""法信（智答版）""法信 2.0 智推系统"先后上线。"法信（智答版）"作为国内首家法律专业智能问答服务平台，提供智能问答、一站检索、类案推送等功能。"法信 2.0 智推系统"为法律人、社会公众提供高效、便捷、精准的法律相关服务。

为律师提供专业化在线诉讼服务。为律师提供一站式诉讼服务日臻完善。为律师提供更加优质、高效的诉讼服务，本质上就是为人民群众提供服务，是满足维护当事人合法权益的必由之路。2020 年底，最高人民法院、司法部出台《关于为律师提供一站式诉讼服务的意见》，并于 2021 年 1 月 14 日举行线上新闻发布会，正式上线人民法院律师服务平台，为律师提供一网通办、全国通办的诉讼服务。平台上的网上立案、调解、申请退费、掌上法庭、开庭排期避让、申请核实代理关系、回避、调查取证、延长举证期限、撤诉等事项以及智能辅助工具、评价建议、律师一码通等 26 项功能四级法院已经全部实现；网上送达、保全、鉴定、12368 热线咨询查询和意见反馈等功能在使用最高人民法院统建平台的地区全部实现；网上阅卷功能有

80%的法院实现、庭审功能有71%的法院实现、缴费功能有69%的法院实现①。考虑到律师群体执业特点和工作习惯，不仅开发上线了手机端的小程序，还开发电脑端方便律师使用电脑开展工作；考虑到律师的身份，最高人民法院与司法部建立身份核验系统，做到在线快速核验，提供全业务、全时空的在线诉讼服务，便利律师执业和参与诉讼。总体上，律师服务平台提供的诉讼服务，在专业化、标准化、特色化方面均可圈可点。

凸显面向国际与营商环境优化。2021年2月，最高人民法院出台《关于为跨境诉讼当事人提供网上立案服务的若干规定》，要求各级法院通过中国移动微法院为跨境诉讼当事人提供网上立案指引、查询、委托代理视频见证、登记立案服务等。多地法院与当地贸促会、工商联等机构建立常态化合作机制，依托智慧诉讼服务提升诉调对接水平。中国国际贸易促进委员会作为中国最早从事涉外商事调解的机构，已在全国设立五十余个地方和行业分中心，与有关国家和地区建立二十余个中外联合调解工作机制。比如，广州互联网法院着力提升当事人体验，已实现一键立案、一键调解、一键调证、一键审理、一键守护、一键送达的预设目标，提供了极简化的诉讼服务感知体验。再如，天津市滨海新区（自贸区）人民法院研发中英文双语庭审系统，提供国际化诉讼服务，并联合贸促会、贸仲会共建"涉自贸区商事纠纷诉调对接平台"，便利自贸区商事纠纷化解。武汉东湖新技术开发区法院"一站式"网上诉讼服务入选湖北省自贸试验区第五批实践案例。武汉东湖新技术开发区法院推行网上立案和跨域立案，对于当事人通过网上立案入口上传立案材料，但不属于本院管辖范围的立案申请，直接推送至有管辖权法院，实现立案通道全国畅通；通过第三方互联网庭审App"天宇云审"系统实现身份核对、庭审调查、记录和在线庭审；实现网上查控和网上执行。天津市滨海新区（自贸区）人民法院开发诉讼服务微站，涵盖法院资讯、诉讼服务、司法公开等功能模块，引入"支付宝""微信"缴费方式，开通

---

① 最高人民法院　司法部关于为律师提供一站式诉讼服务的意见暨律师服务平台上线新闻发布会，国务院新闻办公室门户网站，http：//www.scio.gov.cn/xwfbh/gfgjxwfbh/xwfbh/44193/Document/1697176/1697176.htm，最后访问日期：2021年10月21日。

网上银行，便利诉讼费和案件款的缴纳，并实现案款自助退费发还。北京持续推进智慧服务全领域覆盖，作为满足人民群众数字经济时代司法新需求的重要方面。北京互联网法院从实现数字正义的高度，以保护数字社会主体合法权益为出发点，以激励和保护数字经济依法有序发展为原则，以互联网司法模式的深度改革和高度发展为保障，实现数字社会更高水平的公平正义目标。在诉讼服务方面，打造"多功能、全流程、一体化"的电子诉讼服务平台，提供全流程、立体化的在线诉讼服务和多元化的诉讼引导。包括深度应用人脸识别技术，支持当事人在线注册与身份认证，实现线上立案率100%；深度应用即时通信技术，畅通法官与当事人沟通渠道；深度应用云视频、语音自动识别等技术，支持在线庭审与在线调解；深度应用法律知识图谱技术，实现类案智能推送和文书自动生成，为群众诉讼活动提供智能化、精准化的服务，缩小数字鸿沟①。

诉调对接繁简分流效果凸显。多家法院设立隶属于诉讼服务中心的快审团队，诉讼服务更加深入有效。中基层法院充分发挥诉讼服务的前台"门诊部"功能，诉调对接、繁简分流效果不断加强。北京互联网法院广泛发动各方解纷力量，积极对接行业调解组织、调解专家，将非诉解纷进一步前移到提交立案申请之前，形成以"云对接""云指导""云化解"为主体内容的非诉"云联"机制。四川三级法院以"四川微法院"为重点，推行线上"非接触式"诉讼服务；依托"诉调对接"，实现诉讼服务和多元解纷一站式融合推进。四川省彭州市人民法院设立小额诉讼中心，通过程序适用前置引导、当事人诉讼能力辅助、执行预申请等十多项机制，极大提升了审判效率，并减少了执行难题。

中西部地区法院跨越式发展值得瞩目。近年来，智慧诉讼服务各地突飞猛进，你追我赶格局初步形成，最高人民法院顶层设计作用凸显。以往，智慧诉讼服务做得较好的主要是经济发达地区，"东高西低"特征较为突出。

---

① 2021年9月16日，北京互联网法院召开"数字正义视阈下的互联网司法"新闻发布会，发布《数字正义视阈下的互联网司法白皮书》，https://www.163.com/dy/article/GK3IEIRS051986PN.html，最后访问日期：2021年10月22日。

发展至今，在最高人民法院顶层设计和部署要求下，中西部地区提升明显。比如，宁夏回族自治区中卫市中级人民法院以政法队伍教育整顿为契机，将智慧诉讼服务作为办实事、解民忧的关键举措，推进现代化诉讼服务体系建设。在诉讼服务中心设置跨域立案窗口，全面提供跨域立案服务；设置"24小时自助服务区"，配备诉状辅助生成机、自助立案终端和智能材料收转云柜等自助设备，指定专人负责指导当事人申请网上立案、自助立案，当事人只需通过身份证人证合一验证，即可根据操作流程在短时间内完成诉讼文书生成、材料扫描打印、自助立案、综合查询等业务，其做法已快速向发达地区看齐。

四 挑战与展望

在肯定智慧诉讼服务取得全面成效的同时，也应正视仍存在的问题。诉讼服务相关的各类应用系统仍较为分散，有待整合，特别是诉讼服务平台与执行平台还没有形成联动；各类应用的流程节点、系统功能等融合有待提升。已有应用软件的自动化、智能化程度还有很大提升空间；当事人及其代理人的用户体验不够友好，"槽点"较多。在跨域立案方面，一些律师事务所和律师尚未登记到律师服务平台律师库中，首次注册程序烦琐甚至屡屡失败，一些地方法院对通过跨域方式立案的材料审核过于严苛，相对在本地立案难度过大。智能平台材料上传格式要求各异，上传耗时长甚至出现卡顿，上传后反馈迟缓等问题凸显。12368诉讼服务平台存在电话难打接通率低、程序空转未能解决实际问题、人民群众满意度低、新瓶装旧酒效率不高等问题。在电子送达方面，分散送达、多头送达尚较为多见，"送而不达"、当事人知情权利未得到保障的问题仍未根治。显然，智慧诉讼服务虽然在制度层面、平台层面、机制层面均有推进，但实践效果仍存在不足，人民群众获得感有待提升。

诉讼服务的智慧化，是数字法治与智慧司法的重要组成部分，对于建成中国特色的互联网司法模式具有不可或缺的支撑作用。今后，有必要将智慧诉讼服务作为国家治理体系不可或缺的组成部分，作为提升国家治理效能、增强人民群众公平感满意感的关键举措，不断改革和完善。打造实现全方位智能化、全系统一体化、全业务协同化、全时空泛在化、全体系自主化的人民法院信息化4.0版，需要智慧诉讼服务实现新的跃升。

（一）通盘统筹提升信息化智慧化

智慧诉讼服务应处理好硬件建设与应用开发、发展提升与安全保障、内部优化与外部衔接、中枢大脑与协同应用、专业精准与友好易用的关系，实现服务人民群众、服务当事人的效果最大化、最佳化。为此，要以人民为中心，坚持创新发展，深入拥抱现代科技及其前沿应用，主动融入国家创新体系，持续研发、集成、验证、转化新近科研创新成果，促进产学研用的深度融合与良性互动，进而加快科研成果转化应用和落地实施，不断提升诉讼服务信息化智慧化水平。

（二）以系统观念推进顶层规划

智慧诉讼服务的深入推进，需要坚持系统观念，做好发展规划、总体设计。在法院系统之内，以中国移动微法院为总入口，整合完善调解服务、律师服务、司法公开、保全鉴定、诉讼信访等方面诉讼服务能力，形成全国法院在立案、阅卷、送达、通知等方面提供统一服务的格局。应将智慧诉讼服务与法院普法宣传无缝融合对接，推动智慧诉讼服务进一步向前后延伸。在外部，应不断增强协同、迈向融合。未来的智慧诉讼服务，需要推动人民法院与金融、电商、调解、仲裁等行业领域的数据共享与跨链互认，支撑更为丰富的应用场景。通过高度智能、上下贯通、协同有力的系统平台，不断探索诉讼服务信息化智能化的新场景、新应用。今后，智慧诉讼服务平台将继续整合、集成而融合化，电子诉讼平台的一体化发展将是大势所趋。

（三）增强系统平台可及性易用性

智慧诉讼服务要让人民群众感到方便，获得好处。在系统平台软硬件到位之后，如何"用"起来就成为重点任务。2020 年，全国法院视频接访次数仅占信访总量的 2.3%，近 50% 的高院和辖区内法院视频接访率低于 1%，有 7 家高院及辖区内法院未使用过视频接访功能。截至 2021 年底，平台累计登记远程视频接访案件 15117 件次，办结 11342 件次。视频接访的作用虽已有所发挥，但仍处于起步阶段。网上缴费、网上证据交换、在线多元纠纷化解等功能的实际使用率也不过两成左右。使用率低导致智慧诉讼服务的效能不高，未能让各级法院、当事人、普通群众真正用得上，发挥诉讼服务智能辅助作用，产生获得感、幸福感。一站式多元解纷体系和诉讼服务体系建设，应当凸显以人民为中心的出发点和落脚点。人民群众的司法需求延伸到哪里，人民法院的诉讼服务等司法服务就跟进到哪里。在深度上，不断满足人民群众对诉讼服务专业性、精准性、可及性和易懂性的新需求和新期待，让人民群众用得上、用得起、用得好。

（四）凸显定制化个性化精准化

类型不同、情形不同，企业群众对诉讼服务需求迥异。传统的诉讼服务电子化更多解决信息数据的传输问题，以使得诉讼服务获取更快捷、更高效，但其服务内容供给仍具有一般性，尚未能提供"量体裁衣"式的诉讼服务。根据特征画像，提供差异化、个体化、定向化直至精准化的诉讼服务；提升诉讼服务的数据驱动导向、知识生成能力和智能服务质效，为诉讼当事人、代理人和普通群众提供针对性的数据分析服务，应当是智慧诉讼服务今后的发力方向。

（五）强化安全保障，消除可能风险

诉讼服务信息化的安全，关乎法院网络安全乃至经济安全、国家安全。诉讼服务在充分、深度应用前沿科技的同时，还应提升网络风险意识，注意其安全可靠性。在推进诉讼服务智慧化的同时，应当重视国家安全的保障，保障数据信息安全。比如，有的法院通过对接公安机关人口信息系统，采取人脸识别方式核验身份。这些法院应当严格遵守关于人脸识

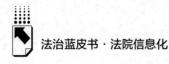
别的法律法规要求，并履行告知义务，征得当事人明确同意。为此，各级法院应不断强化网络安全意识，制订与智慧诉讼服务相配合的网络安全标准和制度体系，落实网络安全主体责任，为智慧诉讼服务提供安全可靠的技术支撑。

B.4

中国法院"智慧执行"
第三方评估报告（2021）

中国社会科学院法学研究所法治指数创新工程项目组 *

摘　要： 2021 年，随着"十四五"规划的实施和《数据安全法》的出台，中国法院的执行工作迎来新的机遇和挑战，执行信息化建设围绕"1＋2＋N"执行信息化体系，不断深化执行指挥中心实体化运行机制，完善执行流程信息管理系统，拓展网络查控系统功能，推行"执行一件事"综合集成改革，推进执行全流程无纸化办案，运用物联网对执行财产进行精细化管理，应用大数据助力执行与社会治理，建立与执行系统匹配的规则体系，推动区域性智慧执行系统优先建成。在信息化的加持下，中国法院的执行工作获得高质量发展，向"切实解决执行难"目标又迈出了实质性的一步。未来，应在法治轨道上推进执行信息化建设，着力提升系统集成度和智能化水平，改善用户体验；加强配套机制建设，最大化释放系统潜能；树立安全思维，防范执行数据泄露和不当利用；摈弃形式主义和官僚主义，避免沦为形象工程而最终导致浪费；注意防范廉政风险，努力建成廉洁工程。

---

* 项目组负责人：田禾，中国社会科学院国家法治指数研究中心主任、法学研究所研究员，中国社会科学院大学法学院特聘教授；吕艳滨，中国社会科学院法学研究所法治国情调研室主任、研究员，中国社会科学院大学法学院宪法与行政法教研室主任、教授。项目组成员：王嵩、王才英、王小梅、王亚慧、王祎茗、王诺兰、车文博、冯迎迎、刘雁鹏、米晓敏、孙东宁、张喆姝、武万发、周丹、郑紫琴、胡昌明、姜苗、洪梅、栗燕杰、廖娅杰等（按姓氏笔画排序）。执笔人：王小梅，中国社会科学院法学研究所副研究员。

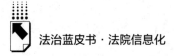
关键词： 法院信息化 智慧执行4.0 数据安全 廉洁工程

执行作为法院的核心业务之一，通过兑付生效裁判，实现当事人的胜诉权益，以维护社会公正和交易安全、捍卫司法权威、提升司法公信力。信息技术革命必然带来司法模式转变，在信息技术的加持下，中国法院的执行模式和执行生态发生了深刻变化，执行案件从立案受理、财产查控、司法拍卖、案款发放到失信曝光、联合惩戒、监督管理，实现了全流程、全方位、立体化的网上运行。2021年，中国法院执行工作迎来新的形势和机遇，信息化建设围绕"1+2+N"执行信息化体系，通过不断优化、融合、集成、赋能，进一步巩固"基本解决执行难"成果，推动新时代执行工作高质量发展，为切实解决执行难奠定了坚实的物质基础。

一 背景：2021年中国智慧执行面临新形势

2021年，中国法院的信息化建设和执行工作进入新的历史发展阶段，面临新的机遇和挑战。2021年可谓建设规划年，这一年不仅是国民经济和社会发展第十四个五年规划的开启之年，也是首个法治中国建设五年规划的实施元年。1月，中共中央印发《法治中国建设规划（2020~2025年）》，将"建设公正高效权威的中国特色社会主义司法制度"作为目标之一，提出要"深化执行体制改革，加强执行难综合治理、源头治理"。3月，全国人大通过了《国民经济和社会发展第十四个五年规划和2035年远景目标纲要》，提出要"加强公共数据开放共享"，推进数据跨部门、跨层级、跨地区汇聚融合和深度利用，并明确"加强智慧法院建设"。同时，2021年也是标准化年，中共中央、国务院印发了《国家标准化发展纲要》，提出"推动行政管理和社会治理标准化建设"，包括重点推进审判执行标准的制定和推广，相应地，中国法院执行信息化建设也将向标准化方向发展。2021年是中国共产党成立100周年，根据中央部署，全国深入开展党史学习教育和政法队伍教育整顿，对公正执行、廉洁执行提出更为严格的标准和要求，法院在推动执行信息化建设中要注意防范廉政风险。2021 年，随着《中共中央 国务院关于支持浙江高质量发展 建设共同富裕示范区的意见》的发布，推动共同富裕成为一个全新的时代课题。习近平总书记指出，在向第二个百年奋斗目标迈进的过程中，为适应社会主要矛盾的变化，更好满足人民日益增长的美好生活需要，必须把促进全体人民共同富裕作为为人民谋幸福的着力点①。切实解决执行难、依法保障胜诉当事人及时实现权益也是实现共同富裕的必然要求和重要路径。

近年来，互联网、大数据、云计算、人工智能、区块链等信息技术的更新迭代、广泛应用，为数字经济健康发展提供了重要机遇。2021 年，《数据安全法》颁布，明确"国家大力推进电子政务建设，提高政务数据的科学性、准确性、时效性，提升运用数据服务经济社会发展的能力"②。当下，全国各级法院执行工作处于提速换挡的关键时期，提高执行数据安全性也必然成为法院执行信息化建设的着力点。2021 年 5 月，最高人民法院制定《人民法院信息化建设五年发展规划（2021～2025)》，提出"优化完善安全管控和安全运营类基础设施""健全补强云安全体系""健全补强数据安全体系""构建体系化主动安全防御机制"等。7 月，四川省人民代表大会常务委员会发布《四川省人民代表大会常务委员会关于加强人民法院执行工作 推动切实解决执行难问题的决定》，强调"加大执行信息安全保护力度，严格信息调取使用等权限、程序、责任，防止信息泄露"。

二 成效：继续优化执行信息化体系，助推执行工作高质量发展

在努力实现"基本解决执行难"目标的攻坚阶段，中国法院执行信息

---

① 习近平：《扎实推动共同富裕》，《求是》2021 年第 20 期。
② 《数据安全法》第 37 条。

化建设呈现大开大合的大建设大发展态势，全国法院基本建成了"1＋2＋N"执行信息化体系，即以执行指挥中心综合管理平台为核心，以四级法院统一的执行办案系统和执行公开系统为两翼，以网络查控、评估拍卖、信用惩戒、执行委托等N个执行办案辅助系统为子系统的执行信息化系统。2019年，"基本解决执行难"阶段性目标实现之后，执行信息化建设也结束了大刀阔斧、突飞猛进的发展阶段，进入精雕细琢、优化提升、深度应用的新阶段，谋求技术加持下执行工作的高质量发展。2021年，中国法院的信息化建设在新的形势下围绕"1＋2＋N"执行信息化体系，通过不断优化、融合、集成、赋能，不断深化执行指挥中心实体化运行机制，完善执行流程信息管理系统，拓展网络查控系统功能，推行"执行一件事"综合集成改革，推进执行全流程无纸化办案，运用物联网对执行财产进行精细化管理，应用大数据助力执行与社会治理，建立与执行系统匹配的规则体系，推动区域性智慧执行系统优先建成，为切实解决执行难、创造更高水平的数字正义奠定了坚实的物质基础。另外，需要指出的是，2021年中国执行信息化建设发展创新主要集中在浙江、江苏、上海、广东等沿海发达省市，内地和中西部省份则主要是对现有执行系统和平台的应用。

（一）深化执行指挥中心实体化运行机制

与审判不同，为最大限度整合资源、提高效率，执行工作需要建立上下一体、横向联通的统一管理、统一协调、统一指挥体制。经过几年的努力，最高人民法院部署贯通全国的执行指挥中心综合管理平台，初步实现上下一体联动、内外协调统一的执行指挥中心实体化运行机制。执行指挥中心实体化运行是一场执行工作理念和管理模式的重大变革，执行不再是各自为战，而是将执行指挥中心作为管理中枢，逐步实现统一管理、协调、指挥、决策。2021年，不少法院将深化执行指挥中心实体化运行作为执行信息化建设的努力方向，部分基层法院也启动了执行指挥中心的实体化运行，组建执行团队，不断推行执行事务集约化办理，探索执行案件的繁简分流。

2021年，江苏法院全面推进"三统一"管理体制改革，实现辖区执行

"一盘棋"。近年来，江苏省高级人民法院搭建执行指挥中心实体化运行"854 模式"，并不断迭代升级。2021 年，江苏全省法院共组织协同执行近百次，将执行指挥中心"最强大脑"和执行实施"最强团队"紧密融合，促使执行资源纵向共享、全域调度，形成全省执行"一盘棋"，实现执行合力。江苏各地也不断深化执行指挥中心实体化运行，并将之作为法治建设的重要方面，如中共南京市委办公厅印发《法治南京建设规划（2021～2025 年)》，提出"深化执行指挥中心实体化运行"。

从全国来看，执行指挥中心实体化运行并不同步，部分基层法院的执行指挥实体化运行刚刚起步。2021 年，贵州省高级人民法院出台《关于 2021 年推进全省法院"切实解决执行难"的 30 项具体举措》，强调要突出实战应用，切实推进执行指挥中心实体化运行。3 月，云南省高级人民法院印发了《关于开展第二批执行指挥中心实体化运行暨"标准化集约执行工作模式"改革试点工作的通知》，以执行事务集约、团队快慢分道、案件繁简分流、质效提速增效为改革目标。8 月，内蒙古自治区科右前旗人民法院召开执行指挥中心实体化运行启动部署会，宣读了《科右前旗人民法院执行指挥中心实体化运行方案》，对执行指挥中心实体化运行进行了全面安排部署。10 月 9 日，内蒙古自治区呼伦贝尔市牙克石市人民法院召开执行指挥中心实体化运行推进会，部署建立"执行指挥中心＋执行团队"运行模式，以落实人民法院执行指挥中心实体化、集约化、标准化、模块化、规范化工作要求。10 月中旬，内蒙古自治区包头市中级人民法院执行指挥中心实体化运作开始试运行，在指挥中心设立事务团队、管理团队、快执团队，全面推行"大中心小团队"机制模式，改变传统的执行包案到底方式，依托信息化，建立分段式、集约化、专业化的新型办案模式。

（二）完善执行案件流程信息管理系统

为破解执行管理难题，2016 年，最高人民法院研发上线全国法院执行案件流程信息管理系统，为 8 类执行案件设置 37 个关键节点，将网络查控、执行公开等相关业务集成到系统中，经过不断推广应用，实现全国法院全覆盖、执行干警全覆盖、执行案件信息全覆盖，规范了业务流程、执行主体、财产管理、文书样式和结案管理。2021年1月，最高人民法院升级改造办案平台，按照全流程无纸化网上办案、全链条立体式司法公开要求，实现覆盖收案、立案审查、审理、结案、排版、签章、印制、归档等全流程，落实文书公开、流程公开和庭审公开工作要求，实现办案平台与信访平台、审委会系统、科技法庭系统、机关人事系统等其他业务系统的互联互通、信息共享功能，全面提升办案平台性能，切实解决一线审判人员、审判辅助人员及各审判管理主体工作中的痛点难点问题。最高人民法院完善了执行指挥管理平台功能，健全"一案双查"工作机制，建设"异地执行"系统。

各级法院推行执行管理创新。2021年，广东省江门市中级人民法院将线下执行案件精细化管理流程搬到线上，开发建设执行案件繁案精细化管理系统，对执行案件每一个节点进行智能化管理，包括约69个事项120个监管点（其中简案25个事项40个监管点，繁案44个事项80个监管点），使执行工作模式实现质量、效率、效果有机统一，从而实现执行实施办案高水平运作、高质量发展，切实解决执行难。江苏法院升级系统，实现对执行标的物的可视化动态管理。为解决财产处置不及时问题，江苏法院将33万件执行标的物纳入系统管理，实时了解每一个执行标的物的查封、冻结、处置情况，并通过执行工作运行态势可视化分析系统，随时调看现场执行视频情况，随时回放信访电话、举报电话等音频情况，实现对执行行为的监督和规范。浙江法院依托系统实现对执行质效和执行绩效的双重管理。浙江法院在全面梳理和规范执行实施、异议审查、执行监督、执行保全等各种案件的办理流程、节点的基础上，依托智慧执行2.0系统对每一个案件进行质效监控，并能对每一个执行人员的工作绩效进行实时动态画像，还可以全面掌握省、市、县（区）不同层面的执行工作指标，以便统筹管理和调度。

（三）拓展和完善网络执行查控系统功能

财产调查和控制是执行的核心业务。最高人民法院和地方法院以信息化推动法院财产调查模式转型升级，建立了以"总对总"财产查控为主，"点对点"财产查控为辅的网络执行查控体系，实现了财产调查方式的现代化变革。2021 年，最高人民法院和地方法院不断健全完善网络执行查控体系，将更多类型的财产纳入网络执行查控系统，并不断增强网络执行查控系统功能，提升查控自动化程度，并加大财产调查的协查力度，进一步扩充了执行查控系统协查部门。截至 12 月底，全国法院通过网络查控系统累计查控案件 10971.80 万件，累计冻结资金 18941.46 亿元，查询房屋、土地等不动产信息 34967.56 万条，车辆 14733.10 万辆，证券 23535.34 亿股，渔船和船舶 371.79 万艘，网络资金 760.22 亿元。网络执行查控系统共计线上协助查询部门 3992 个、协助冻结部门 3963 个、协助扣划部门 3929 个①。

深度应用推广不动产登记远程查控系统。2021 年，重庆市高级人民法院升级和完善"点对点"不动产网络查询系统，上线不动产登记远程查控系统，新增线上查封、裁定过户等功能，建立覆盖市域范围的不动产线上查控机制。根据循序渐进的原则，重庆市"点对点"不动产网络查控系统已向全市法院开放"不动产查询"功能，"不动产远程查封"和"裁定过户"等功能仅在两江新区（自贸区）法院试运行，待条件成熟再向全市推广。借助不动产远程查控系统，执行人员可以线上查询当事人的不动产信息，部分案件可以实现不动产的线上查封、解封、续封以及司法过户，重庆的执行工作再上一个台阶。另外，广东省高级人民法院与广东省自然资源厅联合印发《广东省自然资源厅　广东省高级人民法院关于开展不动产登记协助网上执行工作的通知》，以人民法院执行被执行人不动产的需求为导向，密切人民法院与不动产登记机构的互信与深度协作。通过"不动产登记 + 法院服务"，广东法院在省域内实现了不动产查控"四个网上"，即网上查封、网上续封、网上解封、网上过户。

建立不动产、矿业权网络执行查控机制。2021 年，新疆维吾尔自治区高级人民法院与自治区自然资源厅达成协议，合作建立数据共享的"点对点"网络执行查控机制，实现对被执行人不动产、矿业权登记信息的网络

---

① 数据来自人民法院执行查控系统。

化和自动化查控。根据协议，对于人民法院执行程序（包括诉讼保全）中的生效法律文书所确定的被查控人（法人、非法人组织、自然人）的不动产、矿业权登记信息，自治区自然资源厅有义务协助进行网络电子公文交换，实现共建共治共享。

加大对被执行人机动车辆的查找力度。苏州工业园区人民法院与苏州工业园区综合行政执法局签订了《关于协助查找被执行人机动车辆的工作协议》，借助苏州工业园区综合行政执法局公共停车管理平台，提高查找涉案机动车辆效率。

加强公积金线上查控和协作执行机制。深圳市中级人民法院与市住房公积金管理中心共同签署《关于开展执行联动信息化工作的协议》。根据协议，深圳市住房公积金中心提供"不见面办理"和"零跑路"服务，帮助深圳法院实现了全市范围内公积金协助查询、冻结、扣划事项足不出户全程信息化、网络化快捷办理。

（四）推行"执行一件事"综合集成改革

尽管最高人民法院在全国建立了"1＋2＋N"执行信息化体系，实现了财产查控、司法拍卖等重要执行事项的网上办理，但是仍有一些事项如不动产登记等尚需线下办理，在一定程度上消解了网络执行带来的便利。2021年，浙江法院将数字化改革成果延伸和应用到司法领域，推行"执行一件事"综合集成改革，推动更多高频执行事项网上办理。

上线"综合治理执行难E键联办"平台。2021年初，结合全域数字法院建设和"执行一件事"综合集成改革，浙江省宁波市奉化区人民法院启动研发"综合治理执行难E键联办"平台。该平台依托浙江政务网和浙政钉平台，将综合治理执行难各相关单位拉入"一张网"，分散在各单位的协助执行事项汇集到"一个平台"，实现了执行领域协同场景的运用，实现"一网通办""全程留痕""实时可见"。目前，平台已横向联通29家职能单位和金融机构，纵向贯通全区12个镇（街道），下设财产查控、信息查询、执行协控、司法网拍、打击拒执、联合激励6个模块，将绝大多数高频执行协助事项整合到平台上。

推动执行"一张网"办理。针对执行案件办理过程中资产处置调查难、跨域执行效率低、财产办证手续繁等问题，绍兴市中级人民法院在全市两级六地380余个单位和部门搭建一张四通八达的线上执行网络，将原先分散在多个部门的70多个高频协助事项全部集成到一个系统集约办理，一键完成信息通查、查解冻扣、拍卖过户、联审联办、惩戒激励等业务的在线办理。2021年1~8月，绍兴全市法院在线办理协作事项16000余次，完成跨域事项协作1200余次，联审后拍卖成交866件，成交金额38.5亿元，办理权证585本①。

应用司法网拍不动产登记"一件事"办理平台。为解决不动产司法网拍成交后存在的办证手续繁、执行效率低等问题，宁波市中级人民法院与宁波市自然资源和规划局深度运用数字化改革成果，协同国家税务总局宁波市税务局等单位，在全国首创全市域司法网拍不动产登记全流程线上办理新模式，实现买受人"不见面""零次跑"目标。"司法网拍不动产登记'一件事''零次跑'改革有效打通了司法和行政之间的壁垒，将单一、条块分割的部门多头、交叉、重复管理，向多元管理主体的链条式协同治理转变。"宁波司法网拍不动产登记"一件事"办理平台，打造了一条从不动产拍卖成交到权证办理的全流程闭环管理路径，涵盖税费函询、移动微法院引入、发起嘱托、税款征收、办理权证五个环节。

（五）推进执行全流程无纸化办案

执行全流程无纸化建设是贯彻"创新、协调、绿色、开放、共享"新时代发展理念，推进人民法院信息化建设转型升级的重要举措，是全面推进司法数字化改革的前提和基础。近年来，在最高人民法院的推动下，各地法院推进执行全流程无纸化办案，推进电子卷宗在执行案件办理全流程中的深度应用，避免电子和纸质卷宗档案同时流转加重法官负担。

---

① 《绍兴法院推行执行"一件事"改革扩面增效：70多个高频事项集约办理真正实现数据替当事人"跑腿"》，《法治日报》2021年9月24日，第3版。

探索全流程无纸化智慧执行。2021年，为破解当前执行工作中的难点痛点，上海市高级人民法院依托"全流程管控的精细化执行技术及装备研究"国家课题，依照最高人民法院"智慧执行"的智能化标准，运用图文识别（OCR）、自然语言理解（NLP）、知识图谱等人工智能技术，结合数据统计、数据治理、数据清洗等大数据技术与区块链技术，研发全案信息自动回填、全案文书自动生成、网络查控自动启动、执行节点自动提醒、终本案件智能自动核查、案款发放信息智能核对等功能，在基于图文识别（OCR）功能的电子卷宗深度应用、基于大数据的被执行人智能画像和财产线索与行踪线索智能挖掘、基于区块链技术的执行办案全过程上链存证以及刑事案件案款智能核发等方面实现创新突破。全流程无纸化智慧执行以电子卷宗随案同步生成深度应用为抓手，大力推进电子签章的应用，推动实现执行全流程集约化办案。通过加强数据分析与再利用，真正减轻法官工作量、提升执行案件的办案效率；通过加强过程提醒与公开，规范执行办案指引，以智能化促规范；通过风险管理精细化、终本管理精细化，破解执行过程监督难题，严格规范终本适用程序；通过执行办案信息自动公开，运用区块链技术防篡改特点，有效提升司法公信力。

应用"两管一控"平台，推进执行数字化转型。江苏省苏州市中级人民法院依托"无纸化"办案模式，在全国率先打造以"可视化"监管、"三统一"案管、"网络化"查控为核心的"两管一控"数字化执行系统。依托"三统一"案管平台，交叉执行等涉及案件移转的事项、查人找物等事务性指令以及商请移交处置权等工作协调事项，均可以线上申请、处理、反馈，相关案件信息和电子卷宗材料一键移转，纸质材料不再线下送交。依托"可视化"监管平台，院局长可以实时了解不同法院的执行质效，甚至具体案件案款退付、标的物处置等情况，及时催办提醒，杜绝消极执行，当事人可以获取重要流程节点信息及必要电子卷宗材料，及时了解案件进展。依托"网络化"查控平台，银行存款、不动产、公积金、车辆等财产均可实现线上查询、查封、解封、划拨、过户，查控财产自动纳入标的物精细化管理流程，真正做到对被执行人财产的"一网通办"。"两管一控"数字化执行系统实现了案件全程网上流转、网上留痕、网上监管，推动执行模式从"办案"向"办事"转变，形成了"横向协同、纵向贯通、市域一体"的执行工作格局，有效提升了执行质效和规范化水平。

推行全要素全流程无纸化办案新模式。浙江法院建设统一的无纸化办案办公平台，在全省各级法院全面推进"无纸化办案"改革，以全流程无纸化推进全方位智能化，加快实现审判体系和审判能力现代化。浙江法院无纸化办案对传统线下办案模式的革命性变革，突出"全流程、全要素、全覆盖"，着力推进贯穿立案、调解、审理、合议、裁判、执行、结案、归档等环节无纸化办案模式，通过新一代信息技术与司法审判的深度融合，深化电子诉讼体系建设和办案运行机制创新，努力打造信息时代司法智能化建设新高地，进一步增强人民群众和办案人员的获得感。浙江法院无纸化办案推行三项治理，即全面加强卷宗治理，从源头上减少纸质材料；全面加强流程治理，将电子卷宗应用于办案全流程；全面加强行为治理，形成无纸化办案新常态。"卷宗＋流程＋行为"三项治理，化繁为简，从审判执行工作的三个基本剖面出发，形成"点线贯通，人机共行"的推进举措，形成"以在线办理为原则、以线下办理为例外，线上线下协调一致、互联互通"的办案新模式。

（六）运用物联网对执行财产进行精细化管理

推广"物联网＋执行"。2020 年 9 月，江苏省无锡市中级人民法院积极探索"物联网技术"赋能"智慧执行"的新路径，使用物联网电子封条、物联网称重系统和物联网财产监管系统。无锡市中级人民法院运用物联网感知技术研发物联网电子封条，实现对被执行财产的"活"查封；将感知器安装在起重设备上，研发物联网称重系统，实现对特殊动产的"快"处置；研发物联网查封财产监管系统，将对"特定财产"的监管发展为对"特定价值财产"的监管，实现对被执行财产的"智"监管。无锡两级法院已使用 125 条物联网电子封条，因案件执行完毕或查封标的物依法成交的 70 件，执结标的 3.5 亿余元，成功查找到被执行人 52 人。目前，"物联网＋执行"在江苏全省法院得到推广应用。

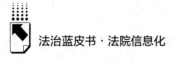

（七）应用大数据助力执行与社会治理

建立执行线索智能分析系统。2021年3月，吉林省磐石市人民法院作为试点法院之一，应用"易执行—智能线索分析平台"，开启"互联网＋执行"新生态。"易执行—智能线索分析平台"包含"鹰眼查询""失联修复""失信曝光"三大功能模块：通过与金融系统"点对点"平台对接，快速查阅被执行人名下财产、消费行为，为执行法官提供分析判断被执行人履行义务行为能力的数据参考，从而确定被执行人是否存在违法或虚假申报财产的行为，或有能力而拒不履行法定义务；协调电信运营商、互联网企业、网络监管机构，整合移动全网数据资源，全链路查找被执行人常用电话、绑定地址及活跃邮箱，依托应用通信运营商LBS位置校验修复技术，获取被执行人有效联系方式，提升送达效果和精准度；依托大数据技术、区块链技术，与银行、移动运营商、市场监督管理局等单位进行精准数据对接，对被执行人金融消费信息、被执行企业经营情况进行多层级查询分析，全方位立体化展现被执行人、企业经济状况，借助区块链技术进行全流程上链存证，与失联被执行人建立沟通，对失信被执行人进行曝光，助力法官开展执行工作。

大数据分析系统精准判断履行力。江苏省无锡市中级人民法院研发大数据分析系统，对被执行人的相关信息进行自动汇总、梳理和分析，对被执行人的履行能力进行精准判断。该大数据分析系统具备展示、分析、综合研判等功能。首先，以可视化形式将被执行人通过数据分析后的基础信息、统计信息进行直接展现；其次，对"总对总"和"点对点"查控系统查到的资产以及线下走访调查到的被执行人相关财产的数据进行价值分析，最终形成对被执行人主要资产情况的综合分析报告；最后，综合被执行人可供执行资产、所欠债务、财产权利限制或处置、社会信用等情况，根据预设大数据分析模板，研判被执行人履行能力及需要急于处置的财产等综合情况，最终形成被执行人履行能力分析报告。

挖掘执行大数据服务社会治理。浙江法院运用大数据分析功能，定期对执行办案中的各类信息进行整合、归集、分析，智能形成数据分析报告，从中发现公共决策、行业监管、社会治理等方面存在的问题和漏洞，助力人民法院充分发挥职能延伸作用，及时向有关单位、组织发送司法建议，积极参与社会治理，推动社会治理体系的完善和治理能力的提升。

（八）出台与信息系统相匹配的规则制度

再完美的系统，也需要相应的制度予以配合，否则难以发挥应有的效果。以执行查控系统为例，如果没有明确的时限要求，即使功能再强大，也无法实现财产的及时查询、控制和处置。为最大限度发挥执行查控系统的功能，2021年，北京市高级人民法院出台《关于进一步提升财产查控处置质效的意见》，为财产查控处置规定期限，如财产线索接转时限，发起"点对点"查询、"总对总"查询的期限，线上或线下采取控制措施的时限，通过执行事项委托平台发起委托的时限以及发布网络司法拍卖公告、拍卖的财产移交买受人或者承受人的时限等。

（九）优先建成区域性智慧执行系统

中国法院的智慧执行建设在各地区发展不平衡，并呈区域竞争态势。在中国法院智慧执行4.0版建成之前，一些经济发达省市利用先发优势率先搭建相对完善的区域性智慧执行系统。

江苏省无锡市中级人民法院搭建的智慧执行系统具备以下几个方面的优势和特点。一是实现一键登录，全域使用。根据执行法官的办案习惯和办案需求，为每个法官或局领导、院领导等不同角色开通个人定制的系统功能，使用者界面只配置自己所需的常用功能，与职能无关的相关系统功能自动屏蔽，对信息化产品进行瘦身整合，有效解决了多系统、多网页频繁切换，多用户、密码重复录入等问题，推进界面整合、数据整合、流程整合。二是执行视频谈话自动生成谈话笔录。无锡市中级人民法院在执行视频谈话系统内嵌语音识别引擎，将双方视频谈话内容实时转换成文字材料，并整理成执行笔录，准确率高达96.04%。执行视频谈话系统具有登录简单方便、上线实名认证、全球实时对接、笔录自动生成、全程录音录像等功能。三是智能办公。智慧执行系统具备"一键立案、一键查控、一键拍卖、一键结案"等功能，并可以实现一键采集案件信息、一键录入财产、一键生成失信悬赏公告、一键更新数据报表等，极大提高执行效率。

浙江法院建成智慧执行 2.0 版。2020 年初，浙江高院组织研发智慧执行 2.0 版，持续优化系统和功能，并先后在温州两级法院全面上线试运行。2021 年 1 月，浙江法院智慧执行 2.0 版在全省法院全面上线使用。浙江法院智慧执行 2.0 版在全面梳理办案流程节点的基础上，实现"网上立案""跨域立案"，向当事人同步推送财产查控结果。智慧执行 2.0 版在自动化方面表现突出，从抓取流程节点和关联案件信息到完成当事人信用画像，从财产查控到网络询价，从文书的生成、送达到电子卷宗制作，均实现了自动化。

三 问题与对策：依法推动，打造务实、智能、安全、廉洁的精品工程

在智慧法院建设中，执行领域的信息化建设起步早，尤其在"基本解决执行难"过程中实现跨越式发展，发挥了增速提效的作用，但仍面临不少问题与挑战，如执行信息系统本身集成度和智能化水平还不能满足期待，用户体验有待提升；有的地方法院处于被动、消极状态，配套机制的缺失使得现有的信息系统未能完全发挥作用；有的信息系统在立项之初就受制于形式主义、官僚主义而沦为形象工程最终导致浪费；《数据安全法》《个人信息保护法》的出台对执行数据的安全性与合理使用提出更高要求；高额的资金投入诱发廉政风险，信息化建设成为政法系统教育整顿的重点领域。面对这些问题与挑战，有些需要进行技术攻坚，有的需要扭转观念、提高认识，还有的需要引入更有效的监督机制。未来，应提升系统集成度和智能化水平，改善用户体验；树立安全思维，防范执行数据泄露和不当利用；完善配套机制，最大化释放信息系统的潜能；摈弃形式主义和

官僚主义，避免沦为形象工程而最终导致浪费；加强监督，努力建成廉洁工程。

（一）提升系统集成度和智能化水平，改善用户体验

尽管执行信息化在系统融合集成方面有长足的发展，但是以统一工作桌面为统一入口的集成化办公办案体系尚未建成，各类应用的流程节点、系统功能、数据资源的全面融合尚待设计，核心业务链条各环节的辅助支撑水平还不够自动和智能。系统分散，自动化程度不高，是信息化建设发展到一定阶段普遍面临的难题。在法院执行领域，由于事务性太强，所涉行业、部门多，执行信息化集成建设还受制于相关行业部门的信息化程度。要加强融合集成，有效整合完善各类应用系统，提升系统的自动化和智能化水平，不仅需要投入大量的资源攻克技术难题，探索更多的新技术应用场景，也有待其他行业部门的信息化提升，有赖于更多部门转变观念，在遵守维护国家安全政策的前提下，开放共享数据，推动更多业务的线上办理。

（二）完善配套机制，最大化释放系统潜能

信息系统效能的发挥，一方面依赖于信息系统自身的智能化水平，另一方面也需要相应的配套机制。以网络查控系统为例，要及时快捷找到和控制被执行人的财产，不仅有赖于查控系统功能的提升，也与执行人员是否及时提起查询和控制有关系，并且在案多人少的情况下，还需要对执行事务进行集约化和团队化改革。因此，在对查控时限建章立制、积极推进执行集约化团队化改革的地方，网络查控系统发挥的效能较好，也能真正实现执行模式的革新。相反，在消极、被动使用信息系统，而未积极推动相关配套机制的地方，不仅信息系统的潜能得不到充分发挥，执行模式也未发生真正改变。未来，应加强区域交流协作，发挥先进地方的示范效应，鼓励落后地方扭转观念，积极探索完善配套机制，最大化释放执行信息化体系的潜能。

（三）树立安全思维，防范执行数据泄露和不当利用

信息化发展到一定阶段，加强数据安全显得愈发重要。新出台的《数据安全法》明确提出，"国家机关应当依照法律、行政法规的规定，建立健全数据安全管理制度，落实数据安全保护责任，保障政务数据安全""国家机关委托他人建设、维护电子政务系统，存储、加工政务数据，应当经过严格的批准程序，并应当监督受托方履行相应的数据安全保护义务""受托方应当依照法律、法规的规定和合同约定履行数据安全保护义务，不得擅自留存、使用、泄露或者向他人提供政务数据"[①]。由于执行业务的需要，执行系统所采集的主要是被执行人的财产信息，甚至敏感信息，如企业的运营状况、个人的行动轨迹等，因此，执行信息化建设一方面要遵循《数据安全法》，另一方面还要适应新出台的《个人信息保护法》，加强个人信息保护，防止执行数据泄露和不当利用。

（四）摒弃形式主义和官僚主义，避免沦为形象工程

在现有的升迁考核机制未发生根本性变革之前，不少地方的信息化建设为了找亮点、出成绩，片面追求"全国率先""全省首次"，未在充分调研需求的基础上进行科学严谨的可行性分析。这些项目研发出来之后，要么不好用，沦为形象工程，要么因领导职务变动而沦为半拉子工程，造成资源的极大浪费。要改变这种现状，需要在宏观层面积极推进领导升迁考核机制改革；中观层面推进依法决策，落实重大决策程序法治化；微观层面加强对系统工程的跟踪评估，客观分析投入和产出比，既要建立容错机制，也要完善追责机制。

（五）注意防范廉政风险，努力建成廉洁工程

信息化建设因为巨额资金的投入往往会受到供应商的围猎，搞利益输

---

① 《数据安全法》第39条、第40条。

送。从政法队伍教育整顿的结果看，防范信息化建设中的廉政风险的任务还比较艰巨。为此，应健全制度，堵塞漏洞，加强外部监督，落实全面从严治党主体责任、监督责任，坚决惩治腐败，确保人民法院信息化建设成为廉政工程。

B.5
中国司法大数据的发展、挑战与回应

中国社会科学院法学研究所法治指数创新工程项目组*

摘　要： 中国司法大数据发展先后经历了电子化、网络化、数据化、智能化四个阶段。时至今日，各级法院通过制定数据规范、完善数据平台、提高数据质量等，加强数据链接，打通数据的"最后一公里"，为司法大数据奠定坚实的基础。在具体应用上，中国司法大数据在司法资源优化、法院智慧管理、助力疫情防控、服务社会大局以及预防司法腐败方面持续发力，为数字中国建设提供了司法样本。在肯定司法大数据建设成绩的同时，也要警惕面临的挑战，在大数据时代，资本介入大数据开发可能会造成侵害司法价值、影响司法权威、干扰司法权力的结果。未来应当完善司法制度设计避免诉讼双方不平等，建立防火墙避免干扰法官公正裁判，及时把控舆论走向。

关键词： 司法大数据　司法权威　司法公正

习近平总书记多次强调，"面对信息化潮流，只有积极抢占制高点，

---

* 项目组负责人：田禾，中国社会科学院国家法治指数研究中心主任、法学研究所研究员，中国社会科学院大学法学院特聘教授；吕艳滨，中国社会科学院法学研究所法治国情调研室主任、研究员，中国社会科学院大学法学院宪法与行政法教研室主任、教授。项目组成员：王小梅、王祎茗、车文博、冯迎迎、刘雁鹏、米晓敏、胡昌明、洪梅、栗燕杰等（按姓氏笔画排序）。执笔人：刘雁鹏，中国社会科学院法学研究所助理研究员。

才能赢得发展先机"[1]，"要运用大数据促进保障和改善民生"[2]，"要运用大数据提升国家治理现代化水平"[3]。2019 年 1 月，在中央政法工作会议上，习近平总书记再次强调，"推动大数据、人工智能等科技创新成果同司法工作深度融合"[4]。2021 年，最高人民法院发布的《人民法院信息化建设五年发展规划（2021～2025）》要求，基于大数据管理和服务平台，构建司法数据中台、智慧法院大脑和司法链综合平台，全面拓展数据和知识服务[5]。中国司法大数据的发展不仅为智慧法院建设赋能，而且间接推动了包括人大立法、依法行政、社会治理等多个方面的数字化进步。司法大数据分析报告既可以为科学立法提供重要参照，间接提高立法质量，又可以发现政府在依法行政过程中的偏差，提升执法水平，还可以发现社会治理的疏漏，增强社会治理能力[6]。可以说，随着中国法院信息化建设的深入推进，司法大数据应用已经成为中国探索数字中国建设的排头兵和阵前卒。

一　司法大数据的发展

近年来，中国司法大数据发展方向主要聚焦在数据质量本身，各级法院通过制定数据规范，明确数据来源标准和底层逻辑；通过完善数据平台，增强数据流动性；通过业务培训、专业督导、检查监督等多种方式提高数据质量；通过拓宽数据应用，挖掘数据潜在价值。

---

① 《习近平在贵州调研时强调 看清形势适应趋势发挥优势　善于运用辩证思维谋划发展》，http：//jhsjk. people. cn/article/27179687，最后访问日期：2022 年 2 月 14 日。
② 习近平：《实施国家大数据战略　加快建设数字中国》，http：//jhsjk. people. cn/article/29696290，最后访问日期：2022 年 2 月 14 日。
③ 习近平：《审时度势精心谋划超前布局力争主动　实施国家大数据战略加快建设数字中国》，http：//jhsjk. people. cn/article/29696484，最后访问日期：2022 年 2 月 14 日。
④ 习近平：《维护政治安全、社会安定、人民安宁》，《论坚持全面依法治国》，中央文献出版社，2020，第 248 页。
⑤ 参见《人民法院信息化建设五年发展规划（2021～2025）》。
⑥ 孙晓勇：《司法大数据在中国法院的应用与前景展望》，《中国法学》2021 年第 4 期。

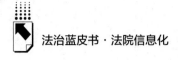

（一）制定数据规范

司法大数据建设不仅仅是数据汇总、数据统计，而且还要将数据以一定的标准和逻辑汇总在数据平台中，如此平台中的数据才能够最大限度地整合，否则数据标准和来源不统一会直接影响司法大数据建设质量。当前，智慧司法存在包括办公、办案、人事、后勤管理等多个系统，系统与系统之间、平台与平台之间、部门与部门之间的数据存在互为壁垒、"信息孤岛"现象，即便是同一系统、平台以及部门内部，数据局部共享亦可能出现碎片化的特殊情况。究其原因，乃是数据标准不统一，数据对接存在障碍。因此，制定好统一的数据规范标准至关重要。为提高数据整体水平，最高人民法院信息中心修订了《人民法院数据管理和服务技术规范》，统筹全国法院数据质量提升工作。全国各地法院在此基础上，纷纷制定法院业务数据规范，促进司法大数据建设标准化、统一化、规范化。例如，成都中院制定《数据标准管理规范》《业务信息流程规范》《业务数据格式规范》《业务数据资源目录管理规范》《业务信息范围规范》《数据库设计标准》等标准规范，据此规范指导各类平台和系统的设计以及应用，保障系统底层数据的规范性和一致性，解决审判、执行、破产、减刑假释等多个办案数据共享问题。

（二）完善数据平台

司法大数据建设是打造一批能够加强复杂应用的各种系统和平台，通过这些系统和平台打通纵向上下级法院、横向政法单位、外部协同部门之间的数据路径，提升数据融合能力，并按照顶层设计的司法数据标准规范体系进行数据整合，形成价值、规模与可靠性兼备的司法数据资源库。近年来各级法院不断完善内部平台建设，整合不同平台信息，将司法数据进行深度加工，经由各类技术手段进行采集、储存和分类，最终形成各种数据资源库，并以此支撑案由要素分析、案件情节精准判定、法规与案例搜索、人案物关联分析等促进司法高效运转的应用。例如，江西高院将案件数据、审判流程数据以及非结构化文书数据、卷宗数据进行整合分类，纳入司法数据资源中心，并形成包括司法实体库、基础信息库、司法知识库、司法专题库在内的数据资源库。有的法院将已有的平台细化，在方便当事人参与司法活动的同时，强化数据搜集的科学性和准确性。例如，南通法院将破产案件平台进一步细化，开发出破产案件审理平台、破产案件管理平台、债权人登录平台、债务人登录平台四个子平台，既方便法官、债权人、债务人登录平台，又能够分类统计数据。

（三）提升数据质量

真实、可靠、准确、完整的数据是司法大数据建设的基础，是司法大数据深化应用的前提。近年来，全国各级法院通过各种创新举措，不断提升司法大数据的质量。有的法院通过加强业务培训，强化信息录入指导，从源头上提升案件信息的数据质量。例如，安庆法院定期开展案件信息录入培训，以规范案件信息录入工作，提升录入数据的规范性、准确性和完整性，从源头上强化数据质量。有的法院则将案卷材料与案件节点信息录入进行比对，检查案件录入的完整度和准确度，并将其作为结案的前提条件。例如，黄山中院严格结案扎口管理，要求各业务庭庭长对该庭报结前的案件信息数据录入情况与纸质卷宗进行检查后方可报结，审管办在确保案件主要信息数据录入准确、完整、及时的情况下予以结案。有的法院将案件承办人确定为数据质量第一责任人，建立了数据质量通报制度，倒逼案件承办人加强责任意识，推动案件信息质量稳步提升。经过全国法院的不懈努力，司法数据质量有了较大提升。2021 年全国法院数据汇聚的平均置信度为 98.72%，全国范围 32 个地区的案件数据覆盖率为 99.95%，案件数据合格率为 99.28%，案件数据及时率为 90.35%。

（四）拓宽数据应用

各级法院在强化多源数据融合的基础上，不断加强司法数据的分析研究能力，在推动审判业务智能化应用的同时，充分挖掘司法大数据的各种潜在价值。如今司法大数据不仅能够为自动分案、人案关联分析、审判态势数据搜索、智能场景应用等提供基础，而且还逐步实现数据应用外溢，联合政府数据共同帮助地方党委决策。例如，浙江省高院对全省金融案件进行实时数据统计采集，对案件分布、当事人特征、金融机构出险量等数据进行智能化分析和展示，助力法院系统从"经验决策"向"数据决策"转变。同时，法院积极打破壁垒，让司法大数据和政务大数据有效融合、实时共享，为党委、政府金融决策提供司法数据参考，辅助防范化解金融风险。

二 司法大数据的应用

（一）大数据助力资源优化

智慧法院建设是解决法院案多人少矛盾的重要思路。一方面，司法大数据可以对案件难易程度进行划分，并在此基础上核定法官工作量，通过科学分配工作强度，优化审判资源分配，以期达到缓解案多人少矛盾的目的。例如，遵义中院以审判大数据为基础，结合个案难度、审判时长、办案流程等多个元素，研发出饱和度分析系统。该系统能够得出法官在当下状态的核心工作量数值，让分案从过去单纯的数量平均过渡为案件难易程度均衡，不以案件绝对数评价法官工作量，为每一个法官科学分配案件。另一方面，司法大数据还可以有效实现繁简分流，将简易案件分流至速裁团队，极大提高案件质量和审判效率。例如，通过大数据分析，沧州法院结合不同类型案件案情复杂程度，将类型案件分为重点案件、简单案件和普通案件三档。重点案件自动标记为"四类案件"进行监管，由院庭长或承办法官担任审判长；简单案件自动分流至速裁团队，实行集中审理；其他普通案件实行系统随机分案，大幅度提高了案件质量和审理效率。2020年沧州法院适用简易程序案件达到88.20%，案件平均审理天数39.1天，同比下降8天。

（二）大数据促进智慧管理

大数据能够在一定程度上提高司法管理效率，优化日常工作细节，辅助司法决策分析。在提高司法管理效率方面，四川法院以大量庭审数据为基础，设计出智能庭审巡查系统，该系统学习了超过 2000 个小时的视频音频资料，可对超过 20 类典型庭审违规违纪行为和语言进行标注，无须人为检查就能从海量的音频和视频资料中识别出庭审违规行为，极大提升了审判管理的工作效率。在优化日常工作细节方面，晋中法院通过司法大数据平台直接获取案件信息，将其精准推送至外网直播，避免手动录入差错，提高工作效率，让司法公开更加规范，群众更加满意。在辅助决策分析方面，贵州法院逐步形成了以数据中心、案件知识图谱以及法官业绩为核心的智能管理系统，可以从不同维度分析案件数据情况，形成多元化案件数据分析结论，为法院辅助决策分析奠定基础。在裁判文书检查方面，司法大数据能够快速有效发现裁判文书中存在的各类瑕疵，在提高裁判文书质量的同时，为法官节约了大量的办案时间。例如，截至 2021 年底，上海法院共分析裁判文书 82 万余篇，瑕疵占比 35.71%，比 2020 年降低 6.07 个百分点。

（三）大数据助力疫情防控

突如其来的新冠肺炎疫情打乱了社会生活的正常节奏，为研判疫情引发的社会风险，全国部分法院对抗击 SARS 过程中涌现的案件进行大数据分析，预测可能出现的社会矛盾、舆情风险等内容，为地方应对疫情提供了重要参考借鉴。例如，2020 年新冠肺炎疫情期间，嘉兴市中级人民法院针对重点领域、重大风险开展"专项化"司法大数据分析，向市委、市政府和浙江省高级人民法院报送《关于新冠肺炎疫情对我市经济运行和社会治理潜在影响的专题分析报告》，研判、预测辖区中小微企业经营风险、商贸综合体运营风险、房地产企业违约风险、服务行业转型风险、劳动密集型企业用工风险、防控措施行政风险、医疗行业潜藏风险、疫源管理风险、纠纷积压风险等九大风险点，并提出相应的对策和建议，聚焦风险高发、易发的关键领域和环节，加强分析研判、预警预判，切实提升防范化解潜在风险能力水平①。

三　司法大数据的应用展望

司法大数据的应用，不仅能够为司法机关赋能提效，还为数字中国建设提供了可参考和借鉴的模板。司法大数据尤其是已经公开的司法数据帮助法学形成了"产学研"一体化体系，司法大数据研究也开始从单一的法院内部向法院、高校、研究机构、律所、企业、创新团队等构成的复合型团队转变，推动了法学、计算机科学、社会学、统计学、自然科学等多学科交叉融合发展。中国的司法大数据，特别是向社会公开的裁判文书、庭审直播等数据也同样引起了海外一些研究机构的关注和研究，在助力人民法院传播中国法治好声音、构建国际法治话语权方面发挥了独特作用②。在肯定多方主体参与司法大数据建设带来利好的同时，也要看到大数据可能造成的侵害司法价值、影响司法权威、干扰司法权力的结果。未来应当深挖诉讼理论，通过完善司法制度设计避免诉讼双方不平等，建立防火墙避免干扰法官公正裁判，及时把控舆论走向。

（一）完善司法制度设计，保障诉讼平等

首先，构建诉讼版"无知之幕"。构建诉讼版"无知之幕"的目的是保障诉讼两造地位平等。为了保障诉讼两造的相对平等地位，在制度设计上各国煞费苦心。当诉讼两造存在金钱差距时，传统的解决思路是给较为弱势的一方配备援助律师。例如，《法律援助条例》第 1 条规定："为了保障经济困难的公民获得必要的法律服务，促进和规范法律援助工作，制定本条例。"再如，英国《贫困犯人辩护法》规定："因可诉罪被审判的被告人可

---

① 《嘉兴中院这项工作被最高法院授予特等奖》，澎湃新闻，https：//www. thepaper. cn/newsDetail_ forward_ 10753127，最后访问日期：2022 年 2 月 14 日。
② 参见孙晓勇《司法大数据在中国法院的应用与前景展望》，《中国法学》2021 年第 4 期。

得到法律援助，并规定由法官决定是否授予这种法律援助。一旦被告人获得这种法律援助，律师费用与证人出庭费用就由公共财政支付。"① 当诉讼两造存在权力差距时，传统的解决思路是给拥有较大权力的一方负担更重的证明责任。例如，在行政诉讼中，法律明确规定："被告对作出的行政行为负有举证责任，应当提供作出该行政行为的证据和所依据的规范性文件。"② 当诉讼两造存在信息技术差距时，需要通过诉讼版"无知之幕"抹平双方差距，即在诉讼正式开始之前，对双方当事人都适当隐瞒主审法官的个人信息，使双方当事人都没有足够时间审阅、查看、分析该法官的过往审判记录，以制定特殊的应诉策略。构建起诉讼版"无知之幕"，有利于拉平双方技术能力差距，重新构建起平等对抗的诉讼环境。

其次，构建信息救济渠道。人工智能、大数据以及其他信息化手段无疑会造成一种新的不平等③，而这种不平等兼具强权专断属性和财富悬殊属性。在强权方面，人工智能已经逐渐成长为一个智能"利维坦"④；对大数据、人工智能不了解的当事人在掌握大量数据的对手面前，犹如大刀长矛对坚船利炮，毫无反击的可能。在财富方面，人工智能的深层次应用制造了独有的"数字穷人"和"数字贫困地区"⑤，"数字穷人"对大数据、人工智能不敏感甚至不了解，当对方当事人采用相关技术手段固定证据、制定诉讼策略、选择胜诉率较高的律师为自己代理时，"数字穷人"往往不具备这种信息获取能力，也不具备相应的信息分析能力⑥。故在大数据及人工智能时代，应当构建起信息救济和援助渠道。同法律援助原理相似，一旦一方当事人属于"数字穷人"和"数字贫困地区"的范畴，可能造成判决结果对一

---

① Warren Freedman, "A Reading of the British Statute on Legal Aid and Advice" Ky. LJ no. 39 (1950): 170.

② 参见《行政诉讼法》第 34 条第 1 款。

③ 范忠信：《人工智能法理困惑的保守主义思考》，《探索与争鸣》2018 年第 9 期，第 798 页。

④ 齐延平：《论人工智能时代法律场景的变迁》，《法律科学》（西北政法大学学报）2018 年第 4 期。

⑤ 郭哲：《反思算法权力》，《法学评论》2020 年第 6 期。

⑥ 裴炜：《个人信息大数据与刑事正当程序的冲突及其调和》，《法学研究》2018 年第 2 期，第 52 页。

方极为不利,此时一方当事人就可以向法院申请信息援助,申请算法辅助等救济措施。法院在接到当事人申请时,应当平等地向双方当事人提供类案大数据分析,使双方当事人拥有相同的知情权,拉近双方诉讼地位差距。

最后,构建信息回避制度。诉讼地位的不平等导致原本保障双方当事人地位平等的程序设计失效,原本平等的双方变成了一边倒的压制,司法程序的作用被大大限制,司法判决沦为优势者确认合法性的工具。原本三大诉讼法所规定的回避制度产生了不小的漏洞,故未来在修改《刑事诉讼法》《民事诉讼法》《行政诉讼法》过程中,要尽可能通过程序将大数据可能造成的不利影响降到最低。尤其是一旦一方当事人发现并有足够证据证明法官审判轨迹被对方掌握,或在开庭之前知晓法官信息,以至于可能会影响公正裁判,当事人有权向法院提出回避请求,以保障诉讼过程中信息平等。

(二)建立防火墙,限制对法官进行评价

首先,明确批评司法的依据。司法是否可以评价或者批评?《宪法》赋予了公民对国家机关和国家机关工作人员的监督权,可以对其进行批评、建议、控告、检举。但批评的前提是有错误,建议的前提是有漏洞,控告检举的前提是存在违法失职。但判定是否存在错误、漏洞、违法失职行为的标准不是大数据,也不是算法,而是约束法官的各项法律法规以及各种规章制度。法官行为失格的表现是违反了现行有效的规章制度,而不是与绝大多数法官判决内容不同。外界评价法官判决是否正确依据的是大数据测算结果,但事实上,案件本身没有所谓的绝对正确解,大数据给出的结果可能是正确的,但不是最优的。法官本身不是兜售法律的机器,人世间的爱恨情仇亦没有唯一解决思路。对于部分复杂案件而言,法官除了要审视法律规定和案件事实,还要考虑案件背后的示范效应。在实践中,如果法官能够针对疑难案件一案一判,把双方当事人情绪都安抚好,做到案结事了,就被认定为是合格的好法官①。故批评司法的依据是规则而不是大数据或者算法,即便法官

---

① 孙文恺:《社会学法学》,法律出版社,2005,第69~130页。

判决与其他类案内容不同甚至相反，只要不违反现行法律法规以及规章制度，就不能对司法判决进行恶意评价。

其次，明确批评司法的尺度。案件判决是否公正从不同群体视角看可能存在差异。在法官看来，案件只要事实清楚、证据确实充分、适用法律正确，判决结果就是客观公正的。在普通老百姓看来，不管案件细节如何不同，只要案件判决结果与类案不同就是判决不公，只要与自己朴素的价值观和正义观相左就认为是判决不公。朴素价值观的不确定性导致法律成为任人打扮的小姑娘，决定双方胜负的不再是法律和事实，而是谁更能挑选对自己有利的数据信息，谁更能撩动公众情绪，谁更能找到法官的痛点。故一定要明确批评司法的尺度，即便法官裁判违反法律法规，出现了冤假错案，那么评价司法的尺度也应当是建设性的意见而不是否定性意见。建设性意见能够发现并填补制度漏洞，能够促进体制机制完善，避免类似案件再次出现，但否定性意见没有切实可行的操作方案，仅仅是对现行所有制度的全盘否定。

最后，明确评价司法的范围。司法审判结果是否公正、合法有一套完整的体制内评价体系，原判决存在瑕疵或者本身属于冤假错案，可以通过二审、再审、改判等方式纠正错误的判决。但绝不能从外部途径突破法院既定判决，这是对法院作为唯一审判机关的否定，是对司法权威最无情的践踏。司法判决结果被司法之外的方式推翻，那么在一国之内就有超越司法和法律权威的存在，不仅司法权威受到影响，整个执政根基都会受到冲击。故应当为评价司法划定红线和底线，严禁针对法官身份数据进行分析，严禁对法官裁判结果进行预测。针对案件审判是否公正、是否符合大数据分析结果的研究属于对法院裁判行为的预测，不应当被支持和肯定。从域外经验来看，评价司法判决或者预测法官判决是被禁止的。例如，法国《司法改革法》第33 条关于"不得为了评价、分析、比较或预测法官和司法行政人员的职业行为而重复使用其身份数据，违者将判处五年以下监禁"的规定[①]。

---

① 睢晓鹏：《独孤九剑与大数据》，《人民法院报》2020 年 7 月 24 日，第 7 版。

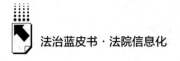

（三）掌控大数据分析，及时把控舆论走向

首先，对外限制大数据应用范围。大数据时代，舆情对司法造成的影响从子弹变成了核弹。大数据时代之前，舆情关注的是个案正义，质疑的是法官判决。大数据时代，同案异判、审判超期等问题将被无情放大，舆情质疑的不仅仅是个案的不公，而是整个司法体系。故针对拥有分析司法大数据技术的商业机构、大型律所、科研单位应当限制其应用范围，避免出现重大舆情危机。司法大数据分析应当更多聚焦学术研究、制度完善、立法修法、辅助裁判等，而以商业目的或出于应诉目的的司法大数据分析应用应当予以限制，尤其是不得对法官裁判轨迹进行分析。故由商业机构、大型律所、科研单位开展的法律大数据研究、司法大数据研究均应限制其应用范围。

其次，对内牢牢掌握大数据分析的优势。法院掌握大数据分析技术意味着数据分析的设计、演进、解释、结论等全过程司法机关都要占据优势地位。一方面，对于商业机构以及科研院所通过大数据分析得出的结论，无论其目的是否为辅助司法或教学科研，法院都有权要求其披露数据范围、内容、方法，审查大数据结论的科学性、合理性和公正性。让法院掌握大数据分析的优势，有助于从根本上扫清大数据时代的舆情危机，剪除大数据可能造成的致命危险。另一方面，法院定期发布大数据分析报告。大数据分析报告是新时代的产物，禁止商业机构和科研院所发布相关报告属于饮鸩止渴。正确的做法是法院发布自己主导的大数据分析报告，同时针对部分不实言论及时通过准确、真实的数据予以回击。

最后，允许法院发布大数据禁令。传统应对舆情风险，部分国家允许法院发布言论禁令，新时代背景下，应当赋予法院发布大数据禁令的权力。针对部分商业机构及科研院所基于存在偏差的算法、存在漏洞的数据得出的大数据分析报告，法院有权禁止其发布，同时可以要求相关平台删除有关内容的转载、报道，不仅追根溯源彻底切断舆情危机的源头，而且斩断舆情酝酿和传播路径。

四 余论：警惕资本主导大数据

大数据推动着生产力的提升、社会的进步、工作效率的提高，尤其是法院信息化建设过程中借由大数据带来的变化，为提高法院工作效率、解决案多人少矛盾提供了可行性方案。同时，司法大数据建设引起了学术界对智慧法院、算法、信息化的关注。从传统法学研究路径出发，很容易通过"政府—市场""权力—权利"分析路径得出司法大数据建设可能会折损当事人合法权利的结论。学术界容易将注意力聚焦在法院内部，得出应当如何保障私权利不受公权力侵犯的各种方案。从逻辑角度出发，法院作为国家权威裁判机关，在主观意图上不存在任何偏见和歧视，而以赢利为目的的资本却在主观上有偏见和歧视的动机。从事实情况来看，资本为了获取更多利润，大数据杀熟的例证屡见不鲜。从理论视角分析，部分互联网公司所掌握的算法不仅影响人们的决策，而且还支配人们的行为，成为一种排他性理由，所以算法加持下的大数据分析能力已经成为一种实实在在的权力。当从权力—权利角度来看待问题时，理论界就应当将注意力焦点从法院转向资本力量，关注大数据对公民权利的侵害、对司法权力的排挤。故未来对于司法大数据的关注和质疑应当由法院内转向法院外，审视资本主导下大数据对当事人权利的侵害、对司法秩序的破坏、对司法权威的折损。

电子诉讼实践

Practice of E-litigation

B.6
北京法院在线庭审体系建设调研报告

北京法院在线庭审课题组*

摘　要： 为推进北京法院审判体系和审判能力现代化建设，满足诉讼群众
"高效率""低成本""零距离"的在线诉讼需求，让人民群众实
实在在感受到远程庭审便捷化、智能化优势，北京市高级人民法
院将互联网、云计算、大数据、人工智能等技术与庭审规则深度
融合，着力构建现代化的在线庭审体系。通过该体系建设，北京
法院建成覆盖全市三级法院的在线庭审系统，并不断推出虚拟法
庭舱、高清式的5G法庭等创新应用，形成相对完备的在线庭审
规则和相对成熟的在线庭审技巧，实现了在线庭审体系向现代化
的跃进，在实践应用中取得了重大成效。

---

* 课题组负责人：孙玲玲，北京市高级人民法院党组成员、副院长。课题组成员：邓颖，北京
市高级人民法院信息技术处处长；李响，北京市高级人民法院信息技术处四级调研员；孙
冰，北京市高级人民法院信息技术处一级主任科员；吴娟，北京市高级人民法院信息技术处
一级主任科员；贾静文，北京市高级人民法院信息技术处二级主任科员；熊跃宇，北京市高
级人民法院信息技术处三级主任科员。执笔人：熊跃宇。

关键词： 在线庭审 虚拟法庭 云法庭

近年来，北京法院坚持以习近平新时代中国特色社会主义思想为指导，抓住全面推进智慧法院建设的时代契机，秉承司法为民理念，加快推进现代科技在审判工作中的深度应用，持续提升诉讼服务现代化水平，积极构建现代化在线庭审体系，推动庭审方式朝着更规范、更便捷、更高效的方向不断迈进，形成了多元化在线庭审模式，保障人民群众对"线上"与"线下"庭审的选择权，不断提升人民群众的司法满意度和获得感。北京法院现代化在线庭审体系是以"北京云法庭"云庭审系统为应用核心，相对完备的在线庭审规则和相对成熟的在线庭审技巧为配套，多元化庭审系统为补充，常态化培训和实时运行维护为保障的庭审体系，推动北京法院形成了"线上"与"线下"并重的审判格局，为全市法院每年几十万件案件线上审理提供了支撑。

一 建设背景

（一）政策背景

党的十八大以来，以习近平同志为核心的党中央高度重视互联网工作，形成网络强国战略思想。2018年，在全国网络安全和信息化工作会议上，习近平总书记深入阐述了网络强国战略思想，明确了一系列方向性、全局性、根本性、战略性问题。在网络强国战略指引下，北京法院坚持以"人民为中心"，加快推进智慧法院建设，加强科技创新，充分运用互联网、云计算、大数据、人工智能等技术，满足诉讼群众多元化的司法需求。

2020年1月，突如其来的新冠肺炎疫情对全国经济社会发展产生了重大影响。为决胜疫情防控阻击战，确保经济平稳运行、社会和谐稳定，以习近平同志为核心的党中央要求各级单位"始终把人民群众生命安全和身体健康放在第一位"。为深入贯彻习近平总书记关于新冠肺炎疫情防控工作的系列重要指示精神，坚决贯彻落实党中央决策部署，有效防控新冠肺炎疫情，切实保障人民群众生命安全和身体健康，维护当事人合法权益，最高人民法院发布《关于新冠肺炎疫情防控期间加强和规范在线诉讼工作的通知》，要求各级人民法院积极推广和有序规范在线庭审，综合考虑技术条件、案件情况和当事人意愿等因素，确定是否采取在线庭审方式，通过推行在线诉讼为疫情防控提供有力司法保障，确保在线诉讼活动规范有序。北京市高级人民法院于 2020 年 1 月 28 日发布《关于新型冠状病毒感染肺炎疫情防控期间审判执行工作安排的公告》，加紧研发部署"北京云法庭"庭审系统，最大限度减少诉讼参与人的出行和聚集。

（二）现实背景

1. 实践基础

位于科技创新高地的北京法院较早开始探索在线庭审技术的应用，在攻克在线庭审难题上有得天独厚的优势。早在 2010 年北京市高级人民法院就召开过新闻发布会，通报北京法官采用在线庭审方式开庭审理一起二审民事案件，并宣布北京市将在部分法院试点民商事案件"远程视频庭审"。2015年，最高人民法院出台了《最高人民法院关于适用〈中华人民共和国民事诉讼法〉的解释》，其中第 259 条明确规定了在线庭审方式适用条件[1]，为北京法院进一步探索在线庭审方式提供了依据。2015～2017 年，北京部分法院已配备了在线庭审设备和系统，并将在线庭审用于远程调解、在线举证质证和当事人不便到庭参加庭审的案件审理。2018 年成立的北京互联网法院以"网上案件、网上审理"为原则，配备了具备高清视频在线庭审条件

---

[1] 《最高人民法院关于适用〈中华人民共和国民事诉讼法〉的解释》（法释〔2015〕5 号）第259 条规定，"当事人双方可就开庭方式向人民法院提出申请，由人民法院决定是否准许。经当事人双方同意，可以采用视听传输技术等方式开庭"。该条款的出台为简易民事案件在线庭审提供了依据。2020 年新修订的《最高人民法院关于适用〈中华人民共和国民事诉讼法〉的解释》（法释〔2020〕20 号）保留该条款全部内容。

的实体互联网法庭，建成北京第一阶段的在线庭审系统，在开展涉互联网民事案件在线庭审上迈出了坚实一步。虽然有部分法院的先行先试和北京互联网法院的先进经验，但在新冠肺炎疫情发生前，北京法院仍不具备全市法院普遍开展线上庭审的技术条件。新冠肺炎疫情发生后，北京法院加快推进在线庭审系统建设，完成了第二阶段的在线庭审系统建设，建成了以"北京云法庭"为核心、覆盖全市三级法院的在线庭审系统。

2. 现实需求

一是首都疫情防控之需。北京作为中国的政治、文化、国际交往、科技创新中心，其疫情防控工作具有特殊的重要性。推进在线庭审有利于统筹做好北京法院疫情防控和审判工作，确保"疫情防控和审判工作两不误"，减少人员聚集，降低疫情传播风险。二是便利诉讼之需。推进在线庭审有利于当事人、律师便捷高效诉讼，足不出户即可参加庭审，免除诉讼过程中的奔波之苦。三是降低诉讼成本之需。推进在线庭审有利于降低身处外地甚至国外的当事人、律师参加诉讼的在途时间成本和经济成本。

二 在线庭审体系的建设目标

（一）基本要素

在线庭审，又称网上审判、远程审理等，它具体指诉讼参与人通过运用网络信息技术，借助计算机、投影仪等网络终端设备，通过声音、图像等的传递和呈现，实现不同地点诉讼参与人之间的信息沟通，从而完成举证、质证、辩论和裁判等庭审活动的诉讼方式[①]。在线庭审是信息技术与司法工作融合的产物，应当满足庭审的三个基本要素。一是程序性，庭审活动应当按照诉讼法相关程序进行，包括庭前准备（当事人身份信息核验、法庭纪律宣读、庭前证据交换等）、诉讼权利告知、法庭调

---

① 参见郑世保《电子民事诉讼行为研究》，法律出版社，2016，第349～350页。

查、举证质证、法庭辩论、最后陈述、宣判等程序，这些程序既有顺序要求，也有内容和形式要求，必须确保依法进行。二是亲历性，这是司法基本属性之一，是确保法院审判活动公平公正的重要原则，其内容包括法官亲历、诉讼参与人到庭陈述，按照直接言辞原则进行庭审活动。三是庄严性，庭审作为法院审理的主要组成部分，是展示司法权威性的关键环节，一方面需要满足庭审标志性和礼仪要求，如在庭审现场中心位置悬挂国徽、法官着法袍、当事人衣着庄重等；另一方面，应遵守法庭纪律，尊重法庭秩序，服从法官指挥，对违反法庭纪律的可以采取必要措施。

（二）建设方向

除了考虑庭审活动三要素，在当前疫情防控的背景下，在线审理案件最大的难点是解决大体量案件的远程庭审问题。为此，北京法院充分利用部分试点法院和北京互联网法院在线庭审积累的大量经验和技术，在新冠疫情发生初期启动"北京云法庭"建设，旨在让全市三级法院绝大部分审判人员能够大规模进行线上庭审。在已有规范、经验、技术的基础上，北京法院大力开展全市在线庭审系统建设，开启了全市范围的庭审方式变革。近两年，在线庭审系统应用过程中，北京法院持续进行技术升级和改进，相继推出虚拟法庭舱、5G 法庭等新应用。

三 在线庭审体系的基本构架

北京法院现代化在线庭审体系主要架构以全市法院统建"北京云法庭"在线庭审系统为核心，实体互联网法庭、法庭舱、5G 法庭等基础设备为补充。北京云法庭是北京市三级法院共用的互联网庭审系统。该系统可支持诉前调解、诉中调解、庭前谈话、串案合并审理、远程调查、正式庭审等诉讼环节的在线进行，可随时随地为诉讼群众、律师、法官搭建"云端"法庭。

（一）核心技术

1. 依托云计算技术确保大体量用户同时使用

依托云服务器弹性计算和存储优势，确保大体量用户同时使用时系统保持流畅稳定，系统数据调用和存储高效快捷。北京云法庭采用云计算技术和通用虚拟化部署方式，应用层与底层硬件分离，底层硬件按需弹性平滑扩容，应用层实现平台许可统一管理，达到资源高效调度与利用；使用过程中软件版本和功能持续保持更新，持续享用最新的技术成果，灵活响应面向未来的业务需求，持续保持技术的先进性。在云存储和云技术支持下，北京云法庭可支持400场庭审同步进行、2000人同时在线开庭。

2. 依托语音识别技术辅助庭审记录快速高效进行

依托语音识别技术实时自动生成调解、开庭等诉讼环节笔录，大幅减轻书记员笔录的工作量，全面提升调解、开庭各环节的流畅性。北京云法庭在使用过程中将使用者的语音自动转化为文字，在无书记员的情况下可实现笔录自动生成，准确率达到90%以上。在有书记员的情况下，书记员可以控制语音识别内容插入，提升书记员笔录的效率。

3. 依托远程视讯技术突破庭审空间限制

依托远程视讯技术实现诉讼群众、律师远程参加庭审，法官在线主持庭审，有效避免人员聚集，让诉讼群众、律师足不出户即可参加诉讼。北京云法庭提供多链路视频并发服务（庭审视频接入服务）和视频云合并录制服务（庭审视频录制服务），每个云法庭均可满足法官、原告、原告律师、被告、被告律师等7方视频接入服务，以及1路视频录制服务，确保在线庭审达到现场庭审一样的效果。

4. 依托区块链技术固定电子材料，为在线庭审保驾护航

为保证电子证据材料的可信价值，引入了区块链技术为在线庭审提交的电子证据存证验证。在线庭审过程中出示的证据、材料以及签署的笔录均会自动传入法官电子卷宗中，并且上传区块链存证，确保电子证据真实性和不可篡改性，提升在线庭审的安全性。

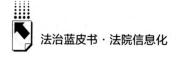

（二）具体功能

北京云法庭联通庭前庭后，满足庭前通告、证据交换、举证质证、笔录管理、电子签名等关键节点的庭审需求，全流程协助法官规范庭审程序，以多平台互联、多方视频开庭、智能庭审管理三项服务实现了庭审管理简捷化、视频庭审公开化、举证质证网络化、庭审笔录智能化。

1. 多平台互联

北京云法庭提供 PC 客户端、手机 App、微信小程序等多种接入模式，满足多样化的互联网接入需求，诉讼群众可以使用手机、电脑任一终端设备随时随地参加在线庭审。北京云法庭与北京法院办案系统、诉讼服务平台实现单一账户管理、底层数据互通，诉讼群众通过各渠道上传的诉讼材料可同步在北京云法庭展示，并上传至法官办案系统的电子卷宗中，确保使用端口无障碍、电子诉讼材料互通无障碍，多平台数据互通一体。

2. 多方视频开庭

北京云法庭以云计算技术为依托，具备 2000 路视频链路和弹性云资源，可为北京全市法院提供流畅、清晰、稳定的互联网视频开庭服务。针对证人、鉴定人、技术调查官等诉讼参与人按照诉讼程序配置了相应功能，可根据案件审理需要中途在线传唤证人、鉴定人参与诉讼，确保除原、被告外其他诉讼参与人便捷参与庭审的需求。

3. 智能庭审管理

北京云法庭提供案件信息同步、庭审身份核实、庭审笔录语音转写、证据在线举证质证、庭审笔录电子签名、庭审证据自动入电子卷宗等智能庭审综合服务。法官通过办案系统创建庭审后，案件信息将同步至北京云法庭系统中，并向当事人发送短信，当事人按时登录云法庭进行身份和环境核验即可快捷参加在线庭审。庭审前，包括诉讼文书、证据等电子材料均通过电子诉讼平台同步传至北京云法庭中。庭审过程中，当事人双方证据在法官主持下通过北京云法庭系统在线举证质证，并自动生成庭审笔录，经当事人双方确认无误后在线发起签名，确保庭审全流程在线完成。

（三）关键问题解决

1.庭审程序规范性

北京云法庭通过信息技术的综合应用，解决了庭审各环节中的关键性问题。一是在庭前准备环节，解决了当事人身份核验、环境核验问题。北京云法庭依次采用身份证验证、手机号验证、人脸识别验证三种方式核验当事人身份，确保了当事人身份核验的准确性。为确保庭审正常进行，当事人在登录北京云法庭后，系统将对当事人音频、视频、周边环境进行依次测试，确保当事人端设备和信号正常，且处于适合开庭的安静环境。二是在庭审进行中，解决了庭审秩序维护、证据举证质证、证人出庭、笔录签字等问题。北京云法庭为法官配置了音频和视频的控制权，法官按照庭审程序开启相应当事人的麦克风及视频，确保各方当事人依照庭审程序依次陈述，对扰乱法庭秩序且不服从指挥的当事人可以进行静音、屏蔽，确保在线庭审指挥权始终在法官端。在线庭审过程中，法官可按照流程依次进行各方证据展示，组织当事人在线质证，对于需要证人出庭的案件，可以在线传唤证人出庭作证。庭审全过程中笔录将通过语音识别技术自动生成并在线完成签阅。三是在庭审结束后，解决了证据材料、笔录自动入卷问题。庭审中起诉书、答辩状、证据及笔录等全部诉讼材料，将在庭审结束后自动同步转入法官电子卷宗中。

2.庭审亲历性

北京云法庭将云存储、云计算作为庭审系统的技术支撑，确保了400间云法庭同时开庭并且每间云法庭庭审过程中多路并发音视频信号稳定，可满足大部分民事诉讼在线流程需求，用科技确保在线庭审亲历性不打折扣。

3.庭审庄严性

北京云法庭以智能在线庭审软件为应用主体，对设备要求较低，法官、书记员仅需一台普通笔记本电脑即可开展在线庭审。这使得北京法院绝大多数现有法庭仅需接入网线或加装无线网即可改造成具备在线庭审功能的法庭，即使无法在法庭开庭，法官也可以开启在线庭审虚拟技术，将其他空间虚拟为悬挂国徽的法庭，确保场地庄严性。

四 在线庭审体系的创新点、成效及其推广价值

（一）创新点

1. 灵活搭建开庭场景，参与庭审触手可及

北京云法庭是一款多功能、多用途庭审软件，兼容多种操作系统、多样终端设备，支持在多场景下使用。法官、陪审员等审判组织成员、书记员只需配备笔记本电脑即可异地发起、组织庭审。疫情期间，有的法官因防控隔离在家，北京云法庭提供了虚拟化背景，将真实背景虚拟成带国徽的法庭，法官即使在家也能组织庭审。对于当事人、律师而言，北京云法庭接入更加多元化，从手机、电脑客户端或者微信小程序便捷登录，均可快速进入庭审场景。

2. 多项庭审辅助功能，为庭审高效保驾护航

北京云法庭针对在线庭审各环节配备了多项辅助功能，确保在线庭审如线下庭审一样流畅高效进行。在庭前身份核验阶段，北京云法庭配备了人脸识别、身份信息识别、律师证核验，确保庭审参与人身份准确无误，用信息技术手段完成庭前核验。在庭审准备阶段，为避免设备、环境不符合庭审要求，北京云法庭配备了庭前环境测试、网络测试、声音测试环节，确保参与庭审的当事人、律师具备良好网络和设备支撑，大幅降低了开庭后因为网络、设备等问题造成庭审中断的风险。在庭审正式开始后，诉讼参与人可在法官主持下在线进行举证质证，系统将记录下在线上传的证据并自动回传至法官电子卷宗中。在庭审过程中，法官可以根据案件审理需要开启音视频屏蔽功能完成背靠背调解。在庭审结束后，法官发起笔录签字，系统将自动生成签名二维码，诉讼参与人通过手机扫码，将手机变成签字板，完成笔录签字过程。北京云法庭还开通了法官助理的单独权限，法官助理可

以单独发起庭前会议、庭前调解、庭前谈话。

3. 云计算支撑，大数据监测

北京云法庭应用云计算技术，具备兼容性好、稳定性优、可扩展性强优势。除了可支撑大范围在线庭审同步稳定进行外，还具备强大更新拓展性，方便更多功能随着庭审需要不断引入，助力在线庭审更加便捷、高效。

北京云法庭应用大数据技术，除了展示北京云法庭在全市三级法院开庭数量外，后台将记录云庭审的参与人信息、案件信息等关键数据，对在线庭审进行数据监测和分析，找准在线庭审薄弱环节，为在线庭审管理和优化提供决策、分析依据。

4. 虚拟法庭舱、5G法庭

北京法院充分融合深度学习、吸音隔音、灯光新风等技术，于2020年4月底在全国首建"虚拟法庭舱"，舱式法庭大大节省了空间，法官点击虚拟法庭舱屏幕上的按钮即可敲响法槌开庭审案。在无法线下开庭时，使用虚拟法庭舱也可让当事人切实体会庭审的庄严肃穆。虚拟法庭舱占地3平方米，可安放在任何位置，仅设法官一席，却可满足小额诉讼庭审、简易庭审、证据交换、组织调解等使用需求，是深化案件繁简分流诉讼制度改革的有力工具。建成后，北京互联网法院已有百余件案件使用"虚拟法庭"完成庭审，中央广播电视总台央视社会与法频道《现场》栏目推出专题访谈，以实际使用虚拟法庭舱审理"熊猫滚滚"系列插画著作权侵权纠纷案向公众展示，近30家新媒体平台共同播出，收看量超过750万人次。

此外，2021年3月北京法院对外公布了北京金融法院5G法庭，该法庭应用5G技术，网络运行比传统在线法庭更快，图像更加清晰，可将当事人庭审时微表情通过大屏向法官展示，满足更高在线庭审要求。

（二）实施效果

为保障北京云法庭推广应用，北京市高级人民法院分别制作"云法庭"法官端、书记员端操作手册和视频，通过"京法网事""北京法院诉讼服务"微信号等自媒体发布,并加大在线庭审培训力度;深入调研需求,统一北京云法庭视频的调取、甄别、处理等,对北京云法庭工作成果进行集中检验和展示,并抽调专业技术人员及时处理使用过程中的问题。

为提升云庭审规范性,北京市高级人民法院组织为期3个月的"百案云庭"比赛,各级法院高度重视、广泛动员,全体法官积极参与、奋勇争先,其中有20多位院长、副院长和400多位庭长、副庭长参赛,有效提升了"云审判"质效,缓解了疫情防控期间全市法院的结案压力。经过初赛、决赛的严格评审,100个"模范云庭"从11万多个"云庭审"中脱颖而出,起到良好示范作用。

北京云法庭先后进行了10次版本更新和60次功能改造,系统架构成熟,运行日趋稳定。除了在线庭审外,北京云法庭在实践中还被用于其他诉讼环节,如北京高院联合北京平谷法院借助北京云法庭组织身处两地的四方当事人在线调解,一次性化解两起案件。北京一中院在离婚案件中,依托北京云法庭让相隔千里的父子隔空探视。北京朝阳法院用北京云法庭组织当事人、鉴定公司以全流程在线方式完成了房屋评估工作,创新了房产在线评估方式。北京海淀法院运用北京云法庭召开医疗纠纷案件听证会,并让被鉴定人居家远程完成行为能力鉴定。北京丰台法院将北京云法庭应用于司法确认程序,解决老年人到庭不便问题。

2020年全年,北京在线庭审次数达35.9万次,占北京法院庭审总量的2/3,日均庭审数破千,服务诉讼群众超百万人次,服务范围覆盖全国各省和39个国家,网上开庭数量位居全国第一,占全国法院在线庭审总量的40%。进入疫情常态化防控期后,虽然线下传统庭审渠道已恢复,但以北京云法庭为核心的北京"云庭审"模式仍热度不减,2021年全年,北京在线庭审次数达38.5万次,再创历史新高,占北京法院庭审总量的67.4%,网上开庭数量继续位居全国第一。

因服务人群广、发挥作用大、社会影响力大,北京云法庭被人民网、《光明日报》、央视《朝闻天下》、《北京日报》等多家媒体报道。

（三）推广价值

1. 有利于服务人民群众

在疫情防控常态化背景下，北京云法庭保障人民群众生命安全和身体健康，维护当事人诉讼权利，进一步强化对在线庭审、在线调解等诉讼模式的支撑。北京云法庭被用于除庭审以外的云调解、云评估、云探视、云会见等多种场景，降低了诉讼群众、律师参加庭审的在途时间成本和经济成本，深受诉讼群众、律师欢迎，北京部分律师事务所专门针对在线庭审设置了"云庭审"。北京云法庭的应用进一步提高法院工作的透明度，为全社会提供公正、高效的司法保障和司法服务。

2. 有利于提升审判效率

北京云法庭具备各种庭审辅助功能，服务于法官在线庭审和视频调解，加快案件办理，提高工作效率，最大限度地提高法官人均结案率，减少单位时间内案件审理用时，降低法院司法成本和诉讼各方当事人诉讼成本。

3. 具备技术优势

界面友好性：软件具有友好、一致的用户操作界面，操作方便，并充分考虑法院各类用户的操作系统差异。

可靠性要求：系统具备有效的备份措施，保证系统（或数据）损坏（或丢失）后，能够正常恢复。

安全性要求：系统具备完整的安全保障措施，确保系统运行安全和信息安全。

可扩展性：系统具有适应业务变化的能力，当新增业务功能或现有业务功能改变时，应尽可能保证业务变化造成的影响局部化。

可维护性：系统具备方便、灵活的维护手段，方便应用人员的维护和管理。

当前，全国法院还没有统一的互联网庭审系统，而北京云法庭具备开放性好、兼容性优、可迁移复制性强、维护经济成本低、操作简单方便等优势，具有较大的全国推广价值，广泛推广将有利于全国法院统一在线庭审入

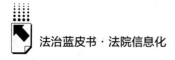

口，共同实现庭审现代化、便民化、便捷化的目标，是实现法院审判体系和审判能力现代化的重要途径之一。

五　在线庭审体系存在的问题及对策举措

（一）存在的问题

目前，北京云法庭已广泛应用于审判实践，成为北京法院庭审活动的重要工具，但仍面临三方面问题。

1. 理念方面

部分当事人对在线庭审的思想认识有待提升。一是有的当事人对在线庭审效力和效果持怀疑态度，认为其缺少线下法庭审理的庄严性和严肃性，担心自己的诉讼权利受损，对在线庭审存在抵触心理。二是有的当事人虽接受在线庭审模式，但在庭审中不尊重法庭、言语随意、进退随意，造成在线庭审效果和质量大打折扣。

2. 技术方面

当前，北京云法庭仍存在一些难点待突破。一是不能保障诉讼参与人较多的诉讼。目前北京云法庭只支持一场庭审 8 路视频，在关联案件合并审理或者当事人较多的个案审理中，无法确保所有诉讼参与人同时音视频在线。二是支撑能力有限，随着在线庭审更加受到律师、当事人欢迎，在线庭审数量不断创新高，在高峰使用时段会出现系统卡顿或者无法进入的情况。

3. 应用方面

一是推广和培训仍有待加强。由于北京云法庭版本更新和功能升级频率较高，造成部分法官对更新功能和版本不熟悉，操作不熟练，从而降低了庭审效率，增加了技术保障工作量。二是服务保障有待加强。技术人员对当事人群体的技术保障存在不足。许多当事人都是第一次参加诉讼，首次尝试在线庭审，下载、安装、验证、使用等环节均需要审判辅助人员指导，而实践中书记员承担了指导当事人应用的任务，增加了书记员工作量，同时增加了与当事人的庭前沟通成本。

（二）相关对策举措

1.强化对在线庭审的规范指引及宣传引导

思想是行动的先导，必须从规范指引和宣传引导两个方面同步开展工作，才能有效提升部分法官和当事人对在线庭审的思想认识。一是北京法院出台《北京法院在线诉讼庭审礼仪规范》，进一步规范在线庭审礼仪，提升在线庭审权威性。二是在北京云法庭运行一周年之际，通过《法治日报》、北京法院和最高人民法院公众号等途径对北京法院在线庭审功能及实例予以宣传，提升社会公众对在线庭审的认识。

2.持续加强技术保障和技能培训

为持续优化在线庭审效率，北京法院持续加强在线庭审的技术保障，同时不断提升法官、书记员在线庭审技能水平。一是对在线庭审应用情况进行充分的技术调研，由技术部门申报在线庭审统计调研课题，定位在线庭审待完善各项问题。二是持续更新在线庭审系统功能，探索将在线庭审应用于当事人较多的破产案件、代表人诉讼、大批量串案。三是不断提升法官、书记员在线庭审技能水平，组织"百案云庭"庭审技能比赛，制定《2021年北京法院书记员"云庭审"专项技能大练兵工作方案》，全面提升法官、书记员在线庭审应用技能，并将在线庭审技能培训纳入新入职人员培训科目。

北京法院的在线庭审体系不仅满足了疫情防控期间诉讼群众、律师的在线诉讼需求，兑现了北京法院"公平正义不止步，诉讼服务不打烊"的庄严承诺，也推动了北京法院在线庭审模式朝着常态化和规范化目标迈进。在互联网时代，"低成本""高效率""零距离"是人民群众对司法工作的新需求，也是人民法院努力前进的新方向。面对新需求、新方向，北京法院朝着"让人民群众在每一个司法案件中感受到公平正义"目标不断迈进。

B.7
在线诉讼规则在全流程
无纸化网上办案中的适用

周俊洋[*]

摘　要： 近年来，山东法院大力加强智慧法院建设，以建设推广一站式诉讼服务体系和全流程无纸化网上办案系统为抓手，助力实现审判体系和审判能力现代化。《人民法院在线诉讼规则》的出台为人民法院和各方诉讼主体开展在线诉讼活动提供了明确的法律依据，初步构建了在线诉讼规则体系，弥补了相关法律空白。本文介绍了山东法院全流程无纸化网上办案模式的发展阶段，以及在线诉讼规则在山东法院全流程无纸化网上办案模式的运行情况。在线诉讼模式在实践中面临亟待当事人认同和接受、需要社会体系互认和支持、需要法律职业共同体积极参与、需要加强庭审秩序规范性和业务系统融合以及数据安全等问题和挑战。

关键词： 智慧法院　电子诉讼　网上办案　在线诉讼规则

党的十八大以来，习近平总书记高度重视网络安全和信息化工作，从信息化发展大势和国际国内大局出发，就网信工作提出了一系列新思想、新观点、新论断，深刻回答了一系列方向性、根本性、全局性、战略性重大问题，形成了内涵丰富、科学系统的习近平总书记关于网络强国的重要思想，

---

[*] 周俊洋，山东省高级人民法院技术室二级主任科员。

为做好新时代网络安全和信息化工作指明了前进方向，提供了根本遵循①。中共十八届三中全会通过的《中共中央关于全面深化改革若干重大问题的决定》，首次提出了"推进国家治理体系和治理能力现代化"的改革目标。

审判体系和审判能力现代化，是国家治理体系和治理能力现代化的重要组成部分。全面建设以"智审、智执、智服、智管"为特点的智慧法院，为实现审判体系和审判能力现代化提供了根本保障。山东法院以习近平总书记网络强国战略思想为指导，认真贯彻最高人民法院关于智慧法院建设的总体规划部署，坚持问题目标导向，不断强化改革意识，以全流程无纸化网上办案为抓手，通过制度变革和科技应用双轮驱动，助推实现司法理念、办案模式、工作作风的转变，全面推动办案模式由"笔墨时代向信息化时代"跨越。

一　山东法院全流程无纸化网上办案模式的发展阶段

自 2018 年起，山东法院全流程无纸化网上办案模式经历了夯实基础、构建体系、深化提升等三个阶段，办案系统经过了 1.0 版到 3.0 版的迭代升级。

（一）第一个阶段：夯实基础（2018 ~ 2019）

全流程无纸化网上办案的基础是诉讼材料电子化，这样才能确保立案、诉调、庭前、审理、结案、归档、执行等所有流程节点都在网上运行。一方面，当事人立案时要提交电子诉状和电子证据。为此，2018 年全省推广使用电子诉讼服务平台，将网上立案的主体由律师、法律工作者扩大到没有委托诉讼代理人的当事人，认同扫描上传的电子诉状和电子证据的效力。另一方面，法官办案时要使用电子卷宗。为此，2019 年统一建设并在全省法院

①　庄荣文：《深入学习贯彻习近平总书记关于网络强国的重要思想》，中国政府网，http://www.gov.cn/xinwen/2021 – 05/05/content_ 5604771. htm，最后访问日期：2021 年 11 月 3 日。

推广使用电子卷宗随案同步生成系统，同年完成了全省法院历史卷宗档案的电子化扫描工作。用电子卷宗取代纸质卷宗，作为法官办案的主要工具。所有与卷宗相关的事务均在网上办理，法院生成的诉讼文书，包括程序性文书和裁判文书原始文件即为电子材料。

（二）第二个阶段：构建体系（2019~2020）

这个阶段重点解决信息化建设中普遍存在的架构不清、功能冗余、数据不通等问题。梳理办案节点和系统功能，将立案、审判、执行、管理等所有流程节点串联形成闭环。强调系统功能性，以常用、易用和实用为原则，模块间按照"高内聚、低耦合"原理重新划分功能，梳理数据传输接口和可交互信息项，打通数据壁垒。2020年6月1日，全流程无纸化网上办案系统1.0版上线运行，梳理26个节点，融合77个功能和子系统，全面覆盖诉讼服务、审判、监督和考核等四个方面，实现全业务网上办理。

（三）第三个阶段：深化提升（2020~2021）

这个阶段重点解决以下三个方面的问题。

第一，按照《人民法院在线诉讼规则》重新梳理诉讼节点和功能。2021年之前推广的电子诉讼服务和全流程网上办案都是以《民事诉讼法》为基础进行的功能设计，受现行法律框架的约束，部分业务存在线上线下并行的问题，造成了司法资源浪费。《人民法院在线诉讼规则》施行后，对在线诉讼的适用范围、适用条件、电子材料提交规则及效力、电子送达规则、在线庭审规则等进行了明确规定，为在线诉讼业务提供了更加明晰的法律依据。

第二，进一步凸显网上办案模式对诉讼节点的管控。之前设计的电子诉讼服务功能侧重于为当事人、律师和法律工作者提供更多智能化、便捷化的辅助功能。全部诉讼业务在线办理、全程留痕，为加强节点管控提供了基础条件。案件办理能够按照诉讼法规定的时限有序推进，避免人为因素引起的流程拖沓或停滞，以达到提高审判效率的目的。让程序正义最大限度地保障实体正义得以实现，充分发挥中国诉讼法在规范审判流程方面的优势。

第三，由普遍适用的网上办案模式向专业化发展。在推进人民法庭职能优化和布局调整的大背景下，选择最适宜进行在线诉讼、最能够体现网上办案智能化的案由，研发专业化办案系统，以解决类型化案件中的个性化问题。例如，道路交通、金融速裁、知识产权、证券纠纷代表人诉讼等。

二 在线诉讼规则在山东全流程网上办案模式下的运行

（一）以网上立案为核心，构建一站式诉讼服务体系

线下诉讼和线上诉讼的关键区别之一，即前者基本上是法律人设计给法律人用的，而后者是给没有接受过法律训练的人直接使用的①。依据在线诉讼规则设计软件系统时，应当全面考虑使用者的法律素养和知识储备。面向参加诉讼的律师、基层法律工作者、公司法务等具备一定法律知识的人，应当侧重全面、规范、便捷、高效的诉讼功能；面向没有委托代理人的普通当事人，应当侧重引导式、自助式、可评估、易查询的服务功能。

1. 推广一号通办、一网通办

《人民法院在线诉讼规则》第7条明确了在线诉讼身份认证规则，《人民法院在线诉讼规则理解与适用》对认证方式、认证环节和认证效力进行了解释。山东高院基于满足当事人和委托代理人一次注册、全网通用的需求，以及安全可控等方面的考虑，直接使用人民法院互联网统一账户管理平台。将所有在线诉讼服务功能全部接入统一账户管理平台，融入全国法院在线诉讼服务账号体系。当事人在山东移动微法院、山东法院电子诉讼服务网、律师服务平台等系统上办理各项事务均使用一个账号，在融入全国账户体系的任何一家法院都可以使用。截至2021年，全国账户体系注册用户超过1500万人，通过山东平台注册用户121.6万人。

---

① 〔英〕理查德·萨斯坎德：《线上法院与未来司法》，何广越译，北京大学出版社，2021，第123页。

2. 推行全类型案件网上立案

2018 年山东高院设计开发网上立案系统，并在全省三级法院全面推广，当事人立案以提交电子材料为主，非必要不再收取纸质材料，从源头实现诉讼材料电子化，减少材料收转环节。截至 2021 年 9 月 30 日，已实现除刑事公诉案件以外所有类型案件全部网上立案，共受理网上立案申请 680.5 万件，20% 的案件在 8 小时工作时间以外完成。2021 年网上立案的重点是为当事人提供更加智能和便捷的辅助立案措施。一是开发诉状智能生成系统，选择劳动合同纠纷、机动车交通事故责任纠纷、民间借贷纠纷、离婚纠纷等 20 类案由，将案件要素信息设置成选择题或填空题，每个案由 10～20 个题目，当事人通过答题的形式，自动生成起诉状，当事人扫码电子签名确认。同步生成诉讼风险评估告知书，提醒诉讼中可能存在的风险，让当事人对诉讼结果产生理性的心理预期。二是提高二审再审案件、申请执行案件的网上立案效率。当事人首次执行案件申请立案时，系统自动关联判决书内容，无须提供裁判文书生效证明；二审上诉案件系统自动关联原审卷宗，缴费后由二审法院直接立案。三是对确有需要现场立案的当事人，提供迎接式引导服务、代办式立案服务、菜单式辅助服务，由诉讼服务人员代为完成电子材料扫描上传和立案。为确有困难，因行动不便无法来法院立案，又不具备网上立案条件的当事人，提供上门立案服务，后续亦可在当事人家中通过互联网开庭模式完成庭审。

3. 推广全方位电子送达

电子送达作为主要送达方式，广泛应用于程序性文书的送达。山东高院坚持尊重当事人自愿原则，通过立案提示、庭审告知等方式，充分释明电子送达的含义、效力、方法等，在征得当事人同意后方可采取电子送达。统一建设全省法院电子送达地址库，与公安户籍、工商信息实现数据共享，通过企业名称即可获取企业注册时预留的送达地址、联系方式和电子邮箱等信息。电子送达地址库收录当事人在一审程序中有效的电子送达地址，复用于二审、再审和执行程序，以及其他涉诉案件的电子送达。建立"一次发起、多平台送达"机制，即一次送达任务，当事人可以通过移动微法院、审判信息流程公开、诉讼服务网、微信服务号、电子邮箱、手机短信等多种渠道签收，以最先签收的时间为送达时间，并生成电子送达回执，自动记入电子卷宗。截至 2021 年 9 月 30 日，全省法院电子送达平台共实现电子送达1592.3 万次，78.24% 的案件使用电子送达，减少干警公务出行 209.3 万人次，减少纸张使用 3139.7 万张。

4. 推广诉前在线证据交换

证据电子化是开展在线诉讼的基础要素。《人民法院在线诉讼规则》第11 条明确了电子证据的主要类型和提交方式，第 12 条、第 13 条明确了电子材料视同原件的效力和审核规则，因此建立完整、规范、顺畅的证据交换途径是实现全流程网上办案的必要条件。山东高院建设证据交换平台，融入诉讼服务体系，确保线上完成举证、交换、质证和认证环节，利用案件证据列表引导当事人进行要素化、格式化、标准化举证，辅助生成案件审理要素表，帮助法官明确争议焦点，简化庭审质证环节，提高庭审效率。法官在法院内网办案平台设置举证期限，完成发起举证操作；当事人收到短信通知后，登录电子诉讼服务平台，按照提示上传证据，完成举证操作；举证期满，证据上传通道自动关闭，双方当事人提交的证据汇聚至内网办案平台，由法官进行认证。审核无异议后推送给双方当事人，线上进行质证，质证意见自动分类汇聚，生成证据交换报告，区分无争议证据和有争议证据，明确证据争议焦点，供庭审使用。

5. 推广网上鉴定全覆盖

山东高院将最高人民法院统建的"人民法院委托鉴定平台"（以下简称"鉴定平台"）融入全流程网上办案体系，全面覆盖诉前调解阶段、审理阶段、执行阶段的委托鉴定业务，当事人、法官、鉴定机构均可在线上办理，全程留痕，自动计算鉴定时限，提示审限扣除，应用于节点管控。法官在内网办案系统就个案一键发起鉴定，案件信息、鉴定信息、证据材料等自动关联线上推送至司法鉴定部门。司法鉴定部门通过鉴定平台接收鉴定任务，经确认后生成加盖电子签章的委托书，机构选择和委托、材料移送、鉴定缴费、出具报告、异议答复等均在线上办理，相关材料和鉴定报告均自动回传电子卷宗，可以用于法庭庭审。截至 2021 年 9 月 30 日，全省法院共在线委托任务 136329 件，占全部委托鉴定任务的 97.4%，委托案件量位居全国第一，质效考核在线委托率为 88.01%，在全国统建省份位居第三。鉴定全流程平均用时 24.25 个工作日（较传统线下委托鉴定平均用时 46 个工作日缩短了 21.75 个工作日，节约了 47.28% 的鉴定时间），其中法院处理鉴定案件移送及移交事宜平均用时 5.26 个工作日，鉴定机构鉴定平均用时 18.99 个工作日，采信率达到 99.99%。

（二）以电子卷宗为核心，构建全程在线的办案模式

电子卷宗随案同步生成和深度应用，是推广全流程无纸化网上办案模式的基础条件，也是实现在线诉讼的关键要素。各类案件办理过程中收集和生成的诉讼文件能够随时电子化并上传到案件办理系统，经过文档化、数据化、结构化处理，实现案件办理、诉讼服务和司法管理中各类业务应用的自动化、智能化，为全业务网络办理，全流程审判执行要素公开，面向法官、诉讼参与人和政务部门提供全方位智能服务奠定坚实基础①。

1.广泛应用电子卷宗

山东法院将电子卷宗作为法官办案的主要工具，广泛应用于立案、审理、庭审、执行等所有环节。立案时，借助网上立案系统，不再接收纸质材料，大幅减少现场扫描和材料收转，从源头实现卷宗电子化；大部分案件信息自动回填，不需要重复录入。审理时，法官使用电子卷宗阅卷，可以关联查看一审、二审等原审卷宗，可以查看侦查卷、检察卷和录像资料；案件的争议焦点和关键证据可以随手在电子卷宗上打标签、做标注；利用案件要素智能分析，自动推送相似案例和相关法条供法官参考。庭审时，法官借助电子卷宗实现无纸化庭审，电子举证质证，庭审笔录电子签名，笔录和录像自动上传电子卷宗。合议时，合议庭利用案件评议平台，一体化融合合议庭合议、专业法官会议和审委会会议，全部可线上申请、线上讨论、线上表决、

---

① 《最高人民法院关于全面推进人民法院电子卷宗随案同步生成和深度应用的指导意见》。

线上会签，笔录和音视频同步回传电子卷宗。

闭庭后，法官利用起诉材料、原审卷宗、庭审笔录、相似案例、文书模板辅助撰写裁判文书，同类案件可以批量生成。截至2021年9月30日，全省法院网上阅卷率94.4%，裁判文书网上生成率89.1%。制作裁判文书的时间由原来平均12天，缩短到基层法院一审案件用时仅十余分钟。

2.广泛应用电子签章签名

所有业务和节点均实现电子签章签名是全流程网上办案和电子诉讼的关键。最高人民法院2018年即下发了《法院电子签章应用规范》。依据该规范，山东高院统一建设了全省电子签章签名系统及名库，统一了文书签章签名规则和出口，全省推行以电子章取代实体章，以电子签名取代手写签名。将电子签章签名广泛应用于网上办案、网上办公、科技法庭、远程提讯、互联网庭审等业务场景。基于数据安全和操作便捷等方面的考虑，系统对加盖电子签章签名的操作与办案流程一体化衔接，程序性文书生成时自动盖章，裁判文书需承办人输入密码后才能盖章，并对盖章后的实体文书内容和操作记录全程留痕。例如，立案后向被告发送应诉通知书和起诉状副本，选择被告确认电子送达方式，自动生成加盖电子签章的应诉通知书PDF版，确保电子签章无法被复制粘贴另作他用，附带起诉状副本一并向被告发起送达。截至2021年9月30日，全省法院程序性文书生成率92.4%，合议笔录网上会签率和裁判文书网上会签率均达到99.8%以上。另外，通过配备签名验签服务器、加密机、数字证书、时间戳服务器等安全基础设施和防伪打印等方式，解决电子签章签名安全性和身份有效性等问题。

3.推行事务性工作自动化

本着让法官有更多的时间和精力专注于实体审判的原则，将发送程序性文书、排期、签章、送达、归档等事务性工作剥离出来，均通过一键操作、自动完成。以排期和归档为例，立案后20日，系统自动提醒法官排期，排期后自动以电子方式向当事人送达开庭传票，接收回执自动记入电子卷宗，整个过程法官只需完成一次排期操作，当事人通过多渠道接收。结案送达后

3 日，系统自动提醒法官归档，一键完成卷宗整理、检查，自动挂接庭审录像，完成电子归档。

（三）以节点管控为核心，构建全方位立体化的监管体系

相较于西方国家，中国的民事诉讼强调节点与时限管理。山东法院全流程无纸化网上办案模式不是简单地将传统的纸质卷宗电子化，而是诉讼行为的电子化。按照诉讼法的特点和要求，进行流程再造和模式创新，服务法官和管控制约兼顾并重，主要特点可以总结为以下几个方面。

一是诉讼节点全覆盖，建设"一诉一档"系统，横向衔接从诉前立案到审判执行所有环节，纵向打通一审、二审、再审所有审级程序，所有数据实时汇聚、所有节点形成闭环、所有信息一案到底。

二是程序运行自动化，每个节点以时间驱动流程，用法定时限或管理时限推动诉讼过程，构建了自动触发、静默管控、强制冻结相结合的审判流程监管体系。例如，立案后 30 日未进行首次开庭的或开庭后 30 日未进行文书制作的，案件将会进行锁定，承办法官不能再对案件进行操作，需要申请解锁，相应审批人解锁后方可进行操作。

三是严格把控线上审批制度，审限扣除和延长、案件提审与发改、司法强制措施的启动，均需由庭长、分管院长、院长逐级审批，全程记录和反馈。例如，上级法院提审的案件，如果仍以"维持原判"进行结案，需要写明理由，并逐级审查。

四是将纪检监察贯穿全程，将"三个规定"内容的填录与个案关联，合议庭成员在案件审理各阶段均可填录、结案之前必须填录，并随卷归档。结案后系统自动向当事人推送短信进行回访，记录法官在案件办理过程中是否存在违规违纪情况。

（四）以问题需求为导向，构建专业化审判模式

前文所述的电子诉讼服务和网上办案，广泛适用于由纸质办案向电子化办案模式的转变过程，共同的特点是原始证据材料均为纸质，存在纸质向电

子状态转变的过程。实践中发现，部分案件类型因为社会服务的高度电子化，其原始证据材料直接为电子状态，这为全流程网上办案和在线诉讼提供了更为便利的基础和实现的可能。

1. 建设道路交通事故纠纷一体化办案平台

在最高人民法院、公安部、司法部、中国保险监督管理委员会统一开展道路交通事故损害赔偿纠纷"网上数据一体化处理"改革试点的背景下，山东法院作为试点之一，根据省内道路交通事故损害赔偿案件的审判特点，创新推出道路交通事故损害赔偿案件"立、调、鉴、审、执"为特点的一体化办案模式，实现法院、公安交管、司法行政、鉴定机构、保险行业等多部门的数据贯通。立案时，当事人录入交通事故责任认定书编号和身份证号后，系统自动关联交通事故责任认定书信息和涉案机动车的投保信息。当事人利用系统内置理赔计算工具，自助计算出合法合理的赔偿诉请金额，结合交通事故责任认定书中的事实认定部分，根据交通事故发生地推荐管辖法院，当事人确认后扫描二维码电子签名，即可一键生成起诉状。平台与人民法院调解平台和人民法院委托鉴定平台实现数据无缝对接，将调解和鉴定工作前置，诉前调解和鉴定的信息均可在办案系统中查阅，结合诉请和答辩的内容，快速明确争议焦点，实现要素化审理。截至2021年9月30日，平台受理申请调解案件14.2万件，完成调解12.4万件，成功调解5.4万件，调解成功达成金额31.1亿元。

2. 建设金融案件速裁平台

平台分为企业端和法院端，为金融企业提供与法院衔接的专用数据通道，定向化解金融纠纷。在青岛市市南区人民法院试运行后，中国银行、海尔金融等20余家金融企业已完成端口接入，该类案件审理周期减少至20天以内，结案率提高18%以上。在法院端，企业上传相关数据后，平台通过预置规则和人工智能技术，对起诉材料进行要素式提取和校验，符合立案条件的自动审核、自动立案。依托平台智能身份识别、语音转写、庭审笔录自动生成及确认、网上联审、电子签章等技术，同类型案件的事务性工作实现批量处理。

例如，针对辖区某银行大量类型化金融借款案件，速裁法官借助该平台

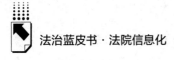

进行联审操作，一上午即完成300余件案件的庭审工作，并进行了当庭宣判，当庭宣判率达95%以上。

3.建设"3D证据管理系统"和"知产智审"

一是解决实物证据存储和移送难题。知识产权案件审判中，一直存在小的物证不好找、大的物证占空间、上诉后不好移送的难题。利用3D建模技术，在证据保全、司法勘验、庭前举证等阶段，即时对实物证据进行电子扫描，形成高清三维展示模型，供庭审时电子举证质证和二审法院查阅使用。二是解决证据比对难题，利用信息技术对权属作品和侵权作品中图片和文字的相似度进行全方位多维度计算，输出比对结果，辅助法官完成事实认定。三是梳理形成知识产权案件要素表，开辟企业立案绿色通道，线上批量完成立案、缴费、证据交换、庭审等工作，帮助企业降低诉讼成本，帮助法官提升审判质效。

4.建设证券类纠纷代表人诉讼平台

实现涉证券类群体性纠纷一体化网上办理，法院线上发布投资权利人登记公告，当事人线上完成登记审核参与诉讼，线上组织代表人推选。利用互联网进行开庭，非代表人的当事人可线上旁听。裁判文书线上送达，生效后在互联网公开，充分保护证券投资者的合法权益。

三 在线诉讼模式在实践中面临的问题及展望

在线诉讼规则是中国司法审判走向现代化的规则创新，全流程网上办案是审判实践在规则下进行的司法模式变革，两者从有机融合到成效显现，需要整个社会体系的认可和参与。法院内部涉及组织结构、职能分工、基础保障、制度保障、信息安全等多方面的因素。规则和模式融合初期，必然面临各种问题，但未来可期。

（一）在线诉讼亟待当事人认同和接受

线下诉讼向线上诉讼转变，由"面对面"变成了"网对网"。当事人没有亲自将诉讼材料交到法官手中，没有在开庭前向法官当面递交证据并阐述诉讼请求和答辩理由，心理上难免产生不确定和不安全感。当事人对信息化应用的能力也因地域、年龄、文化水平等因素存在很大差异。各项诉讼服务功能从上线运行到成熟稳定需要时间的磨合，系统卡顿、不顺畅、提交失败的情形时有发生。因此，部分当事人对在线诉讼相关应用存在抵触情绪。然而，法院对诉讼服务在线办理事项进行考核时，为提高考核指标得分，有的法院出现了强制要求当事人必须应用网上立案、网上调解、网上送达等情况，这与便利当事人的初衷相悖，也容易激化社会矛盾。

（二）在线诉讼需要得到社会体系互认和支持

近几年，中国数字政府建设已经进入了全面提升阶段，以"业务数据化、数据职能化、职能一体化"为特点的"互联网＋政务"模式得到了深入发展，各行各业的电子化已成为必然。但是，因为跨部门数据传输发展相对滞后，部门间业务数据相对封闭，均未实现跨部门电子权利凭证的互认以及信息共享。这导致当事人来法院行使诉讼权利，或拿着法院的确权文书（包括加盖电子签章的纸质文书或电子文书）去相关行政部门办理业务时均被要求再次提供纸质材料，加重了当事人的负担，影响了在线诉讼的成果转化。

（三）在线诉讼需要法律职业共同体的积极参与

在线诉讼推广后，所有业务均能在网上办理，最大的受益者应该是律师、基层法律工作者、企业法务等委托代理人，没有了时间和空间的限制，极大降低了代理案件的时间成本和经济成本。委托代理人在享受智慧法院提供数字红利的同时，也应当承担更多的社会责任，履行配合法院在线诉讼的义务。除自觉遵守在线诉讼规则要求的法定义务之外，更应当协助当事人配合法院完成部分事务性工作。例如，做好诉讼材料电子化的前置工作，律师事务所均有条件配备相应规格的扫描设备，在网上立案时即提供高质量的电子诉讼材料，而非只负责向委托人收集纸质材料，简单整理后将扫描等事务性工作交给法院，或者使用手机随意拍摄，将模糊不清、歪斜扭曲的低质量图片上传立案。另外，在线诉讼推行后，司法公开的及时性、全面性、准确性即显得尤为重要。要充分保证当事人的知情权，第一时间能够了解案件的进展情况、查收法律文书，用程序的规范确保程序的正义。

（四）互联网庭审秩序的规范性需要加强

疫情防控期间，互联网庭审发挥了重要作用，当事人不用来法院，通过手机或电脑就可以参加庭审，确实为当事人提供了极大的便利。但是，随着互联网庭审的推广，庭审秩序和效果的问题也逐渐显现。《人民法院在线诉讼规则》第 24 条明确了出庭人员的外部环境要求，即安静、无干扰、光纤适宜、网络信号良好、相对封闭。立法目的是要确保一个与线下庭审无异的稳定空间及物理条件，保障庭审能够顺利进行。实践中，法官助理或书记员一般都要在开庭之前或前几日，联系当事人进行音视频信号调试，即使这样也无法完全避免开庭当日出现音视频信号中断的突发情况，庭审中断后往往需要长时间等待或者再次开庭。中断的原因也不能完全排除人为因素，故意造成设备和网络故障，以达到拖延庭审的目的。《人民法院在线诉讼规则》第 25 条虽然明确除网络故障、设备损坏、电力中断或者不可抗力等原因外，当事人拒不到庭或中途退庭的认定，及按照相关法律和司法解释处理的规定，但在实践中如果出现音视频中断的情况，也很难判定是否属于《人民法院在线诉讼规则》第 25 条明确的范畴，更不敢贸然适用"按撤诉处理"和"缺席判决"的法律规定，只能延期重新开庭。另外，互联网庭审秩序的维持只能依靠法官口头警告，庭审的规范性、严肃性和权威性很难得到保证。

（五）业务系统间的融合以及数据安全需要加强

全流程网上办案是一项系统工程，需要多业务整合、多平台交互、多数据贯通才能充分发挥成效，这就对智慧法院的规划者、建设者提出了较高的要求，也需要参与建设的公司能够以大局为重、从业务出发、兼容并包，杜绝利用领域内优势地位进行数据和业务垄断，构建良性的竞争生态。司法数据是法院最为宝贵的资源，是司法审判的智慧结晶，其所有权、使用权和管理权均应该由法院掌握。智慧法院发展到今天，数据采集、应用、研判、管理、安全的重要性越发凸显。要做到"宽严相济"，数据交互是大方向，只有司法机关、行政机关、法院之间形成了无障碍数据贯通，智慧法院才会有更广阔的发展前景。但同时，数据安全也将会面临更加严峻的挑战，"护城河"和"防火墙"的设置显得尤为重要，要让数据能够"用得上、拿不走"，"拿走了，用不了"。

B.8
成都中院电子诉讼平台建设实践

四川省成都市中级人民法院课题组*

摘　要： 为保障人民群众合法诉讼权益，降低当事人诉讼成本，满足人民群众多元、高效、便捷的纠纷解决需求，成都中院以民事诉讼程序繁简分流改革为重要契机，建设并运行"蓉易诉"电子诉讼平台，为电子诉讼改革深入推进提供了重要载体。"蓉易诉"平台支持民事、行政案件全案网上办理，通过线上线下相融合、支持案件异域异步审理，当事人及其诉讼代理人可以在线上与线下模式之间自由切换，灵活选择在案件任一环节或者全流程适用电子诉讼，完成整个诉讼过程。"蓉易诉"平台衔接融合电子卷宗、智能审判应用，支持证据展示和举证质证报告生成、法条和案例推荐等功能，为法官审判提供智能辅助。成都法院电子诉讼通过"一体两面、双向协同"的平台架构和机制配套，切实构建服务当事人和法官两大群体的电子诉讼"成都模式"，促进智慧法院建设实效整体提升。

关键词： 电子诉讼　 "蓉易诉"　 5G 参审

民事诉讼程序繁简分流改革试点工作提出，要强化科技驱动，充分运用大数据、云计算、人工智能等现代科技手段破解司法改革难题、提升司法能

---

* 课题组负责人：龚成，四川省成都市中级人民法院党组成员、副院长。课题组成员：徐红，四川省成都市中级人民法院信息技术室主任；龚芸伟，四川省成都市中级人民法院信息技术室综合科科长；宋淑君，四川省成都市中级人民法院信息技术室应用技术科干部。执笔人：宋淑君、龚芸伟。

力，适度扩大在线诉讼的覆盖范围，推动实现审判方式、诉讼制度与互联网技术深度融合。四川省成都市中级人民法院（以下简称"成都中院"）以民事诉讼程序繁简分流改革为总抓手，以服务当事人诉讼和法官办案为中心，找准电子诉讼平台功能定位，运用信息技术手段，整合现有各类网上诉讼服务平台，打造集约化、智能化、一体化的"蓉易诉"电子诉讼平台（以下简称"'蓉易诉'平台"），首次实现了诉讼服务平台的并网统一，打通了服务群众"最后一公里"，为法官办案减负，助推成都法院审判体系和审判能力现代化。

一 "蓉易诉"平台建设背景

（一）政策背景

习近平总书记在 2019 年中央政法委工作会议上指出，要深化诉讼制度改革，推进案件繁简分流、轻重分离、快慢分道。经十三届全国人大常委会第十五次会议授权，最高人民法院在全国 15 个省（自治区、直辖市）的 20 个城市开展民事诉讼程序繁简分流改革试点工作，成都两级法院被确定为试点单位。2021 年 1 月 15 日，最高人民法院召开专题会议，印发《民事诉讼程序繁简分流改革试点方案》，将健全电子诉讼规则作为繁简分流改革试点工作的主要内容之一，对诉讼参与人通过人民法院信息化平台在线完成诉讼行为的法律效力、提交诉讼材料的形式、开庭的方式以及电子送达的适用条件、范围和生效标准作了要求。5 月 11 日，最高人民法院印发的《人民法院信息化建设五年发展规划（2021～2025）》要求，以智能服务和共享协同为重点，建成高度智能、上下贯通、横向协同、泛在接入的智慧服务、智慧审判、智慧执行、智慧管理系统，为各类用户提供智能、协同、泛在的一体化应用服务。5 月 14 日，最高人民法院院长在最高人民法院网络安全和信息化领导小组 2021 年第一次全体会议上强调，建立健全在线诉讼规则、在线调解规则，努力构建中国特色、世界领先的互联网司法新模式，全面建设

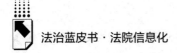

在线法院，创造更高水平的数字正义。6月17日，最高人民法院发布了《人民法院在线诉讼规则》，首次从司法解释层面构建形成系统完备、指向清晰、务实管用的在线诉讼规则体系。

（二）现实背景

1. 时代发展需要

十八大以来，人民法院"触网"速度明显加快，2017年8月设杭州互联网法院，2018年9月设北京互联网法院、广州互联网法院。从过去简单的司法信息上网公开，扩展到建设互联网专业化审判机构。随后，上海、天津、成都（设在郫都区和中央法务区）等互联网法庭也纷纷设立。不仅如此，跨域立案、移动微法院、在线诉讼服务、执行财产网络查控等新机制、新举措层出不穷。最高人民法院电子诉讼规则的出台，将国家审判机关最为核心的审判环节直接搬到互联网上。从案件自身来看，传统的诉讼模式正在悄然发生改变。近年来审理的案件，大量的电子证据已进入审判实践，微信、电子邮件内容甚至成为定案依据。市场环境下的各类交易越来越多地发生在网上，或直接在线交易，或网上表达意思，或以网络实施侵权甚至犯罪。面对这些变化，审判工作不能回避也无法回避，诉讼方式的变革势在必行。

2. 疫情防控需要

2020年，新型冠状病毒性肺炎疫情发生后，按照中央、最高人民法院关于疫情防控工作的决策部署和要求，各级法院结合工作实际，积极谋划线上诉讼应用，确保疫情期间人民群众司法诉讼权益。各地互联网法庭的改造、在线审理模式运行"紧急上线"，大力助推了电子诉讼应用的发展，随着疫情防控形势的常态化，客观上使电子诉讼成为一种司法新常态。2019年，全国法院网上立案136万件，开庭25万次，电子送达446万次①。成都中院运用"和合智解"e调解平台、微法院、网上诉讼服务中心、12368网络理

---

① 周强：《2019年最高人民法院工作报告——2020年5月25日在第十三届全国人民代表大会第三次会议上》。

事热线电话等在线诉讼服务方式，通过改造互联网法庭、开通移动办公审务通和网络法庭审理账号、使用钉钉和视频会议系统等方式，全面保障线上诉讼节点畅通，确保服务群众不打烊，为电子诉讼平台打造与建设埋下伏笔。

3. "案多人少"矛盾克服需要

近年来，成都两级法院受理案件数量呈较高增长态势，法官办案压力与日俱增。2018 年共受理各类案件 394749 件，审结 349752 件，法官人均办案 321 件；2019 年共受理各类案件 448029 件，审结 403759 件，法官人均办案 305 件①；2020 年共受理各类案件 438040 件，审结 417822 件，法官人均办案 349 件。面对"案多人少"矛盾，如何既保障司法诉讼服务质量又为法官减压赋能，成为法院主动探索电子诉讼的内在动力。

经过两年多的建设，成都智慧法院完善了规划设计，建成了全要素信息化基础，多样化司法互联网服务渠道已全面开通并在持续优化过程中，司法大数据建设已能够向审判决策支持系统提供全量案件数据服务，内外网数据已实现安全实时交互，形成了智慧法院建设的"成都模式"，为成都中院打造线上线下大融合"蓉易诉"电子诉讼平台奠定了坚实的基础。

二 "蓉易诉"平台建设现状

成都中院将"蓉易诉"平台作为开展电子诉讼的重要载体，结合成都受理案件实际，最终确定成都法院的定位——作为审理非互联网案件的非互联网法院，明确了电子诉讼平台建设方向——促进法院对外司法服务能力和内部审判质效"双提升"，平台定位明确为来源于传统诉讼但标准高于传统诉讼。

（一）建设思路

"蓉易诉"平台由成都两级法院统一使用，是兼容不同系统应用的开放

---

① 2018 年、2020 年统计法官人均办案数时，其中法官数仅含员额法官。2019 年，按当年工作要求，法官数除员额法官外还包含非员额执行办案人员。

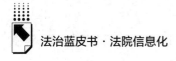

式共享平台。

1. 体现灵活便利性，突出服务特性

依托便捷高效的电子诉讼平台应用，大幅降低传统诉讼案件中诉讼参与人的在途时间、证据材料提交、事务办理等诉讼成本，让群众"足不出户"便可办理全流程诉讼事务，实现"让科技信息多跑路，让老百姓少跑腿"的目标。为避免盲目追求案件全流程在线办理，诉讼参与人可自主选择案件全流程或任一环节通过平台处理，线上线下模式自由切换，切实提高诉讼参与人使用电子诉讼平台办理诉讼事务的获得感。

2. 强化智能辅助性，尊重审判习惯

以《成都法院电子诉讼规则》为制度遵循，围绕法官办案实际，深入调研，创造性挖掘现行诉讼法程序规定，从功能上优化平台设计方案，为法官提供关键程序性节点的辅助功能：如举证质证模块支持同步异步举证、质证，形成初步证据画像；庭审模块嵌入法条、案例推荐等知识服务，用贴合工作实际的功能建设，满足法官智能化办案需求，切实为法官减负。

3. 注重融合集成性，凸显改革效果

借力成都法院网上诉讼服务中心、"阳光司法"App等现有应用平台，注重系统集成和效果加成，运用信息化技术手段，推动平台系统应用、数据、业务、能力等融合与共享，并持续优化升级平台功能应用，促进审判资源配置再优化、监督管理再转型、诉源治理再深入、审判质效再跃升，彰显成都中院司法责任制综合配套改革成效。

（二）平台体系

1. 技术支撑

"蓉易诉"平台围绕诉讼纠纷解决主轴，从开发效率、稳定性、维护成本和后期建设等方面考虑，依托J2EE应用架构和SOA体系，使用Oracle数据库。该平台运用图文识别能力、语义分析能力、感知能力、认知能力、AI知识图谱等智能技术，实现线上、线下功能的深度融合，涵盖诉讼参与人和法院两端，便捷诉讼参与人和法官运用操作，研发PC端和移动端两个使用端。

在保障数据交换安全方面，电子诉讼平台建设满足最高人民法院《安全隔离与信息交换平台使用和管理要求》（FYB/T 59006—2020）的要求，通过双单向光闸及数据隔离交换任务策略设置，确保链路结构安全可用，利用应用系统前置机系统内置功能，完成对数据交换格式和内容的审查，保障WebService接口提供的数据交换服务安全可靠。

2. 业务架构

本着服务诉讼参与人参与诉讼和法官办案的原则，以诉讼服务、庭审执行和归档结案三个阶段为架构主线，通过高度整合集成相关平台应用功能，形成互联互通、集约高效、阳光便民的综合性电子诉讼平台，为全业务网上办理、全流程依法公开、全方位智能服务提供支撑，全面实现诉前调解、起诉、立案、庭审、送达、上诉、执行等各类诉讼活动的网上办理（见图1）。

3. 主要功能

"蓉易诉"平台是一个兼容型的开放式共享平台，随着对平台的深度使用和业务工作的新需求，其功能可以逐步增加和拓展。目前，从诉讼活动主线出发，已实现以下主要功能（见图2）。

（1）身份认证

利用人脸识别等技术，快速完成人脸图像、手写签名、身份证（律师包括律师证、身份证"双证"）等个人信息的采集与核验，且用户地址、手写签名等信息可应用于后续法律文书签收、庭审笔录和证据交换笔录确认等环节。同时，完成与公安机关人口信息的对接，确保注册用户信息的真实性、完整性和有效性。

（2）立案环节

针对离婚纠纷、劳动争议、保险纠纷、买卖合同纠纷、金融借款合同纠纷、交通事故责任纠纷等21种常见案由案件提供诉讼风险评估功能，为群众提供合理的裁判预期。对接最高人民法院"人民法院调解平台"，经当事人双方同意调解的纠纷，达成一致调解意见后，可直接申请司法确认；根据民商事、行政、刑事自诉等不同类型案件特点定制案件材料上传目录，规范群众自助立案，也便于法官后台进行立案审核；支持金融、家事

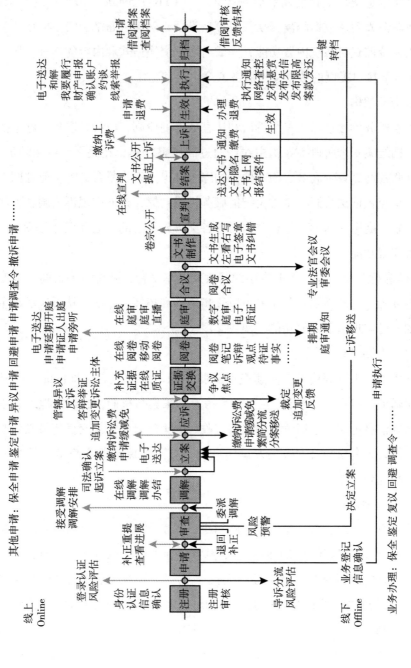

图 1 平台业务架构流程

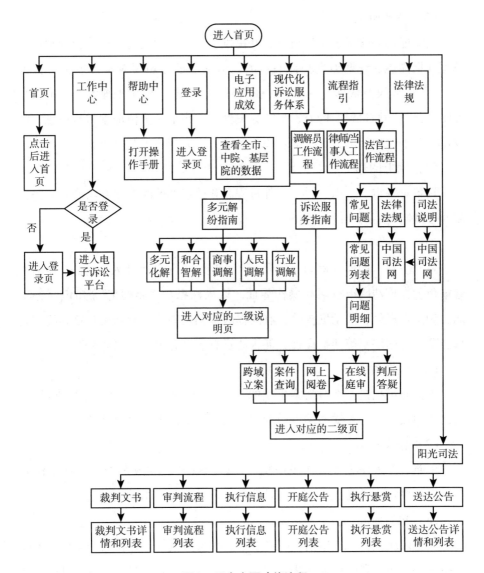

图2　平台主要功能流程

等类型案件起诉信息的"要素式"填报，当事人填报案件要素及佐证材料
一经完成，平台即自动生成含电子签名的起诉状；支持诉讼参与人实时查
看案件进展，并提供留言法官功能以便当事人及时与法官沟通交流案件相
关情况。

（3）举证质证

支持证据同步异步举证质证，并提供引导式填写功能。通过引导举证方填写证据描述、证据类型和证明目的，引导质证方填写对全部或部分证据"三性"的异议及依据，自动生成证据目录，形成证据初步画像，便于法官翻阅、比对证据材料。同时，支持如案件一方当事人上传证据材料信息，以发短信和平台提示的方式，同步通知案件另一方当事人及时查看、处理。

（4）网上阅卷

具备对一审、二审、再审案件过程卷和档案卷的线上阅卷功能，待完善阅卷管理制度后再上线运行。

（5）庭审环节

划分法官、助理（庭审速录员）、当事人（诉讼代理人）、证人等4类庭审角色，打造庭审权限和操作界面。嵌入法条、案例推荐等知识服务功能，为法官提供智能辅助支撑，有效提高审判效率。科学利用卷宗翻阅、共享屏幕、证据展示等便捷设计，促进法官有效、有力控制庭审节奏。

（6）收退费

支持通过扫描立案时随案生成的一案一账号缴费条形码，选择支付宝、微信、网银等方式在线缴纳诉讼费用，同时，支持申请退费办理。

（7）综合送达

按照最高人民法院《人民法院电子诉讼规则》和成都中院《成都法院电子诉讼规则》的相关规定，支持庭前类和裁判类文书的电子送达。

（8）执行阶段

支持首次执行立案申请、财产申报、线索举报等，并在内网端对接最高人民法院、四川省高级人民法院"总对总""点对点"平台，实现对被执行人财产的查封、扣押、冻结等。

（9）司法公开

整合原有成都法院网上诉讼服务中心、"阳光司法" App 和司法公开网相关功能，支持审判流程、裁判文书、执行信息等信息的及时公开与查询。

此外，平台还为诉讼参与人提供一站式反家暴受理、调查令申请和区块链存证等功能，最大限度满足诉讼参与人的不同诉讼需求。

三 "蓉易诉"平台应用优势

从2021年3月10日全面上线以来，"蓉易诉"平台使用已覆盖成都两级法院，立案、开庭、送达等20余类司法服务也已经推向网上运行。截至2021年8月底，"蓉易诉"平台为当事人及其代理律师共计提供在线服务近19万件次，为当事人省去了舟车劳顿等诉讼负累，降低其往返法院打官司的经济和时间成本。"蓉易诉"平台应用成效逐步显现，主要得益于以下几个方面。

1. 推进法律职业共同体一体化

"蓉易诉"平台在设计和建设之初，成都中院多次召开与律师群体的专题座谈和现场调研，听取其关于平台设计和建设使用的有益意见和建议并合理吸收到平台建设和使用中。律师群体成为"蓉易诉"平台推广应用的重要参与者和推动力量。前期，成都中院联合成都市司法局出台《关于规范"电子诉讼·5G智慧参审室"建设运行的指导意见》，在13家大型在蓉律所推动下建成"5G智慧参审室"，方便律师"一步到庭"，促进在线庭审规范开展。经与成都市法律援助中心协商，成都中院下一步将指导其建成2个"5G智慧参审室"，便于远程开展法律援助。

2. 拓展电子诉讼全业态布局

成都法院电子诉讼坚持平台、场所、数据"三位一体"综合布局，推动电子诉讼从可用、能用向易用、好用发展完善，构建起线上平台与线下场所互为补充、软件应用与硬件设施相得益彰的工作格局。"蓉易诉"平台目前覆盖了网站和手机App，支持在线诉讼多屏泛在化接入。为解决在线庭审模式下常见的通信网络卡顿、庭审信号迟延甚至中断、庭审违规行为无法核实等问题，成都中院同步推进全院20余个具备互联网庭审功能的科技法庭与律所"5G智慧参审室"的联网运行。构建了较为完善的用户中心、案件数据中心等。以用户中心为例，借助微信实名认证平台调用公安机关人口数据库，当事人、律师使用微信"扫一扫"即可快速完成实名认证。

3. 提升平台兼容开放性

打破封闭式平台容易带来的发展瓶颈，推动"蓉易诉"平台与其他应用操作流程相贯通、业务标准相统一，降低电子诉讼平台研发成本，缩短研发周期。"蓉易诉"平台前端与人民法院调解平台相衔接；调用了四川高院统一建设的网上缴费平台，支持当事人使用微信、支付宝、网银等缴纳诉讼费用；引入最高人民法院"司法链"存证、验证技术；汇聚最高人民法院审判流程、裁判文书、执行信息、开庭等"四大公开平台"入口；辖区法院可以根据本地法院办案习惯，自主选择接入不同庭审系统。为加强电子诉讼数据深度应用，成都中院将当事人通过线上、线下各类渠道提交的诉讼材料进行电子化处理和分类编目后，主动提示对方当事人及其代理律师通过"蓉易诉"平台在线查看、在线发表质证意见，并可以在线自动生成举证质证报告，供法官查看。

4. 全要素增强设施支撑

电子诉讼依托互联网为当事人提供在线立案等诉讼服务，由此产生了当事人各类诉讼材料从互联网传递到内网，以及案件审理进程和裁判结果从内网反馈到互联网的数据安全交互和业务协同需求。成都中院按照最高人民法院制定的数据安全隔离和信息交换标准，建成以单向光闸为主体，集了网络安全防护、数据交换等功能的内外网数据交换平台，依托该数据交换平台建成完善了电子诉讼双向协同布局，支持在线诉讼实时和异步开展、业务数据对外安全开放。为增强"蓉易诉"平台对外服务功能，成都中院借助成都市政务云等完善了平台运行所需的计算、存储、网络、安全等软硬件资源支撑，支持1000多个用户同时在线，具备4000人以上的并发响应及处理能力。

四 "蓉易诉"平台应用中的问题和挑战

"蓉易诉"平台投入运行以来，电子诉讼的公众接受程度、应用广泛性与法院预期尚有差距，存在的问题和挑战主要有以下几个方面。

（一）应用成效有待深化

1. 用户群体偏年轻，平台有待进一步推广

从人员注册数据来看，律师 162 名，占比 1.43%；当事人 11128 名，占比 98.57%。在使用平台的当事人中，20～30 岁的 4484 名，占比最高，为 40.02%；30～40 岁的 4228 名，占比 37.73%；40～50 岁的 1626 名，占比 14.52%；其余年龄段用户占比不足 7%。律师注册用户年龄全部集中在 20～30 岁。

2. 功能使用集中在"一头一尾"，整体使用不均衡

从"蓉易诉"平台全面上线以来的使用数据①看，在线送达、在线立案使用频次最高，分别是 136053 件次，占比 71.96%；51804 件次，占比 27.40%；其后是在线庭审（402 件次、占比 0.21%）、留言法官（282 件次、占比 0.15%）、材料收转（194 件次、占比 0.10%）、案件生效证明出具（71 件次、占比 0.04%），管辖权异议、诉讼保全、提起上诉申请等其他功能使用较少，共计 254 件次，占比 0.14%。

（二）电子诉讼与现行办案机制协同性不足

1. 适用电子诉讼的案件仍需使用纸质卷宗归档

2018 年以来，最高人民法院在部分法院推进电子档案为主、纸质档案为辅的案件归档方式试点，除了浙江、深圳、四川崇州等地试点法院，包括成都中院在内的全国大多数法院仍需按照现行《人民法院诉讼档案管理办法》（法〔2013〕283 号）等规定，适用"电子卷宗和纸质卷宗同步归档且一一对应"的归档方式，当事人在"蓉易诉"平台提交电子诉讼材料后仍需重复递交纸质材料，这使当事人使用电子诉讼的积极性大打折扣，法官在案件审理中同样面临纸质材料重复审核等问题。

---

① 本文中在线立案、送达等数据为"蓉易诉"电子诉讼平台在 2021 年 3 月 10 日全面上线以来截至 8 月 31 日的数据，不包括短信、微信，以及"四川微法院"以及其他平台上的立案、送达等使用数据。

2. "电子化材料视同原件效力"与最佳证据原则有冲突

《人民法院在线诉讼规则》第11条提出，当事人可以提交电子化材料；第12条提出，电子化材料的使用需以通过法院审核为前提；第13条提出，电子化材料符合"经过公证机构公证"等5条审核规则的，当事人不必再另行提供纸质原件、原物。但《最高人民法院关于民事诉讼证据的若干规定》第10条规定，当事人向人民法院提供证据，应当提供原件或者原物。在"解决电子化材料的形式真实性"这个问题上，司法解释实际是迈出了一步，但司法解释与现行法律制度有冲突是不争的事实。

（三）平台衔接不顺畅，电子诉讼底层数据贯通融合有待完善

1. 平台对接成本高

成都法院电子诉讼经历了由点及面的发展阶段，在线调解、诉讼服务、在线庭审等应用早在"蓉易诉"平台推出之前已经独立、成熟运行，"蓉易诉"平台要实现"一个平台管到底"，除了整合诉讼服务等功能以外，还要实现与在线调解、庭审等其他应用的无缝衔接和数据即时双向交互，由于建设厂家不同、数据接口标准各异，不同平台实现全面对接需要法院投入大量的沟通协调工作。

2. 诉讼材料有效移送能力有待完善

诉讼材料从电子诉讼平台到办案系统、从第三方平台到电子诉讼平台的有效移送能力均有待完善。目前当事人在线提交的证据等诉讼材料，须经法官助理进行分类、命名等编目处理，方能为法官所用，法官助理的司法辅助工作量并未因电子诉讼平台的使用而显著减轻。尽管全国部分法院创新实现了银行等金融机构涉诉信息"一键移送"至电子诉讼平台，但在实践中这仍属个例，如何将电商、银行、证监等第三方平台掌握的更为广泛的涉诉数据，高效、便捷、规范地导入电子诉讼平台，仍然有待进一步探索。

五 "蓉易诉"平台的发展方向与路径

随着成都互联网法庭①在2021年4月正式设立,成都地区大量涉互联网纠纷分流到专门审判组织审理。成都两级法院要进一步深化电子诉讼在非涉网传统案件中的应用实效、探索适合本地实际的发展模式,须推动实现线上与线下审理相衔接、异域与现场审理相补充、同步与异步相结合,在提高司法便民利民能力的同时,将简案以及繁案中程序性简易环节全力推向电子诉讼平台办理,促进解决"案多人少"背景下案件审理周期过长等长期困扰成都法院发展的结构性矛盾。

(一)深化平台创新,厚植电子诉讼发展优势

要扭转传统"面对面"案件审理方式给当事人、律师、法官等带来的强大的思维惯性和行为惯性,让电子诉讼更为广泛地为律师等群体所知所用、更为老百姓喜闻乐见,除了要抓住律师座谈、人大代表走访、新闻发布会等宣传推广机会以外,法院仍需在电子诉讼场景打造、内部机制调整优化等方面再下功夫。

1.再造内部流程,打造线上"刚需"应用

针对实践中诉讼费缴纳途径少造成"缴费累"、退费程序复杂导致"退费难"等问题,在已实现诉讼费在线收缴的基础上,法院继续会同地方财政部门,打通电子诉讼平台与诉讼费管理系统、审判和执行业务等系统之间信息流转渠道,消除机制性障碍,采取一审、二审案件报结案时对胜诉方预交但不应负担的诉讼费用主动退费、对败诉方进行诉讼费催缴并对经催缴未缴费的予以执行立案等方式,有效推动诉讼费主动退付以及电子票据在线出具等常态化运行。

---

① 经最高人民法院批复,四川专司涉互联网案件审理的审判机构——成都互联网法庭在2021年4月9日正式挂牌运行,并于5月1日正式受案,管辖成都市、德阳市、眉山市、资阳市辖区内应由基层人民法院受理的第一审互联网民事、行政案件。

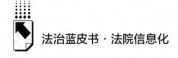

2. 打破区域限制，便捷诉讼活动"跨域"开展

目前，全国部分法院陆续推出利于远程开庭的规范场所设施，如成都、广州中院分别建成了"5G智慧参审室""e法庭"等，但这些造价不菲的设施仍局限于本地区使用，跨区县、跨市、跨省应用并不多见，影响了成效的充分发挥。上级法院可以对这些在线诉讼尤其是硬件设施资源予以合理统筹，通过向社会公众公开远程开庭等场所设施和预约途径等信息，在全省乃至全国层面盘活在线诉讼资源设施，满足本地区外出务工及作业人员远程作证、庭审等需要，促进在线诉讼资源要素的跨区域流转和使用。

（二）衔接既有成果，牵引智慧法院提档升级

电子诉讼在源头上实现了案件信息以及诉讼材料的电子化，与最高人民法院正在推进试点的无纸化办案天然相契合，电子诉讼与智慧法院建设基础中的基础——电子卷宗随案同步生成和深度应用、智慧法院前进方向和发展前沿——智慧法院大脑密切联系。"蓉易诉"平台在起步之后要不断增强与其他智慧法院建设成果的系统性、协同性，促进"智慧法院·成都模式"成效整体跃升。

1. 嵌入电子卷宗规范生成要求

电子诉讼平台在实现全业务网上办理和诉讼材料电子化的基础上，还需要融合电子卷宗同步生成和深度应用要求，利用平台自动化处理能力，对当事人在线提交的信息和诉讼材料作规范化、精细化处理，"端到端"实现互联网当事人与内网法官之间的业务互动与协同。

（1）完善材料解构和知识提取能力

以立案阶段为例，电子诉讼平台要将当事人上传的起诉状文档或者扫描文件转化成计算机可识别的案件信息，提前实现信息结构化处理与关联融合，满足后续的案件信息自动回填、程序性法律文书自动生成等电子卷宗基本应用、法规和类案智能推荐等深度应用，为"四类案件"自动识别与手动监管等审判管理应用奠定基础。

（2）具备材料分类和标注能力

根据电子卷宗编目归目需要，电子诉讼平台能够调用图文识别等底层技术，结合当事人手工标注等手段，引导当事人在线上提交诉讼材料时，有效完成材料细分、自动命名、手工校正等基础工作，畅通电子诉讼平台与电子卷宗系统之间的交互通道。

2. 集合数据和知识服务能力

成都中院电子诉讼平台未来要形成以"蓉易诉"平台为主体、其他平台为有益补充的格局，要继续巩固线上司法服务集中集约办理优势。

（1）强化电子诉讼平台"数据中转、服务集成"能力

协调技术公司按照最高人民法院等制定的国家和行业标准，建成标准化电子诉讼平台数据接口、用户中心等设施，为其他平台提供统一的用户登录、应用接入、数据中转功能，拓展完善成都法院司法互联网应用生态，提升其他平台到电子诉讼平台的数据移送能力。

（2）强化电子诉讼平台"算法分析、智能匹配"能力

利用聚类分析、法律知识图谱等算法，有效识别、深度关联当事人起诉状等材料中的关键要素信息，针对司法实践中数量较大的民间借贷等类型化案件，在电子诉讼平台推出司法咨询、递进式问答等智能服务，为当事人推荐与其所涉案件类似的生效裁判，合理提示当事人的裁判预期；在平台嵌入与特定类型案件相匹配的证据材料提交框架，完善当事人在线举证、质证等功能。

（三）消除机制梗阻，促进电子诉讼长效发展

电子诉讼作为民事诉讼程序繁简分流改革试点的一项任务，试点成果将作为下一阶段法律和制度修改的方向和重点。目前的在线诉讼实践及规则与现行机制框架存在不适应之处，未来要从顶层设计加强考量和回应，为电子诉讼实践和发展消除制度障碍和机制障碍。在法院内部，建立由审判管理部门组织、技术部门保障、业务部门共同参与的电子诉讼工作专班，不定期开展在线诉讼文书、庭审、案例等专项评选评查，发现法院在线诉讼实践中遇到的类型化问题，总结提炼在线诉讼经验，激励法官利用电子诉讼推进案件办理，推动电子诉讼平台设施不断完善，实现平台与裁判规则的深度融合。

智慧审判执行

Intelligent Trial Enforcement

B.9
基于全域法律文书解析的知识服务型
"数脑创新"路径探究

江西法院"数脑创新"课题组 *

摘 要: 为深化智慧法院建设,推进审判体系和审判能力现代化,江西省高级人民法院围绕"以知识为中心"目标,探索建设以数据治理和智慧大脑为核心的司法数据中台应用体系。一方面,以非结构化的法律文书解析为基础,全力打造融合全维度、全要素、全标签和全指标的知识化数据中台,强化知识协同、知识关联和知识共享能力;另一方面,结合业务需求场景,应用知识图谱、人工智能等技术,打造智能应用市场、智能审判流程数据回填与检查、要素式智能推送等智能应用服务能力,尝试专题应用分析,通过深挖数据潜能将智能工具由能用变成好用。本文分析了江西

---

* 课题组负责人:柯军,江西省高级人民法院党组成员、副院长。课题组成员:匡华,江西省高级人民法院司法技术处处长;杨崇华,江西省高级人民法院司法技术处副处长;吴顺华,江西省高级人民法院司法技术处四级调研员;杜锋,北京国双科技有限公司政务军工业务部项目总监。执笔人:吴顺华、杜锋。

法院探索推进基于全域法律文书解析的数据中台建设背景和目标，介绍平台的具体建设内容和特点，并总结了平台的应用价值和实际成效。

关键词： 数据中台　要素解析　智能文书生成　审流数据回填　数字画像

经过"十三五"期间的努力，人民法院信息化3.0版建设已经取得显著成效，推动了全业务网上办理、全流程依法公开、全方位智能服务的全面发展。在智慧法院全面深化过程中，从"以数据为中心"到"以知识为中心"的广度与深度延展势在必行。《人民法院信息化建设五年发展规划（2021~2025）》提出，"十四五"期间全国各级法院信息化建设全面深化，要更加符合司法规律，更加适应改革要求，更加突出智能化、一体化、协同化、泛在化和自主化特征的智慧法院，需要紧紧围绕"以知识为中心"的目标，全面丰富数据内容、深化知识服务、加强共享协同、聚焦区块链应用，提升智能处理能力和数据服务能力。

江西法院基于上述背景提出了"数脑创新"建设，以数据治理和法律文本要素解析为核心，探索构建基于全域司法数据治理和知识服务的数据中台应用体系。一方面，以非结构化的法律文书解析平台为基础，全力打造融合全维度、全要素、全标签和全指标的知识化数据中台，加强江西高院法律/案件/文书知识协同、知识关联和知识共享能力；另一方面，结合业务需求场景，深度应用知识图谱、人工智能等技术，打造智能应用市场、智能审流数据回填与检查、升级法官e助理等智能应用服务能力，同时建立应用专题分析、综合指标分析等数据深化应用，深挖数据潜能，将智能工具由能用变成好用。在工作中，大胆实践，让知识服务在具体应用中得以实践；同时以应用需求为主导，牵引文本解析和知识挖掘的发展方向。经过前期实践，摸索出"一手抓数据、一手抓创新，同步推动，相互促进"的工作实践路径，取得了显著成效。

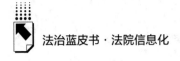

一　建设背景

（一）政策背景

2016 年，"智慧法院"纳入《国家信息化发展战略纲要》和《"十三五"国家信息化规划》，人民法院信息化 3.0 版在"十三五"期间已经建成，为人民司法事业发展提供了强有力的科技支撑。2020 年 7 月，最高人民法院制定了《关于深化司法责任制综合配套改革的实施意见》，要求各高级人民法院依托智慧法院建设，加强以司法大数据管理和服务平台为基础的智慧数据中台建设。2021 年 5 月，在最高人民法院网络安全和信息化领导小组 2021 年第一次全体会议上，最高人民法院主要领导指出，"要坚持以习近平新时代中国特色社会主义思想为指导，深入贯彻习近平法治思想，认真学习贯彻习近平总书记关于网络强国的重要论述精神，全面深化智慧法院建设，以司法数据中台、智慧法院大脑、在线法院建设为牵引，推进人民法院信息化 4.0 版建设，促进审判体系和审判能力现代化，推动新时代人民法院工作高质量发展"。

（二）现实需求

近年来，江西智慧法院建设取得了长足进步，信息化建设全面发展，信息化应用成效显著，实现了跨越式发展目标，江西智慧法院建设应用水平进入并稳定在全国法院第一方阵。但是，面对司法业务实践日益增长的现实需求，尤其是对标最高人民法院"十四五"期间智慧法院建设目标要求，还存在差距，主要表现在如下几个方面。

1. 数据层面

经过多年信息化建设应用，江西法院积累了大量业务数据。这些数据主要分布在各业务系统的后台数据库中，部分重要数据以非结构化形式存在，如裁判文书。这些历史数据，一方面，数据异构现状导致无法进行有效的分析、整理和价值挖掘；另一方面，数据"孤岛"问题日渐突出，逐渐有形成数据"沼泽"的倾向。数据"孤岛"、数据异构导致的数据融合关联、知识挖掘、服务共享困境越来越成为制约智慧法院发展的瓶颈。

2. 平台层面

江西法院一直非常重视技术平台体系建设，也取得了良好的建设成效。但现有平台能力难以支撑全省司法数据目录的呈现和数据资产的沉淀，案件的结构化数据和文本数据无法有效关联、打通、融合，无法实现数据驱动业务创新的能力目标，无法满足智慧法院"智能化""一体化""协同化"特征的业务要求和业务敏捷性、持续性的发展需求。因此，面向数据驱动、知识驱动的智能化、持续化、模块化的技术平台体系，是下一步智慧法院建设的基础。

3. 应用层面

江西法院在各业务领域的全流程应用管理能力基本具备，但是在业务应用创新、提升业务服务的智能化和敏捷性方面没有系统性的实质突破。因此，迫切需要构建整体智能应用市场框架，对重点业务应用场景进行智慧化探索和应用重构，实现基于全域数据驱动、知识驱动的司法场景化智能应用和服务能力突破。

4. 团队层面

智慧法院建设实践是长期、持续的过程，需要合理的信息化运营模式和持续的人才队伍支撑。客观上，信息化部门人员司法业务方面知识储备和经验能力不足，而法院的项目建设制度使信息化部门一直处于业务支撑辅助的职能定位，既无法培养足够的具备数据洞察、业务建模能力的专家人才，更谈不上兼顾深入业务一线，让业务数据"管得住、找得到、用得好"。要更好地满足新业务需求，就要对现有服务数据模型、业务逻辑作持续的优化和调整。一方面，需要配备支撑核心业务数据分析和管理的专业技术工具；另一方面，需要组建和培养专业化的数据服务团队，确保法院的业务数据支撑具备持续化的创新能力。

基于上述现状和业务需求，江西法院开展了打造融合全维度、全要素、全标签和全指标的知识化数据中台尝试,通过加强法律/案件/文书知识协同、知识关联和知识共享能力,探索全域数据驱动、知识驱动的司法场景化智能应用和服务能力创新建设,全面启动"数脑创新"工程基础建设。

二 "数脑创新"的建设目标

江西法院"数脑创新"建设立足于业务痛点和实际需求,面向法院场景知识化、智能化转型的未来要求,围绕数据、知识双轮驱动法院业务智能、流程智能和决策智能的核心任务,深度挖掘数据应用效能,优化数据资源配置,全面提升数据智能应用创新和服务能力。阶段性建设的主要目标有如下四个方面。

(一)做好顶层设计,搭建面向未来的"数脑"智能化支撑平台

按照由上至下的顶层设计理念,打造以"数据融合"为核心的智能化数字中台。全面谋划数据中台、AI中台和知识中台的相关体系和能力设计,分阶段推进建设落地,逐步提升数据计算、存储、管理和智能服务的基础能力,使之成为江西法院实现知识化、智能化转型跨越的"空间站",成为业务创新技术创新的"孵化器"。

(二)强化融合贯通,构建全场景连接的数据治理和服务能力体系

基于法院的全域、全业务场景数据,进行数据融合治理,贯通数据和业务联系并推进知识化,提升智能化数据服务能力,全面满足业务侧的创新性需求。现阶段,一方面,以裁判文书为核心大力推进非结构化数据的要素化、知识化,构建完善文本挖掘解析能力;另一方面,大力推进对解析后形成的结构化数据和案件管理系统中结构化数据的治理融合,经过数据加工、处理、融合后生成数据资产目录,构建数据资产能力地图。

（三）注重双轮驱动，提升基于场景智能化的创新能力

"数脑创新"的核心是要为法院业务的智能升级和创新提供驱动和支撑，从数据查询统计、管理监督、智能辅助三个方向全面拓展应用创新范围和深度。例如：通过要素智能推送和智能文书生成推动"法官e助理"智能辅助升级；通过数据贯通融合实现审流数据智能回填；针对"刑事处罚"、"驳回起诉"和审判组成员填报等应用场景进行智能化监督分析；构建法官、律师和当事人全景数字画像，全面创新数据价值赋能，提升业务决策智能化水平，完善基于数据价值要素和知识库智能检索服务体系等。

（四）确保安全可控，培育可持续的数据运营生态体系

考虑到法院业务发展以及管理模式的不断创新，一方面构建数据运营技术支撑工具和服务中心，包括"数据查询中心、数据共享中心、数据管理中心"，分别对应法院业务数据"找得到、用得好、管得住"。另一方面组建和培养专业化的数据服务团队，前期以法院数据团队和第三方技术团队混合支撑，同步加强法院内部专业人才培养，逐步形成一支搭配合理、专业精良、岗位齐全的运营团队，由法院独立保障运营；并与第三方技术生态密切合作，及时保障产品更新迭代，形成业务需求与技术创新的良性互动格局。

三 "数脑创新"的建设内容

（一）总体设计架构

平台设计以开放性和延展性为原则，坚持持续优化，以数据深度融合为基础，以数据创新应用为目标。数据价值的充分发掘和创新应用是本次建设的要点，注重基于数据的场景化落地实践，以平台实用、好用为导向。为此，特别引入了数据建模和数字画像技术，支撑上层的创新应用，充分发挥数据价值。平台总体架构如下（见图1）。

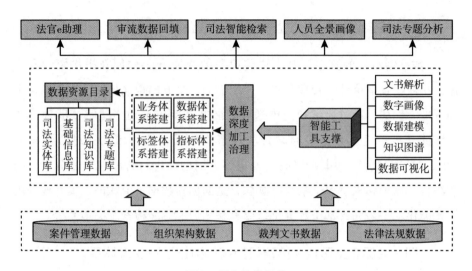

图1 平台总体架构

平台建设以江西法院数据资源为基础，通过数据深度加工治理为全省法院提供知识化的数据服务能力和对应的智能工具支撑，驱动基于数据赋能的应用服务创新。

（二）数据深度加工治理

数据深度加工治理模块实现对底层数据的存储计算、融合治理、架构服务、共享服务和安全服务，并对相关能力进行集中管理（见图2）。该模块是整个平台的"数据基座"，与平台其他智能化能力和数据资源服务相对独立，在架构上形成清晰的逻辑关系，以保证相应模块可调整、可拆卸，是整个体系运行可靠性、稳定性的保障。

对数据的深度加工是本次建设的重点，所有结构化案件数据、审流数据及非结构化文书数据、卷宗数据均先进入中台层，经由中台基础技术组件进行采集、存储和分类，部分经过治理的结构化数据则进入司法数据资源中心存储，文书数据则进入能力技术组件经过文书解析后再返回司法数据资源中心，所有应用层则通过服务网关对司法数据资源中心的数据进行调用。数据深度加工的成果形成了以下四个数据资源库。

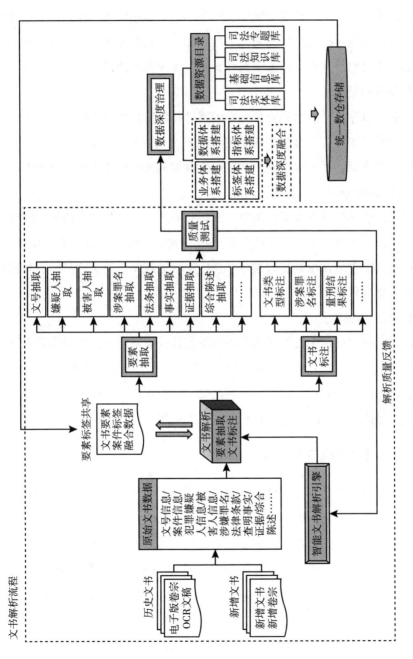

图 2　数据深度加工治理模块

1. 司法实体库

司法实体库是司法数据资源中心的基本信息数据资源，包括法官库和组织机构库，是人员、机构信息调取、检索和应用的主要来源，可由现有的系统数据库直接对接并进行信息填充和升级，无须重复建设。

2. 基础信息库

基础信息库是司法数据资源中心的案件基础信息数据资源，分为案件信息库和原始文书库，是对以往各类案件以及文书原始信息进行提取、查找、应用的数据来源，是本次建设中对结构化数据和非结构化数据的全量汇聚。

3. 司法知识库

司法知识库是司法数据资源中心的核心库之一，是智慧大脑知识转化的直接成果，是法官e助理、审流数据回填和数字画像应用的主要数据来源，也是一站式检索最常用的知识来源，包括法律法规库、司法解释库、解析文书库和人物画像库。

4. 司法专题库

司法专题库是司法数据资源中心的价值转化成果之一，是面向业务分析的指标结果集合，也是知识深度融合的产物，包括免于刑事处罚监督专题库、驳回起诉裁定监督专题库和审判组成员填报监督专题库等，这些专题库资源将直接用于上层的专题分析和专题检索应用。

（三）司法智能工具支撑

智能支撑能力是平台的另一主要模块，也是本次建设打造的核心能力，配合"数据基座"，形成完整的中台层，共同为上层应用提供支撑。中台智能支撑能力打造的思路是将数据资源与能力工具分离，司法能力中心与司法数据资源中心耦合，司法数据资源中心的数据则通过"数据基座"的共享通道和标准接口为上层应用提供服务，司法能力中心为司法数据资源中心提供经过深度解析、治理和融合后的数据，同时实现能力集成和能力复用，包括文书解析能力、数字画像能力、数据建模能力、知识图谱能力和动态数据可视化能力。

1. 文书解析能力

文书解析能力是对各类司法文书处理的工具基础，为办案业务人员提供工具服务的同时，也支持对文书相关处理能力的集成和复用，采用自然语言处理技术，通过数据建模对各类非结构化司法文书进行实时或批量解析，抽取案件要素和关键信息并对文书进行标注，对解析后的数据进行管理，同时持续对解析算法模型进行训练、对解析质量进行自动化测试。解析后的数据提供给司法数据资源中心进行分类存储，也可用于司法专题库的建设。

2. 数字画像能力

数字画像能力是在数据深度处理的基础上，通过建立各种画像算法对关键人物、案件进行数字画像，生成"案件全息档案""人员全息档案"，支撑业务的创新应用。画像的精确度取决于数据的精准度、维度选择以及数据关联关系的深度理解。

3. 数据建模能力

数据建模能力是各类智能算法模型的基础和重要保障，包括算法算子库、预聚合建模和数据建模工具，可在数据治理的基础上对所生成的结构化数据进行数据深度分析。通过模型构建、模型训练、模型调优和模型结果输出等各类算法操作，将经过大量验证后的成熟模型进行沉淀和封装，实现核心智能算法的能力集成和模型复用。

4. 知识图谱能力

知识图谱能力是对数据深度治理和融合能力的进一步强化，在基本的文书要素化解析、数据治理之后，进一步使用知识图谱工具建立案件、人事、证据、要素等的关联关系，采用知识图谱三要素强化这种关系，让经过图谱化治理的数据转变为知识，更加好用、易用。知识图谱能力工具包括知识抽取、知识编辑、知识整合和图谱化管理等，是司法智能检索、类案推送等智能化应用的保障。

5. 动态数据可视化能力

动态数据可视化能力是对数据可视化应用的关键，包括数据对接与建模、图形化数据处理、可视化交互分析、探索式数据分析、细颗粒度数据权

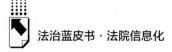
限、自动化周期报表和多终端无缝适配。对多类型数据进行自动化整合与可视化配置,根据不同部门的业务需要与应用场景进行组件式快速拖拽,实现一站式查看相关数据和数据复用。

(四)应用服务创新

数据中台的落脚点在应用。在数据深度加工治理的基础上,通过"数据基座"提供的共享服务和智能工具支撑,结合实际业务场景,根据数据驱动、知识驱动思路,开展应用服务创新。现阶段,已推动以下几类创新服务建设。

1. 要素式推送服务升级

类案推送服务是江西法院"法官 e 助理"智能辅助办案平台的功能之一,在 2018 年即全面开展应用,前期取得了不错的成效。但随着应用的深入,底层数据不全、数据质量不高、关联关系不合理等问题凸显,推送服务的精准度、有效性无法满足实际业务需求发展。为解决这一问题,建设数据中台成为继续提升推送质效的关键所在。根据实际的场景和业务工作需求,从现实需求出发,建设数据中台,为省内各级法院展开全方位数据服务,帮助全省法院构建开发生态的应用体系生态圈,支撑已经建设的人工智能与大数据应用并鼓励新建创新应用。数据中台的建设,促进法院数据管理愈加规范,数据治理日趋完善,数据解析充分积累,已经具备了部分类案要素式推送和文书生成的应用条件,因此"法官 e 助理"可作相应的应用创新升级。

2. 审流数据精准回填服务

充分利用司法数据资源,优化业务流程、反哺数据填录,简化网上办案操作,提高工作效率,是智慧法院建设从"以管理为主"向"以服务为主"转变的必然要求。裁判文书中包含案件的大量信息,在所有数据来源中可靠性、全面性等级更高。将文书解析所得的案件信息与其他来源案件信息比对融合,得到最终数据资源的准确性、全面性、可靠性将极大提升,基于此可实现审理数据精准回填。审流数据回填与检查工作可以通过应用数据的反哺与支持,将审流系统提供的数据字段信息与前置文书或前审文书的解析维度或要素建立对应关系，将审流系统录入的字段信息与前置文书解析的维度或要素信息进行比对，并将差异信息进行高亮展示，给法官一定的提示，实现案件审流信息填写内容的检查，从而提升工作效率与工作质量。

3. 案件智能分析服务

充分发挥司法数据资源在案情梳理、案件分析中的支撑作用，关键在于两个方面：一是让机器更好地理解业务人员的意图目的，二是让业务人员更好地理解数据背后的含义。在建立完整的数据目录并进行知识抽取、知识编辑、知识整合和图谱化管理等预处理基础上，在检索服务和画像服务上进行了创新尝试。

通过检索服务创新提升业务人员主动挖掘数据资源价值的能力。检索类服务包括裁判文书检索、法律法规检索、类案智能推送、案件文档检索和一站式检索，通过对海量数据的分析与算法模型，构建分词搜索、索引搜索、超级搜索等多场景服务，实现多元化动态组合、快速响应、高精准度的数据资源服务，同时为知识服务的各类复杂搜索、智能辅助的类案推送等提供保障，有效解决信息资源获取难、搜索结果准确率低、知识关联性差的问题。

通过数字画像提升数据资源直接服务效能。通过数据深度剖析和智能标签算法，实现案件、当事人和法官的精细化识别，并进行多维全景画像综合展示。通过数字画像的智能化应用，快速甄别诉讼中的问题与疑点，进一步提升审判管理智能化水平与效率。

4. 案件监管专题服务

通过大数据分析处理，从审判程序规范、裁判尺度统一、重点案件监管、司法风险防控等方向进行多角度、立体式监督管理。通过对案件的事中监管与事后分析，促进案件办理质量的提升。

司法专题分析是数据监管业务的主要推进方式之一，包括免于刑事处罚监督分析、驳回起诉裁定监督分析和审判组成员填报监督分析，针对各类型案件、结合各类数据挖掘模型进行司法专题的深度剖析，形成专题分析报告和动态专题分析模板，持续为相关类型案件提供分析数据支撑和案件结果参考。

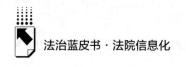

四 "数脑创新"建设的成效及创新

（一）建设成效

开展对全域法律文书为主的非结构化数据的解析是本次建设的基础和特色。通过对各类文书的全面系统解析，结合案件结构化信息及其他司法业务数据，进行深度治理、融合、关联，重新梳理全省法院司法数据资源，建立数据资源目录，打造面向业务场景的数据资源中心；同时配套搭建数据治理、融合、共享、服务底层能力体系，以数据为核心、以算法为依托、以智能化的工具为手段，对人、案、事进行量化分析与关联管理；面向业务场景提供数据赋能，并从业务办理、监督管理、统计分析三个方面开展应用服务创新，探索以知识为中心模式的业务创新发展新路径。

2020年底，"数脑创新"工作启动，前期重点推进数据深度加工治理和智能工具体系搭建，并开展了部分应用服务创新试点。截至2021年8月31日，系统共采集了全省法院2016～2021年的判决书、调解书、裁定书、通知书、决定书等5类法律文书共3932911篇，全部完成解析，共计解析维度394个、要素数4380种，关联案件数量2377652件，并以此为主进行司法数据融合治理，生成数据资源目录。在应用服务方面开展试点，截至2021年9月底，融合数据的查询量达到300余次，涉及解析的案件文书205571篇，关联案件340039件；生成二审裁判文书共计105篇，类案推送点击同比上升37%（300余次），完成法官画像、当事人画像、案件画像等画像90余个，应用服务创新成效初显。

（二）特色创新

1. 设计创新

系统从设计上突破了传统数据大中台思路，把数据中台建设从"大而全"转向"专而精"，聚焦非结构化文书解析和数据融合打通，从根本上解决"管不住、看不了、用不好"的问题，以数据融合为核心和基础，以智能工具为支撑和手段，以应用创新为目标和窗口，将数据、工具和应用相互分离，同时又形成一个有机的整体，为数据中台建设开启了新的思路，提供了新的可能和方向。

2. 应用创新

系统重点关注数据价值的发挥和智能算法的场景化落地，在实际建设过程中将这两者进行充分结合。在对数据的充分挖掘基础上，强调智能算法针对性，从日常办案场景入手，着重加强办案人员对数据资料的使用、分析和理解。首先是升级了"法官e助理"，给前期未能充分发挥功能的模块注入新活力、产生新价值；其次是利用文书智能解析结果进行反向要素关联，为案卡填写增加了审流数据回填功能；再次是利用知识图谱技术对各类文书数据和业务系统数据进行深度关联，极大提升了类案检索、同案智推等的应用效率；最后是利用多维数据融合和要素融合提供了法官画像、当事人画像、案件画像以及司法专题分析等应用，加入新的分析角度和维度，提升了法官的办案效率和决策水平。

3. 数据治理创新

系统通过对案件的结构化数据＋法律文本解析后数据的融合治理，输出一套可视化的数据目录，形成一套完整的数据标准，以知识服务为导向，围绕审判业务场景构建"全维度、全要素、全标签、全指标"的数据治理体系，是对数据治理的创新尝试。

一是探索搭建了司法知识体系。业务体系方面：对法院业务架构进行层级关系搭建，梳理审判组织机构、业务域架构、业务职能等，厘清业务部门、权责体系之间的关系与脉络，将法院业务体系横向＋纵向打通，实现基于不同业务域定义的数据共享和开放服务，助力审判组织架构运行的流程优化，提升管理效率。数据体系方面：与业务体系映射，设计完善主题数据域、功能数据域、业务服务数据编码、数据标准等，有效厘清了系统中数据之间的关系与脉络，运用基于知识图谱的知识融合技术，将技术与业务有效连接，实现"数据从业务中来、到业务中去"。标签体系方面：由业务专家根据应用场景需求和数据需求设计整体法院业务标签体系，实现业务数据汇集的有序化分类标识，通过标签体系建立各类数据全生命周期、全流程管理机制，打通结构化及非结构化数据的"人—事—案"关联，为法院"管案、管事、管人"提供一站式、智能化数据服务。

二是探索构建了司法数据资源目录及规范。建立统一的司法资源标准规范，对分散在各级法院、各细分业务领域、各业务系统的司法信息资源进行整合，形成统一的司法数据资源目录，实现司法部门跨级、同级、跨域的数据资源共享交换。利用一套可视化司法融合数据目录，解决司法资源定位与数据治理问题，灵活支持业务应用。

五　问题与展望

（一）存在不足

江西法院"数脑创新"的建设和应用，一方面确实为数据资产应用能力带来新的发展，在数据赋能和业务应用创新方面初显成效，尤其是法律文书的数据价值挖掘和应用方面取得了较好的成果；另一方面也给智慧法院深入建设和推广应用带来新的思考，凸显新的问题，具体表现在以下几点。

一是数据智能应用范围不够广。本期建设对整体智能应用市场框架进行了构建，对重点应用场景开展应用服务创新探索，如"法官e助理"智能辅助升级、审流数据回填和智能检查、智能检索服务和重点应用专题分析等，初步满足了部分迫切的通用业务需求，但法院业务全流程、全方位的智能应用还未全面铺开，法官个性化需求方面的应用服务还有很大空间。

二是数据价值挖掘探索不够深。数据价值深度挖掘涉及法院全方位的能力提升，尤其是数据治理能力、算法模型能力、数据运营能力等。前期建设中，对全省法院的文书和基础业务数据进行了数据价值挖掘探索，但在数据种类覆盖、数据时间覆盖、融合治理范围等方面还不够，在将数据规范标准全面贯彻落实到所有辖区法院方面还不够。

三是数据资产管理能力不够全。本次建设在数据资产管理方面的文本解析、数据治理、数据资产目录、数据标准、数据质量等基础能力建设取得一定进展，但数据资产基本管理能力还有待进一步提升，如在数据治理能力系统化、全域数据资产管理和更新、解析要素数量和解析精准度的增加提升等方面都有欠缺。

四是场景化应用智能程度不够高。基于全域数据驱动的场景化智能应用能力建设是"数脑"工程建设的重要目标。前期探索中，建设了审流数据智能回填、智能办案、智能文书生成、数字画像、司法监督等场景的应用服务能力，但是，一方面支撑的场景还不够全面，另一方面还需从高智能、高精度、高质量方向进一步提升，让数据建模和智能应用服务更加快速、简单和敏捷。随着未来数据治理能力的提升和算法模型的更新迭代，全域数据驱动的司法场景化智能应用能力水平会越来越高。

五是数据运营团队能力不够专。"数脑"工程建设能力是否能持续化、体系化，很大程度上依赖于稳定、专业、齐全的运营团队和体系化、专业化的运营工具支撑。目前建设应用处在初期阶段，现有团队尚能支撑工作正常开展，但工具层面、算法层面、数据层面相对不足，在后续一段时间内主要依托供应商提供专业化能力支持。具有专业化技术能力、业务理解能力、智能化需求敏捷应对能力的专业运营团队和配套工具体系将是下一阶段建设的重点。

（二）未来展望

下一步，江西法院将在现有建设基础上对平台进行优化，不断拓展平台功能体系，扩大数据融合治理覆盖范围，完善数据资源目录和数据规范，推进应用服务全方位、立体化发展。具体从以下几个方向努力。

一是夯实"智慧大脑"中台底座，全面完善数据中台、AI 中台和知识中台的能力建设，提升数据计算、存储、管理和智能服务的基础能力。二是

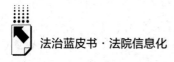

打造数据治理能力体系，构建全域数据生态。三是建设场景化智能应用的敏捷服务能力，实现通用需求和个性化需求全场景覆盖。四是提升智能化服务水平，将数据资产、算法模型、业务应用需求和用户应用习惯等紧密结合，全面提升智能化应用水平。五是培养专业化的运营团队，保障"智慧大脑"持续、敏捷、高质量运营。

B.10
吉林法院全流程无纸化办案的探索实践

王淑媛*

摘　要： 党的十八大以来，以习近平同志为核心的党中央高度重视信息化
工作，作出一系列重大决策和重要部署，为人民法院在新时代推
动信息化工作指明前进方向、提供根本遵循。全流程无纸化办案
作为一项信息化技术运用，是人民法院实现审判体系和审判能力
现代化的重要实践路径，对转变司法审判方式、构建审判辅助新
格局、改善应用体验意义重大。随着全流程无纸化办案工作的逐
步推进，个别法院暴露出推动不彻底、体系性设计不足、实践效
果发挥不充分等问题，下一步需要在宏观层面解决多业务部门配
合、多内容交叉推进、多角度实践应用等综合性问题，同时也需
要在微观层面解决提升审判效率、增强司法获得感、提升法院管
理效果等复杂性问题。

关键词： 智慧法院　智慧审判　全流程无纸化办案　审判辅助事务集约化
管理

"没有信息化就没有现代化。"① 习近平总书记的深刻论断，为人民法院

---

* 王淑媛，吉林省高级人民法院审判管理办公室副主任。

① 《习近平：把我国从网络大国建设成为网络强国》，新华网，http：//www.xinhuanet.com/
politics/2014－02/27/c＿119538788.htm？agt＝4882，最后访问日期：2021 年 4 月 8 日

迈向审判体系和审判能力现代化指出光明前景。"信息化建设和司法改革是人民司法事业发展的'车之两轮、鸟之两翼',信息化是人民法院又一场深刻的自我革命,信息化已成为司法能力和司法体系的重要组成部分,已成为新的审判方式。"[①] 全流程无纸化办案可以通过对诉讼各要素的电子化和数据化改造,将"技术进步"与"法治文明"相融合,助推法院各项工作转型升级[②]。全流程无纸化办案作为一项信息化技术运用,是提升法院审判执行工作水平的重要实践举措,对于适应新时代形势任务要求、推进人民法院工作高质量发展具有重要推动作用。

一 全流程无纸化办案的内涵

全流程无纸化办案是智慧法院的核心组成部分。在这一背景下,人民法院办案逐步从"纸质卷宗"向"无纸化"转变,审判管理模式从分散向集约化转变,诉讼服务方式从受理式向交互型转变。

1."纸质卷宗"向"无纸化"办案转变

简言之,全流程无纸化办案就是不再依赖纸质卷宗、纸质材料,利用电子卷宗自动生成、智能文书辅助生成、电子档案阅卷等信息化手段进行办案。电子卷宗和电子档案的运用,是实现全流程无纸化办案的关键。人民法院在案件受理及办理过程中,接收或自动形成电子文档、图像、音频、视频等电子文件,依托数字影像等媒介技术,将纸质材料扫描形成电子卷宗[③]。案件办结后,通过对电子卷宗进行校验,自动转化、形成具有保存价值且应归档保存的电子档案。

2.分散式管理向集约化管理转变

全流程无纸化办案改变的不仅是审判方式,还推动了审判管理方式的变

[①] 周强2015年7月在全国高级法院院长座谈会上的讲话。
[②] 郭伟清:《全流程无纸化办案的理论思考与应用探索》,《中国应用法学》2021年第2期。
[③] 李鑫、王世坤:《要素式审判的理论分析与智能化系统研发》,《武汉科技大学学报》(社会科学版)2020年第3期。

革，以智能化、集约化、精细化优势为办案与内部管理注入了新活力[①]。在探索初期，全流程无纸化办案采取的是分散式管理模式，各审判业务部门分别对纸质材料进行扫描，由于对扫描标准把握不一，形成的电子卷宗质量不高，没有达到无纸化办案的预期效果。分散式管理模式存在的弊端也随着全流程无纸化办案逐步推进，在送达、庭审记录、立卷、归档等阶段逐渐暴露出来。部分法院开始探索集约化管理模式，将分散在多个部门、多个环节的扫描、送达、庭审记录等审判辅助事务性工作进行重新整合，由审判智能辅助中心、送达中心、执行指挥中心等部门统一分配、管理、实施。同时，为配套审判事务性工作集合，审判辅助事务重新规划、人员重新配置、权责重新明确，实行书记员集约化管理。

3. 受理式服务向交互型服务转变

全流程无纸化办案也进一步适应了互联网诉讼[②]。全流程无纸化办案与电子诉讼深度融合，提升司法审判人员办案体验的同时，改善诉讼服务方式，让诉讼参与人感受到司法便利。当事人通过电子诉讼服务平台申请网上立案、网上缴费、评估鉴定、网上拍卖，申请信息通过内外交互系统传输到无纸化办案平台，法官不再只是受理诉讼申请，而是通过当事人提交的电子化诉讼材料，组织网上调解、网上质证、网上庭审，对裁判结果进行电子送达，各审判流程节点产生的信息自动推送给当事人。

二　全流程无纸化办案的内容

党的十九届五中全会擘画了全面建设社会主义现代化国家的宏伟蓝图，明确提出 2035 年基本实现社会主义现代化的远景目标。审判体系和审判能力现代化作为国家治理体系和治理能力现代化的重要组成部分，有利于提高

---

① 朱桐辉、王玉晴：《顶层设计与绩效改革——检察机关电子卷宗的应用效果透视》，《昆明理工大学学报》（社会科学版）2019 年第 6 期。

② 冷立新、李海军、张晔瑶、张卫东：《电子档案单套制管理的实践探索——基于珲春法院的案例研究》，《兰台世界》2019 年第 4 期。

司法效率、提升司法权威，有利于提高司法质量、促进人民法院稳定运行。人民法院正在逐步推进全流程无纸化办案和审判辅助人员集约化管理，进一步提升审判体系和审判能力现代化水平，推动人民法院审判工作在高质量发展中实现新突破，为全面建设社会主义现代化国家开好局、起好步提供有力司法服务①。具体而言，人民法院从以下几个方面开展了实践。

1."全覆盖、全流程、全要素"无纸化办案

第一，结合各类案件特点，分阶段覆盖全部类型案件。民事、刑事、行政、执行等各类案件均纳入全流程无纸化办案范围，首先适用于民商事、行政案件，探索建立成形、稳定的办案核心场景应用；在各级党委、政法委领导下，公安机关、检察机关、人民法院等单位在办理刑事案件过程中，通过政法协同办案系统流转并全程留痕，涉及办案机关交互的非涉密司法办案信息均实现电子化②；执行案件以执行指挥中心为中枢，以案件"无纸化"为依托，将执行过程中采取的措施按内容形成电子卷宗，结案后自动形成电子档案③。

第二，通过运用智能化系统，覆盖全部审判流程节点。在立案阶段，对新收纸质材料进行扫描、编目，检查电子卷宗是否随案同步生成，同时对原审电子档案进行自动关联；在审判阶段开展网上阅卷、智能庭审、智能接待、智能合议，打造智能法官会议、智能审委会；在结案阶段，利用智能文书辅助工具生成裁判文书，通过送达平台进行电子送达；在评查阶段，对案件信息录入、电子卷宗质量进行巡查；在归档阶段，对电子卷宗与纸质档案进行智能比对，自动转成电子档案归档。

第三，通过建设智能化场所，覆盖全部审判活动。建立智能辅助办案中

---

① 孙航：《周强出席全国法院第7次网络安全和信息化工作会议 强调认真学习贯彻习近平法治思想 全面深化智慧法院建设》，《人民法院报》2020年12月4日，第1版。

② 平安吉林：《强化科技支撑 推动政法工作高质量发展 吉林省办案协同和涉法涉诉信访系统在全省上线运行》，http://www.jlpeace.gov.cn/jlscaw/jrtt/202103/28c8e8ea22d045559de3a7ee1131bf17.shtml，最后访问日期：2021年4月9日。

③ 李宗凯：《临江法院开启执行无纸化模式》，https://new.qq.com/omn/20210412/20210412A084YV00.html，最后访问日期：2021年4月16日。

心，对在立案、办案阶段收到的纸质材料进行集中扫描，对电子材料进行自动编目形成电子卷宗供办案使用，利用电子柜对临时存放的纸质卷宗材料进行统一管理，归档前对电子卷宗与纸质卷宗进行比对，评查后统一进行一键归档，形成电子档案，纸质卷宗送交档案室入库；建设智能接待室，在接待过程中，全程录音录像，并通过语音识别自动转换成接待笔录，存入办案系统；在科技法庭建设基础上，与电子卷宗、电子档案深度融合，通过运用电子卷宗自动生成、庭审笔录语音转换、电子质证、电子档案阅卷等功能，构建无纸化庭审模式；建立智能合议室、智能法官会议室，在合议案件及召开法官会议时，实时调取电子卷宗，进行类案及法律法规检索，对合议、法官会议情况进行全程录音录像，通过语音识别自动生成合议及法官会议笔录；改善数字审委会功能，对关联案件进行自动推送，自动链接相关案件电子档案，对审委会召开过程进行录音录像，通过语音识别自动生成审委会笔录。

2. 全流程无纸化办案与电子诉讼进一步深度融合

通过构建数据资源共享体系，搭建共享平台、建立数据交互机制，形成数据合力[1]，实现诉讼活动参与者和审判活动组织者共同生产、共同受益。一方面，作为电子数据的生产者，诉讼参与人和审判人员在立案、审判、执行、信访等诉讼活动和审判活动中，通过网上调解、网上立案、网上庭审、网上质证、网上接待等方式产生电子数据，并自动转化为电子卷宗。另一方面，作为受益者，诉讼参与人享受网上缴费、网上送达、网上保全、网上阅卷、网上公开等无纸化诉讼服务，审判人员享受文书智能辅助生成、电子卷宗自动归档、上诉案件自动流转、全流程审判节点管控、司法数据智能分析等便捷办案服务[2]。

3. 审判辅助事务与审判辅助人员同步集约化管理

实现全流程无纸化办案后，电子卷宗、送达、庭审等审判辅助性事务集

---

[1] 中国社会科学院法学研究所法治指数创新工程项目组：《中国司法大数据：发展、困境与展望》，《中国法院信息化发展报告 No.5（2021）》，社会科学文献出版社，2021，第81页。

[2] 唐荣、吕静：《案件办理真正步入"高铁时代"——深圳宝安法院倾力打造"交互型"无纸化办案模式》，《法制日报》2019年7月26日，第3版。

中到智能辅助办案中心、送达中心、执行指挥中心等部门进行统一管理，同时审判辅助人员的工作职能也发生了较大变化。为此，人民法院探索开展全流程无纸化办案模式下的书记员集约化管理工作，建立书记员统一管理部门，进一步明确书记员的职能定位，按照审判工作需要、个人特长对书记员进行分类管理，分配其从事电子卷宗扫描、编目、归目、卷宗装订、归档等电子卷宗管理工作，或者从事送达工作，或者负责庭审、听证、接待、合议记录等庭审事务工作。此外，部分法院还通过购买社会化服务、委托第三方等方式探索实现书记员社会化管理。

三　全流程无纸化办案的实践效果

实施全流程无纸化办案以来，人民法院司法审判效率、司法管理水平均得到一定程度提升。以吉林法院为例，近年来，吉林法院将"抓应用、填空白、补短板、深融合"作为智慧法院建设工作目标，以电子卷宗随案同步生成和深度应用工作为基础，通过审判辅助事务性工作规范化、集约化管理，实现全流程无纸化办案应用。在智能化场所建设方面，建成 92 个智能辅助办案中心、171 个智能接待室、639 个智能法庭、125 个智能合议室、91 个智能法官会议室和 79 个智能审委会。在智慧法院应用方面，重点在审理民商事、行政案件中推进全流程无纸化办案，上诉案件不再移送纸质卷宗，57 家法院开展了刑事案件无纸化办案，27 家法院开展了执行案件无纸化办案，35 家法院已归档案件不再借阅纸质卷宗。在集约化管理方面，92 家法院制定了与书记员集约化管理相关的制度规范，以不同方式实现了书记员集约化管理。

1. 信息化应用水平逐步提高

从信息化应用情况来看，吉林法院全流程无纸化办案体系基本定型，电子卷宗随案同步生成率、电子卷宗智能编目率、电子卷宗网上阅卷率、文书智能辅助生成率、电子卷宗自动归档率五项电子卷宗深度应用指标逐年提高。吉林法院数据集中管理平台显示，2021 年上半年电子卷宗随案同步生成率为 96.90%，电子卷宗智能编目率为 77.99%，电子卷宗网上阅卷率为 94.10%，文书智能辅助生成率为 63.33%，电子卷宗自动归档率为 99.61%。电子卷宗整体应用水平在全国位居前列，中国社会科学院法学研究所发布的《2020 年中国法院信息化发展与 2021 年展望》报告显示，吉林法院电子卷宗建设和应用的整体评价得分为 76 分，居全国第 8 位①。

2. 审判管理效果稳步提升

从审判管理效果来看，全流程无纸化办案促进了结案率、结收比、案件平均审理周期等审判效率指标稳步提升。人民法院大数据管理和服务平台数据显示，2021 年上半年吉林法院结案率为 82.72%，高于全国法院平均水平 13.76 个百分点，居全国第 2 位。结收比为 86.00%，高于全国法院平均水平 8.98 个百分点，居全国第 4 位。吉林省高级人民法院和 12 个地（辖）区法院的结案率均高于全国法院平均水平。诉讼案件平均审理周期为 32.70 天，与同期基本持平。随着全流程无纸化办案逐步推进，案件归档周期明显缩短。审判业务管理平台数据显示，2021 年上半年吉林法院民事案件归档周期为 23.79 天，同比减少 0.14 天，行政案件归档周期为 24.59 天，同比减少 2.95 天。2021 年上半年吉林法院上诉案件移转周期为 82.71 天，同比减少 13.20 天。

3. 诉讼服务质效有效提升

从诉讼服务质效来看，全流程无纸化办案增强了人民群众司法获得感。人民法院网上诉讼服务功能作用在推动无纸化办案进程中得到进一步发挥。吉林法院数据集中管理平台数据显示，2021 年上半年吉林法院受理网上诉讼 52.67 万件次，同比上升 37.29%，网上立案 10.58 万件，同比上升 44.21%，电子送达 31.29 万次，同比上升 24.65%。吉林法院诉讼服务质效持续保持良好态势，最高人民法院诉讼服务指导中心信息平台数据显示，2021 年上半年

---

① 中国社会科学院法学研究所法治指数创新工程项目组：《2020 年中国法院信息化发展与 2021 年展望》，《中国法院信息化发展报告 No. 5（2021）》，社会科学文献出版社，2021，第 10 页。

吉林法院诉讼服务质效平均得分 90.66 分，居全国首位。2021 年上半年吉林法院受理诉前调解 7.81 万件，同比提高 12.40%；调解成功 6.50 万件，同比提高 24.75%，调解成功率为 83.29%，同比提高 8.23 个百分点①。

4. 司法审判体验明显改善

实行全流程无纸化办案后，电子卷宗、送达、庭审事务等审判辅助性工作分别由专业化团队承担，法官和书记员从烦琐的审判事务性工作中抽离出来，享受全流程网上无纸化办案带来的"红利"。在立案阶段，从过去人工收管纸质材料、手动录入信息、办理登记交接，转变为电子材料通过移动微法院、诉讼服务一体机、电子法院、律师服务平台等提交，纸质材料由智能辅助办案中心即时扫描转化为电子文档，并通过 OCR 识别技术对立案信息自动回填。在送达阶段，从过去法官、助理承担直接送达、留置送达、邮寄送达等工作任务，转变为由送达中心利用智能送达管家进行程序性文书一键套打、一站式送达、多点式签收、全流程覆盖的无纸化送达服务，对规避送达的当事人，通过身份证号码在系统中调取当事人近期活跃电话号码，自动推送信息。在庭审阶段，从过去法官开庭前调取纸质卷宗，开庭中书记员记录庭审笔录，转变为法官对电子卷宗自由查阅，重要证据随时标记和批注，驻庭书记员利用庭审语音转写功能同步制作庭审笔录，当事人通过电子签名板在电子笔录上签名、捺印。在合议阶段，法官使用智能合议系统、智能法官会议对案件进行自动化、无纸化、数据化评议。在结案阶段，法官根据个人撰写裁判文书的习惯，利用智能文书编写系统，运用 OCR 技术浏览、复制卷宗信息，使用左看右写、类案推送、法条参考、文书生成等审判辅助功能完成裁判文书撰写工作。

四 全流程无纸化办案的现实问题

全流程无纸化办案在提升审判效率、增强司法获得感、提升法院管理效

---

① 吉林省高级人民法院：《2021 年上半年全省法院审判运行态势报告》，http：//www.jlsfy.gov.cn/spdtfx/429082.jhtml，最后访问日期：2021 年 7 月 13 日。

果等方面虽然取得了一些成效，但是随着工作的逐步推进，现实中仍存在一些问题，需要进一步研究、探讨、实践。

一是对全流程无纸化办案的认识需要进一步加强，特别是"关键少数"的主动推进意识。全流程无纸化办案是人民法院审判体系和审判能力现代化的必然要求，人民法院审判执行质效的提升需要互联网时代新科技的推动①。最高人民法院提出，"三全三化"要求是实现智慧法院建设的总体目标，探索推进"全流程无纸化办案"是人民法院适应时代发展的现实方法。实践中的首要问题是如何进一步发挥"关键少数"的作用，个别法院个别领导存在畏难情绪、抵触心理、观望态度，影响全流程无纸化办案推动进度。

二是全流程无纸化办案缺乏统一的体系性规划设计。全流程无纸化办案不是单纯的信息化建设，而是涉及法院的立案管理、审判管理、档案管理、行政管理、人事管理、装备管理等整体性、综合性工作，如果不进行体系化规划设计，容易出现越管越乱的局面。下一步应参考以往其他相关工作、相对成熟的体系化设计思路，构建全流程无纸化办案的领导组织、工作目标、制度机制、智能应用、监督管理、综合评价、人员保障体系，形成多业务部门配合、多内容交叉推进、多角度实践应用的全流程无纸化办案新格局。

三是全流程无纸化办案实践效果需要进一步提高。从目前的应用情况来看，虽然结案率、结收比、案件平均审理周期、归档周期等司法审判效率指标稳步提升，但是上诉案件移转周期指标提升速度比较缓慢，特别是与2019年疫情前相比，略有退步。2020年疫情期间，法院的线下业务受到极大影响，这正是全面检验上下级法院电子卷宗移送工作成果的最好时机。但在实践中，上诉案件移送周期没有因为推进无纸化办案应用而缩短，从某种程度上暴露出个别法院的电子档案质量不过关、部分法院移送上诉材料仍在线下进行等问题。上诉案件移送时间长是当事人反映比较强烈的问题，如何通过推进无纸化办案，进一步规范档案管理、卷宗移送管理，解决人民群众迫切的司法需求是下一步工作中需要深入思考的问题。

---

① 梁智怡：《司法改革背景下人民法院信息化建设思考》，《信息化建设》2016年第7期。

五　全流程无纸化办案的体系性改善策略

智慧法院建设是人民法院审判体系和审判能力现代化的核心支撑，只有信息化基础性建设取得一定成效，审判执行、审判管理、法院管理等工作才能次第推进、工作成效才能依次显现。为形成多业务部门配合、多内容交叉推进、多角度实践应用的全流程无纸化办案新格局，可以从以下几个方面进行体系性建构。

第一，从领导、执行、研究、推进四个层级，形成组织领导体系。首先，建立全流程无纸化办案工作领导小组，统筹规划工作方案、细化责任分工、确定完成时限、明确工作部署、推动工作实际开展；其次，建立全流程无纸化办案工作执行小组，形成由立案、审判业务、审判管理、技术、书记员管理等部门组成的组织协调体系，及时沟通反馈工作进度；再次，建立全流程无纸化办案工作研究小组，形成由各责任部门具体工作人员组成的联络员队伍，组织收集和研究推进工作过程中遇到的建设、应用等问题、困难，提出工作建议、改进方案；最后，组建全流程无纸化办案推进应用小组，推动全流程无纸化办案日常应用，随时解决应用中存在的技术和管理问题。

第二，从全流程无纸化办案智能化建设、全流程无纸化办案常态化开展和书记员集约化管理三个阶段，设定递进式工作目标，推进三个阶段目标次第实现，互相推进。智能化建设是开展全流程无纸化办案的技术基础，全流程无纸化办案是智慧法院的建设目标，书记员集约化管理是全流程无纸化办案的组织保障。首先明确"实现全流程无纸化办案"的工作目标，抓住第一阶段主要问题，重点解决信息化建设的短板；在完成基本建设任务的法院，重点推动民商事、行政案件审判工作实现全流程无纸化办案，逐步推进各类案件审判工作全流程无纸化办案形成新格局，全面提升智慧法院运用能力；在常态化开展全流程无纸化办案的法院，探索开展书记员集约化管理，实现审判资源优化配置。

第三，从电子卷宗深度应用、全流程无纸化办案和书记员集约化管理三个方面，建立制度机制。首先是制定各类案件电子卷宗目录标准、电子卷宗技术规范、电子卷宗操作规程等电子卷宗深度应用制度性文件，明确规范要求、技术标准、操作流程、实施意见；其次是制定全流程无纸化办案场所建设标准、平台建设要求、实施方案等全流程无纸化办案信息化建设制度性规定，明确工作流程、职能划分、工作时限、工作衔接、监督机制；最后是制定开展书记员集约管理工作的指导意见、书记员集约管理实施方案等书记员集约化管理制度性文件，明确指导思想、目标定位、范围界定、岗位职责、考核标准。

第四，从智能化场所建设和平台应用两个方面，完善智能化体系。推进全流程无纸化办案的智能场所建设，包括智能辅助办案中心、智能接待室、智能法庭、智能合议室、智能法官会议室、智能审委会六大场所的智能化建设与实践应用。同时，开展应用平台建设，包括智能立案、电子卷宗、智能送达、材料收转、审判系统、智能庭审、智能合议、智能接待、制式文书、智能文书编写、电子签名、案件评查、电子档案、互联网庭审、诉讼服务一体机、自助阅卷终端16套应用平台的建设与实践应用。

第五，开展日常监督管理，发挥审判绩效考核的"指挥棒"作用。其一，建立健全统计通报、评估考核、指导反馈、工作监督机制，加大调度督导力度，推动工作落实。其二，将全流程无纸化办案工作纳入年度审判绩效考核范畴，将场所建设、民事案件、行政案件全流程无纸化办案情况、书记员集约化管理工作推进情况纳入月调度工作内容。其三，加强责任追究，强化"一把手"、领导干部和中层干部等"关键少数"的责任担当，对工作进度缓慢、工作落实不力、工作质量不达标的法院院长进行问责。

第六，从审判效率、管理效率、工作效果三个维度，建立综合评价体系。在综合评价体系的设计思路上，以提升审判效率、提高管理效率和改善工作效果为一级指标，合理设定二级指标及评价标准，对全流程无纸化办案进行综合评价。对综合评价体系的评价标准，从以下几个方面进行设计：结合全流程无纸化办案实践情况，对于提升审判效率指标，从结案率、结收比、案件审理周期、上诉案件流转周期四个维度进行评价；对于提高管理效率指标，从案件归档周期维度进行评价；对于改善工作效果指标，从立案、送达、智能辅助、办案四个阶段的审判事务性工作量变化进行评价。

第七，解决全流程无纸化办案后审判辅助资源重新配置问题，继续完善人员结构性调整、优化升级组织保障。在书记员及聘用制文员集约化管理中，按照电子卷宗管理、送达管理、庭审管理、审判事务管理四个工作模块分配使用。其中，电子卷宗管理模块集成8项工作内容，分别是新收案件纸质诉讼材料的扫描、上传，利用中间柜进行纸质材料的流转和管理，对电子卷宗人工编目、自动归目，拟结案件电子卷宗与纸质诉讼材料对比检查、签收归档，纸质诉讼材料组卷、装订、归档、入库，原审纸质档案保管、借阅和退换，电子档案查阅及复制服务，电子档案和纸质档案调阅工作。送达管理模块的工作内容是在各种送达方式下，对法律文书和诉讼材料的送达。庭审管理模块集成9项工作内容：提前查阅案件有关信息了解案情，对庭审设备检查、名牌摆放、信息核对、庭审语音识别注意事项等作庭前准备，检查开庭时诉讼参与人出庭情况，宣布法庭纪律，庭审的录音录像及庭审公开，利用语音转写功能同步制作庭审笔录，引导当事人完成笔录的电子阅签捺印工作，将笔录导入电子卷宗系统，接受指派履行听证、接待记录以及合议、法官会议记录。审判事务管理模块集成7项工作内容，分别是庭前证据交换，庭前调解，办理委托鉴定、评估，研究案件涉及的相关法律问题，草拟裁判文书，案件信息录入工作和裁判文书上网。

六 全流程无纸化办案的图谱式延续设计

人民法院在推动实现全流程无纸化办案体系化建构的同时，需要进一步提高全流程无纸化办案实践效果，其核心内容就是在实质性开展扫描、阅卷、制作文书、送达、评查等阶段对"电子卷宗"的深度应用，同时加强归档、移送阶段的"电子档案"管理，并针对核心内容改善相应配套管理措施。可以利用图谱式研究方法对全流程无纸化办案进行延续设计，从现实问题角度构建问题点与问题点关系的新的结构（见图1）。

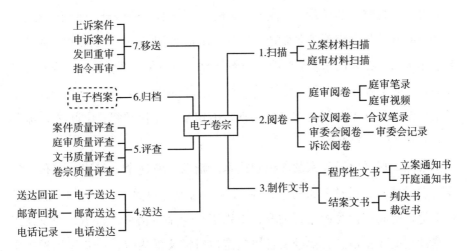

图1 全流程无纸化办案图谱式设计模型

第一，提高电子卷宗扫描质量，从核对信息、扫描格式、扫描质量这三方面着手，进一步加强扫描管理。在扫描过程中，应核对案号、原被告信息，保证与纸质卷宗内容一致后进行挂接，发现与系统中原被告信息不符的，电子卷宗管理团队应及时与法官助理联系解决，因纸质卷宗质量问题导致不能正常拆卷时与管理部门联系解决，电子卷宗扫描分辨率应在300dpi以上，在扫描纸质卷宗时确保纸张端正，保证图像无歪斜、无遮挡、无错页、无漏页，对于筒子页则应进行分页扫描后拼接成一页，确保电子卷宗与纸质卷宗原件吻合。

第二，拓展全流程无纸化办案应用范围。首先，在纵向上向前延伸，贯通诉源治理、多元解纷一体化诉讼服务体系[1]；向中深化，推行无纸送达、智能庭审、类案检索、流程监管系统衔接[2]；向后拓展，开启卷宗巡查、两

---

① 吉林省高级人民法院：《科技赋能　智慧司法　全面推进审判体系和审判能力现代化》，https：//m. thepaper. cn/baijiahao_ 13274197，最后访问日期：2021 年 10 月 2 日。

② 《创新打造"i－法院"，人工智能让这里的法院工作驶上数字化快车道》，吉林长安网，http：//www. chinapeace. gov. cn/chinapeace/c100043/2021－07/20/content_ 12512343. shtml，最后访问日期：2021 年 9 月 30 日。

卷合一、单套制管理规范化系统支撑，对纸质材料采取精简归档、关键纸质证据材料以及最高人民法院规定的 36 个模板目录合并装订归档或归还当事人等方式进行归档和处理①。其次，在横向上与电子诉讼进一步深度融合，实现审判质效与诉讼服务双提升。最后，在立体空间上扩大全流程无纸化办案应用场景，在人民法院场景下通过智能化、一体化办案体系提升案件办理效率，同时加强在非人民法院场景下通过移动办案平台，随时随地查阅电子卷宗、网上开庭、撰写文书，多场景自由切换，弥补时间、空间"缝隙"，让办案更顺畅、更及时。

第三，提升电子卷宗图文识别技术。辅助、快速全文检索及定位，实现要素式抽取，通过要素将卷宗中的核心内容有效关联，基于对起诉状、庭审笔录等卷宗内容的信息抽取，识别当事人基本信息、诉请、争议焦点等案件相关要素信息，协助法官快速定位所需要的内容。语音识别辅助文书快速录入；提高文书校验能力，通过图文识别、文书解析等人工智能技术，对文书进行语义理解、领域及任务适配、精准过滤等校验工作，自动发现法律文本中的错别字词、法律法条引用及语法错误，减轻法官审查文书工作负担。

第四，加强送达、电子卷宗扫描与审判业务管理工作的有效衔接。送达管理团队接到起诉状及立案信息表后，以电话、邮寄、电子送达等方式为主进行线上送达，将线上送达手续进行挂接，同时以线下传统方式为辅，送达后将线下送达手续移交电子卷宗管理团队进行扫描、回填、归目，电子卷宗管理团队在接到送达手续后在一日内完成同步生成工作。电子卷宗管理团队完成卷宗同步生成后，应及时通知送达管理团队在审判业务管理系统上进行立案移交。

第五，建立电子卷宗质量评查标准体系，将区块链与电子卷宗归档标准有机结合，按照 18 项电子卷宗归档巡查标准自动对结案前、未归档案件的

---

① 吉林省高级人民法院：《打造延边智慧法院"4.0 版" 奋力开创高质量发展新局面》，http://www.jlsfy.gov.cn/zhfyjs/426125.jhtml，最后访问日期：2021 年 10 月 10 日。

电子卷宗进行自动巡查。以民事一审案件为例，在正卷中应包括卷宗封面、卷内目录、案件审判流程管理信息表、案件登记表、起诉状或口诉笔录、缴纳诉讼费用通知及收据、诉讼参与人身份证明、授权委托书、诉讼材料收取清单、当事人举证材料、调查、询问等笔录、调查取证材料、开庭通知、公告、传票、庭审笔录、本院法律文书正本、送达地址确认书、送达回证或其他送达凭证、上级法院退卷函、备考表；在副卷中应包括案件审理报告、审查报告、合议庭评议笔录、专业法官会议记录、汇报笔录、审判委员会讨论案件记录、本院法律文书原本。

第六，健全诉讼档案管理体系，从档案质量、档案归档、档案利用、档案安全等方面进一步加强诉讼档案管理。诉讼档案是人民法院审判活动的真实记录，是人民法院进行审判工作的重要依据和必要条件[1]。在档案质量管理方面，应加强纸质诉讼卷宗立卷、材料排列、卷宗装订、定密等工作的规范性，确保电子诉讼档案准确性、完整性、可用性和安全性[2]。在档案归档方面，应杜绝诉讼档案超期不归档、归档移交接收手续不清晰、已归档诉讼档案擅自增添或抽取材料等问题。在档案利用方面，应健全、规范借阅、查阅、复制档案制度，杜绝借出档案逾期不还，借出档案发生转借、丢失、泄密、破坏，归还档案出现材料短缺、涂改、污损，为当事人复制档案擅自收费等问题。在档案安全方面，应重点清查"三房三室"混用，库房"八防"设施不健全，涉密档案保管不规范等问题。

第七，健全电子档案移送管理体系，从纸质档案移送、电子档案质量、电子档案移送效率、电子档案移送绩效管理等方面进一步加强电子档案移送管理。逐步取消传统一审案件纸质卷宗移送制度，上诉、申请再审案件停止纸质档案流转，结束电子卷宗单体循环，形成电子档案有机联动，在移送电子档案前应确保电子档案与纸质档案一致，在收到调卷函7个工作日内将电子档案移送完毕，将电子档案移送质量、电子档案移送效率纳入法院年度绩

---

[1] 王九云：《数字化档案管理在法院审判中的重要作用》，《管理科学》2016年第13期。

[2] 胡文苑：《"异地查档、跨馆服务"档案证明出具涉法问题小析》，《浙江档案》2014年第3期。

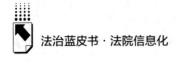

效考核范围。

"未来已来，将至已至"，人民法院应当进一步巩固信息化建设成果，紧盯人民群众司法需求和一线法官办案需要，持续推进智能场所建设，整合现有智能化应用平台功能，全面提升信息化基础保障与应用，全力打造以电子卷宗深度应用、电子诉讼深度融合、书记员集约化管理为重点的全流程无纸化办案体系，这样才能够加快推进智慧法院转型升级，全面建设人民法院信息化 4.0 版，构建中国特色、世界领先的互联网司法模式，创造更高水平的数字正义。

B.11
破产审判与前沿技术深度融合的
广州样本

广东省广州市中级人民法院课题组*

摘　要： 为依法高效审理破产案件，着力提升办理破产质效，服务经济高质量发展，广东省广州市中级人民法院立足审判职能，将前沿技术与破产审判深度融合，在全国首创全流程、广覆盖、精匹配的智慧破产一体化信息系统平台。平台以"破产案件资金管理系统、智慧破产审理系统与破产重整'智融'平台"为核心，集线上办案、资金监管、管理人考评、线上会议和表决、债权人评价、财产处置、重整金融支持等核心功能为一体，连接法院、债权人、债务人、管理人等多元主体，实现了审判人员对破产资金监管和管理人工作监督评价；有效保证管理人自我监督及高效办理破产事务；充分保障债权人的知情权、参与权、决策权；整合多方资源，实现资产处置效率和价值最大化，全面提升破产审判质效，助力建设市场化法治化国际化营商环境。

关键词： 智慧破产　一体化信息系统　破产案件信息化　营商环境

---

* 课题组负责人：王勇，广东省广州市中级人民法院原党组书记、院长，一级高级法官。课题组成员：吴翔、刘冬梅、黄健、年亚、苏喜平、石佳、成杰、任慧星、席林林。执笔人：苏喜平，广东省广州市中级人民法院破产法庭四级高级法官；石佳，广东省广州市中级人民法院破产法庭四级高级法官；席林林，广东省广州市中级人民法院破产法庭法官助理。

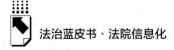

对标国际最佳实践，全面提升"办理破产"水平，广东省广州市中级人民法院（以下简称"广州中院"）以习近平新时代中国特色社会主义思想和习近平法治思想为指导，将司法规律、前沿技术与破产审判深度融合，充分发挥改革创新和信息技术的"双驱"作用，立足审判职能，深入推进"办理破产"改革创新，在提升破产审判信息化水平和延伸破产审判服务保障方面成效显著。2018年上线全国首个破产案件资金管理系统，实现破产案件资金线上动态实时监管，由国家发展改革委向全国推广；2019年上线全国首个智慧破产审理系统，实现法官、管理人、债权人全流程线上办案，为兄弟法院和同行提供了有益借鉴；2021年上线全国首个破产重整"智融"平台，对破产财产处置效率不高、重整价值识别困难、重整期间融资难等突出难题率先创新实践。上述成果实现了多个全国首创，被国家层面多次推广，为经济社会高质量发展提供了更加有力的司法服务和保障。

一 建设背景：破产审判工作进入新阶段、提出新要求

（一）优化营商环境和服务保障经济高质量发展的应有之义

企业破产法律制度作为现代经济体系的一项重要制度，对优化资源配置、规范市场秩序、公平保护各方权益、实现市场出清具有重要作用，是服务营商环境建设、供给侧结构性改革和经济高质量发展的重要内容。立足新发展阶段、贯彻新发展理念、构建新发展格局，加强破产审判工作，是以推动高质量发展为主题、以深化供给侧结构性改革为主线的重要举措。围绕深化供给侧结构性改革、优化营商环境、保障经济高质量发展、完善市场经济体制，作为全国知名的"案件大院"，广州中院一直注重向科技要生产力，将智慧法院与破产审判深度融合，通过发挥改革创新和信息技术的"双驱"作用，以创新驱动、科技赋能提升办理破产案件的信息化、智能化水平，向科技要效益、为营商提指标，致力于为建设国际一流营商环境提供更加有力的司法服务和保障。

（二）提升破产审判质效的迫切需要

1. 人案矛盾突出需要信息化的破产审判管理系统

近年来，随着经济社会发展，广州中院破产案件数量快速增长，现已成为全国受理破产案件数量最多的法院之一。破产案件办理流程包括刊登公告、刻章开户、接管财产和文件、债权申报与审查、清查资产、审计评估、破产宣告、财产分配、破产终结、企业注销等十多个环节，程序复杂，案件耗时长，办理难度大。

2. 破产案件特性需要专业化的破产审判管理系统

相较于普通诉讼案件，破产案件有其独特性。第一，破产案件牵涉法院、管理人、债权人、债务人等多方，在案件办理过程中需进行多次工作交互。第二，普通诉讼案件一般只开庭一次甚至不开庭，参与主体主要是原告、被告、第三人等，而破产案件需要多次召开债权人会议并表决，债权人通常多达几十、几百人甚至上万人，且遍布全国各地。第三，破产案件作为对所有债权人进行清偿的诉讼程序，涉及破产财产与破产管理人账户资金使用的监督管理。如管理人自行管理，则资金安全取决于管理人职业道德，事后监督滞后、风险大且无法有效弥补损失。第四，资产处置是办理破产的核心环节，破产资产种类复杂多样、行业及区域属性强、供需双方精准匹配难度大，且涉及大量专业性和事务性工作，需要整合资产处置市场参与方合力，构建一个全场景、全流程、开放共享的破产重整生态圈。

（三）提升破产主体参与度和办理破产案件透明度的重要途径

在破产审判中，法院、管理人、债权人、投资人均享有知情权、参与权、表决权等权利，这些权利均能通过破产审判信息化服务予以保障。破产审判信息系统结合破产程序的主要参与者——法院、管理人、债权人、投资人等各方的痛点难点和实务需求，在系统设计上进行定制研发，充分保障各方当事人高效便捷地享有权利。

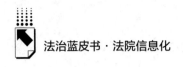

二 构建路径：广州智慧破产审判一体化信息系统平台

（一）破产案件资金管理系统

1. 系统服务

2018 年 5 月，广州中院与广州市破产管理人协会（以下简称"市破协"）等合作研发全国首个破产案件资金管理系统，为人民法院、管理人协会、管理人三方搭建了资金管理信息系统平台。系统上线对广州法院司法处置"僵尸企业"、服务供给侧结构性改革、提升广州地区营商环境具有重要意义。系统为法院、管理人协会分别设置了不同的审批、监控权限。管理人协会根据相关制度规定对资金的划拨进行审批；银行根据管理人协会的审批审查进行划拨，确保全程留痕；法院通过系统查询对资金流转进行监控。"法院—管理人协会—银行"三方实现信息互联互通、监管配合，通过系统便捷掌握破产管理人账户与资产处置等资金流转等情况，确保每笔资金的划拨审批齐全、程序到位、流转合规、清晰可溯、风险可控，以保障资金安全，化解资金风险。

2. 应用成效

自破产案件资金管理系统上线以来，截至 2021 年 6 月，市破协完成广州两级法院 929 项财物的成交，成交金额 1799800765 元。其中完成淘宝 760 项财物成交，成交金额 1537718742 元；完成京东 169 项财物成交，成交金额 262082023 元。

（二）智慧破产审理系统

1. 系统服务

"智破"系统将破产审判司法规律与智慧法院信息化建设深度融合，依托破产重整、和解及清算案件的司法程序业务流与信息流，立足广州法院和管理人在办理破产工作中的业务需求进行个性化研发设计，具有地方特色，侧重应用和服务，实现案件办理流程规范化、破产案件办理一体化、案件办理信息公开化、财产处置价值最大化、资金使用留痕阳光化、破产成本最小化，助力解决办理破产难题。系统通过与法院对接，以信息化手段、智能化服务致力于为法院、管理人及债权人提供破产案件审理、破产资金监管、注重债权保护、在线监督评价一体的全方位服务，助力破产审判质效跃升，依托现有的广州智慧法院平台进行个性化功能拓展，实现了"4个首创"：全国首个地方管理人智能服务平台、全国首个地方破产审判动态监管平台、全国首个债权人评价监督平台、全国首个破产审判区块链协同平台。

（1）破产案件审理

法官全流程线上办案，随时查看办案进度，实现了法官对破产管理人破产清算的实时监督；管理人在线提交工作报告和交流工作情况，法官在线审阅和批复，大大减少了管理人的往返奔波。此外，法院在线即可完成债权人会议召开与表决、文书报告与审批、资金管理与划转、案件统计等，可大大缩短办案时间、降低办理破产案件成本、提升案件审理效率。

（2）破产资金监管

系统实现了破产资金在线审批、破产资金流转留痕，法院实时掌控、监管破产资金的流向，确保了破产资金的安全。在资金安全方面，系统通过数据安全存储与金融级信息安全保护等金融科技手段，保障资金划转及时监管、高效安全、全程留痕：事前，系统根据法院、协会、管理人等各方要求，建立账户资金划转的权限配置、额度控制和审批机制；事中，通过金融数字证书加密认证、银行级密令控件增信，确保资金划转安全；事后，资金划转的交易记录清晰可溯。

（3）注重债权保护

通过区块链与视频直播技术，系统支持60万债权人同时在线参加网络债权人会议及在线投票，一些远在全国各地的债权人不用亲临广州参加债权人会议，同时也极大缓解了法院的疫情防控压力和安保压力。案件信息、文书资料全面向债权人公开，债权人随时可以通过手机及电脑端了解债务人的破产进度及管理人工作情况，充分保障债权人的知情权、参与权与监督权。

（4）在线监督评价

该系统专门设置了破产管理人履职评价模块，法官、债权人根据管理人的工作表现作出评价，评价结果与管理人工作质效直接相关，有效促进了管理人积极作为，实现法院对管理人的有效分级管理。一是法官评价监督。系统根据管理人内部管理情况与程序性工作履职情况设置评价指标，方便法官进行在线打分和综合评价，从而为个案考核、年度考核与分级管理提供客观依据。二是债权人评价监督。系统提供案件查询、参会投票和评价监督三大功能，在智能识别技术的支持下，债权人以真实身份登录系统进行债权申报、查询债权申报状态及案件进展，实现了案件信息公开，保障了债权人的知情权；通过视频直播和区块链智能合约技术，方便债权人远程在线参会、投票和表决，保障了债权人的参与权；系统设计了债权人表达意见和监督管理人的直接通道，债权人结案前可在线向法院对管理人工作提出意见、反馈、建议，结案后可根据管理人个案工作情况进行综合评价，保障了债权人的监督权。

2. 应用成效

"智破"系统上线以来，不断根据破产审判发展升级完善，创新应用区块链、视频直播、OCR、人工智能等技术功能趋于完备。为提高法官使用的便捷度和办案效率，系统从初期独立于法院审判管理系统，到通过合规的数据交换与法院审判管理系统完成无缝对接。此外，因法院使用的是局域网，"智破"系统的网络债权人会议功能不仅可以服务于除一债会以外的债权人会议，还可与广州中院微法院小程序进行对接，全面服务线上召开一债会及后续债权人会议，进一步方便管理人、债权人、债务人各方线上参会表决。

目前，"智破"系统已全面满足法官、管理人、债权人、债务人的应用需求，建成一体化信息共享平台，集成应用服务、数据保存服务和内外网加密交互服务。其中，数据保存服务实现案件全流程数据存储，债务人会议的表决则应用区块链技术，确保安全高效。在召开债权人会议过程中，债权人的投票过程和管理人的计票过程可追溯、不可篡改，确保了网络债权人会议的真实性。在资金的划转和分配方面，每笔资金的流转均全程留痕、全程可溯，确保交易的安全性。在内外网加密交互服务方面，为方便管理人、债权人通过互联网使用系统，应用服务器部署在互联网。为保障数据安全，数据库服务器部署在法院，以实现银行级别安全为标准，传输数据加密，严格遵守最高人民法院关于跨网信息交换采用基于单向光导技术的隔离交换传输平台的规定，保证数据合规安全。

"智破"系统因切实针对破产审判的特点、解决破产审判的难点、切合破产审判的痛点研发，作为全国第一个地方法院开发的破产审判信息化系统，得到全国破产领域法院同行的重视，多个外地法院前来调研学习。"智破"系统服务功能已经实现集成，系统成熟完善，移植不存在技术障碍。因此，"智破"系统可推广性强，现已有上海破产法庭、徐州中院、绵阳中院、常州天宁区法院、郑州航空港区法院、北京丰台法院、青岛中院、海南一中院、三亚中院、衡阳中院、东莞三院、温州瓯海区法院等全国各地 36 个中院及基层法院借鉴、使用。

截至 2021 年 6 月，"智破"系统服务广州法院破产案件管理人/清算组账户 1118 户，监管管理人账户资金 8.1 亿元，累计减免开户费用达 22 万元；累计免费召开网络债权人会议 119 场，为 26717 位债权人提供服务，节省债权人会议成本近 1190 万元（按 10 万元/场测算）；管理人在线提交 2533 份工作报告，划转破产资金 8788 笔；通过"一次都不用跑"的数字化、无纸化服务，实现债权人、债务人、管理人及法官等各方"零接触"，减少管理人/债权人线下往返法院及银行达 3.9 万人次，有力保障了疫情防控与复工复产。2020 年，广州法院智慧破产服务成效显著：纳入世界银行营商环境评估的破产案件用时同比缩短 12 天，实现广州地区 218 家"僵尸企业"有序退出市场，12 家企业实现脱困再生。这为广州中院扎实做好"六稳"工作、全面落实"六保"任务，畅通市场主体的拯救与退出机制，建设世界一流的市场化、法治化、国际化营商环境和推动高质量发展提供了强有力的服务和保障。借助科技和创新的"双引擎"驱动，系统助力广州中院牵头的"办理破产"指标在 2019 年、2020 年全国营商环境评价工作中蝉联全国第一，在 2020 年、2021 年广东省营商环境评价中蝉联全省第一。

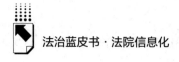

（三）破产重整"智融"平台

1. 系统服务

2021 年 1 月，广州中院携手市破协等上线全国首个破产重整"智融"平台，实现四个全国首创：全国首个"互联网＋金融科技"破产重整综合服务平台、全国首个破产资产处置全流程一体化服务平台、全国首个破产重整线上线下融合智能运营平台、全国首个破产重整投融资生态圈平台。

一是信息整合发布。平台整合网络拍卖机构、金融机构、行业投资者等资产处置生态圈优势资源，合力突破行业、地域、信息壁垒，在债权人、债务人、投资方之间建立起高效精准的线上对接渠道。通过项目推介、交易撮合、评估询价、拍卖物流等资产处置全流程服务，为资产高效处置提速赋能。

二是重整价值识别。平台融合京东、淘宝等互联网大数据和流量优势，运用市场化标准判断企业重整价值，提升重整价值识别率。综合破产企业产品、技术、所属行业等特征，充分发挥南方产权中心、广州产权交易所等区域优势与资产运营能力，精准推送破产重整信息，广泛吸引潜在投资者，提升企业重整成功率。

三是重整融资支持。整合中行、农行、平安等银行机构，广州资产、平安信托等资产管理公司等金融机构或类金融机构在破产重整中的综合金融服务能力，为重整期间的困境企业继续经营、破产费用提供流动性资金支持，保障重整程序顺利推进，提升企业重整成功率。

四是线上线下一体化服务。利用京东、阿里、平安大数据流量优势，融合破产信息、资产状况、市场需求，智能分析投资偏好，精准设计资产标签，实现破产企业与投资主体有效匹配。主动对接线下融资综合配套服务，根据个案情况提供个性化线下运营磋商、方案设计、追踪放款等一体化服务，实现线上智能服务与线下主动服务无缝衔接。

2. 服务成效

截至 2021 年 8 月，"智融"平台通过淘宝、京东、阿里、平安、南方所、产交所等合作方，累计服务管理人发布资产处置公告及重整投资人招募公告合计 71 个，触达各类投资人关注 134028 次。在广东科利亚现代农业装备有限公司（以下简称科利亚公司）破产重整案中，"智融"平台金融服务方广州资产管理有限公司为投资人提供融资逾 3 亿元，最终实现全部债权人100% 受偿，保障了科利亚公司疫情期间顺利复工复产，2021 年实现产值 3亿元。广州百筑房地产开发有限公司（以下简称百筑公司）预重整案在预重整阶段通过"智融"平台成功引入投资人注入 8000 万元共益债务资金，盘活债务人企业资产，解决债务人逾 14 亿元的债务，受偿率大幅提升，从裁定受理百筑公司重整到批准重整申请仅 48 天。

三 核心功能：服务多主体畅通破产审判全域全流程

（一）审判人员：线上全流程动态监督管理

1. 服务功能：重在监管的多层次服务架构

一是破产资金监管。在破产案件中，法院面对"案多人少"、一人多案现状，如何有效监督管理人工作和把控案件进度是一个迫切的现实问题。而资金监管更是重中之重，直接关系着债权人利益和破产案件办理的社会效果。法官可随时调阅案件账户交易明细，并支持对案件破产费用、共益债务、债权分配、诉讼费用、管理人报酬以及其他资金进行交易查询、额度管控、在线审批，实现资金监管和流转留痕，保障资金安全。

二是破产案件审理。法官与管理人实现信息同步，管理人从受理到审结的工作情况全程可视，法官、管理人均可在线上办案，支持法官对管理人办案进度进行智能控制及预警，案件工作报告及管理人工作进度全程留痕、清晰透明，方便法官随时查看管理人的办案进度，对管理人进行有效指导、适时监督，以规范管理人执业行为。

三是案件统计评价。系统支持法官对经办案件进行统计分析、对债权人对管理人的办案反馈进行监督、对管理人办案情况进行在线评价，评价结果与管理人工作质效直接相关，促进管理人积极作为。

2. 核心功能：实现全程监督，确保资金安全

一是以明确的节点管理方式实现个案监督。系统根据《企业破产法》规定，在"流程管理"模块梳理出公告、接管财产和文件、债权申报与审查、破产宣告、财产分配等13个主要工作节点。如管理人某节点工作在期限内完成或超期未完成，系统自动显示该节点相应为绿色、红色，并自动提示，从而解决法官线下对管理人工作进行监管的低效、易疏漏问题，确保案件高效推进，大大降低案件办理的时间成本。

二是以完整的统计分析功能实现数据的实时生成和监控。除案件基本信息外，系统在"统计分析"模块增加企业类型、受理时经营状态、有无账册、确认债权金额、职工安置、盘活资源状态、管理人名称等案件要素，方便法官统计分析。该功能一方面填补了法院对管理人办理案件缺乏整体监管的功能空白，成为法院对管理人承办案件工作量进行动态调整和监管的技术支撑；另一方面方便广州法院从整体上掌握破产审判情况，有利于通过大数据分析及时发现破产审判甚至区域经济发展和管理中的问题，并据此提出司法建议以保障区域经济健康发展。

三是以完备的事前监督模式确保破产资金安全。系统通过"一案一账户"方式将案件与法官、管理人及管理人账户绑定，财产处置变现后进入管理人账户纳入监管。法官可以实时查看账户资金情况、监督资金是否合规使用、是否实际分配至各债权人账户。同时，对破产费用的日常开支，系统在"交易授权"模块设置限额和审批功能，管理人在一定限额内自行支出破产费用，超额则需法官审批，法官审批与银行信息同步，管理人才能从该监管的管理人账户支出。系统资金监管将事后监督前移为事前监督，杜绝管理人随意使用保障资金的同时，也将法官从烦琐的案款审批事项中解放出来。

（二）管理人：线上全流程服务

1. 服务功能：重在服务的全流程管理

一是破产成本控制。系统为管理人提供全流程专业服务。法院依法指定

管理人后，系统实现管理人通过一个用户对多个案件账户服务，管理人无须往返银行即可在线通过系统实现 PC 及移动端线上资金管理；在债权管理模块，系统支持管理人进行线上债权申报审核、60 万人同时在线的网络债权人会议投票表决、线上资产拍卖、线上债权分配、线上招募投资人、融资配资等，有效提升办理破产效率，控制和降低破产成本。

二是破产资金管理。系统以债务人资产为中心，根据债权人和法院资金监管要求，提供完备的管理人线上用户及账户管理体系，解决资产处置、分配和管理问题。

三是案件进度管理。系统支持管理人线上办案，建立了管理人与法官的线上沟通机制，通过线上化、数字化、无纸化办案，实现办案进度高效推进。管理人可随时在线提交工作报告和交流工作情况，法官可以在线审阅和批复，大大减少了管理人的往返奔波。

2. 核心功能：实现自我监督，高效处置资产

一是案件进度管理功能实现管理人自我监督。案件进度管理自动向管理人展示案件的阅卷、公告、接管、债权申报与审查、召开债权人会议、财产分配等办理进度和耗时情况，确保管理人准确了解案件推进的停滞点并及时解决。管理人通过"日志管理"无须往返法院即可在线提交加盖电子印章的报告、请示等文书，法官可在线审阅和批复，节省了报告、请示文书在管理人和法官之间的流转时间。

二是资产管理功能方便管理人资产处置。资金管理包括资产处置资金、破产资金的管理、破产债权的在线分配等。债权申报时通过债权人名称与银行账户的验证和身份识别确认线上债权人的真实身份；财产分配时由管理人在系统上直接划转至债权人申报时登记的银行账户，免去管理人往返银行的奔波，也避免了因案件办理时间较长，个别债权人失联无法领取款项的问题。

三是会议管理功能降低管理人工作成本。管理人通过系统设置决议事项、表决方式、参会人员，一键即可向所有参会人员发送会议信息。债权人在手机及电脑端登录系统查看表决事项并表决，系统自动统计表决结果，债

权人会议成本大大降低。该网络债权人会议可同时容纳60万名债权人参加会议，满足日益增多的大型企业破产案件需求，并通过区块链智能合约及远程视频直播技术，在方便管理人召集会议、降低法院疫情防控与安保压力的同时，也充分利用了该技术可追溯、不可篡改的特性，保障债权人在线表决的真实有效性。该技术应用获得了2019年中国金融创新论坛十佳区块链应用创新奖。另外，系统针对管理人人工核算债权迟延履行金耗时长、易出错的痛点，设计了便捷核算工具，管理人输入债权金额、期限、利率等参数即可直接获取计算结果，把管理人从复杂、低效的计算工作中解脱出来。

（三）债权人：线上全流程参与

1.服务功能：实现程序性权利的全面保障

一是债权申报。在智能识别技术的支持下，债权人或代理人以真实身份登录系统通过手机或电脑端进行债权申报及案件查询，系统将案件进度、文书资料全面向债权人公开，保障了债权人的知情权。

二是参会投票。通过视频直播和区块链技术，方便债权人足不出户、远程视频参会投票，一些远在全国各地的债权人不用亲临法院和管理人职场参加债权人会议。同时也极大缓解了疫情防控压力，从而保障了债权人的参与权。

三是评价监督。系统支持债权人在线向法院针对管理人工作情况，在结案前提出反馈建议，在结案后进行案件评价，保障了债权人对管理人的监督权，评价结果将作为法院对管理人工作进行考核的重要依据。

2.核心功能：保障债权人知情权参与权决策权

一是全流程参与保障债权人的参与权。"智破"系统设置的网络债权人会议功能，使债权人实现在线债权申报、参加网络会议和在线表决，通过程序参与的便捷性提高债权人参与的积极性。此外，债权人的程序参与权还体现在案中的意见建议、案后的综合评价。债权人可在线向法院反馈对管理人工作的意见和建议，结案后可根据管理人个案履职情况进行综合评价，该评价结果将成为法院对管理人进行考核的重要依据，使债权人的监督权落在实处。

二是网上信息公开保障债权人知情权。系统专门设置债权人端口，并与广州中院"微法院"小程序对接，将案件全流程信息向债权人公开，债权人通过系统可以实现在线申报债权、在线了解案件进度、在线参加债权人会议、参与在线分配破产财产等，完全可以"足不出户"参与破产案件全过程，债权人对案件信息的了解程度从管理人愿意披露多少转变为债权人愿意了解多少。

（四）管理人、债务人、投资人：线上破产重整投融资交互

1. 服务功能

打造一个以法院为核心，以管理人、债权人、债务人、投资人、司法网拍平台、金融机构等相关市场主体为延伸的交互式智慧破产资产处置平台，通过汇聚各方优势培育跨市场、跨领域的破产资产处置生态体系，破解资产处置市场供需信息不对称与不完全难题，打破行业壁垒，实现资产处置效率和价值的最大化。

2. 核心功能：打造重整投融资生态圈服务体系

平台以法院为核心，集聚网拍平台、金融机构、产权交易机构、投资者、资金方等资产处置与重整投资生态圈核心参与方的优势资源，充分发挥网络拍卖平台的互联网大数据流量资源，与地方产权交易所的区域优势、属地精准客群与资产运营能力，以及银行、信托、资产管理公司等金融机构和资本方的综合金融服务能力，最大限度发挥网络效应与集聚效应，从而打破破产重整与资产处置的区域、行业限制，破解市场参与方之间的信息不对称，形成跨平台、跨行业、跨领域的破产重整综合服务能力。有效整合线上互联网大数据与线下投资人与资金方资源，改变了管理人自主寻找投资人、自主撮合的被动现状，平台形成了主动、精准连接投资人与债务人，实现供求匹配的智能运营与服务能力，合力建设一个集约高效、智慧精准的破产重整投融资生态圈服务体系，打通资金端与资产端、连接合作方与服务方，提升破产审判供给侧的有效供给能力，通过"线上＋线下"融合，为破产重整提供多元处置机制和处置方式。

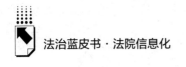

四 困难与展望：持续动态深化智慧破产审判信息化建设

（一）加大府院数据共享和应用力度

目前，各政府机构之间的数据共享和应用力度依然未能有效实现融合交互，"信息孤岛"问题依然存在。广州中院先后与中国银行保险监督管理委员会广东监管局、中国人民银行广州分行营业管理部、国家税务总局广州市税务局等部门联合出台文件，旨在满足破产企业、管理人、债权人、投资人等主体对涉破产事务办理便利度的需求，同时进一步推进数据共享、业务协同：在金融监管机构对接方面，加强债务人银行账户查控、破产财产划转、金融债权人委员会建设、重整企业信用修复、打击逃废债等领域深化协作；在税局对接方面，加强税收债权线上申报审查、网络债权人会议参会表决、债权分配等领域进一步实现数据互通、信息共享，进一步释放府院联动机制的优势效能，助力广州地区破产涉税事项办理驶入"快车道"。

（二）推进执行破产多系统深度集成

执行系统与破产系统数据的互通实践中仍存在障碍，执行查控的结果不能及时反馈到破产程序，造成重复查询，极大延长了破产案件办理时间。应打通执行和破产的案件数据壁垒，执行信息尤其是执行查控信息更加全面高效地与破产信息对接和匹配，加强对执行信息的分析、识别和利用，引导破产系统向执行系统深度集成，通过标识执行案件关键词、关键节点、关键信息，如企业类型、是否终本、财产类型、财产金额等，发掘具有重整价值的企业移送破产重整救治，对于已经终本查无财产的案件移送破产清算程序退出市场，从而实现优胜劣汰，为市场腾笼换鸟，实现市场优化配置，同时对有价值和前景的企业通过破产重整的市场化、法治化轨道进行救治，进一步释放破产服务经济高质量发展功能，同时为解决执行难提供新的支撑。

（三）加大智融平台推广度和融资支持度

在发挥智融平台原有银行机构、资产管理公司、信托机构等为融资服务核心作用的同时，应加大平台推广力度，鼓励更多市场化金融机构、投融资机构积极参与，寻求个性化、互利性的解决方案。进一步提升银行业流动性支持力度，引导银行业金融机构按照市场化、法治化原则，依托并购重组、不良资产处置、私募股权投资、产业投资等专业化金融服务能力，对有重整价值和可能性、符合国家产业政策方向的重整企业提供信贷支持，同时积极破解重整企业信用修复瓶颈，对重整后企业的合理融资需求参照正常企业依法依规予以审批，修复企业信用。支持重整企业融资和金融信用修复，落地更多案例。

B.12

苏州中院打造"两管一控"平台
推进执行数字化转型

江苏省苏州市中级人民法院课题组*

摘　要：　针对执行分权集约改革后的案件监管、团队协作、法院协同难题，江苏省苏州市中级人民法院依托无纸化办案，在全国率先打造以"可视化"监管、"三统一"案管、"网络化"查控为核心的"两管一控"数字化执行系统，全面推进执行数字化转型。执行案件全程网上流转、网上留痕、网上监管，辅助事务、协调事项均可线上申请、处理、反馈，不动产、车辆、公积金等主要财产的深度查控实现"一网通办"，院长、局长可实时监管执行质效、事项办理并及时催办提醒，当事人可以获取重要流程节点信息及必要电子卷宗材料。"两管一控"数字化执行系统推动执行模式从"办案"向"办事"转变，促进形成了"横向协同、纵向贯通、市域一体"的执行工作格局，有效提升了执行质效和规范化水平。

关键词：　数字化执行　无纸化办案　"可视化"监管　"三统一"案管　"网络化"查控

---

* 课题组负责人：徐清宇，江苏省苏州市中级人民法院原党组书记、院长。课题组成员：赵新华，江苏省苏州工业园区人民法院党组书记、院长；沈如，江苏省苏州市中级人民法院审判委员会专职委员、执行局局长；陈琳，江苏省苏州市中级人民法院执行局综合协调处处长；薛忠勋，江苏省苏州市中级人民法院研究室副主任；高文祥，江苏省苏州市姑苏区人民法院执行局员额法官。执笔人：陈琳、高文祥。

现代科技的飞速发展带来了经济社会的深刻变革，也为人民法院执行工作创造了新的发展机遇。在迈向"切实解决执行难"目标的道路上，信息技术已经成为执行工作披荆斩棘的一把"利器"，这一点已是全国法院的共识。最高人民法院 2019 年 6 月发布的《关于深化健全解决执行难长效机制的意见——人民法院执行工作纲要（2019～2023）》（以下简称《工作纲要》）明确提出，要进一步推进现代信息科技在执行领域的广泛应用、深度应用，全面提升执行信息化、智能化水平，实现执行管理监督模式、执行保障模式、执行查控模式、执行财产变现模式现代化。在《工作纲要》的指引下，苏州法院全面推行无纸化办案在执行领域的应用，联合技术公司研发由"可视化"监管、"三统一"案管和"网络化"查控三大平台组成的"两管一控"数字化执行系统，制定出台《数字化执行操作规程》和《数字化执行操作手册》，并在此基础上大力推进执行数字化转型。执行数字化转型与执行管理体制改革相辅相成，二者共同构成了苏州法院推进执行体系和执行能力现代化的"车之两轮、鸟之双翼"，有效改善了苏州法院执行工作面貌，切实增强了人民群众的获得感和满意度。

一　推进执行数字化转型的背景

（一）执行分权集约改革后亟待实现执行办案模式的"第二次跨越"

"基本解决执行难"三年攻坚期间，苏州市中级人民法院（以下简称"苏州中院"）在苏州工业园区人民法院执行标准化建设经验的基础上，依托执行指挥中心实体化运行，以流程标准化、事务集约化、团队专业化为核心，在全市范围内深入推进执行分权集约改革——对执行办案中的核心事务和辅助事务进行有效区分，由承办法官负责核心事务的研判决策，由辅助人员负责辅助事务的集约化操作，执行模式从"办案"转变为"办事"，从而彻底打破"一人包案到底"的传统办案模式，实现了执行办案模式的"第一次跨越"，在一定程度上提升了执行效率、缓解了人案矛盾。

江苏省高级人民法院在此基础上总结提炼了执行指挥中心实体化运行"854模式",让分权集约改革后的新型执行办案模式迅速在全省得到推广。但是,在改革动能充分释放的同时,执行分权之后的监管难题以及集约之后的协作难题随之而来。在执行监管方面,多个团队同时运作,对各流程节点的监管存在精准度不够、时效性滞后的问题;在执行协作方面,各团队之间的协作以及各法院之间的协同无法顺畅完成。面对新的发展"瓶颈",苏州法院将执行数字化转型作为迈向执行现代化的"第二次跨越"。执行数字化转型的意义,不在于简单地将纸质卷宗转化为电子卷宗,而是执行权运行和监管方式的"革命性"转变。

(二)执行管理体制改革需要信息化工具作为配套支撑

2020年3月,最高人民法院批复同意苏州中院按照"双重领导"模式开展执行管理体制改革试点,即建立"区(县)人民法院执行机构接受本级人民法院和中级人民法院执行机构双重领导,在执行业务上以上级执行机构领导为主"的执行管理体制。在改革后的执行管理体制下,执行权纵向运行模式得到重塑,中级法院将强化对基层法院执行案件、执行人员、执行装备的统筹安排与指挥调度,在全市范围打造"横向协同、纵向贯通、市域一体"的执行工作新格局。中级法院业务领导职能的有效发挥,除了需要监督考核等制度予以保障外,还需要信息化工具作为配套支撑。比如,中级法院拟在辖区法院之间开展交叉执行,就必须快速了解关联案件执行情况,作出交叉执行的裁定后,还需要实现相关案件材料的快速移转。又比如,中级法院拟在全市范围内开展执行事务属地办理,就必须在法院之间搭建便捷高效的指令派发与反馈的平台。这些都需要对当前的执行办案系统即"人民法院综合信息管理平台"(以下简称"法综系统")进行专门改造,开发"三统一"管理功能模块,将相关业务从线下搬到线上,打破信息壁垒,通过"数据跑路"提升沟通协调效率。

（三）智慧审判"苏州模式"为执行数字化转型积累了成熟经验

2016 年以来，苏州中院以信息化建设试点为契机，开展了以"电子卷宗＋全景语音＋智能服务"为主要内容的"智慧审判苏州模式"建设试点工作。经过一段时间的实践探索和创新完善，形成了以电子卷宗随案生成、材料流转云柜互联、格式文书一键生成、庭审语音智能转换等技术为支撑，覆盖诉讼全流程的办案一体化系统。随着法院信息化建设的深入推进，"智慧审判苏州模式"开始向执行领域推广，以电子卷宗随案生成和材料流转云柜互联为标志的技术应用为执行"无纸化"办案奠定了良好的基础。在法院设立专门的案件材料集中收发中心，统一交由外包公司或辅助人员对案件材料同步扫描、集中保管和统一流转，辅以文字识别、案件信息自动回填和裁判文书自动生成等功能，从技术上完成纸质案卷向电子卷宗的同步转换。用随案同步生成的电子卷宗代替传统纸质卷宗，不同法院、不同团队、不同职责分工的执行人员可摆脱纸质卷宗的束缚，实时共享"同一本"电子卷宗，并联式、集约化处理各项执行事务。"智慧审判苏州模式"的成熟经验为执行数字化转型奠定了坚实基础，并为其快速推进创造了有利条件。

二 执行数字化转型的具体实践

执行数字化转型是苏州法院在总结实践经验的基础上，结合现代信息技术对执行办案模式和执行管理方式的深度改造，在实践中是以"无纸化"办案流程和"两管一控"数字化执行系统具体展开的。

（一）依托"无纸化"办案流程，实现执行数据信息的归集共享

2018 年，昆山法院千灯法庭探索形成以电子卷宗随案同步生成及深度应用为基础、以纸质卷宗智能中间库为关键、以辅助事务集约化管理为保障的智慧审判"苏州模式—千灯方案"，为执行办案模式的转变打开了新思

路。2019 年，全市法院将发端于审判领域的"无纸化"办案模式"嫁接"至执行领域，全面推广执行无纸化。

一是电子卷宗随案生成。执行无纸化以电子卷宗随案同步生成及深度应用为支撑，在此基础上实现从立案到网络查控、文书制作、司法拍卖、案款发放、结案归档等全流程线上操作。执行立案时，工作人员将案件当事人身份信息、联系方式、执行依据、财产保全情况等基础执行数据完整、准确地录入法综系统；案件办理过程中，执行人员将已查控财产信息、依职权调取的资料、当事人提交的财产线索等线下产生的材料及时扫描形成电子卷宗，确保全部案件材料在电子卷宗中实时呈现。与此同时，全市法院"数据工场"借助卷宗智能编目技术，将电子卷宗材料按序编排，设置关键词检索、文书一键生成等功能，方便执行人员查阅、调取和使用。

二是执行人员并联式工作。在无纸化办案过程中，所有案件材料及时扫描上传，执行事务全流程网上提起、网上流转、网上留痕，执行日志同步记录。对于办案过程中产生的纸质材料，建设纸质卷宗智能中间库，由专门的服务外包公司统一管理。借助随案生成的可读取、可复制的电子卷宗，执行工作开展可以彻底摆脱纸质卷宗束缚，不同法院、不同团队、不同职责分工的执行人员可以实时共享电子卷宗，并联式开展执行工作。具体而言，承办法官开展网络查控、拍卖调查、约谈当事人、采取司法惩戒措施等工作，无须依托纸质卷宗逐项办理，而是可以向不同的辅助团队派发工作指令，同步开展上述工作。

三是执行沟通不见面呈现。在无纸化办案流程中，文书送达、执行约谈、调阅卷宗等事项可以通过"不见面"方式呈现。法综系统中增设了综合送达功能模块，承办法官需要向当事人送达执行文书的，可以从具体案件的系统界面进入"司法送达"模块，选择受送达人和执行文书，填写工作指令，相关指令和文书自动推送至综合送达中心，由送达中心的工作人员负责后续送达。法院智慧庭审平台中增设了执行约谈模块，承办法官可以对当事人发起线上视频约谈，约谈前需在平台中添加案号、约谈时间、当事人信息，然后将约谈链接地址、邀请码等发送至当事人手机，在预约时间登录平台进入视频约谈界面，发起身份确认、宣布谈话纪律、记录谈话内容，约谈结束后当事人可在线签字，谈话视频和笔录下载后可引入电子卷宗，该功能模块还支持多名当事人同时在线约谈。

（二）依托"可视化"监管平台，实现执行权运行过程的监督制约

按照"大中心＋小团队"的建制，在执行指挥中心下设执行事务中心和执行监管中心，两个中心均有专门团队分别负责网络查控、查人找物、拍卖调查等10项事务性工作以及繁简分流、结案审查等5项管理性工作。同时，辅以"操作标准"和"管理规范"的制度约束，明确操作步骤、时间和质量要求，每个节点有章可循、每项实施有据可依。在此基础上，苏州法院对法综系统进行了技术改造，在重要流程节点上增设很多功能模块，实现对执行权运行的"可视化"监管。

一是流程节点监管"可视化"。执行流程节点管理打破"一人包案到底"的传统执行模式，将整个执行过程划分为执行立案、文书制作、财产查控、财产处分、案款分配、结案归档等各个环节，由不同人员分别对应不同的执行任务，并通过流程管理确保各个环节运行公开透明、规范有序。对于执行案件办理的各个环节，从承办法官发送工作指令到结果反馈都通过办案平台完成。办案系统对执行流程节点实时监控，并对工作指令的完成进度通过不同颜色加以标识。任何工作指令未按规定期限办结，系统会自动提示，并触发相应预警，主动推送至承办法官和管理专员，承办法官和管理专员可以根据实际情况对承担工作指令的相关人员发起催办提醒。

二是重点事项监管"可视化"。在办案系统中增设标的物精细化管理模块，将涉案财产分为"未甄别财产""无须执行财产""可执行财产"，承办法官应及时甄别财产可否处置，并在30日内对可执行财产启动评估拍卖程序。管理专员和院局长可实时查看财产处置进度，对长期未甄别财产或长期未处置财产予以跟踪催办。在办案系统中增设执行案款管理模块，严格落实"一人一案一账号"制度，案款发放实行五级把关和线上线下双重审批机制，全市每一家法院及每一位法官执行案件案款均可在系统中实时呈现，

院局长可实时动态掌握案款退付进程，对怠于处置的及时催办提醒。将终本案件纳入"四类"案件监管范围，并通过办案系统开展常态化监管，终本裁定"全景式"呈现执行措施，终本结案前办案系统对必须完成的流程节点自动校验，有任一流程节点未完成的不得报结。

三是执行自我管理"可视化"。在法综系统中，不同专业团队承担的具体执行工作可通过指令"派单"方式呈现，派出的清单要求具体、任务明确。指令接收人员根据近期所有"任务清单"，可以统筹工作进度，加快办理节奏。借助"可视化"监管模块，承办法官和专业团队可在办案过程中实现自我管理，管理专员和院局长亦可以通过平台实时查看工作指令完成情况，对办理时间即将超期或者逾期未办结的事项，予以及时催办督促，剩余期限和催办次数均可在系统中同步呈现。执行监管中心定期统计分析辅助事项办理情况，报院局长决策参考。相关统计分析数据亦可作为辅助人员工作业绩年终考核的依据。

四是执行信息公开"可视化"。执行公开主要涉及人民法院主动向当事人公开执行案件进展情况。在法综系统中，立案、承办人变更、案件中止、审限变更、移送评估、提交网拍、案款到账与退付、结案等重要流程节点信息均会通过短信向当事人发送，短信发送可由系统自动触发完成，无须人工操作。根据当前技术条件，法院工作人员也可以向当事人推送电子卷宗正卷，方便当事人在线阅卷。在办案系统之外，苏州法院还搭建了其他平台用于辅助执行信息公开。比如：创设"执行110"微信服务号，方便当事人在线留言，提供财产线索及举报被执行人下落；开发"智慧法院"App等移动终端，在方便承办法官移动办案的同时，进一步畅通当事人查询案件信息的渠道。

（三）依托"三统一"案管平台，实现全市法院执行业务的互联互通

为实现中级法院对基层法院执行工作的统一管理、统一指挥、统一协调，苏州中院在全国率先研发应用于上下级法院执行管理的"三统一"案

管平台，并借助该平台推动全市法院执行业务互联互通，实现对全市执行工作的统筹管理、一体推进。

一是两级法院"一盘棋"架构。"三统一"案管平台打破全市法院所有执行环节的"信息壁垒"，形成横向到边、纵向到底的信息互联互通体系。借助该平台中的"关联案件跟踪"模块，中级法院可以很便捷地查询到全市法院涉及同一被执行人的全部关联案件及其在各法院的分布情况，并可以直接查阅具体个案的电子卷宗，这就为中级法院开展指定执行、提级执行、交叉执行提供了有力抓手，也为中级法院分析研判被执行人是否具备"执转破"条件以及组织开展案件清理行动打开了便捷通道。在此基础上，中级法院才真正实现对全市法院执行案件的统一管理。

二是两级法院"一体化"运作。全市法院之间的指定执行、提级执行、交叉执行等事项，以及致函参与分配、商请移交处置权或者申请协调执行争议等，均可通过"三统一"案管平台发起、处理和反馈，相关文书和电子卷宗通过系统自动推送至接收案件法院，纸质卷宗不再通过线下移转，省去了纸质材料的在途时间，同时又能做到网上留痕，避免因材料遗失而产生推诿责任的问题。除了"三统一"管理事项，全市法院之间也可以通过法综系统"发起事项"模块，相互发起银行临柜、查人找物、协助送达、协助拘留等具体事务指令，接收指令的法院及时完成相关工作，并将办理结果在原指令中反馈，由此实现全市法院执行事务的属地办理。

三是两级法院"一块屏"监管。以执行指挥中心为实体平台全面统筹全市信息资源、制度资源、人力资源、装备资源，实现扁平化统一指挥。基层法院向中级法院提出的"三统一"事项申请，由中级法院执行指挥中心统一分派，指定相关人员办理。全市法院"三统一"事项的办理情况，均可以在法综系统中实时呈现，中级法院可以进行"一块屏"监管。此外，全市法院执行工作质效可以在"可视化"监管平台上动态展示，中级法院可以实时掌握全市法院执行数据，综合研判执行工作发展态势，根据全市执行实践不断优化考核指标，及时调整执行工作目标和方向，确保执行管理从上到下"一竿子插到底"。

（四）依托"网络化"查控平台，实现执行联动协作事务的"一网通办"

"网络化"查控平台是苏州法院在"总对总"网络执行查控系统之外搭建的执行联动协作专网，其所涵盖的多个功能模块中，有的已直接接入"点对点"网络执行查控系统，有的借助执行联动部门的业务系统得以顺畅运行。"网络化"查控平台的建立旨在借助信息技术手段在全市范围内有效解决"人难找""财产难寻""协助难求"问题。

一是借力公安临控网解决"人难找"问题。苏州中院与苏州市公安局建立了临控被执行人工作机制，依托公安机关专业网络并借助现代信息技术，对被执行人实施精准查找。具体流程如下：由执行法院向公安机关报送拘留决定书、协助查控函和协助查控申请表，准确填写被执行人身份信息、临控事由和注意事项，公安机关在车站、商场、超市等重点场所布控，发现被执行人下落后对其采取临时控制措施并及时通知执行法院，执行法院在规定时间内派员赶赴现场办理交接手续。

二是借力财产查控网解决"财产难寻"问题。与工、农、中、建、交等主要银行达成了银行查冻扣一站式协议，各法院可以就近办理银行存款的线下查冻扣手续；与不动产登记中心、公积金管理中心、人社局、车管所等部门建立网络查控机制，拓宽并完善"点对点"网络执行查控系统，弥补了"总对总"网络执行查控系统的缺项，实现了苏州大市范围内不动产以及车辆的线上查询、查封、解封、过户。针对车辆扣押难的问题，苏州中院与苏州市公安局交通警察支队签订协议，建立协助查找、扣押机动车工作机制，即由执行法院通过"点对点"网络执行查控系统向交警支队发送协助请求，交警支队在车辆年检、路面执法等日常工作中发现车辆踪迹后，依法实施滞留、扣押措施，并通知执行法院在规定时间内到场办理交接手续。

三是借力基层综治网解决"协助难求"问题。全市法院主动对接当地基层综治部门，充分利用网格化服务覆盖广、信息全的特点以及网格员人熟、地熟、事熟的资源优势，将协助执行工作纳入基层社会综合治理网格化管理，将协助人民法院查找当事人、核查财产线索等工作纳入基层综治网格员工作范围，拓宽法院查询被执行人下落和财产的渠道，并逐步形成了"网格＋送达""网格＋调查""网格＋信访化解"工作机制。全市10584名网格员成为法院"编外"执行员，在帮助法院快速高效分担部分工作的同时，促进形成了理解执行、支持执行的社会氛围。

三 执行数字化转型取得的成效

（一）执行资源有效统筹，执行质效实现新提升

一是有效提高执行效率。2019年以前，在苏州大市范围内跨域开展银行临柜、查人找物、协助送达等执行辅助事务时，均需按照"两人一车半天"的模式现场办理，法院之间处理参与分配、商请移交处置权、协调执行争议等"三统一"事项时，均需通过线下邮寄信件或者登门沟通等方式进行，这些做法耗时又费力。执行数字化转型之后，实行关联案件集中管辖、执行事务属地办理以及"三统一"事项线上办理。2019年1月至2021年8月，全市法院共计提级执行239件、指定交叉执行983件，办结跨域执行事务85368项，线上处理"三统一"事项4762件，极大地节省了跨域办案成本。2018～2020年，全市法院首执案件结案平均用时从132.51天缩短为112.17天，执行完毕案件结案平均用时从82.58天缩短为69.52天，法定期限内结案率则从81.17%提升为92.96%，执行效率提升明显。

二是有效应对人案矛盾。2018～2020年，全市法院新收各类执行案件的数量每年以10%左右的幅度快速增长，执行人员总数没有明显变化，但依然能够实现结案数的同比例增长，结收案比每年均超过100%，执行员额法官人均结案数连年递升。2020年，全市法院以全省10%的执行人员，办结了全省18%的执行案件，执行到位金额占全省的21.7%，执行员额法官人均结案991件。在2020年度全省法院执行工作单独考核中，苏州中院获评第一名。在案多人少矛盾无法通过增配人员加以缓解的前提下，苏州法院

通过执行数字化转型统筹执行资源、深挖工作潜力，有效应对了案件增长带来的冲击。

（二）监管盲区成功消除，执行管理开创新局面

一是执行权监管体系更加完善。传统"一人包案到底"的办案模式下，承办法官行使执行权只能靠"人盯人""人盯案"的方式进行监管，在繁杂的各项工作中，难免存在监管盲区。执行数字化转型之后，无纸化办案流程让所有执行环节全程留痕、全程可追溯，"可视化"监管平台让执行权监管更加便捷高效。执行人员"清单式"自我管理、院局长"嵌入式"监管、当事人"全景式"外部监督构成"三位一体"的监管体系，有效消除了监管盲区，压缩了权力寻租的空间。2019年1月至2021年8月，全市两级法院共发起700条催办提醒，在避免产生消极执行、选择性执行、乱执行问题上发挥了重要作用。

二是执行公信力不断增强。执行数字化转型之后，全市法院通过发送流程节点短信提醒、建立"执行110"微信服务号、推送电子卷宗正卷等方式全面落实执行公开，充分保障当事人的知情权、参与权和监督权，让当事人能够及时了解案件进展，对执行结果建立合理预期，从而消除对法院和法官的猜忌、怀疑，理性处理矛盾纠纷。2018～2020年，全市法院执行信访办结率均为100%，执行信访案访比（逆向指标）逐年下降。2020年全市法院进京执行信访案访比（1.2‰）、赴省执行信访案访比（13.23‰）均远远低于全省平均值，在全省排名第一，全市法院执行信访化解工作受到最高人民法院点名表扬。2020年疫情期间，全市法院电子送达611次、视频约谈7450次、VR及直播看样31584次，以"不见面"方式保障执行工作"不打烊"，切实增强了人民群众的获得感和满意度。

（三）网络查控体系不断完善，联动机制建设取得新突破

一是网络查控的范围进一步拓展。"总对总"网络执行查控系统上线伊始，就充分彰显信息化平台的巨大优势，并给传统的财产查控模式带来了颠

覆性变革。然而,"总对总"网络执行查控系统尚不能覆盖全部财产形式,仍存在很多缺项,如对很多地区的不动产登记信息无法进行查询,对车辆信息虽能查询但无法线上办理查封、解封、过户手续。苏州法院的执行数字化转型有效解决了这些难题,将不动产、公积金等常见财产形式纳入"点对点"网络执行查控系统,拓展了网络查控的范围,并在原有查询功能的基础上,延伸出不动产和车辆的查封、解封、过户等功能,查控手段更加便捷。2019 年 1 月至 2021 年 8 月,全市法院共计完成不动产线上查询 436705 次、线上查封、解封、过户 47525 次,完成车辆线上查询 378935 次、线上查封、解封 9988 次,接收公积金反馈数据 630941 条,有效节约了人财物成本。

二是执行联动的深度进一步延伸。在传统模式下,公安机关协助人民法院查找被执行人或其名下车辆,一般需要顺着一定线索通过查看视频监控、走访调查等方式来实现,既耗时耗力又难以取得明显效果。随着"人脸识别"等现代科技在社会生活中的广泛运用,公安机关的专业系统也在迭代升级,人民法院与公安机关的执行联动协作也逐步延伸,临控被执行人和扣押车辆的工作机制取得新突破。2019 年 1 月至 2021 年 8 月,公安机关已协助全市法院成功临控 3162 名被执行人,执行到位财产 6181.04 万元,327 名临控对象自动履行义务。除了公安机关以外,法院正在与更多执行联动单位搭建网络化的协作平台,综合治理执行难工作大格局不断完善。

四 深化执行数字化转型的问题与展望

尽管苏州法院执行数字化转型在提升执行规范化水平和执行管理能力方面取得了一定成效,但从各地执行信息化建设现状和未来发展方向看,"数字化执行"距离"智慧执行"还有很长的路要走。

一是各类执行系统需要进一步集成融合。目前与执行工作相关的系统较为庞杂,除了最高人民法院统一开发的系统外,地方法院也开发了很多个性化的系统,这些系统的集成度不高、功能融合不佳、互联互通不够,难以发挥最大功效。以指挥中心综合管理平台为例,尽管该平台涵盖了事项委托、协同执行、终本管理等强大功能,但由于其与执行办案系统并没有融合,无法直接调用执行办案系统中的数据,导致在具体运用过程中仍需人工录入大量案件信息,一线执行人员的用户体验不够理想。目前,最高人民法院正在研发处分权移交、款物管理、执转破等功能模块并将其嵌入指挥中心综合管理平台,这与苏州法院执行数字化转型的理念是契合的,但这些功能的实现需要以执行系统的深度集成为前提。我们建议,将来可以指挥中心综合管理平台为基础,汇集各类执行系统,特别是整合各地办案系统,彻底打破案件信息在不同系统、不同地域之间的界限,只有这样才能在更大范围内高效处理跨域执行事务,真正实现全国法院"一个平台办事"。

二是系统稳定性和智能化水平需要进一步提升。"两管一控"数字化执行系统是以多个功能模块分散嵌入法综系统的,随着法综系统经常性地进行漏洞修复和更新升级,"两管一控"数字化执行系统相关功能模块也时常出现反应迟缓、操作卡顿的问题。对于执行工作中的大量重复性事务,比如制作格式文书、网络查控、信用惩戒等,"两管一控"数字化执行系统的自动批量处理能力不足,仍需要较多人工干预,工作效率仍有较大提升空间。此外,大数据、区块链、云计算、人工智能、物联网技术等最新科技发展成果在执行领域的应用场景依然有限,需要在实践中积极探索,打造案件信息智能抓取、被执行人履行能力智能画像、财产线索与行踪线索智能挖掘、办案过程区块链存证等"智慧执行"新模式。

三是网络化执行体系需要进一步拓展延伸。在财产查控方面,"总对总"网络执行查控系统所覆盖的财产形式还不够全面,股权、期货、金融衍生品以及全国大部分地区的不动产等尚不能实现在线查询、查封、解封、扣划、过户,需要加强顶层设计,整合吸收各地法院"点对点"网络执行查控系统的优势功能,优化完善"总对总"网络执行查控系统。在查找被执行人方面,被执行人通信号码、出入境记录等重要信息尚无法通过网络查询反馈，需要和相关部门深化合作，打通执行工作与相关部门、单位的"信息壁垒"，将查询业务从线下搬到线上。在失信惩戒方面，现有联合信用惩戒系统在限制乘坐飞机、高铁方面效果较好，但对入住星级酒店、高消费旅游、子女就读高收费私立学校等均缺乏有效限制措施，惩戒效果并不理想，需要借助信息化手段，将失信名单嵌入联动单位业务系统，实现对失信被执行人的自动比对、自动监督、自动拦截、自动惩戒。

B.13
"物联网+执行"司法应用调研报告

闵仕君 王延染 胡由虎 周同泽*

摘　要： "物联网+执行"的应用是江苏无锡法院执行信息化建设的最新成果，对实现执行模式的现代化，推动现代信息科技在执行领域广泛、深度应用，加强执行行为的规范化，助力切实解决执行难问题有重要的推动作用。无锡法院在基本解决执行难迈向切实解决执行难问题的过程中，将物联网技术应用于执行领域，同其他单位合作研究推出物联网电子封条、物联网称重系统、物联网查封财产监管系统，并将其应用于财产查控、监管、处置等环节，在体现善意文明执行理念、营造法治化营商环境、维护人民群众合法权益等方面取得了良好效果。

关键词： 信息技术　智慧法院　物联网　执行

前　言

时代发展至今，信息技术革新改变了人们生产生活的方方面面，有力地推动社会经济快速发展。2020年新冠疫情发生后，人们的生活受到了巨大影响，习近平总书记作出重要指示，"疫情防控越是到最吃劲的时候，越要

---

* 闵仕君，江苏省无锡市中级人民法院执行指挥中心主任；王延染，江苏省无锡市中级人民法院执行局书记员；胡由虎，江苏省无锡市中级人民法院法警；周同泽，江苏省无锡市中级人民法院执行局书记员。

坚持依法防控"①。同年2月，最高人民法院印发了《关于新冠肺炎疫情防控期间加强和规范在线诉讼工作的通知》，号召各地法院全面优化升级信息化系统。同年，最高人民法院智慧法院实验室建成启用，全面建设智慧法院向纵深发展。这标志着人民法院围绕智慧审判、执行、服务、管理的智慧法院体系基本建成，开始真正走出了一条中国特色社会主义法院信息化道路。2021年是检验智慧法院初步建设成果之年，也是司法工作者更加深入、更具智慧地探索法院信息化建设的新开始。但随着各地法院对"互联网＋法院"的深入探索，单纯"互联网＋"技术的局限性也逐渐暴露出来。在技术尚未取得突破式进展的背景下，人民需求不能等，司法工作也不能拖。如果"互联网＋"技术不能完全覆盖司法工作的全部流程，那么司法人需要将目光放到新的技术中，如"物联网＋"。

江苏省无锡市是中国物联网技术发展的前沿城市，过去几年，无锡市物联网技术不断发展。2020年5月，国家工信部发布《关于深入推进移动物联网全面发展的通知》，要求打造一批NB-IoT应用②标杆工程。因此，"物联网＋法院"大有可为。

一 物联网技术的司法应用背景

（一）物联网技术的概念和发展

1.物联网技术的概念

物联网（Internet of Things）是以感知技术和网络通信技术为主要手段，

---

① 习近平：《疫情防控越到最吃劲时候，越要坚持依法防控》，人民日报客户端，https：//wap. peopleapp. com/article/5113625/5010294，最后访问日期：2021年11月2日。
② NB-IoT是指窄带物联网（Narrow Band-Internet of Things）技术。NB-IoT聚焦低功耗广覆盖（LPWA）物联网（IoT）市场，是一种可在全球范围内广泛应用的新兴技术。NB-IoT使用License频段，可采取带内、保护带或独立载波等三种部署方式，与现有网络共存。在低速物联网领域，NB-IoT作为一个新制式，在成本、覆盖、功耗、连接数等技术上做到极致。该技术被广泛应用于公共事业、医疗健康、智慧城市、消费者、农业环境、物流仓储、智能楼宇、制造行业等八大典型行业。

实现人、机、物的泛在连接，提供信息感知、信息传输、信息处理等服务的基础设施。广义上说，当下涉及信息技术的应用，都可以纳入物联网的范畴。它可以利用无处不在（ubiquitous）的末端设备（devices）和设施（facilities），采用适当的信息安全保障机制，提供安全可控乃至个性化的实时在线监测、定位追溯、报警联动、调度指挥、预案管理、远程控制、安全防范、远程维保、在线升级、统计报表、决策支持、领导桌面（集中展示的 Cockpit Dashboard）等管理和服务功能，实现对"万物"的"高效、节能、安全、环保"的"管、控、营"一体化。物联网科技带来"万物万联"，以现实场景中等价资产动态变化的远程可视化、存在感和真实性，打破动产与不动产的固有界限，使其价值利用可趋同化。同时，让社会公众从时间、空间两个维度上全面感知实体经济行为，在数据采集、降低成本、提高效率、促进交易安全等方面为各行各业注入新的生机，尤其为金融服务和司法应用提供了全新的视角。它是建立在人类信息技术的智能化和网络化基础之上的全新社会化体系，掀起了继互联网和移动通信网之后的第三次信息产业浪潮。

2. 物联网技术的特征

物联网提供的是感知服务。与移动通信网及互联网相比，物联网具有以下四个本质特征。一是关注外部。物联网关注的是外部的目标、事件和环境等，事件流的方向是从网络外部到网络内部。二是不可确定。物联网感知的是系统以外随时发生的事件，都是不可预知的，具有极强的不确定性。三是无法重现。物联网需要应对和处理外部的目标和事件，都是不可重现、难以重复的。四是外部驱动。物联网是由外部的目标、任务和环境驱动的，进而触发网络进行响应处理。因此，为实现感知这个目的，物联网具有社会化的需求，从虚拟信息空间、人人互联发展到对现实物理世界的感知，为信息传输和信息处理提供更为丰富的需求源泉和强大的发展助力，推动信息技术迈入社会化时代。也就是说，以物联网技术为代表的第三次信息产业浪潮将推动信息领域从计算处理的"智能化时代"、通信交互的"网络化时代"迈进万物互联的"社会化时代"。

3.物联网技术的应用原理

物联网是全新的事物，它的发展必须要有一套全新的理论体系作为支撑，来揭示物联网的工作机理和原理，辨析它与其他信息系统的本质差别。物联网感知技术主要有以下几种。

一是轮廓体积感知。主要利用激光轮廓扫描技术，对诸如煤炭、木材等堆积型货物的轮廓体积定时进行扫描记录，根据不同时段的扫描记录的比对分析，进而判断感应对象是否发生变化，实现对体积类外形的货物实时监管。

二是重量位置感知，包括重量感知和位置感知。重量感知就是通过行车秤和叉车秤来实时检测标识监管货物，并实时记录货物的作业重量。位置感知是指通过高精度的叉车、行车定位，以精准的地理位置来记录货物入库的落吊位置和货物的存放位置信息。重量感知与位置感知是相辅相成、配合使用的。后台管理系统通过监测货物的位置和重量，实现对标的物的精准管理。一旦发生变动，后台管理系统就可以即时精准获取变动标的物的位置和重量，实现对储存货物的动态管理。

三是运行状态感知，包括运动感知、损坏感知及监测感知。运动感知是对货物从静止到运动以及从运动到静止的相关状态的感知。损坏感知是指货物突然处于异常加速或突然停止等异常状态的感知，进而得出设备运转是否异常的结论。监测感知是指货物是否一直处于被监管中的感知和判断。

四是出入口控制感知。主要包括进出车辆、进出人员、进出货物的感知。进出车辆感知主要是采集进出口车牌信息，判断相关车辆是否得到正常授权，否则给予警示提醒。进出人员感知主要是采集进出人员信息，如身份证、驾驶证等，进而识别非工作人员的异常进出。进出货物感知主要是采集进出货物的类型、数量，与库内信息进行实时比对，从而明确进出货物出自哪里、去往何处。

五是异常行为感知。异常行为感知是对于监管区域内出现的设备作业、人员进出等与规则设定不符的行为现象的感知。

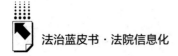

六是物品精准识别感知。指通过边缘网关设备和人工智能服务器的应用，对监管现场可能出现的人和物预先进行智能学习和分析，进而实现对监管区域内各种动态事件的综合判断，如感知判断货物搬运是否符合要求、是否放置于预设位置、重量是否准确等。通俗地说，这类似于人脸识别系统，可以形象地称之为物品识别系统。

通过上述物联网技术的综合应用，可以实时采集企业生产经营中的客观信息，运用终端协同及边缘计算，建模还原企业日常生产运营的真实状况，对生产经营企业原材料、产成品数量等进行动态监管。

4. 物联网技术在司法领域的应用可能性

物联网技术在中国司法领域中的应用最早可以追溯到监狱管理。早在2011 年，一篇《物联网在监狱管理中的应用》[1] 就对整个监狱管理体系产生了巨大冲击。一年后，孙培梁、张怀仁所撰写的《监狱物联网》一书由清华大学出版社、华中科技大学出版社出版。

如果说物联网在监狱管理模式中只是粗浅地涉及对人的行为的监控，那么，后来物联网技术应用在安防体系中，"将传统安防系统与物联网技术结合起来，可以很好地解决传统人防带来的弊端，实现区域入侵的检测报警、现场视频监控及录像取证"。这才有了司法执行功能的雏形[2]。

（二）物联网技术发展的无锡优势

2013 年 2 月 5 日，《国务院关于推进物联网有序健康发展的指导意见》（国发〔2013〕7 号）明确了中国物联网有序健康发展的总体思路："以市场为导向，以企业为主体，以突破关键技术为核心，以推动需求应用为抓手，以培育产业为重点，以保障安全为前提，营造发展环境，创新服务模式，强化标准规范，合理规划布局，加强资源共享，深化军民融合，打造具有国际竞争力的物联网产业体系。"同年 5 月 14 日，《无锡市贯彻落实〈国

---

① 姜华旺：《物联网在监狱管理中的应用》，《信息化建设》2011 年第 4 期。

② 叶亭、陆晓岳：《浅谈物联网技术在安防系统中的应用》，《中小企业管理与科技》2014 年第 5 期。

务院关于推进物联网有序健康发展的指导意见〉任务分工方案》从顶层设计、标准制定、技术研发、应用推广、产业支撑、商业模式、安全保障、政府扶持措施、法律法规保障、人才培养等十个方面进行了规定，从而拉开了无锡物联网发展的序幕，使无锡从物联网的"无人区"发展成为中国物联网科技的新高地，同时也在世界物联网版图上烙下了鲜明的"太湖印记"。可以说，物联网在无锡发展的这十年，是中国物联网先行先试的十年，也是中国物联网产业发展突飞猛进的十年。"世界物联网看中国，中国物联网看无锡。"

2020年6月23日，无锡市中级人民法院与无锡物联网产业研究院签署《物联网技术司法应用战略合作框架协议》，标志着无锡法院在推进现代信息技术与审判执行深度融合的进程中迈出了坚实的一步，开始了物联网技术司法应用的探索。

江苏省高级人民法院领导提出，加强物联网技术的司法运用，是无锡法院司法改革的一项重要举措，在全国法院系统具有开创性、探索性的意义，无锡法院要以此为契机，积极探索，大胆创新，充分利用物联网技术，为审判执行工作插上腾飞翅膀，为服务发展注入强劲动力。

（三）物联网技术司法应用的法律背景

2019年12月16日，《最高人民法院关于在执行工作中进一步强化善意文明执行理念的意见》明确，人民法院在强化善意文明执行理念过程中，要充分保障债权人合法权益，维护执行权威和司法公信力，把强制力聚焦到对规避执行、逃避执行、抗拒执行行为的依法打击和惩处上来。然而，执行工作中长期存在一些问题。

一是查封现场监管难。查封现场的纸质封条被当事人拿走或撕毁，人民法院很难取证，也无法进行处罚；被查封的动产，也经常会因为缺少监管而发生减少甚至被转移的情况，人民法院需要耗费很大精力进行调查取证，效果较差。

二是查找被执行人难。执行过程中，一般单个执行案件最多到被执行人

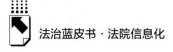

住所地现场执行二至三次，因此有些被执行人经常早出晚归，躲避法院的执行，进而引发申请执行人对执行人员和人民法院工作的不信任和不理解。

三是拍卖标的交付难。执行过程中，对于待拍标的物，经常存在案外人、被执行人故意安排一些老弱病残人员入住待拍标的，导致潜在竞买人存在疑问而影响拍卖或者影响拍卖标的物的实际交付。

四是不规则动产处置难。执行过程中，经常遇到厂房车间内存在大量已经报废的机器设备或者类似钢材等有国家交易指导价的不规则动产。由于处置过程中需要运用专用起吊设备和称重设备进行称重、估价和处置，重复工作多，费用支出大，往往处置后剩余价款不多，甚至发生无益处置的现象。故申请执行人处置积极性不高，甚至不愿意垫付评估费等相关费用或不要求法院进行处置。有时还会影响其他标的物的执行，如厂房的整体交付，阻碍执行进程，造成更大损失。

五是价值需求协调难。执行过程中，申请执行人要求对被执行人加强执行力度，用足各项执行措施，以便早日兑付其合法权益。而被执行企业可能一时资金短缺，需要通过及时生产经营来偿还债务。如果直接查封，有可能导致企业停产停业，进而引发群体诉讼，甚至成为导致企业破产的最后一根"稻草"。因此，加大执行力度和保护企业正常经营的善意文明执行理念一直存在冲突，相关界限和尺度很难把控。

二 "物联网＋执行"司法应用的实践探索

无锡市中级人民法院与无锡物联网产业研究院共同研究，探索"物联网技术"赋能"智慧执行"的新路径，目前在执行领域的司法应用主要有物联网电子封条、物联网称重系统和物联网查封财产监管系统。

（一）物联网电子封条，实现对被执行财产的"活"查封

物联网电子封条将物联网感知技术融合到传统封条中，克服了同类产品成本高、续航能力弱、适用范围有限等客观问题，具有以下特点。

1. 延续传统样式，震慑力强

司法机关使用的封条具有标准的尺寸，在社会公众的印象中，传统封条产生的司法震慑力根深蒂固。物联网电子封条基本沿用传统封条的样式，用硅胶材料替代了传统的纸张，并保持原有尺寸，上面印有"×××人民法院封"字样，同时在封条中嵌入包含摄像头、感知卡、语音播报设备、4G传输设备等集成的感知终端设备，使用方便，张贴更为牢固，延续了传统封条固有的威慑力。当有人靠近时，电子封条就会自动感知并发出警告声，进一步增强了电子语音设备带来的震慑力。电子封条持续震动或被强行拆除时，会自动拍摄6秒以上视频及3张现场照片，并上传至管理平台，有利于及时固定破坏查封标的或封条行为的证据，为追究相关人员责任提供证据支持。

2. 低功耗值守，操作性好

在无外来事件时，采用低功耗值守模式，每48小时报告一次"心跳"，即向管理平台自动回传一张查封现场的照片，确保电池续航能力至少在六个月以上。同时，在管理平台可以实时查看每个电子封条的实际使用天数及电池剩余电量比例。如果超过期限仍需继续使用的，可以至现场直接充电并继续使用，操作简单、方便。

3. 可复制性强，推广性高

物联网电子封条具有防水、防晒及自动曝光装置，可适用于传统封条使用的任何场景，包括在雨天、阳光照射下都能正常感知、取证并回传，具有很好的适用性和推广性。

（二）物联网称重系统，实现对特殊动产的"快"处置

物联网称重系统是将感知器安装在起重设备上，在起吊过程中，实时测量物品重量，相关结果即时回传至管理平台及执行人员手机终端，真正利用感知技术有效解决执行过程中对铜、铝、钢材等有国家交易指导价或成熟市场价的金属材料以及需要称重的大宗商品等动产的估价问题，具备以下几个特点。

1. 自动称重、即时记录

将感知器安装在起重设备上，在钢材、铜材等大型动产起吊过程中，无须布设前端系统，即可实时测量物品重量，并将结果即时回传至管理平台及执行人员手机终端，每次起吊称重结果可自动累积计算，极大地提高了大型动产称重的便利性，提高了称重效率。

2. 安全性强，适用范围广

称重过程中不因称重物的晃动或位置的偏离而影响称重效果，安全性强，如发生超载、欠载、低电压、低电量等情形，系统会自动提醒，避免有风险的操作。称重系统适用范围广泛，从 3 吨到 30 吨，可根据动产重量进行选择设置，且可以根据不同的起重设备配置不同的感知系统。

3. 减少环节，降低成本

利用物联网称重系统，形成"称重—结果回传—价值确定—直接驳载到运输车"的处理流程，一次性处置完毕，省去"委托评估机构—评估机构聘请起吊公司—出具评估报告"环节，大大减少处置费用和成本，有效提高相关财产的处置效率。

（三）物联网查封财产监管系统，实现对被执行财产的"智"监管

根据 2004 年颁布的最高人民法院《关于人民法院民事执行中拍卖、变卖财产的规定》（以下简称《拍卖变卖规定》）第 2 条、2012 年修订的《民事诉讼法》第 247 条的规定，执行程序中对执行财产处分要坚持拍卖优先原则。《拍卖变卖规定》第 2 条确立了拍卖优先原则，目的在于最大限度地实现财产价值，平衡申请执行人、被执行人以及其他债权人等各方当事人的权益。

根据最高人民法院"审慎善意、文明执行"的理念，依托物联网技术，将对"特定财物"的监管发展为对"特定价值"的监管，最大限度保证被执行人企业财产价值不减少，又能让企业正常生产经营，实现对企业财产"边查封边经营"的司法需求，降低因强制执行对企业经营造成的重大影响。

1.全程动态感知监管

系统通过前端物联网设备的轮廓体积感知、重量位置感知、状态感知、异常行为感知，尤其是通过物品精准识别感知技术，动态监管被执行企业所有的原材料、成品、生产设备等有价值的财产，并将相关情况实时回传至后方监管平台，实现对被执行企业财产的全流程、全时段、全方位感知和预警。

2.全方位动态评估监管

系统实时采集被执行企业生产经营中的用电、用气、原料投入、成品产出等信息，通过终端协同和边缘计算，建模还原企业日常生产运营的真实状况，帮助法院和申请执行人判断企业经营是否正常以及生产经营能力，确保"生产可延续、货值可稳控"，既"控得住财产，又稳得住企业"。

三 "物联网＋执行"司法应用成效

（一）物联网电子封条的应用效果

物联网电子封条自 2020 年 9 月 29 日首次使用，目前无锡两级法院使用 35 条，因案件执行完毕或查封标的物依法成交的 19 件，案件执结率达 54%，执结标的 8500 余万元；成功查找到被执行人 21 人。物联网电子封条已经在江苏省全省法院推广使用，具体成效如下。

1.独特震慑力

除了传统封条的司法威慑外，电子封条还有语音播报、实时取证并回传等功能，使当事人及案外人知晓人民法院通过电子封条可以对相关违法行为及时固定证据，并进行处罚，使电子封条产生了独特的震慑力，真正使封条产生了"查封"和"监管"的效果。宜兴法院在执行王某货款纠纷的两个案件中，被执行人王某的妻子听到电子封条不时传出的语音播报，想尽办法找到王某，到法院自觉履行了 30 余万元货款，使两件"被执行人下落不明"案件顺利执结。

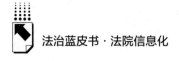

2. 找人有奇效

物联网电子封条具备全时段、全方位感知功能，有外来事件时，会自动拍摄照片和视频，产生一个预警事件上传至管理平台和执行人员、申请执行人手机微信小程序客户端，可以实时查看回传的信息，从而判断被执行人是否居住在被查封场所及其活动规律，有利于解决因被执行人故意规避而"找不到人"的难题。此外，对一些长期找不到被执行人的案件，执行人员可以通过手机端实时关注被执行人是否回到住所地，查找被执行人的效率大大提高。

无锡中院在执行冯某某没收财产案中，被查封的冯某某名下房屋被其亲属对外出租，执行人员始终未获知实际居住人信息，后改用电子封条拍摄到实际居住人画面，实际居住人马上主动联系法院腾房。由于找人效果好，执行人员将物联网电子封条称为"执行通讯兵"。

3. 息访见效果

申请执行人可以通过微信小程序实时观察电子封条查封现场的情况，既可以提醒执行人员及时出警赶赴现场处置，又消除了当事人因信息不对称而对法院工作产生的不理解，进而使一些长期上访户、信访户消除误解，成功息访，同时也使执行公开的内涵更加丰富、务实。

4. 快速促成交

拍卖标的清场后，通过电子封条的使用，可有效防止他人进入，有效保障执行人员及申请执行人对于标的现场的实时监管。在拍卖过程中，使意向竞买人也买得更放心，有效促进拍卖标的快速、高效成交。

5. 及时固证据

对于当事人或案外人破坏人民法院查封标的或撕毁封条的行为，及时固定证据，为追究相关人员的法律责任提供有力证据。

2020年12月30日，江阴法院首次使用第二类物联网电子封条（鱼眼式物联网电子封条），主要采用广域摄像头进行电子围栏式查封。同时结合进出口感知卡的感知，实现了对大型仓储场地中数量较多的机器设备、原材料等动产的动态查封，拓展了新的执行方式，使物联网电子封条既克服了数量较多动产查封难的问题，保证了查封的效力和司法威严，又真正实现对被执行人财产进行"活封"的效果。江阴法院首先使用鱼眼式物联网电子封条的案例被评为"江苏省执行案件善意文明执行十大典型案例"。

（二）物联网称重系统的应用效果

2020 年 11 月 6 日，无锡市梁溪法院在执行过程中首次使用物联网称重系统。据执行法官反馈，从安装到使用不到 5 分钟，设备起吊后 1 秒钟，被称设备的重量就显示在电脑终端和执行法官的手机微信小程序中，每次称重 5 分钟左右就可以称重完毕。不到 2 个小时就将 70 余吨废弃设施全部称重完毕。在物品的搬运过程中就可以直接显示称重结果，从而实现物品价值的确定，即一次起吊过程就完成了标的物的称重，一次称重过程就完成了标的物的搬运和处置，一次称重数据反馈就完成了处置标的物价值的确定，大大减少了标的物处置的环节，大大降低了处置费用，有效提高了财产处置效率，保障了申请执行人的合法权益，同时更为营造优良的法治化营商环境提供了强有力的技术支持和法律保障。

（三）物联网查封财产监管系统的应用效果

无锡中院在执行无锡市某公司担保纠纷一案中，因企业整体拍卖一拍未成交，遂采取"物联网查封财产监管系统"对被执行企业进行全面监管，既让企业正常运营，增强企业偿还债务能力，又确保企业财产价值不减少。在第二次网络司法拍卖企业整体资产的过程中，有 5281 人次围观，6 个竞拍者，出价 63 次，从起拍价 1.2 亿余元竞拍到 1.6 亿余元，溢价 4000 万元，远超采用物联网技术监管前第一次拍卖的流拍价，得到了地方政府、当事人的高度赞誉。通过物联网查封财产监管系统的应用，坚持"适度、合理、必要"的善意执行理念，在充分保障申请执行人权益的同时，尽量减少对被执行企业生产经营活动的影响，取得了社会效果、法律效果双赢的良好局面。这也是无锡法院充分运用信息化技术赋能执行，有效服务保障"六稳""六保"的典型案例，为同类案件提供了可复制、可

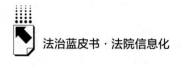

借鉴的"善意文明执行"工作做法。该案被评为"江苏法院 2020 年度十大典型案例"。

四 应用中存在的问题

（一）费用负担不清晰

对于电子封条的费用承担，可以通过各法院自行采购予以解决；称重系统相关费用的承担，由于费用不高，通过当事人协商等都可能解决；但对于相关费用比较高的查封财产监管系统，目前没有明确的法律依据确定承担主体，对于是否可以参照执行过程中产生的费用，由被执行人承担，无法确定。因此，目前建议由申请使用该系统的一方自行承担。

（二）监管责任不明确

目前试用阶段，相关后台预警信息的监管由无锡物联网研究院派人负责。发现非正常警报信息后立即与执行人员联系，由执行人员确认后及时进行处置。但一旦大量应用后，因监管不力导致执行标的物的灭失等法律责任是否由监管部门负责，需要进一步明确。

（三）应用范围有局限

如果被执行人在外地，物联网应用设备回收必须由执行人员去现场自行回收，由此将会增加人力、财力负担。

五 下阶段的应用设想

第一，尝试引入保险公司，对物联网司法应用提供全面保险。例如，提供物联网电子封条财产险，或者物联网查封财产、监管系统监管财产的一切财产险，以防相关设备灭失或监管的财产因意外原因而灭失所造成的损失。

第二，尝试将物联网司法应用与相关系统进行全面对接。与最高人民法院的"执行案件管理系统"、江苏省开发的"执行案件财产精细化管理平台"对接起来，争取实现查封财产的全程动态监管、全市区域财产实时监管。

第三，尝试查封财产法拍贷业务。根据《最高人民法院关于适用〈中华人民共和国民事诉讼法〉的解释》第491条的相关规定，法院可以经拍卖变卖程序后，将被执行人的财产作价交申请执行人抵偿债务，但是未经拍卖变卖程序，直接抵偿债务，要经申请人和被执行人同意，且不损害其他债权人合法权益和社会公共利益。2018年3月1日施行的最高人民法院《关于执行和解若干问题的规定》（以下简称《执行和解规定》）第6条进一步规定："当事人达成以物抵债和解协议的，人民法院不得依据该协议作出以物抵债裁定。"法院在执行过程中，对当事人自行达成的和解协议，既需尊重当事人对民事权利的处分，又要平等保护各方当事人的合法权益，在有其他债权人对争议财产主张权利的情况下，要严格审慎审查和解协议是否损害国家、集体或第三人的利益，以防止当事人恶意串通损害第三人利益或者通过执行裁定来规避其他债务执行等情形发生。对于运用物联网技术进行动态监管的查封财产，探索一套切实可行且高效的财产处置机制，同时与金融机构联系，推出动态监管财产优先提供贷款业务，提高财产的处置效率。

第四，尝试对危险品、流质动产等特殊动产的专有查封监管方案，有效解决特殊动产查封监管难的问题。

第五，尝试推动执转破工作。最高人民法院印发的《关于执行案件移送破产审查若干问题的指导意见》指出，要确保对被执行人财产的查封、扣押、冻结措施的连续性。运用物联网技术监管数据信息，可以在案件转入破产法院后直接对接数据资料，加快资料转交效率。

第六，尝试与最高人民法院"执行案件管理系统"及其他信息化产品相关联。物联网在执行领域的三个司法应用目前均部署在互联网，数据储存在私有云，运行过程中产生的照片、音视频记录通过无锡法院的音视频管理系统与相关执行案件进行关联。通过执行案件管理系统可以查看相关记录。但目前尚未将物联网司法应用的后台管理平台与执行案件管理系统进行对接。2021 年将相关应用与最高人民法院开发的执行案件管理系统进行对接，使执行人员可以通过内部局域网直接查看预警信息并进行现场查看。

B.14
广州互联网法院要素式智能审理模式的
应用探索

张春和　邓丹云　李晓虹*

摘　要： 围绕基本要素进行庭审并当庭制作裁判文书是一种极简的审理智慧。本文从追根溯源、实证考察、范式分析、效用评价及应用前景五个方面论证要素式智能审理模式的可行性和必要性。以广州互联网法院网络著作权纠纷全要素审判 ZHI 系统为例，全流程要素式智能模式在案多人少特别是网络著作权纠纷案件井喷的背景下，能够有效解决当前知识产权司法痛点，有效提升互联网知识产权司法保护质效，为数字文化市场健康发展护航。

关键词： 要素式审判　知识图谱　智慧司法　人工智能　著作权纠纷

广州互联网法院坚持以习近平新时代中国特色社会主义思想为指导，紧紧围绕互联网知识产权保护的司法需求，准确把握互联网知识产权司法保护服务大局的出发点和目标定位，以网络著作权全要素审判 ZHI 系统（以下简称"ZHI 系统"）为抓手，以诉讼全流程要素式智能审理为主线，充分发挥审判职能作用，不断提升数字文化产业互联网司法治理水平，努力为国家知识产权战略和创新驱动发展战略提供有力的司法服务和保障。

---

* 张春和，广州互联网法院原党组书记，院长；邓丹云，广州互联网法院综合审判二庭庭长；李晓虹，广州互联网法院法官助理。

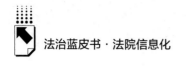

一 追根溯源：要素式智能审理的提出

（一）要素式审判的产生背景

要素式审判是指围绕案件的基本要素进行庭审并制作裁判文书的一种审理方法，包括审判方法与裁判文书制作方法两个方面①。2003 年施行的《最高人民法院关于适用简易程序审理民事案件的若干规定》提出，适用简易程序审理的民事案件在制作裁判文书时可对认定事实或者判决理由部分进行简化，突破了传统裁判文书的固定要件模式，为审判模式的灵活革新提供了空间。2013 年广东省高级人民法院出台《关于推行民事裁判文书改革 促进办案标准化和庭审规范化的实施意见》，广州市中级人民法院也相应出台《关于推行要素式民事裁判文书的实施意见》，逐渐形成了要素式审判的广东实践。2020 年最高人民法院发布的《民事诉讼程序繁简分流改革试点实施办法》针对简易程序审理的案件，再次强调适用要素式裁判，进一步明确了要素式审判的作用。就具体审判实践而言，通过概括固定案情要素，提炼争议要素，优化配置法官案件审理工作。简化无争议事实的审查流程，提升对案件争议焦点的审查力度，实现案件高效审理。

（二）要素式审判的域外司法实践

域外司法中并没有要素式审判这一专属概念，但各国在简单案件中同样存在对起诉、开庭、事实认定、裁判说理等进行要素式简化的司法实践经验。例如，美国的民事裁判中约 95% 为独立存在的司法命令，不制作意见书，还有些更简单的"背书命令"，也就是把命令直接写在含有那些请求的纸的背面，如"兹命令，准许所请"②。在仅涉金钱交付案件中，判决书会简化事实

---

① 李鑫、王世坤：《要素式审判的理论分析与智能化系统研发》，《武汉科技大学学报》（社会科学版）2020 年第 3 期。

② 傅郁林：《民事裁判文书的功能与风格》，《中国社会科学》2000 年第 4 期。

说明和判决理由，以表格方式列明索赔金额、诉讼费用等案件要素信息。德国的司法实践中要求当事人以书面形式起诉，接受表格式起诉状，并在当事人不上诉的前提下允许将过程记录向裁判结论转化。法国鼓励裁判文书简单精练，只有在必要时才会引述案件事实，省却对案件无关事实的论述。由此可见，虽然在域外并没有要素式审判这一概念，但域外采取的提炼案件关键信息、裁判文书要素式简化、诉讼过程信息向裁判结果直接转化等简化诉讼程序、提升审判效率等方式，目的与方法均与要素式审判趋同。

（三）智能技术与要素式审判的契合

2017 年最高人民法院印发的《最高人民法院关于加快建设智慧法院的意见》明确要求，"运用大数据和人工智能技术，按需提供精准智能服务，支持办案人员最大限度减轻非审判性事务负担"。同年，国务院印发的《新一代人工智能发展规划》要求，建设智慧法庭数据平台，促进人工智能应用，实现法院审判体系和审判能力智能化。2021 年，最高人民法院提出，要推动现代科技与法院工作不断融合，全面加强智慧法院建设，积极推进审判体系和审判能力现代化[①]。可见智能技术的司法应用是当前智慧审判发展的重要课题，人工智能的不断发展将成为智慧法院建设的重要动能。要素式审判是对案件纠纷进行结构化重构，案件要素具有固定性、可解释性等特点，与算法元数据特性具有一定重合度，这为智能技术应用于要素式审判提供了一个切入口，可见要素式审判与智能技术存在可契合的天然优势，也存在广阔的探索空间。

二 实证考察：要素式智能审理适用难题

当前要素式智能审理模式在全国各地法院逐步铺开，产生了不少成功的范例，但总体而言适用率仍然偏低。一方面，要素式审判应用率不高。通过

---

① 最高人民法院院长在第十六次上海合作组织成员国最高法院院长会议上的专题发言。

裁判文书公开网对适用小额诉讼程序、简易程序审理的基层法院判决书进行抽样，其中要素式文书占比2.33%，适用要素式审理模式占比3.67%①。裁判文书公开网全网检索到基层法院签发的要素式文书仅1127份②。另一方面，要素式审理智能化仍未能完全满足当前司法需求。具体原因如下。

（一）当事人对智慧司法接受度有待提升

虽然智慧法院建设进一步提升了司法便民水平，但仍存在社会接受度、认可度不高的问题。一是技术上"弱人工智能"现状未能满足当前人民群众的司法需求。以要素式审判为例，当事人在起诉应诉时需要填写大量的案件要素信息，无疑增加了当事人负担。二是技术司法所产生的伦理问题影响人们对智慧司法的信任。在传统的认知中，裁判是对是非对错的价值判断，是法官的职能。随着算法、大数据等技术不断普及，人们愈发担忧算法歧视、算法黑箱的负面效应会损害自身合法权益，从而产生对智慧司法的不信任。

（二）减轻法官负担的效果未达预期

要素式智能审判也未能获得法官青睐。一方面，要素式裁判文书的概念已经提出多年，但要素式审判具体范式始终未能统一，在实践中往往出现当事人提供的要素质量参差不齐、表达不足等问题，导致要素式审理机制效能未能充分发挥。另一方面，人工智能技术并未在审判决策的重要环节发挥实质性作用，虽然智能审理辅助工作整体建设已步入常态化、规模化，但未覆盖司法关键环节，如案例检索、庭审记录、文书起草等工作仍然需要法官（或审判辅助人员）直接操作，未能有效减轻司法人员工作负担。

---

① 2021年9月20日通过裁判文书公开网检索"小额诉讼程序""简易程序""审理法院：基层法院"，得到的裁判文书中随机抽样文书300份，其中检索得到要素式文书7份，文书中明确案件适用要素式审理模式的11份。

② 2021年9月20日通过裁判文书公开网以关键词"要素式""审理法院：基层法院""判决书"进行全网检索。

（三）要素式审判智能化建设不足

2020 年全国法院全部开通网上立案功能，疫情期间在线立案 738.2 万件，在线开庭 89 万次①。智慧法院建设初见成效，但就要素式审判而言，应用场景仍主要为线下，要素式审判中智能技术的应用精度与覆盖度仍远远不足。在线下诉讼场景中，大量案件要素均停留于卷宗纸面。此外，全国各地法院审判平台数据大多未实现互联互通，数据价值未能充分发掘。要查阅案件大多依靠调取纸质卷宗，案件要素信息在诉讼各环节不能有效传递。

三 范式分析：网络著作权案件中要素式审判技术应用图景

广州互联网法院研发网络著作权纠纷全要素审判 ZHI 系统，以应对爆发式增长的网络著作权纠纷案件。网络著作权纠纷案件数量大、纠纷同质化、标的额小，案件要素固定，符合要素式审判的基本特征。ZHI 系统以该类案件为切入点探索要素式审判智能化建设发展路径，描绘应用图景。

（一）ZHI 系统建设理念

1. 坚持以人民群众根本利益为基本立场

人民法院始终将"努力让人民群众在每一个司法案件中感受到公平正义"作为司法治理的重要目标与使命。技术在司法治理中的应用，应该遵循增进社会共同福祉、保障人民根本利益诉求、推动公平正义实现这一根本宗旨。但这个过程中也容易陷入"唯技术主义"误区，即在智慧司法发展中只看重技术是否前沿，而非技术是否能够满足当前的司法需求，回应人民的呼声。司法治理的重心在于公正司法而非"效率司法"，坚持以人民群众

---

① 《起草组解读：一起来看最高法工作报告中的案例和故事》，最高人民法院微信公众号，https：//mp. weixin. qq. com/s/6dXfUBnbrvb4elgn3G4Yew，2021 年 3 月 9 日发布。

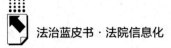

的根本利益为发展导向，将公平正义与群众利益置于第一位，并以此指导技术治理的发展方向，弥合技术与司法的目标偏差，引导技术向善，更好地服务于司法审判。

2. 推动前沿科技与司法审判高度融合

互联网时代人民法院的建设方向必然要与技术发展相融相促，依托科技拓展司法辐射范围，实现以技术推动公平正义惠及广大群众。ZHI 系统的研发重点，一方面在于有效地将司法与科技高度融合，提高审判辅助工作的信息化、智能化、科技化水平，使新时代的司法工作能够更便民、更高效；另一方面，面对日新月异的技术发展，对于网络著作权纠纷中不断出现的算法盗链盗用、软件自动"洗稿"等技术新问题，要充分发挥智能化技术手段效能，以创新护航创新。

3. 明确技术在智慧司法中的有限应用

智能技术并非解决当前司法难题的"万能法宝"。一是当前技术"弱人工智能"的发展程度使其与完全符合司法实践需求有一定差距。二是基于技术中立与理性，智能技术可以根据司法数据对案件的裁判进行技术分析，但不能进行伦理与道德判断，即不能替代法官对案件进行价值评价。因此，在 ZHI 系统的发展规划上，更注重如何立足当前的技术水平提升审判辅助工作质量，满足当前司法需求，而非追求对司法审判工作的全面覆盖和替代。

（二）ZHI 系统功能建设框架

1. 建立集成式数据中台

广州互联网法院建成线上智慧审理平台，形成集成式数据中台，实现案件全流程线上审理，诉讼行为全流程线上进行，案件数据在立案、送达、证据交换、庭审、调解、判决等各环节流转，促进诉讼各环节数据标准统一，降低数据在不同环节反复输入及增设平台对接渠道的成本（见图1）。此外，数据中台为数据分析提供载体平台和底层数据基础，避免跨平台运算失误等问题。

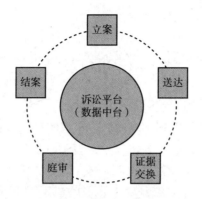

图1 互联网法院的数据集成模式

2.构建互联网著作权审判知识图谱

ZHI系统以"主观要素客观化、客观要素智能化"为建设理念,利用知识图谱结构使案件脉络具象可见,通过对案件事实层级解构及结构化重构,结合技术算法使要素间相互应答,实现案件要素动态交互,赋予案件要素数据动能。系统底层依托网络著作权审判知识图谱,以网络著作权纠纷案件审理思路四大核心要素,即权利作品、权利主体、侵权行为、责任承担为中轴主线,结合近万份既判案件裁判文书归纳出近1500个案件要素条目,尽可能覆盖网络著作权侵权常见类型,为案件要素式审判智能化提供底层数据及运行逻辑(见图2)。

3.引入数据治理理念激活要素价值

案件要素既是个案组成单位,也是平台中的数据子集,广州互联网法院探索通过数据治理实现要素治理,挖掘要素更深层次价值,提升司法治理效能。在ZHI系统建设中主要以数据生命周期管理(Data Lifecycle Management,DLM)为基本逻辑,在案件数据一轮周期流转后不进入休眠期,而是进入下一轮生命周期,生成新数据,发挥新价值①。通过为案件要素建立数据循环路径,使ZHI系统成为一个能够不断自我成长的数据库(见图3)。

---

① 参见苏今《大数据时代信息集合上的财产性权利之赋权基础——以数据和信息在大数据生命周期中的"关系化"为出发点》,《清华知识产权评论》2017年第1期。

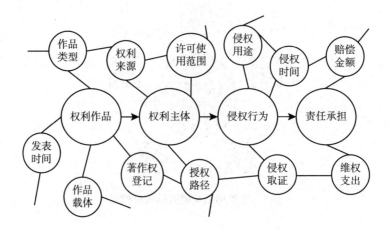

图 2　ZHI 系统网络著作权审判知识图谱模型

图 3　ZHI 系统案件要素数据流转路径

（三）ZHI 系统要素式审判智能化实现路径

1. 诉前：智能技术赋能诉源治理

针对互联网知识产权纠纷增长快、分布散、平台化等特点，充分运用互联网思维，依托互联网司法实践基础，将"枫桥经验"应用于网络著作权纠纷诉源治理。基于纠纷大多涉及各大内容平台，创新"枫桥 E 站"解纷方式，将在线解纷站点延伸布设至各大互联网平台，打造网络平台、网络用户与法院诉调对接"直通车"，为互联网平台用户提供和解、调解、司法确认、一键起诉等多元化司法服务。诉前配置专业纠纷调解员，能够根据纠纷特征指引双方当事人进行协商，并对调解过程全程要素化记录，一旦调解不成，系统自动形成调解报告向诉讼环节推送，便于法官全面把握纠纷事实。

2. 立案: 案件要素的录入与鉴真

法律事实为法律要件所涵摄。案件要素的精准录入是要素式审判智能化建设的关键环节。案件要素录入主要集中于立案阶段,要实现智能化录入存在两个问题。一是自然语言与技术语言存在壁垒,简言之,即目前最高阶的人工智能都无法摸清人类变幻莫测的想法。当事人非结构化的表达无法被算法所识别,容易使诉讼路径发生异化甚至陷入空转。二是当事人诉讼能力参差不齐,且基于不同立场,对同一事实的表述难以中立客观,造成真假难辨。为此,ZHI 系统作出相应探索。

(1) 要素录入规范化

案件数据可区分为结构化数据、半结构化数据及非结构化数据。基于结构化数据及半结构化数据的字段固定或相对固定,案件要素转化为结构化或半结构化数据时更容易被赋值及被识别。网络著作权纠纷同质性较强,案件要素相对固定,ZHI 系统在此基础上尽可能全面地归纳提炼案件要素,拓展结构化数据的案件要素占比,进一步规范当事人表达。通过以选择为主、填写为辅的要素表填写范式,减少要素无效、空白填写。系统还提供历史信息自动回填,在提升当事人诉讼服务体验的同时强化案件要素精准表达。此外,ZHI 系统利用底层知识图谱实现要素间相互应答关联,生成个案"定制化"要素表,使案件信息一目了然。

(2) 要素流转真实性保障

案件要素全流程线上流转重点在于保障数据传输的畅通性、便捷性、真实性及安全性。ZHI 系统对接广州互联网法院"网通法链"可信电子证据平台,依托司法区块链保障证据上链后不受篡改,维护数据安全(见图4)。在建设目标上,一方面,利用司法区块链降低当事人诉讼成本,使当事人可突破时间、地域限制随时链上存证,在作品完成时或侵权行为发生时随时存证上链,在纠纷发生时通过平台一键调证;另一方面,积极与数字文化产业相关机构进行数据对接,使经过认证的数据通过区块链可信证据传递路径向法庭传送,保障案件要素信息真实或便于线上鉴真。

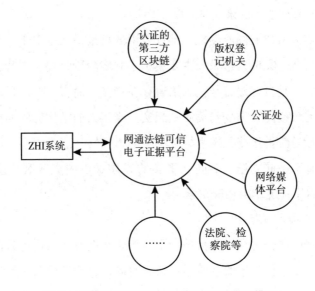

图 4　ZHI 系统与"网通法链"数据联通模型

3.审理：要素应用过程中的技术赋能

（1）要素表自动生成：强化司法释明

强化法官释明义务为集中审理的重要支柱之一，在民事诉讼中释明权旨在通过法官释明达到民事诉讼顺利进行之目的。法官的释明权贯穿诉讼的整个过程，但在案多人少的客观形势下，法官在个案中释明所分配的精力及资源则相对减少，当事人的诉讼行为容易偏离庭审焦点，使法官不得不就一个问题多次询问。ZHI 系统通过对案件进行要素式重构，将法官审理思路即裁判心证逻辑前置公开，使当事人能够具象地了解案件事实及诉讼流程。引导当事人在庭前主动明确其权属、被侵权事实等争点，省却双方在庭审中就同一事实的反复辩论，也避免突击性诉讼行为，促使当事人诉讼准备更侧重于案件实体而非诉讼策略部署，推进案件高效审结。

（2）要素动态交互：庭审争点聚焦

线下庭审场景中要素的静态展示使案件要素处理工作集中于人事处理，依赖于法官对案件要素的全面审查与总结争点，要素式审判的"快审"功能未能全面发挥，因此 ZHI 系统探索要素动态交互推动"快审"实现。

纠纷形成于控辩双方的意见差异，争点则为双方主张交锋最为激烈之处。ZHI 系统实现全案信息要素化，即原告可以进行要素化起诉与举证的同时，被告也可以进行要素化答辩，并与原告要素式主张构建联系，搭建双方意见交互桥梁，使双方意见相互回应，而非单方面的自说自话。此外，ZHI 系统引导双方当事人对对方证据进行庭前线上质证、答辩，从而自动识别争点。法官在庭审中只需要围绕争议要素进行审查，实现庭审聚焦。

（3）作品智能比对：为审判提供科学性参考

根据当前司法实践，网络著作权纠纷案件诉争作品类型主要为文字作品和图片作品，ZHI 系统为此设置相应作品比对功能，将主张权利作品与被诉侵权作品作为两个要素予以特定赋值，自动提取作品数据进行比对。对于文字作品，基于当事人所提交的多为作品发表截图及侵权网页截图，因此以 OCR（Optical Character Recognition）[1] 识别方式先行将图像向文字转化再进行文字雷同比对，标识文章相同部分并计算重复比例。对于图片作品，则以 ORB（Oriented FAST and Rotated BRIEF）[2] 对图像上的有效特征进行识别，对图像颜色、线条、架构等图像元素进行比对的同时提供作品虚实重叠比对。此外，系统能够读取并分析图源数据，综合评价图像侵权系数。对于上述两种作品的侵权比对，系统均能自动生成作品比对报告，为侵权行为认定提供科学参考。

4. 裁判：案件要素的有效分析与提取

（1）司法决策辅助

类案检索对于推进裁判尺度统一具有重要意义。但目前技术智能推送存在推送不精确、推送内容失焦等问题，ZHI 系统以"T"字形模型搭建检索系统框架，在横向上自动关联本院既判案件，对于具有相同要素的案件自动标识为类案进行推送，为法官提供更全面的案件信息。例如，当同一公证书

---

① OCR（Optical Character Recognition，光学字符识别），用字符识别方法将形状翻译成计算机文字的技术。

② ORB（Oriented FAST and Rotated BRIEF）是一种快速特征点提取和描述的算法。

被多次使用于大批量案件时，ZHI系统可对该公证书进行关联案件检索，使法官知悉同一公证书被应用于多少案件中，有效识别批量维权行为，准确认定维权费用。纵向上，ZHI系统对接裁判文书公开信息及数据库，通过案件特定要素进行检索，并根据类案推送指导意见形成相应层级化推送，保证案例推送的精确性与全面性。

（2）裁判文书智能生成

裁判文书智能生成在各地法院均有实践探索。当前大部分的裁判文书生成功能主要以信息自动提取、自动回填技术为基础，但由于当前技术只能实现案件基本信息回填，且无法替代对裁判文书中字句的精心构思、雕琢，故裁判文书智能生成在司法实践中应用率低于预期。

ZHI系统对此作出相应调整，裁判文书智能生成功能限于要素式裁判文书。这是因为，相对于普通裁判文书中大量非结构化表达，要素式裁判文书的"填空式"结构与要素提取回填更能适配。且基于案件经拆解重构，案件实体已成为要素的集合，要素提取也更为精准。系统所提取的要素经立案、庭审等多环节核验，若某一要素在不同环节出现冲突数值，系统也会作出提示，以实现自动纠错，提升裁判文书生成准确度。

另外，ZHI系统根据不同类型作品、不同侵权路径等情形植入多个裁判文书模板，且根据案件承办法官的习惯提供个人裁判文书模板储存空间，为个案裁判提供裁判文书"个性化定制"。

（四）运用要素分析开展司法画像

案件反映当前社会个体间的碰撞，能够反映社会特定现象与行业发展态势。因此，对案件数据的统计分析无论对于法院内部案件管理还是实现行业治理均十分重要。ZHI系统配备数据分析功能，构建三类分析模式，激发静态数据内在效能。一是单要素深度分析，对于在一定时期内频繁出现的特定要素，对案件进行筛选、分析，追溯行业纠纷症结。二是复合要素多维分析，为数字文化产业特定领域提供精准描画。三是多平台数据联动分析。通过与网信管理部门、版权登记机关、互联网企业等实现数据联通，为司法审判提供数字文化产业全局性视角，为行业治理提供风向标。

（五）执行：权利人权益快速救济

在网络著作权纠纷全流程要素化审判基础上，以"全样本、动态型"分析理念对案件要素中的执行数据加以整合归类。依托广州互联网法院"E链云镜"智能执行分析系统，通过云计算等现代化信息技术，对"碎片化"数据进行关联性、类型化分析，搭建"静态数据＋动态行为"分析模型。将海量数据汇集成图像，以可视化方式展示被执行人网络活动轨迹，一键生成被执行人"个人履行能力报告"，清晰呈现被执行人债务履行能力的整体评估情况，尤其是针对知识产权纠纷中版权、域名等无形财产，精准匹配个性化执行措施，现已累计对 5603 名被执行人精准画像，实现高效、智能识别。此外，与多家互联网企业建立司法协助执行机制，对被执行人整体经济活动情况进行持续智能动态跟踪，运用回归分析方法在审判执行数据间建立关联预测关系，实时分析消费动态行为，深挖被执行人财产线索，促进财产查控提质增效，最大程度兑现胜诉当事人合法权益。

四　效用评价：ZHI 系统要素式审判
实现三阶功能价值

ZHI 系统以网络著作权纠纷案件为切入点，逐步探索技术与司法深度融合，对提高个案审判质效、提升互联网知识产权司法保护现代化水平产生积极效能。

（一）一阶功能（个案微观）：推动案件高效审理

随着数字文化经济的迅猛发展，网络著作权纠纷案件数量不断攀升，仅通过人员不断投入是行不通的，应该创新思维，向技术要生产力。ZHI 系统正是在司法审判中探索技术赋能的体现。2021 年广州互联网法院受理的网络著作权纠纷案件中 ZHI 系统应用率达 100%。虽然当事人在平台上立案的耗时有所延长，但是案件庭审时长却相应减少，简单案件平均审理期限同比下降 15.3%。当事人基于诉讼成本降低，权利获得快速救济，对 ZHI 系统认同度不断提升。这些数据均反映了 ZHI 系统推动繁简分流、提升审判质效的目的正在逐步实现。

（二）二阶功能（审判中观）：打造智审先进范式

ZHI 系统在总结网络著作权纠纷案件特点的基础上，打造人机协同的审判系统，为智慧审判提供可供参考的探索样式。一方面，实现智慧审判的深层精细化应用。在司法审判信息化建设中，受"弱人工智能"的局限，在短期内要实现"机器人法官"这一目标并不现实，但不能一叶障目全盘否认当前技术对司法的能动作用。ZHI 系统将区块链、大数据及人工智能等互联网前沿技术与司法审判相融合，依托审判知识图谱，以"庖丁解牛"式解构案件组成要素，释放要素价值。另一方面，以主动姿态应对网络时代不断出现的新课题、新问题。网络著作权案件审判中往往会遇到大量新型应用需求，如云端公证、可信时间戳等，ZHI 系统能够简化线上线下相互转化的程序，降低成本，实现"以技治技"。

（三）三阶功能（社会宏观）：实现版权有序流通

基于互联网技术周期短、更新速度快等特征，侵权行为对权利人造成的影响范围、损害后果也会相应扩大。网络著作权纠纷频发，打击作者创作热情，若侵权行为得不到追诉，侵权损失未获得及时救济，甚至会形成数字市场"良币"被驱逐的恶性循环，抑制原创作品生存、传播空间。ZHI 系统正是通过网络著作权纠纷要素式审判智能化、数据化、信息化建设，积极突破知识产权司法保护中"举证难、周期长、赔偿低、成本高"的痛点。通过技术赋能提升案件审理质效，实现权利人权利快速救济，推动数字文化市场版权有序流通。

五 展望未来：要素式审判智能化发展探索

ZHI 系统使当前智慧司法对要素式审判智能化发展有更具体的想象，随着技术的发展，更应以前瞻性目光探寻其发展道路。

（一）智能诉讼服务更为便民

智慧司法的重心始终在人民群众，这也是司法公信力的来源。司法审判在步入技术革命的重要关头，更要注重提升人民群众对案件审判的满意度、获得感。ZHI 系统始终坚持人民群众根本利益的基本立场。一方面，提高人们对智慧司法的诉讼服务满意度，着眼于立案难、审理周期长、诉讼成本高等当前知识产权司法保护薄弱环节，不断探索以前沿技术提升司法效率，使司法诉讼服务更加便民；另一方面，既善用技术也引导技术向善，面对纷繁复杂的新型纠纷，引入前沿技术对案件事实进行全面查明，发掘与透视纠纷背后的技术机理，促进公平正义的实现。

（二）案件要素应用更为智能

虽然"弱人工智能"在一定时期内客观存在，但也需要反问，对于当前的技术效用是否已经充分利用。ZHI 系统融合了大数据、区块链、人工智能等多项前沿网络化技术，但应用仍停留于浅层。在下一步的建设中，人工智能应用应更精细、更深层、更准确。具体来说，一是要让要素流转路径更为准确，主要体现在裁判文书的自动生成更为精准，切实减轻审判法官的工作负担。二是要素数据自动归纳、整理，实现一键归档。尽快完成数据统一标准与范式，使案件要素在诉讼过程中不断自动归纳成案件档案，使案件信息自动备份、定期更新。三是随着《民法典》《著作权法》等法律法规的出台与更新，系统底层知识图谱的框架也需要作出与时俱进的调整，以符合新法律框架的要素应用规范。为此，无论是对案件的要素解构还是对相关法律的分析解读，都需不断推进。

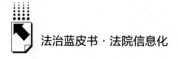

（三）平台数据联动更为流畅

在大数据时代，数据高效利用的需求越发迫切。在智慧法院建设进程中，数据的有效收集与利用成为重要环节。就数字文化市场而言，网信管理部门、工信部门、版权登记部门、各大互联网内容平台均建立了较为成熟完善的数据承载平台，但平台间仍存在数据壁垒。ZHI 系统将重点加强平台数据联通，一是突破诉讼各环节平台壁垒，针对目前案件要素无法流转至执行平台、上级法院诉讼平台等问题，尽快以统一数据标准加快案件数据在诉讼全流程中流转；二是加强与相关单位部门的"圈层联动"，拓展数据流转领域，使更多的数据应用于司法审判，也让司法数据应用于数字文化产业行业治理的方方面面；三是不断创新数据治理模式，善用司法区块链等技术为数据联通提供安全保障，以思维创新、技术创新、机制创新开创互联网司法治理新模式。

（四）智审范式输出更为广泛

ZHI 系统上线以来先后获 3 项国家专利，并制定规范性文件 12 份，在科技成果评价中获评"总体达到国内领先，在司法实务领域的应用达到国际先进"水平，实现从理念、技术、规则等方面持续输出智慧司法技术体系的先进经验，构建互联网司法体系不断转型升级的坚实基础。智能应用成果为多家兄弟法院在商标、外观新型专利等侵权纠纷审理中所借鉴，形成可复制可推广的智审模式。下一步将加强智审范式的推广，案件类型从网络著作权纠纷案件向全民事案件铺开。使用主体方面依托区块链、大数据等智能技术联动数字文化产业、版权管理机构、司法机关等主体，打造知识产权司法要素式保护智能生态闭环，激活知识产权保护智能因子。

（五）审判机制现代化建设持续推进

推动司法审判现代化、智能化、信息化发展，改革不应局限于技术应用层，司法改革重心最终落脚点是人民群众的根本利益，要使各项技术效用突破应用层到达核心层，在于审判机制不断创新改革。近年所推行的繁简分流改革试点、惩罚性赔偿探索、倡导诚实诉讼等均属机制创新的有益探索。一方面，正确的政策、规范导向能够引导技术向善，使智慧法院信息化建设满足当前的互联网司法需求；另一方面，良好的机制能够推动技术不断优化，推动智慧审判信息化建设不断升级。例如，倡导诚实诉讼能够产生更为准确优质的底层要素，使系统更好地服务审判工作，提升审判质效，从而推动公平正义的实现。因此，要推动审判能力与审判体系现代化建设，需要以完善审判机制为重要前提，既要落实好当前的各项法律法规制度要求，也要积极探索当前互联网时代的新型法律关系与司法需求，主动应对时代提出的新问题。

B.15
浙江法院"凤凰金融智审"系统调研报告

浙江省杭州市上城区人民法院课题组*

摘　要： 杭州市上城区人民法院被浙江省高院确定为金融借款纠纷全流程智能化审判试点法院后，发布推出 AI 法官助理"小智"，首创以"人机共融、智审速判"为特征的"凤凰金融智审"模式，推动全流程智能审判模式从实验阶段正式走向应用实践。上城法院在不断扩大系统适用面、优化系统功能的基础上，在宁波、嘉兴、台州等地法院推广模式经验，对接浙江省银保监局金融综合服务平台及全省上线等工作，并获批成为凤凰金融智审 3.0 版智能化建设项目的试点法院。2021 年，上城法院贯彻落实浙江省数字化改革、浙江"全域数字法院"建设部署，全力投入凤凰金融智审 3.0 版研发工作，推动全流程优化重塑，进一步高效便民，提升数字法治智能化水平，为推动金融领域整体智治贡献力量。

关键词： 数字化　智能化　全流程自动化流转

一　"凤凰金融智审"的建设背景

（一）主动拥抱大数据时代

当今世界正在经历百年未有之大变局，人类社会进入以数字化生产力为

---

* 课题组负责人：陆忠明，浙江省杭州市上城区人民法院党组书记、院长。课题组成员：鲍一鹏、张妍妍、郭家勇、袁翠玉、王志、余凯越。执笔人：袁翠玉，浙江省杭州市上城区人民法院民事审判三庭副庭长；余凯越，浙江省杭州市上城区人民法院综合办公室司法行政人员。

主要标志的全新历史阶段，主要表现为社会生产生活的全面数字化。习近平总书记在浙江工作期间，作出数字浙江的重大部署，并推动出台浙江省《数字浙江建设规划纲要（2003～2007年)》，引领数字浙江建设取得显著成就。2021年初，浙江省委召开全省数字化改革大会，全面部署全省数字化改革工作，省委主要领导强调，要加快建设数字浙江，努力打造"重要窗口"重大标志性成果。

身处数字变革的新时代，人民法院必须准确识变、科学应变、主动求变，主动拥抱信息化、数字化带来的变革，抢占数字变革高地。一直以来，最高人民法院重视并大力推进智慧法院建设，将智慧法院建设作为促进实现审判体系和审判能力现代化的关键一步。浙江法院坚持以习近平新时代中国特色社会主义思想为指导，深入践行习近平法治思想，贯彻落实省委数字化改革的决策部署，深化智慧法院建设，根据《法治中国建设规划（2020～2025年)》《法治浙江建设规划（2020～2025年)》和《浙江省政法智能化发展"十四五"规划》，统筹运用数字化技术、数字化思维、数字化认知，积极融入法治领域和社会治理领域数字化改革，推进审判领域理论体系、诉讼制度、组织架构、业务流程的全面重塑，打造引领性、前沿性、开创性的新时代现代化法院与世界级司法创新高地，助力法治浙江和法治中国示范区建设。

（二）人民群众对司法服务的新需求新期待

近年来，按照党中央、国务院部署，各地区各部门深化"放管服"改革，运用"互联网＋政务服务"便民利企，取得积极成效。2018年，浙江提出"最多跑一次"改革，坚持以人民为中心、以数据共享为原则，不断提升治理能力和服务水平，改善营商环境，满足人民日益增长的美好生活需要。信息化在给人民群众办事、企业发展带来高度便利的同时，也对人民法院的司法服务提出了更高要求，人民群众期待着流程更为优化便捷、诉讼更为高效智能的司法服务。

与此同时，随着社会生产生活的全面数字化，人民群众之间的各类矛盾

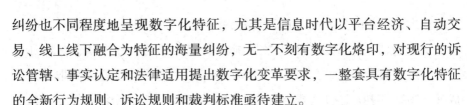

纠纷也不同程度地呈现数字化特征，尤其是信息时代以平台经济、自动交易、线上线下融合为特征的海量纠纷，无一不刻有数字化烙印，对现行的诉讼管辖、事实认定和法律适用提出数字化变革要求，一整套具有数字化特征的全新行为规则、诉讼规则和裁判标准亟待建立。

（三）优化司法资源配置的迫切需求

2021年1～10月底，浙江法院新收各类案件142万件，办结135.4万件，收案量位居全国第六，法官人均结案数218.92件。尽管近年来浙江法院大力推动诉源治理，取得一定成效，但案多人少矛盾依然突出，潜在长期未结案问题仍然存在。法院办案如果仅依靠传统手段工具、方式方法、机制体制，难以在司法程序优化、司法服务品质提升、改善营商环境、实现质效监督、防止"程序空转"等方面主动实现突破。

在此情况下，数据赋能成为解决问题的"金钥匙"。2018年初，浙江省高院党组研究提出"平台＋智能"智慧法院建设战略。经过三年多的实践，浙江智慧法院建设"四梁八柱"基本成形，全省法院初步形成了内网外网、有线无线、互联互通、协调一致的无纸化办案办公新格局，智慧法院建设综合指数连续两年位居全国第一，以数据赋能推动浙江法院全面改革破题、实现制度重塑初显成效。因此，进一步发挥司法大数据在办案质效监督管理中的作用，释放法院人力资源，优化司法资源配置，推动法院工作高质量发展势在必行。

二 "凤凰金融智审"模式

（一）成立华东地区首家金融专业人民法庭

金融产业是杭州市上城区五大主导产业之一。为贯彻落实省委、省政府钱塘江金融港湾战略和"凤凰行动"计划，上城区大力打造玉皇山南基金小镇，至2021年9月入驻金融机构2393家，引进了国家"双百基金"、深交所杭州基地等重点项目，总资产管理规模 1.16 万亿元，累计税收超 100 亿元，列浙江已命名特色小镇首位，是全国首个"旅游＋金融"特色小镇类国家 4A 级景区、"中国最具特色基金小镇"，以小镇为核心的沿江发展区块被列入中国浙江自贸区杭州联动创新区。为更精准、专业、高效地服务保障这一特色产业发展，上城区人民法院于 2017 年 6 月创新改革原有的传统人民法庭，设立了基金小镇人民法庭并入驻小镇，成为华东地区首个基层法院派出的金融专业人民法庭。

（二）组建专业化审判团队

为专门审理金融借款、信用卡、信用证、私募股权投资以及涉小镇企业的金融商事案件，法院选拔既精通金融法律政策，又熟悉市场运作规则，且具有较强审判研究能力、信息技术学习适应能力的复合型人才，组建起基金小镇法庭专业化审判团队。由 4 名法官、1 名法官助理、6 名书记员组成的"85 后"审判团队，敢于创新、富有活力。团队不断优化专业化审判机制，根据《民事诉讼程序繁简分流改革试点实施办法》积极试点，进一步优化金融多元调解和司法确认程序、完善小额诉讼和简易程序、扩大独任制适用范围、健全适用电子诉讼规则，对事实清楚、争议不大的案件进一步简化诉讼程序、缩短审理周期，实现简案快审、公正提速。其中就占比约 60% 的金融借款合同、信用卡类案件，根据其类型化显著的特征，自行总结办案模板、研发智能办案平台实现批量案件批量办理，大幅减少人力重复劳动，更好实现优质高效同案同判。对于案情复杂、当事人争议较大的案件，对接金融监管部门、高校等建立专家咨询、合作研讨等机制，确保繁案精审、专业优质。

（三）金融纠纷一站式化解平台上线

2017 年 6 月，基金小镇法庭设立之初同步推出"金融纠纷一站式化解平台"，实现从立案到执行"全线上网"，"凤凰金融智审"模式粗具雏形。2018 年"金融纠纷一站式化解平台"升级至 2.0 版，在全国首推信用卡纠

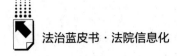

纷全流程自动化办案，为当事人减少耗时 50%，书记员减少工作量 70%，自动生成裁判文书完整率达 95% 以上。2019 年 7 月，该平台获评全国政法智能化建设优秀创新案例。

（四）首创"凤凰金融智审"模式

2019 年，上城法院集成金融纠纷一站式化解平台功能，深化 AI 智能科技，首创以"人机共融、智审速判"为特征的"凤凰金融智审"模式（即"凤凰金融智审"1.0 版）。作为浙江高院首批智能化项目试点法院之一，上城法院抽调 5 名一线法官组成专班，负责凤凰金融智审模式的流程设计和法律逻辑知识图谱绘制，与多家科技公司共同研发，历时半年顺利推出"凤凰金融智审"模式及 AI 法官助理"小智"，在全国司法实践领域率先实现全流程智能化审判。

1. AI 法官助理"小智"

通过知识图谱构建，AI 法官助理"小智"能够高度智能化模拟真实法官助理，可独立完成全部事务性工作，并为法官裁判案件提供智能辅助，实现"四会四能"。

会感知，能理解。"小智"通过 OCR、NLP 等技术抓取信息、分析案件、认定证据，能够"看懂"起诉状、证据材料；能够"听懂"庭审中各方发言，智能顺畅庭审笔录，主持并按照各方发表意见的情况，自动进入举证质证等环节，推进庭审流程。

会思维，能推理。"小智"通过运用法官参与研发构建的知识图谱，在庭审过程中完成推理分析、实时概括案件争议焦点、智能预测裁判结果、计算裁判数额等工作，并及时推送给法官。

会决策，能行动。"小智"按照案件所在节点，自动开展审查立案、分案排期、生成文书、开展送达、主持并记录庭审、电子归档等机械性、智力需求较低的事务性工作。

会协作，能互动。"小智"会将思维推理的过程和结果全面展现给法官，法官发现某环节有误可直接修改，"小智"会据此实时改变后续推理和预判结果，并自我学习迭代。如果法官的判断与已有类案裁判结果出现较大区别，"小智"会向法官预警提示存在偏差风险。

2. 实现"三自动、五实时、三当庭"

AI法官助理"小智"的加入，最大程度减少了传统办案过程中部门对接、人力有限等因素导致的延迟和滞缓，实现"三自动、五实时、三当庭"，让法官集中精力从事审判核心事务。

三自动：庭前自动审查立案、自动分案排期、自动生成程序性文书并送达当事人，将原本立案庭法官、书记员人工操作的事务性工作全部交由"小智"完成。自动送达文书对接运用浙江高院智能化送达平台，实现智能大数据搜集抓取有效送达地址信息、线上全覆盖自动推送送达信息、线下对接邮政网点异地打印E键送达、上门特投留置送达，有效提升送达率的同时，实现法院端无纸化。

五实时：庭前，"小智"实时整理当事人提交的各类材料，向法官整理推送包含送达情况、庭审争议焦点等内容的庭前报告，帮助法官阅卷。庭审中，"小智"实时分析各方发言，按照庭审流程和当事人陈述情况主持推进庭审流程，智能归纳口语顺畅笔录，整理分类当事人庭上提交材料；实时分析证据材料，经质证后对证据三性进行判定，并结合庭审记录内容动态生成争议焦点，整理推送可能遗漏的要点，让法官的审理更聚焦；根据庭审情况和法官认定的证据，实时完成金额计算和结果预判，并向法官提示风险点；实时生成裁判文书，并根据庭审情况进行动态优化。

三当庭：在法官对智能生成的裁判文书进行审核确认后，实现当庭宣判、当庭送达、当庭进入电子归档程序。

（五）"凤凰金融智审"2.0版的功能优化

1.0版上线后，上城法院继续优化系统功能，积极拓展合作银行数量，争取跑出金融纠纷处理加速度。2020年12月，上城法院在浙江高院指导下成功上线"凤凰金融智审"2.0版，对接浙江省金融综合服务平台"智慧诉讼"模块,两大平台实现互联互通,从而创建一条支持线上立案、审判和执行的金融债权纠纷高效处理通道,浙江小额金融债权纠纷处置走上"金融+司法"的高速公路。

(六)"凤凰金融智审"3.0版迭代升级

2021年,上城法院深入践行"我为群众办实事"活动要求,贯彻落实浙江数字化改革和"全域数字法院"决策部署,聚焦群众、企业关注的高频事项,坚持以需求导向推动数字化改革,对"凤凰金融智审"进行迭代升级,不断提高人民群众司法获得感、幸福感。

1.分析需求

需要进一步打造优质法治化营商环境,护航金融业健康发展。2021年4月9日,杭州市部分行政区划优化调整,原上城区与原江干区合并成为新上城区。新上城区GDP总量位于全省前列,全省80%以上的金融机构总部汇集于此。上城法院需要为金融机构提供优质司法服务,保驾护航金融行业健康发展,保障经济社会发展中心工作,助力杭州市建设营商环境创新试点城市、打造国际一流营商环境"金名片"。

需要进一步提供公正司法服务,提高司法公信力。上城法院针对群众反映的诉讼流程多、周期长、成本高等阻碍司法高效公正的"顽疾",坚持刀刃向内、民呼我为,以数字化改革疏通堵点、解决难点、消除痛点,推动业务流程与规则重塑,兑现金融纠纷当事人"一次不用跑"承诺,为人民群众提供更加便捷化的司法服务。

需要进一步高效化解金融纠纷,优化司法资源配置。近年来浙江经济高速发展,金融行业发展势头尤为迅猛。与此同时,金融纠纷数量水涨船高,近三年浙江法院金融借款纠纷案件数保持在年均12万件左右,占全省法院收案总量的10%,法官年均办案量逐年上升,案多人少矛盾日益突出。尽管在金融借款纠纷案件中,当事人的权利义务相对明确,但法官仍需耗费大量时间、精力处理重复性程序工作,耗费大量司法成本,亟须通过数字化改革提升质效,释放法院人力资源。

需要进一步数据赋能防控风险，服务党委、政府金融决策。党的十八大以来，习近平总书记高度重视金融安全和防范重大风险。在金融案件审理过程中，法院汇集了海量金融纠纷审判数据，一定程度上可以视为金融风险预测的"晴雨表"。法院亟须让数据"走出去"，在服务党委、政府金融决策中发挥数据"指挥棒"作用。法院需要通过智能化手段从立案环节就实现数据的自动采集和分析，更加便捷地为党委、政府金融决策提供真实准确的司法数据服务，积极参与防范重大金融风险。

2. 制定规划路线

上城法院制定《凤凰金融智审 3.0 建设规划》，明确项目目标、特色亮点及进度安排，坚持以习近平新时代中国特色社会主义思想为指导，贯彻落实《最高人民法院关于深化人民法院司法体制综合配套改革的意见——人民法院第五个五年改革纲要（2019～2023）》《人民法院信息化建设五年发展规划（2021～2025）》等文件要求，省委"深化数字浙江建设"决策部署，围绕省高院党组提出的办案现代化、办公无纸化、管理数据化工作目标和"全域数字法院"建设方案，以构建知识图谱和模型算法为核心，充分应用 OCR（文字识别）、NLP（自然语言处理）、语音识别、区块链、大数据分析等最新前沿科技，综合提升 AI（人工智能）法官助理"小智"智能化水平，优化金融借款类案件的立案、调解、审理和裁判等办案环节和流程，形成"立调诉执全链智辅、跨链互通数助决策""智审速判、调执兼顾、高效运行、数助决策"的"凤凰金融智审 3.0"模式，全面建设集约高效、多元解纷、便民利民、智慧精准、开放互动、交融共享的现代化金融纠纷诉讼服务体系，实现使用便捷化、业务协同化、服务智能化，推进审判体系和审判能力现代化，增强人民群众和办案法官的获得感和满意度。以常态化监控预警和有效辅助科学决策为核心，推动法院司法服务融入党委、政府社会综合治理，服务金融监管和系统性风险防范，为金融领域整体智治和社会治理现代化提供有力支持。经浙江省高院批复同意后正式落实推进。

3. 特色亮点

凤凰金融智审 3.0 版将审判流程逐级拆解为诉前调解、立案、分案排期、庭审、裁判、结案、申请执行、数据分析等 5 项二级任务、12 项三级任务，整合系统平台，实现功能集成。

增加诉前调解流程，实现金融纠纷多元化解。在诉讼前端与"浙江解纷码"系统进行对接，自动将案件信息和材料导入"浙江解纷码"系统，由调解员进行调解，若调解不成则自动回流到法院，进入审判环节，提高案件处理速度和效率。

对接区块链技术，开发金融纠纷电子存证校验平台。对于银行起诉至法院提交的电子证据自动进行区块链验证，并出台相关规范及标准，推动银行前端在开展网上业务时就当事人身份认证、业务合同等与法院审理相关的必要电子数据实时开展电子存证。对于银行已经存证的电子证据，在立案端即进行校验，生成校验报告。

实现线上申请执行并智能审查执行立案。案件生效后，银行可线上直接发起执行立案申请，智审系统根据判决主文内容，智能审查原告申请的标的是否符合要求，完成立案操作。

开发智能化多案联审功能。多案联审系法官开庭时为提高效率而采用的庭审方式。一般来说，审判人员会对一家银行批量上传的案件，排期在同一个时间段，选择采用合并审理的方式进行庭审，通过把庭审中程序性事务整合起来，精简庭审流程，缩短审判时间，提高审判效率。

开发错时审理功能，并制定相应的实施规则。采用错时审理时，审判人员和当事人通过文字、图片、语音等方式开展庭审活动。智审系统通过 AI 法官助理"小智"智能主持庭审，根据当事人到庭及发言情况，自动推进庭审流程，全程可无人工干预。在庭审发问环节，根据案件实际情况辅助法官发问，最终经法官确认后闭庭，并生成庭审笔录回传，同时实时生成裁判文书。

开发金融纠纷智能化数据模块，对全省金融案件进行实时数据统计采集，对案件分布、当事人特征、金融机构出险量等数据进行智能化分析和展示，直观呈现全省金融案件动态结果。

三 "凤凰金融智审"的改革成效

1. 业务流程重塑,当事人和法官的获得感提升

智能化"异步审理"功能(即错时审理功能),打破了时间与空间对传统庭审模式的束缚,当事人可以利用碎片化时间参与庭审。只要当事人登录上线,AI法官助理"小智"就会引导当事人进入答辩、举证、质证等诉讼环节,在保障当事人诉讼权利的同时,为当事人提供7×24小时在线的全时空泛在服务,当事人可获得更为便捷的诉讼服务。

智能化"多案联审"功能帮助法官开庭时对同时段、同案由、同原告的案件进行合并审理,AI法官助理实时推送多案件的智能点:包括诉请确认、争议焦点归纳、风险点、金额计算及文书实时生成。推动"小智"实现从同时段管理一个案件向同时段管理多个案件的跨越,从原本的单人对弈升级至"多面打",辅助法官高效审理案件,极大提高庭审效率、节约司法资源。同时,"多案联审"功能通过智慧庭审改造,实现了内外网的互联互通,即法官可在浙江法院内网操作、当事人可在外网操作,最大程度推广了技术应用。

2. 立审执全流程兼顾,实现数据开放安全

在诉讼前端,"凤凰金融智审"3.0对接"浙江解纷码",将申请调解的金融纠纷案件自动分流给调解组织与调解员,实现金融案件的诉前化解、多元解纷,推动金融纠纷诉前解纷,有效推进诉源治理工作。后端增加智能审查执行立案功能,对接浙江法院"智慧执行"2.0,助推"执行一件事"改革,让当事人"一次不用跑"。同时向外与区块链技术对接,针对互联网金融中电子证据真实性认证难的问题,提供电子证据同链验证功能,并就验证结果生成报告,增强了智能认证能力。

3. 积极服务党委、政府,防范金融重大风险

"凤凰金融智审"3.0以上城法院为智审数据研发基地,开发金融纠纷智能化数据平台,助力法院系统从"经验决策"向"数据决策"转变。同

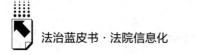

时，打破数据壁垒，让司法大数据和政务大数据有效融合、实时共享，为党委、政府金融决策提供司法数据参考，辅助防范化解金融风险。

4. 降低当事人诉讼和法院办案成本

节约时间成本，全流程无缝对接、自动流转并100%当庭宣判，减少了各个环节用时，为当事人缩短等待时间，加速纠纷解决和资产处置速度；节约物力成本，全流程在线化、无纸化，为当事人减少差旅、物流、印刷等成本。在智能化辅助下，法官办理每个金融借款纠纷案件需投入的时间在40分钟以内，比传统模式减少约50%，大幅度释放法院人力资源，更好地集中精力解决难案、难题。

5. 进一步提升司法公信力

算法非主观性特征显著，更好地实现了对所有诉讼参与人一视同仁，保证了类案裁判客观、公平、统一。办案全程留痕，案件审理信息可以更直接、更快速地抵达当事人，并在第一时间对当事人的需求进行反馈，优化了当事人的诉讼体验，提升了人民群众司法获得感，提升司法公信力。

6. 法庭专业性得到强化

通过办案各类成本精简、优化司法资源配置，上城法院基金小镇人民法庭作为华东地区首家专门办理金融类案件的派出法庭，充分发挥金融司法专业性和主动服务能动性，通过走访辖区金融机构企业、调查研究分析案件数据等，及时发现风险，提供司法建议，更好地强化金融监管司法保障、防范化解重大风险，司法服务品质和法庭办理金融案件专业性得到巩固提升。

四 "凤凰金融智审"存在的问题

"凤凰金融智审"还存在一定问题与不足，有待继续优化功能和性能。

1. 深度智能化应用有待提升

当前 AI 法官助理"小智"的智能化应用仍然存在较大提升空间，特别是同步生成裁判文书方面，对处理较为复杂的法律事实显得"力不从心"。

2. 智审模式适用范围有待推广

"凤凰金融智审"开创的全流程自动在线流转"凤凰智审"模式,目前仅在民间借贷以及行政非诉、危险驾驶的刑事等部分审判活动中得到推广和运用,有待向民事全领域及刑事、行政审判全面拓展,大幅提升"凤凰智审"辅助裁判能力。

3. 数据智能分析研判能力有待加强

"凤凰金融智审"的金融纠纷智能化数据平台目前仅能实现数据自动采集、统计与直观呈现,需要着力研究提升数据平台的智能分析研判能力,辅助法官从数据中发现问题、寻找规律,提出金融决策建议,防范金融重大风险。

4. 区块链存储功能有待上线

当前"凤凰金融智审"仅能做到对银行区块链的电子证据进行同链验证,未具备存储功能。智审平台需要对接司法区块链,并向未对接区块链技术的金融机构开放,提供电子证据存证、验证功能,实现全链路可信、全节点见证。

五 展望

"凤凰金融智审"试点运行以来,在兼顾诉源治理工作的同时,已适用案件一千余件,处理案件标的额达 3 亿元人民币,涉及 100 多家企业、2300 多个当事人,平均庭审效率提升 6 倍;从原本动辄上百页纸质卷宗移交,变为 100% 无纸化流转,形成电子诉讼各环节、全流程、全要素的完整链条。优化司法服务永无穷期,数字法治改革永不止步,上城区人民法院将在浙江高院的指导下,将基层实践经验转化为系统改革动能,不断推动"凤凰金融智审"模式优化升级,推动浙江由司法变革高地向司法变革高峰迈步,为浙江打造"重要窗口"、实现高质量发展、建设共同富裕示范区作出更大司法贡献。

B.16
南通法院破产案件综合信息管理平台的研发与应用实践

江苏省南通市中级人民法院课题组*

摘　要： 破产案件办理涉及大量专业性、技术性较强的法律及非法律事务，需付出大量人力、物力。为此，江苏南通法院研发建设了基于"银法"系统对接及全省审执关联案件联动提醒的破产案件综合信息管理平台（又称支云破产管理系统）。该系统主要包括互联网端和法院内网端，服务于法官、破产管理人、债权人、债务人、投资人等。法官在对破产申请审查时可实时全面查询破产企业关联信息。破产案件受理后，系统能及时向破产企业关联案件承办法官推送破产立案信息；在破产程序中，法官实现对案件全流程督促和账户资金监管。债权人可在线申报债权、参加债权人会议。管理人审核债权、请示汇报、破产费用支出、债权批量分配等工作从线下搬到线上。系统上线以来，破产案件办理成本大幅降低，破产案件审理效率显著提高，破产案件管理风险有效压降。

关键词： 破产案件管理　"银法"系统对接　联动提醒　透明化　有效监管化

---

* 课题主持人：曹忠明，江苏省南通市中级人民法院原党组书记、院长。课题组负责人：周东瑞，江苏省南通市中级人民法院党组副书记、副院长。课题组成员：李莹，江苏省南通市中级人民法院党组成员、副院长；马晓春，江苏省南通市中级人民法院民五庭庭长；周峰，江苏省南通市中级人民法院科信处处长；刘丽云，江苏省南通市中级人民法院民五庭副庭长；张小丽，江苏省南通市中级人民法院科信处科员。执笔人：张小丽、刘丽云。

一 建设背景：基于破产审判内部机制改革 与新时代发展的需要

（一）新时代法院信息化建设对办理破产提出新要求

党的十九届五中全会将"国家治理效能得到新提升"作为"十四五"时期经济社会发展的主要目标之一，要求"社会主义民主法治更加健全，社会公平正义进一步彰显"。2020年，最高人民法院修订发布了《人民法院信息化建设五年发展规划（2021～2025）》，对新时代人民法院信息化建设作出规划部署，对充分发挥信息化支撑作用、推进国家治理提出了新要求。经过多年的发展，人民法院信息化建设已经步入4.0版，对法院信息化建设提出了更高的要求，要求进一步以司法大数据助力社会治理创新，完善人民法院司法服务和法治保障能力，进一步支撑实现在法治轨道上推进国家治理体系和治理能力现代化。办理破产是国家社会治理的重要组成部分，是优化法治营商环境的重要抓手。进一步优化办理破产相关的诉讼服务和程序保障，推进破产案件审理的公平、公正、公开，是新时代人民法院信息化建设对办理破产提出的新要求。

（二）破产案件受理数量剧增为办理破产带来新挑战

近年来，受全球经济形势下行、新冠肺炎疫情持续等不利因素的影响，部分企业深陷资金链、担保链危机，破产案件受理数量大幅上升，浙江、广东、江苏三省受理量甚至"爆发式"增长。以南通为例，两级法院2018年受理破产案件84件，而2020年受理165件，呈倍数增长态势。人民法院破产审判工作面临新的挑战，案多人少矛盾尤为突出。同样，破产管理人也面临破产财产管理工作繁杂、债权人通知难、债权人会议召集难等困难。办理破产过程中，法律与非法律事务掺杂，耗费法院、破产管理人大量人力、物力，司法成本高、程序推进难等现实问题交织，有必要探索出一条破产审判新路径。

（三）传统办案模式的局限性倒逼破产审理模式改革

人民法院对破产管理人负有监督职责。在传统破产案件办理模式中，法院对破产管理人的监督管理均采用线下人工方式，对债务人破产资金的监管为其中重要一环。但现实中，管理人账户往往开立于不同区域、不同银行，这给破产资金监管工作带来了较大困难。随着破产案件受理数量日益增长，管理人账户数量随之不断增加，破产资金监管难这一问题逐渐凸显，极少数地区甚至出现了破产资金流失现象。而破产管理人查询债务人信息、审核债权、向法官递交请示或报告以及对破产资产管理、变价、分配等基本上都在线下进行，需要频繁往返法院、银行等部门，有时办理一个事项甚至需要往返数趟。传统破产案件审理模式的局限性亟须借助信息化手段推进破产审理模式改革。

（四）现有破产管理系统无法满足新时期办理破产需要

近年来，最高人民法院深入贯彻党中央、国务院的决策部署，全面推动破产审判工作，服务国家社会经济发展大局。为规范、监督破产审判工作，开发了全国法院破产重整案件工作平台，有力促进了全国法院破产案件审判质效的提升，为服务供给侧结构性改革发挥了重要作用。但法官和管理人在使用中发现，该工作平台在破产案件信息公开方面成效明显，但由于未能实现与审判执行系统、金融机构、相关政府部门的互联互通，如仅依靠该平台，债务人的关联诉讼执行案件、工商信息、财产状况等较难获取，破产申请审查、债务人企业债权债务清理工作存在一定困难。

（五）办理破产的公开化需求催生一体化管理系统

当前，破产案件办理过程中存在法院、管理人、债权人、债务人信息不对称，破产案件审理及破产清算进程不透明，债权人及债务人知情权、参与权、监督权得不到保障，破产资金管理风险较大等诸多问题，破产事务处理的信息化、公开化水平有待提升。这一需求催生了一体化综合信息管理平台，通过一体化平台为债权人快捷便利地申报债权、行使权利，为破产管理人依法、高效推进破产工作，同时也让法院更全面地掌握破产进程、实现全面监管，真正实现破产案件办理中"一次不用跑"和"最多跑一次"的目标。

二 核心技术：跨网信息交换平台实现 多系统数据互联互通

（一）建设概况

近年来，在最高人民法院、江苏省高级人民法院的监督指导下，南通法院着眼破产审判的专业化特点和破产事务办理的社会化需求，积极推进破产审判模式改革，逐步构建了"专业化与市场化推进相结合"的破产案件办理模式，取得了积极成效，为地方经济高质量发展作出了巨大贡献。随着南通破产审判工作的持续推进，为打破破产案件审判质效瓶颈，推动破产审判工作再上新台阶，南通市中级人民法院（以下简称"南通中院"）着手自主研发具有南通本地特色的破产案件综合信息管理平台，并于 2019 年 10 月正式上线运行，构建了一个方便、快捷、高效的信息共享平台，为法院、债权人、债务人、破产管理人、破产管理协会、金融机构等搭建桥梁，打破传统信息系统壁垒，拓展了破产审判新局面。

（二）设计理念与业务架构

南通法院破产案件综合信息管理平台旨在将传统"线下"破产案件办理流程节点化搬到"线上"，与现有案件审判执行系统深度融合，并实现与金融机构的实时对接与数据共享。

该平台主要包括互联网端和法官内网端，功能服务于法官、破产管理协会（破产管理人）、债权人、债务人。方便破产管理人处理案件，债权人线上申报债权和参与线上债权会议，便利法官、管理人和债权人，法官可对案件全流程进行督促和账户资金监管，实现全流程监督，大大提高管理人办理案件的效率（见图 1）。

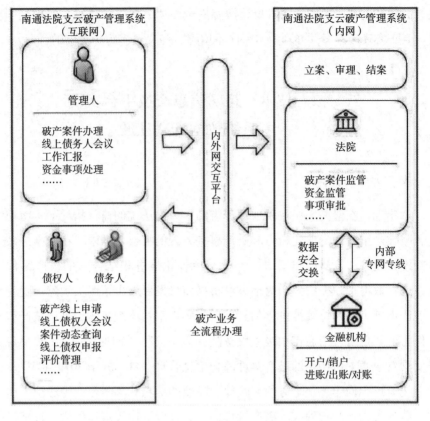

图1 破产案件综合信息管理平台业务架构

为确保数据同步的安全性，南通法院破产案件综合信息管理平台采用光闸设备进行内外网数据交互。银行使用专线接入法院专网，法院专网与外部互联网使用光闸进行物理隔离，保证银行端数据的安全性，互联网端服务通过请求加密、验签等方案提升外网数据安全性。

（三）先进技术在破产案件管理平台中的应用

南通法院破产案件综合信息管理平台核心技术融入了人脸识别、OCR识别、区块链、音视频AI、程序性文书生成、电子签章、关联案件检索算法等新技术，并通过光闸设备、数据动态加密算法实现了跨网数据安全传输。

1. 提供智能身份验证

为债务人、债权人提供人脸识别、智能身份验证，通过人脸识别、债权申报、破产材料提交和补充、破产案件查询、线上债权会议等进一步提高信息传递效率，保障破产案件相关信息流的安全可靠性，为债权人、债务人提供案件信息节点公开，加强信息透明度。

2. 推进破产案件全流程网上办理

为管理人提供线上破产案件办理服务，为债权人提供线上债权申报审核、资金交易管理、线上唱票结果自动查询统计、事项办理、工作汇报等功能，让破产管理人、法院、银行实现相互联通、监管配合。

3. 推进破产案件智能化办理

通过采用 OCR 技术、智能编目为承办法官快速立案回填提供便捷，债权人、债务人、管理人提交的材料随案同步生成电子卷宗后，采用区块链技术实现防篡改，保证卷宗的可靠性、真实性。

4. 建立债权自动分配模式

在债权分配阶段，管理人可根据法院已裁定确认的无异议债权，结合债权人从系统中提交的个人信息、银行账户等，自动生成债权分配表，与银行配合，实现债权批量分配。

5. 与银行数据接口实现互联互通

法官通过破产案件监管、线上审批、事项审批及流程节点督促、督办等功能，可系统、及时、准确获悉破产企业账户及账户资金变动情况和案件进度，全程展现清算进度和清算情况，围绕破产程序中的各个节点，法官、破产管理人、债权人、债务人、银行及时反馈、高效配合实现效率最大化。

三　破产案件综合信息管理平台的组成及功能

南通法院破产案件综合信息管理平台由破产案件审理平台、破产案件管理平台、债权人及债务人登录平台、"法银"破产资金监管平台四部分组

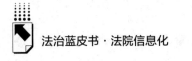

成。其中，破产案件审理平台内嵌在江苏法院综合信息管理平台，"法银"破产资金监管平台设在银行专网，破产案件管理平台设在互联网，债权人及债务人登录平台设在互联网并配有移动客户端（见图2）。

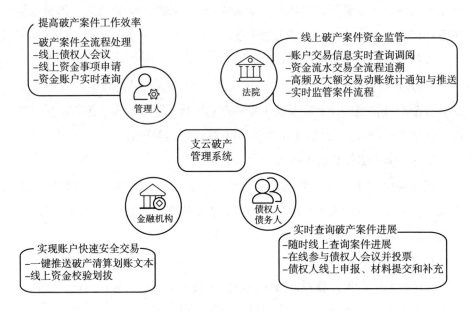

图2　破产案件综合信息管理平台组成

（一）平台组成

1. 专业化法官工作平台

内嵌于江苏法院综合信息管理平台，与审判执行系统相对接，为破产法官提供全流程在线审查、立案（包括执行转破产）、审理、结案等功能。实现对管理人案件办理全流程节点督促、督办和提醒，对破产资金账户、破产财产多维度监管，进一步提高信息传输效率，保证破产案件信息流和资金流的安全可靠。同时将破产案件单独考核体系纳入平台，实现考核的科学化、统一化、规范化。

2. 破产管理人工作平台

将管理人工作规范流程化、数据化、信息化、可视化，通过提供智能化服务支撑，实现多主体远程高效互联。将案件办理分为 17 个流程节点，管理人可就各个节点进度进行管理并上传工作记录。开通在线债权审核、请示报告、债权人会议召开、破产费用支出、批量债权分配等功能，极大降低破产成本。将破产案件管理人账户开户、流转情况纳入平台，做到账务清晰、流转及时。为破产企业财产建立电子清册，全面配合法院实现对破产企业资金、财产的监管。

3. 债权人及债务人平台

提供便捷化服务入口，可通过 PC 端和移动终端，实现破产案件信息节点查询、线上债权申报、异议审核、材料信息补充等功能，保障债务人、债权人的各项权利充分行使。通过人脸识别、智能身份认证比对，可基于互联网参加债权人会议，在线查看表决事项、表决材料，线上进行唱票、表决，结果自动统计。将线下债权人的途中往返问题纳入线上平台解决，节约了债权人的时间和精力，提高了管理人处理破产案件的效率，也是法院规范监督管理人推进破产进程的有效工具。

4. "法银"破产资金监管平台

通过法院与金融机构的专线对接，法官可实时查询调阅管理人账户开户信息，全流程追溯资金交易明细，对大额转账支出进行审批，由此实现对破产资金使用情况的全方位监管。

（二）核心功能

1. 人脸识别、智能身份认证

运用人脸识别、智能身份认证技术，实现破产管理人、债权人、债务人等不同主体的注册申请。债权人、债务人经破产管理人审查后可作为合法用户，自行创建好所属账户，并进行账户维护、信息更新修改。

2. 事项动态监管

事项全流程留痕和动态督促提醒，规范事项的发布运行，实现动态化、标准化管理，展示受理、办理、周期等情况，根据事项办结的时间进行全维度统计分析和节点督促提醒展示，提高事项的办理效率。

3. 破产案件审理

为法官提供破产案件在线立案、审理、结案等功能。立案过程中为法院提供破产案件预审查、立案预警、关联案件一键检索、在线执行转破产申请等功能，案件审理过程中提供指定破产管理人、破产企业资金监管、事项审批、破产管理人监管等功能，结案过程中提供文书制作、电子送达、电子签章、一键归档等功能。

4. 破产案件监督

通过承办法官指定管理人关联获取案件基本信息，破产管理人进行案件全流程节点办理和相关事项的主动汇报，实现管理人工作和承办法官实时互动、内外网安全数据交互和共享，法官可线上进行督促、督办和提醒。管理人办案考核数据可实现量化提取，管理人综合考评工作将更为科学、透明。

5. 债权管理

可通过破产管理人自行维护和债权人自行在线申报两种方式，确认债权信息，并对债权申报在线审核，管理人审核确认后，相应案件的承办法官和债权人可在线查阅最终的审核结果。

6. 债权人线上会议

管理人可线上发起债权人会议并以短信方式通知参会人员、管理参会人员、上传会议材料等。债权人可在线参会并参与事项表决、提问及发表意见。会议过程中可实现文字交流，音频连麦沟通等，实时查看表决事项投票动态。会议结束后，系统可自动统计债权人会议参会情况，如签到人员数、表决事项、唱票比例等详细情况。会议音视频将实时上传和存储，后续挂接到该案件目录下进行回放或点播，方便管理人和法官查阅会议现场情况，同时支持同步上传会议记录、会议文档等内容，大大提高债权人满意度和管理人工作效率。

7. 资金监管管控

法官可对破产管理人开立的破产资金账户进行监管，对账户交易信息实时查询和调阅，对管理人资金使用申请予以提醒和审批，实现对资金流水交易全流程追溯，以规范破产案件资金管理。

8.事项协调办理

法官和管理人相关事项协同办理。法官可线上委托交办相关事项，管理人线上反馈和答复。管理人也可以向法官请示报告相关事项，法官可线上查阅回复，实现内外网即时互动，进一步提高破产案件办理效率。

四 破产案件综合信息管理平台的主要创新点及运行成效

2019年7月，南通法院破产案件综合信息管理平台在南通中院调试上线试运行。经过系统功能测试、优化和调整，2019年10月在南通两级法院正式上线运行，其在案件办理、资金监管等方面的功能优势凸显，为解决"破产工作难"提供了新方案，受到破产法官、破产管理人、债权人和社会各界的普遍好评。

（一）主要创新点

该平台成功破解了传统线下审判模式中法院、管理人协会、管理人、债权人以及债务人间信息不对称，破产案件审理及破产进程不透明、纸质卷宗管理难、财产摸查难、破产企业财产监管存在盲区等难题，实现了对破产企业资金流转的实时监督，对破产案件审理过程进行全方位监督，切实维护债权人利益。

第一，实现破产申请预审查。在破产申请审查阶段，立案庭收到破产申请材料仅进行形式审查，一般不直接立"破申"案件，而是由破产庭对申请材料进行实质审查。系统可提供破申案件预审查模块给承办法官使用，输入债务人名称后能自动关联检索相关信息，包括债务人全省诉讼案件、全省执行案件情况，以及债务人企业成立时间、注册资本、股东情况等，承办法官可据此掌握债务人企业的背景情况，为审查立案提供全面信息并作出风险预判。

第二，实现立案预警。诉讼案件立案审查时，如债务人在辖区内某一法院已进入破产程序,系统将自动提示破产案件信息,立案法院可依法引导债权人申报债权或向破产法院/指定管辖法院提起诉讼,有效避免因未及时掌握信息而受理的情况发生,防止由此引起的管辖异议或案件移送。

第三,实现关联案件一键检索。根据债务人自动检索全省在审诉讼案件、在执案件,破产案件承办法官可以将破产受理裁定发送给对应案件承办法官进行提示。对于诉讼中的案件,在管理人接管财产之前,提示其中止案件审理;已经实施财产保全措施的,提示其及时解除对债务人财产的保全措施。对于执行中的案件,提示其及时中止执行程序。

第四,实现电子卷宗随案同步生成。在案件办理过程中,法官、管理人往来的请示报告或批复等材料可随案同步生成电子卷宗入卷。建立裁判文书模板库,承办法官可根据业务节点自动生成程序文书,并能自动加盖电子签章。

第五,实现破产企业资金网上监管,为人民法院、破产管理人、金融机构提供高效工具。法官可对管理人账户设置转账限额,对破产管理人发起线上单笔或批量资金支出线上审批,实现对破产企业的资金使用、流转全方位监管。管理人可线上支付,减少线下跑腿麻烦。银行账户信息实时同步到破产案件资金管理系统,生成账本,对应可进行记录和打印,无须重复记账。

第六,实现债权人会议线上召开。债权人通过手机、平板电脑可随时随地在线参加债权人会议,在线行使权利,有效降低时间、金钱成本。

(二)主要运行成效

南通法院破产案件综合信息管理平台自 2019 年 10 月正式上线以来,在案件办理、资金监管等方面的功能优势凸显,充分发挥了破产审判在优化资源配置和法治营商环境、维护社会稳定和公平正义等方面的积极作用。2020年,全市两级法院共受理破产案件 165 件,审结破产案件 117 件,安置、分流职工 4447 人,释放土地资源约 2035 亩、房产约 51.39 万平方米,处置职工债权 1.16 亿元。南通两级法院破产案件办理效率和管理水平显著提升。

2020 年疫情期间，为江苏磐宇科技有限公司化解危机，该重整案件入选 2020 年全国法院服务保障复工复产典型案例，破产案件管理系统应用成效凸显。该系统已获得国家版权局软件著作权登记证书，获评 2020 年度全国政法智能化建设智慧法院优秀创新案例。

自上线以来，南通两级法院共有 459 个破产申请审查案件、793 个破产案件实现在线审理，有效压缩了各个流程的办理周期。相应案件的管理人账户均纳入法院监管范畴，堵塞了监管盲区，破产管理人已在 22 件破产案件中使用批量转账功能，已实现债权分配 4026 笔，大大节省了管理人线下银行转账时间。仅管理人款项支出事务就平均节省了 3 ~ 5 个工作日，实现线上及时申请及时办理到账。该系统实现了破产案件办理的阳光化、网络化、智能化、移动化，为解决"破产工作难"提供了新方案（见图 3）。

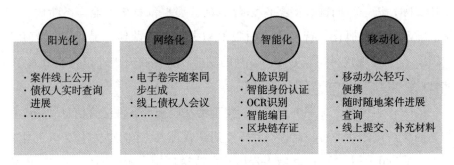

图 3　破产案件综合信息管理平台运行成效

第一，成功将破产案件审理全流程节点化，将破产案件审理从"线下"搬到"线上"，同时实现了对破产企业资金流转、使用情况的在线监管。法官可通过该平台进行案件办理、案件流程监管、与管理人协作事项处理、交易监管、文书公开等操作，同时为债务人和债权人提供案件信息节点公开，加强信息透明化，促进了破产案件审理的阳光化。

第二，实现了债权人、债务人、管理人提交的材料随案同步生成案件电子卷宗，开通线上执行案件转破产等功能，做到破产案件办理全流程网上留痕，大大提高了案件办理效率和信息传递效率，推进了破产案件审理的网络化。

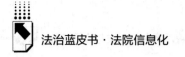

第三，实现了破产案件立案预警、关联案件一键检索、财产实时查控等功能，降低了破产案件办理的复杂度，节省了法官及管理人办案的时间和成本，推进了破产案件审理的智能化。

第四，实现了互联网与法院内网数据实时交互，管理人通过互联网可随时随地线上提交材料，法官通过内网随时查阅，为法官和管理人沟通提供了便利。同时实现了线上债权人会议功能，债权人通过移动终端随时随地参加债权人会议，推进案件办理的移动化。

五 未来发展方向

下一步，南通法院将始终坚持问题导向和服务宗旨，紧紧契合破产审判工作实际，进一步挖掘破产案件综合信息管理平台系统效能，不断优化升级。尤其要在便捷化、智能化方面狠下功夫，真正做到"易用""好用""实用"，发挥现代科技服务破产审判的功能，全面提升破产审判质效水平，实现破产审判工作的公开化、透明化。

第一，实现破产文书电子送达。将南通法院破产案件综合信息管理平台与南通集约化送达平台相对接。对需要送达管理人、债权人、债务人的相关文书，通过电子方式，如微信小程序、司法送达网、短信链接、公告送达、邮箱送达等，送达相关人员，以压降破产成本，提高办理破产效率。

第二，建立管理人文书模板库。建立管理人文书模板库，将管理人常用的通知、报告、申请等相关文书模板存入系统。提供文书辅助制作功能，管理人可以根据已有的系统模板和个人模板生成文书，并在线对生成的文书进行编辑，引入到各个功能模块中，简化文书制作过程。

第三，建立财产实时查控系统。将破产案件管理系统对接执行点对点查控系统，全面摸查债务人的财产信息，及时获取债务人名下不动产、车辆、银行存款、股权等情况，并将财产查询结果推送到破产管理人端，解决管理人在调查债务人财产状况时遇到的"痛点"问题，减轻管理人工作负担。

第四，共享辖区行政机关系统资源。对接工商、税务、社保部门，有效掌握债务人工商、税务、职工等信息，免去管理人线下查询困难。对接南通市域治理现代化指挥中心，在破产案件办理过程中，如涉及职工群访等事件，一旦有风险即触发预警信息。

破产案件综合信息管理平台的上线运行明显提高了破产案件办理效率和管理水平，南通中院将紧紧围绕为破产法官、管理人减负的研发初衷，依托智慧法院（南通）实验室，以建成囊括办理破产多角色、覆盖办理破产全流程、对接破产关联各系统的一体化平台为目标，不断完善平台各项功能，使之成为促进破产案件审理公开的"连心桥"，提升破产案件审理质效的"助推器"，促进南通法院破产审判工作实现新跨越、新发展。

智慧审判管理

Smart Trial Management

B.17
河北法院"一体化审判权监督制约平台"建设应用调研报告

河北省高级人民法院"一体化审判权监督制约平台"课题组 [*]

摘　要： 为全面深化司法责任制综合配套改革，强化各职能部门及院领导主体监督管理职责，河北省高级人民法院创新研发了自动监督预警平台和河北纪委监委派驻法院机构智慧监督平台相融合的一体化审判权监督制约平台。一体化审判权监督制约平台整合了 15 个审判执行应用系统相关数据，通过设定不同阶段警告值，对敏感节点、关键节点全程监督，超期自动提级院庭长监督或纪检监督，有效促进管理主体充分履行主体监督管理职责，避免了管理不到位、管理不及时等问题，

---

* 课题组成员：施晶宇，河北省纪委监委派驻河北省高级人民法院原纪检组组长，现任河北省纪委常委；李建立，河北省保定市中级人民法院院长；白斌，河北省纪委监委派驻河北省高级人民法院纪检组副组长；张金旭，河北省高级人民法院审监三庭（信息化建设办公室）庭长；闫广宇，河北省高级人民法院审监三庭（信息化建设办公室）干部；周晶晶，河北省保定市中级人民法院信息化处处长。执笔人：白斌、张金旭、闫广宇。

保证了监督的准确、实时、全面，形成了具备河北特色的一体化审判权运行监督制约体系。与此同时，平台在运行过程中还存在部分法院认识不到位、参与度不高、配套管理制度不明确、智能化支撑和数据分析能力有限等问题，有待进一步完善。

关键词： 主体责任　纪检监督　大数据　司法责任制

随着人民法院司法责任制综合配套改革步入"深水区"，改革的复杂性、敏感性、艰巨性等问题愈加凸显，如何对审判权力运行进行有效监管迫在眉睫。当前，全国各级法院普遍缺少监督制约的完整体系和有效抓手，如何正确处理好放权与监督的关系已经成为影响司法改革行稳致远的关键环节和实践难题。为突破这一难题，河北省高级人民法院结合本省实际情况，与河北省纪委监委派驻河北省高级人民法院纪检组共同协作，基于智慧法院建设成果，积极探索运用大数据和信息化手段，推动纪检监督及主体责任监督业务与现代信息技术深入融合，打造了河北法院自动监督预警平台和河北纪委监委派驻法院机构智慧监督平台相融合的一体化审判权监督制约平台，形成了具备河北特色的一体化审判权运行监督制约体系。

一　一体化审判权监督制约平台的建设背景

（一）政策背景

党的十九大从发展社会主义民主政治、深化依法治国实践高度，作出了"深化司法体制综合配套改革，全面落实司法责任制"的重要战略部署。中央、最高人民法院和河北省委相关决策部署紧扣中国社会主义主要矛盾变

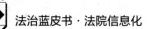

化，围绕统筹推进"五位一体"总体布局和协调推进"四个全面"战略布局①，在建立中国特色社会主义审判权力运行体系基础上，提出要在更高站位、更深层次、更宽领域，以更大力度深化新时代人民法院司法体制综合配套改革②，把党的绝对领导贯穿到审执工作各方面全过程，深刻把握司法权运行规律特点，主动接受群众监督、群众评判，加快构建新型制约监督制度机制，在更高层次上实现执法司法权力与责任的平衡、放权与监督的结合、公正与效率的统一，推动公正高效权威的中国特色社会主义司法制度更加成熟更加定型。

2021 年 1 月 22 日，习近平总书记在中国共产党第十九届中央纪律检查委员会第五次全体会议上指出，要一刻不停推进党风廉政建设和反腐败斗争，强调"要把监督贯穿于党领导经济社会发展全过程，把完善权力运行和监督制约机制作为实施规划的基础性建设，构建全覆盖的责任制度和监督制度"。

2021 年 2 月 3 日，最高人民法院召开全国法院党风廉政建设和反腐败工作视频会议，强调要健全审判权力运行监督和制约机制，确保公正廉洁司法。

新时代法院信息化建设，坚持以"人民为中心"的宗旨，遵循服务人民群众、服务审判执行、服务司法管理、服务廉洁司法的发展理念。《人民法院信息化建设五年发展规划（2021～2025）》中明确提出，建立规范全面的审判监督管理制度体系，健全司法履职保障和违法审判责任追究机制，让法官集中精力尽好责、办好案，明确院长、庭长的权力清单和监督管理职责，健全履职指引和案件监管的全程留痕制度，推动实现有权必有责、用权必担责、失职必问责、滥权必追责，构建以司法责任制为核心的中国特色社会主义审判权运行体系。通过信息化办案平台自动识别、审判组织主动提

---

① 《中国共产党第十九届中央纪律检查委员会第五次全体会议公报》，人民网，http：//cpc. people. com. cn/n1/2021/0125/c64387-32010144. html，最后访问日期：2021 年 8 月 31 日。

② 《最高人民法院关于深化人民法院司法体制综合配套改革的意见——人民法院第五个五年改革纲要（2019～2023）》。

交、院长和庭长履行职责发现、专门审判管理机构案件质量评查、人民法院主动接受当事人监督和社会监督等途径，推动建立全面覆盖、科学规范、符合规律的审判监督管理制度体系。利用信息化手段全面支撑人民法院党风廉政建设，切实提升人民法院督查工作整体实效，加快构建与新型审判权力运行机制相适应的制约监督体系。

（二）现实背景

近年来，河北省高级人民法院（以下简称"河北高院"）在建设智慧法院过程中，以问题和需求为导向，融合信息技术和审判管理经验，坚持自主创新、自主研发，以法院专网、移动专网、互联网、外部专网、涉密专网五大网系为基础，打造了数据集中管控平台、司法公开管理平台等多个先进信息化系统，实现了案件信息看得见，审判流程看得见，司法质效看得见，群众诉求看得见，为审判执行工作提供了信息技术支撑，取得了显著的建设应用成效。但在服务司法廉洁方面，信息化支撑不足，缺乏有效的体系和载体，导致一些长期突出问题无法根除，如拖延立案、久拖不决、违规查封、处置财产不及时、案款发放不及时、漠视群众、奖惩执行不到位等顽瘴痼疾性问题，审判权监督不完善、不及时、不规范的情况还比较突出。结合当前政法队伍教育整顿的要求，采取行之有效的手段推进和解决，建立权力运行可查询、可追溯的信息化监督平台，以公开促公正、以透明保廉洁，努力让人民群众在每一个司法案件中都能感受到公平正义。

二 一体化审判权监督制约平台的建设目标

从纪检监督的角度来说，根据十九届中央纪委四次全会精神，河北省纪委监委派驻河北省高级人民法院纪检组聚焦监督首要职责、第一职责，着力把信息化与深化"三转"工作、做实做细日常监督有机结合起来，积极探索运用大数据和信息化手段，推动纪检监察业务与现代信息技术深度融合。通过将派驻监督"探头"升级为"内窥镜"，将派驻监督延伸到审判权行使的全流程，真正做到权力运行到哪里，监督就跟进到哪里，为全面从严治党、党风廉政建设和反腐败斗争插上科技的翅膀。

从法院内部监督的角度来说，根据最高人民法院智慧法院建设的要求，河北高院坚持以"四个服务"为目标，进一步提升智能化服务水平，提升司法公信力，保证司法廉洁。同时结合政法队伍教育整顿相关要求，河北高院探索将事后监督转变为事前监督工作模式，坚持以信息化水平推动监督水平提升工作思路，建设以纪检监督为中心，以权责清单为指引，以监管事项为目标，以信息技术为支撑，以绩效考核为手段的监督监管平台，实现重点人员看得见、重点案件看得见，重点节点看得见、重大舆情看得见、重大瑕疵看得见、群众信访看得见、问责追责看得见，构建起外部监督和内部监督相融合的监督监管运行体系。

基于以上目标，河北高院自动创新研发了河北纪委监委派驻法院机构智慧监督平台与河北法院自动监督预警平台相融合的一体化审判权监督制约平台。两个平台相互依赖、相互协同、数据共享、一体两面，真正实现"两个责任"同向发力、协作互动。河北纪委监委派驻法院机构智慧监督平台，通过信息化大数据分析手段，自动筛查推送审判过程中存在的违规违纪违法问题，动态掌握院庭长履行监管职责情况，加强对审判权力的制约监督，着力提升监督质效，使派驻监督更精准有力。河北法院自动监督预警平台，通过整合15个审判执行管理系统数据，从案件、事件、节点、人员四个维度进行自动化大数据分析，自动提取易出漏洞、风险频发、需重点监督的重点案件、重点事件、重点节点、重点人员，同时通过预设监督管理规则，自动提醒庭长、院长、督察、纪检及相关管理责任部门，形成监督管理的闭环，推动"一岗双责"落地和主体责任落实。

一体化审判权监督制约平台依托河北智慧法院建设成果，充分利用15个审判执行管理系统的业务数据，通过大数据、人工智能技术，提供多维度、立体化、多层级的智慧监督手段，有力发挥超强审判监督制约效能，形成了一级督一级、层层抓落实的全链条、无缝隙闭环监督网络，有效地把审判权关进制度的笼子，其主要特点有以下三方面。

（一）智能监管一目了然

平台的优势在于"让数据说话、使问题可见"。传统的监督大部分是事后监督，很多是问题暴露后才跟进监管，监管者事先难以发现隐患苗头，且很多数据分散在若干个系统中，甚至只在线下流转，难以及时准确获取。而平台将审判权运行过程中需重点监督的各类核心数据整合到一个页面，实现了大数据的可视化、全面汇聚、自动推送、关联分析和智能监督处置，推动人力巡查、事后管理、线下处置向自动预警、事前预防、过程管控、线上监督转变，监管者第一时间跟进干预，将问题化解在萌芽之中，切实起到预防教育警醒的作用。

（二）监督责任一触即发

问题一旦出现，触碰到"15道数据红线"，就会自动触发平台预警和督办流程，使监督更加便捷、智能、高效。8个角色各干各的事、各管各的人，整体实施、分级督办，权责清晰、运转高效。例如，针对有案不立等重要节点，法官应第一时间主动履行责任，如果超过24小时仍未完成，平台数据会自动推送给部门负责人进行督办，超过48小时推送给主管院领导督办，超过72小时推送给督察室、审判管理部门和院长督办；超过96小时仍然整改不到位的，数据就会推送给纪检角色，派驻纪检组看到数据预警后，就要介入监督各角色是否存在履职不力、没有及时有效行使监管职责的情况；超期5天的，派驻纪检组向法院党组提出落实主体责任建议，再给出7天整改时限区间；对超期事项超过12天仍未整改到位的，启动绩效考核和问责追责程序。通过逐级递进触发不同层级的监管责任，形成内外监督有序、协同发力的格局，推动了"定责、明责、履责、考责、追责"的司法责任体系日臻完善。

（三）工作规范一体推进

河北高院全面制订了一套标准化监督管理流程，明确了不同角色的权责明细、督办步骤、时间节点和标准要求，将监督全程形成闭环，同时提炼了一套"七五四八四"工作方法，即"八函询、七必查、五讲评、四督办、四问责"，对平台暴露的各类问题实施提醒、监督、纠正、问责，并根据绩效考核奖惩办法，对事项监督结果兑现奖惩，实现了从发现问题、解决问题到落实责任、兑现奖惩的完整闭环管理链条。

三 一体化审判权监督制约平台的建设内容

一体化审判权监督制约平台对接15个审判执行管理系统，通过设置监督节点，将原来分散于各独立软件中的风险信息实时推送到监督平台，以四个板块进行数据统一展示与监督，为派驻纪检组和院庭长履行监管责任提供平台化监督事项，方便第一时间直观发现审判执行工作中存在的苗头性、倾向性问题，通过督办处置板块进行监督的在线流转与管理，全程留痕、全程跟踪，将问题解决在萌芽状态，真正实现"两个责任"同向发力、协作互动。根据监管角色和职责的不同，体现以纪检为中心的监督制约体系，根据纪委监委派驻法院纪检组监督需求，分别设计了派驻纪检组专用的智慧监督平台和法院内部专用的自动监督预警平台，两个平台数据共享、深度融合、一体两面，为纪检监督和法院内部监督提供了差异化监督功能，助力各个角色科学履行监管责任（见图1）。

（一）河北法院自动监督预警平台

自动监督预警平台以强化法院内部监督为目标，为院庭长、督察室、审管办、法官处、人事处、信访办等人员和部门提供实时、在线的监督管理功能，相互协作配合，层层压实责任。平台共分为五个板块，实现了如下五项主要功能。

1. 重点案件监督

该板块汇集了各类重点特征案件指标10个，包括长期未结案件、瑕疵案件、发回重审案件、改判案件、启动再审案件、四类案件、涉黑涉恶案

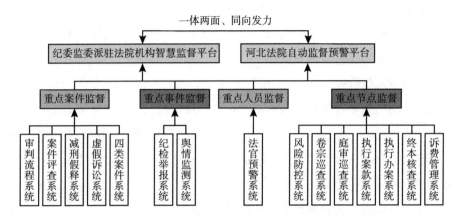

图1 一体化审判权监督制约平台架构示意

件、虚假诉讼案件、确认违法并引发国家赔偿案件、暂予监外执行案件。通过对重点案件的自动识别、展示与提醒，为院庭长掌握本辖区、本院、本庭的风险案件提供支持，通过数字下钻可以查看具体案件以及具体案件详情及电子卷宗，从而针对性进行识别判断，提前识别相关风险并及时采取相关监管措施。

2. 重点事件监督

该板块汇集了各类重点特征事件指标11个，包括有案不立、压案不查、压款不返、扣款不发、违反"三个规定"、违规减假暂、"三类犯"减刑假释、信访、舆情、举报、外部督办。通过对重点事件的自动识别、展示与提醒，为院庭长掌握本辖区、本院、本庭的风险事件提供支持，为整治教育整顿期间的顽瘴痼疾提供支撑，方便及时跟进顽瘴痼疾的整改进度和效果。

3. 重点节点监督

该板块汇集了审判流程节点和执行流程节点12个，包括审判流程节点7个——违规延长、中止、扣除审限、超过七天没有立案、超期归档、电子卷宗违规以及庭审违规，执行流程节点5个——案款超期未发放、超期没有进行网络查控、冻结账号扣划超期、未评估拍卖超期、终本核查不合格。通

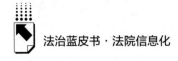
过对重点节点的自动识别、展示与提醒，为院庭长掌握本辖区、本院、本庭的风险节点提供支持，辅助其加强对承办法官工作效率、工作质量的监督与管理，从而辅助提升案件质效。

4. 重点人员监督

该板块汇集了各类特征人员指标 8 个，包括高风险和中风险的法官、受组织处理、党政纪处分、移送司法机关、违规参股借贷、违规从事律师执业、违规经商办企业重点人员风险法官、受处理人员。通过对重点人员的自动识别、展示与提醒，为院庭长掌握本辖区、本院、本庭的风险人员提供支持，辅助其加强对关键少数人员的监督，及时采取提醒、谈话等形式进行警示，早提醒早处置，防止法官将小错积攒酿成大错。

5. 监督处理

根据不同岗位的权责清单、履职要求和标准作业流程，平台自动提取重点监督事项，按照标准监督流程自动推送给相关人员进行督办处理，超期未处理的，自动提级到上一级领导督办处理，形成层层监督、层层落实的良好权力运行机制，整个监督过程可留痕、可倒查、可监控。

（二）河北纪委监委派驻法院机构智慧监督平台

1. 重点案件监督

该板块汇集了各类重点特征案件指标 10 个，包括长期未结案件、瑕疵案件、发回重审案件、改判案件、启动再审案件、四类案件、涉黑涉恶案件、虚假诉讼案件、确认违法并引发国家赔偿案件、暂予监外执行案件。通过对重点案件的逐案过筛、精准识别、重点突破，实现精准监督控权的目标。

2. 流程节点监督

该板块汇集了各类节点指标 12 个，包括超期未立案、违规延长/中止/扣除审限、违规鉴定评估、超审限案件、违规发放、违规评估、违规扣划、违规终本、违规庭审、违规接待当事人、主体责任落实超期、主体责任落实严重超期。通过对风险节点的分析研判，将原本过程复杂、专业性强的问题，通过平台的固化流程、设定规则、规范执行、全程留痕等管理特性，促进法院完善机制制度、规范权力运行、加强内部监督。

3. 信访举报监督

这个板块集中了法院立案庭的信访、办公室"大法官留言"、法院舆情监测等系统。针对群众需求，在微信和电子诉讼平台设置了举报端口，为当事人提供全天候、一站式的信访举报渠道，操作简单易用、方便快捷，平台收到举报后，会短信实时提醒负责处理检举控告的人员处理，处理结果也会实时短信反馈举报人，是教育整顿期间推出的"我为群众办实事"一项新举措。

通过平台，可以对被信访率高的法官直接约谈，体现了人民群众监督发现问题的思路。另外，可以对信访举报的受理、分派、审批等各个环节全程留痕，对办理时间、进度实时自动监控，保证了每个信访举报从受理到办结的轨迹清晰可见，规范了派驻监督权。

4. 人员惩戒监督

这个板块收录了受到过党政纪处分和组织处理的法院干警信息，涵盖法院系统查处和各级纪委监委查处的法院工作人员的案件情况、处置结果等，通过四种形态、违法违纪处分性质、违法违纪人员分类三个方面分析统计全省法院干警违纪违法情况，掌握违纪违法趋势、特点，为干警违纪违法原因分析、提出对策建议工作提供数据支撑，做好监督的"后半篇文章"。

5. 监督处理

平台经实时采集、数据对比和关联分析后发现问题，自动推送到处置板块，再经专人分析研判，对重点案件、流程节点等个性问题，纪检组发出"督办卡"，要求限时整改并反馈整改结果。对多发、共性问题发送提示卡，督促院庭长抓好本单位、本部门的管理、监督、治理工作，推动主体责任全面落实、具体落实、有效落实。院庭长未在规定时间内处置，系统会反向推送纪检组，纪检组通过线下约谈提醒等方式压实主体责任，有效解决院庭长不愿、不会、不敢履行监管职责的问题。

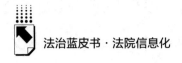

四　一体化审判权监督制约平台的应用成效及特色创新

（一）法院应用成效

河北法院自动监督预警平台自 2021 年 4 月率先在保定两级法院上线运行，取得了明显的应用成效①，尤其在政法队伍教育整顿期间，助力查纠整改取得显著成效，被省司改办确定为"政法改革创新点"。8 月 23 日、9 月 10 日最高人民法院领导批示，要进一步总结推广经验，健全智慧监管体系，扎牢"数据铁笼"，整治审判执行领域顽瘴痼疾。预警平台应用成效主要表现为"三个更加"。

一是监督履责更加积极。以往管理者"不愿管、不敢管、不会管"的问题普遍存在，监督工作是被动的、事后性的。平台上线后迅速成为加强审判权监管的有力抓手，各级领导主动学平台、自觉用平台的积极性很高，监督工作变被动为主动。8 个角色立足职责定位，提前防范、有效干预、及时处理审判风险，变以往面对面的谈话教育为实打实的数据警示，说服力十足，警醒作用强。上线运行 4 个月共监督保定两级法院重点案件 26100 余件，重点节点 8300 余个，重点事件 450 余件，重点人员 200 余人，充分发挥了监督利剑作用。

二是监督合力更加凝聚。以往，专责部门监督内容单一，相互协调配合不够，监督实效差。平台凝聚了各方合力，特别是在教育整顿期间，针对平台预警的"有案不立、压案不审、违反'三个规定'、违规减假暂"等 6 类顽瘴痼疾问题累计 362 个，各角色根据责任分工，按照标准化监督流程进行督办处置，所有问题全部清零并整改到位，实现了精准整治顽瘴痼疾。各级法院根据平台数据涉及的重点案件、节点、事件相关人员以及预警的重点人

① 以下相关数据统计截止日期为 2021 年 7 月 31 日。

员精准指引谈话填报，组织专门谈心谈话。各级法院提取平台各类数据，作为干警个人自查事项填报依据，帮助干警享受"自查从宽"政策，使查纠整改有的放矢。教育整顿期间保定两级法院共指导谈话 335 人，指引填报416 人，主动投案 7 人，主动向组织说明情况 221 人。各级法院根据平台汇聚的违规参股借贷、违规经商办企业、违规从事律师执业人员及受处理人员相关数据精准依纪追责问责共计 231 人，其中运用第一种形态处理干警 197人，第二种形态处理干警 29 人，第三种形态处理干警 3 人，第四种形态处理干警 2 人。

三是监督实效更加凸显。通过外部监督和内部监督同向发力，驻中院纪检监察组督促中院督察室向基层院党组发出高风险法官督办函 3 批 33 期共35 人，其中 4 名员额法官退出员额，12 名延期晋升法官等级，3 名给予党政纪处分，31 名进行绩效处罚并纳入院庭长监管。通过平台监管发现的 13起违反"三个规定"案件、24 起超期立案案件、49 起涉嫌"套路贷"和虚假诉讼案件、5 起超期未发放执行案款案件、10 起网拍房未腾清交付案件等，各级法院均进行了督办处置并得到圆满解决。

（二）派驻纪检组应用成效

河北纪委监委派驻法院机构智慧监督平台的上线应用，有效支撑了派驻纪检监察组发挥"派"的权威、"驻"的优势，紧盯"关键少数"、重点环节，抓住推动主体责任落实这个"牛鼻子"，实现了"两个责任"相互融合、相互促进，有力推动责任和工作有效对接，其经验做法得到了河北省纪委监委领导的高度认可，要求各派驻纪检部门学习借鉴。其应用成效主要体现在如下五个方面。

一是推动主体责任落实更加有力。监督平台立足"监督的再监督"，推动不替代、到位不越位，协助不包揽。监督平台既监督员额制法官廉洁公正司法情况，还对主责部门和法院院庭长履行监管情况进行监督，对于筛查发现的问题，直接推送给责任部门领导，督促院庭长充分发挥主体责任，认真解决。派驻纪检监察组不是直接冲到一线，越俎代庖，种别人的田，而是针对主体责任中的监督责任落实不积极、问责不到位等问题，凭借监督平台量化院庭长监管责任履行情况、瑕疵案件评查情况、庭审违规情况等，为推动法院内部监督发挥作用提供数据支撑，也使党组落实主体责任更加明确具体。

二是日常监督更加精准。派驻纪检监察组对监督平台发现的法官在审判流程、庭审现场、"三个规定"①落实等方面的违规违纪问题线索，积极开展日常监督执纪问责，将监督挺在前面，实现派驻纪检监察组早提醒早处置，防止法官小错积攒酿成大错。

三是关键环节、关键人员监督更加具体。监督平台汇总了法院审判权力运行系统和多个内部监督系统，把分散在各个系统的权力运行数据和内部监督数据汇集到纪检监察监督平台中，解决了纪检监察监督不能延伸到审判一线的难题。同时，有利于派驻纪检监察组及时与督察室、审判管理部门沟通，建立违规违纪追责移送机制，实现信息共享共用。

四是省市县三级纪委监委派驻机构信息化监督联动更加通畅。人民法院审判案件实行两审终审制，省以下三级法院在审判和人财物管理上统一管理，这也要求省市县三级纪委监委派驻纪检监察组在履行监督职能时要积极贯通、相互配合。监督平台通过流程化、层级化设计，解决了传统模式下各级派驻纪检监察组沟通不便、协作不畅的问题，相关协作事项可直接通过监督平台发起，并通过监督平台进行反馈。

五是监督权力行使更加规范。派驻纪检监察组的所有监督操作全程留痕、实时记录，规范了监督工作流程，避免了派驻监督权滥用。

（三）创新特色

平台设计坚持"以人民为中心"的发展思想，将人民群众急难愁盼的立案登记拖延、诉前化解不规范、诉讼退费不及时等问题转化为重点监督的指标和节点，构建起不敢为、不能为、不想为的政法生态，发挥了惩治震

---

① 《领导干部干预司法活动、插手具体案件处理的记录、通报和责任追究规定》。

惧、惩戒挽救、教育警醒的功效,在管理思路、工作模式、体系建设方面都进行了不同程度的创新,主要表现在如下五个方面。

1. 以内外监督为核心,凝聚强大制约合力

平台整合了8种角色,构建了权责明晰的司法责任链,建立了"1+7+N"监督体系总体格局。其中"7"为院庭长、督察、审判管理、法官管理、人事管理、信访管理、舆情管理等7个角色,分别负责对审判权日常运行的"N"个部门和人员进行监督管理;"1"为纪检监察角色,负责监督其他角色是否及时、规范、有效地行使了各自的监督职权,充分发挥监督执纪问责、监督调查处置职责。"7+N"代表着法院加强内部监督,"1"代表着纪检监察强化外部监督。通过打造平台这一监管利器,法院的主体责任在前主动落实,纪检监察的监督责任在后强力推动,内部监督和外部监督同向发力,推动从严治党主体责任和监督责任落到实处。

2. 以权责清单为指引,厘清审判权力边界

河北高院全面推进建章立制,制定健全院庭长履行监督职责的实施意见等12大类60余项规范性文件,特别是专门针对8个角色分别制定了8套运用平台进行监督管理的标准化作业流程,为平台运转奠定了制度基础。通过系列制度,细化院长、审判委员会委员、庭长、员额法官、合议庭成员、法官助理、书记员、案件评查人员等各类人员不同岗位权责,规范行使审判权力、强化监督管理等事项。通过制定院庭长审判监督管理权责清单,明确院庭长应严格落实"一岗双责"、加强四类案件监督管理、审判流程节点管控、案件质量管理、审判运行态势分析等20余项审判监管责任。

3. 以风险重点为抓手,推动监管全面覆盖

平台覆盖了重点案件、重点节点、重点事件、重点人员四大维度,通过对"关键少数"、关键岗位以及审判权运行各个环节中易出漏洞、风险频发的重点事项加强监管,在做实日常监督的同时,抓好重点监督。平台紧盯瑕疵案件、长期未结、发回重审、改判案件、启动再审案件、四类案件、确认违法并引发国家赔偿案件、虚假诉讼等重点案件,严格管控违规延长中止扣除审限、超期立案、庭审违规、案款发放超期、评估拍卖超期、终本核查不

合格等重要审执流程节点，瞄准纪检举报、外部督办、信访、舆情以及有案不立、压案不查、压款不返、扣款不发等队伍教育整顿顽瘴痼疾重点事项，关注高风险法官、受处理干警等重点人员，实现各类监管看得见。

4. 以信息技术为支撑，实现科学自动监管

平台充分运用大数据、区块链和人工智能等技术，集中整合了15个信息化应用系统，打造了"15个自动化"，即"立案风险自动拦截、四类案件自动标识、法官负面行为自动预警、节点风险自动监控、监管事项自动提醒、违规行为自动冻结、电子卷宗自动核查、庭审违规自动巡查、评查结论自动推送、接触过程自动记录、过问干预自动留痕、职业放贷人自动确认、虚假诉讼自动筛选、考核绩效自动关联、业绩档案自动生成"，实现了各类数据的自动汇聚、全程留痕，用15道"数据铁锁"将审判权力牢牢关进"数据铁笼"。

5. 以考核奖惩为手段，推动监管成果运用

各级法院综合运用绩效考核系统，将监督处置结果自动纳入法官绩效考核和业绩档案。对于考核结果较差的，采取扣发绩效奖金、限制文书签批权、暂缓法官等级和公务员职务职级晋升、责令退出法官员额等不同举措，让监督"长出牙齿"，确保监督真正落地落实。

五　问题与展望

（一）存在问题

一体化审判权监督制约平台利用信息化技术建立了规范、实时、全程监督的监督体系，通过智能化数据分析比对、自动化提醒、流程化管理，大大提升了监督效能，解决了监督不聚焦、监督能力不足的问题，解决了少数院庭长不愿、不会、不敢履行监管职责的问题，实现了早提醒、早打招呼，防微杜渐的效果。平台上线运行以来，整体运行情况良好，但仍存在两方面的问题。

1. 应用方面

一是思想认识有待提升。部分法院未能充分认识一体化审判权监督制约平台的重要意义，对平台应用重视度不高，推进力度不足，派驻纪检组、院庭长及相关管理部门参与程度不高，积极性不足。二是平台运用有待规范。平台的运行需要配套管理制度进行支撑，部分法院的工作制度不明确，权责清单不明晰，无法将实际工作与平台功能进行有效结合。

2. 技术方面

一是智能化支撑能力有限。平台融合了 OCR 识别、文本识别、信息自动提取、信息自动分析比对、个案智能识别等智能化技术，但在风险案件、风险事件、风险节点、风险人员的自动识别能力和精准度上支撑不足。二是数据分析能力有限。目前平台只重点汇聚了审判、执行相关数据信息，财务、行政、人事方面数据信息还未汇聚，同时针对已汇聚的数据，在人员维度、案件维度的交叉分析对比还不够深入，规则还不够清晰。

（二）未来展望

习近平总书记指出，司法体制改革在全面深化改革、全面依法治国中居于重要地位，对推进国家治理体系和治理能力现代化意义重大。各级法院要努力让人民群众在每一个司法案件中都感受到公平正义，紧紧牵住司法责任制这个"牛鼻子"，把对司法权的法律监督、社会监督、舆论监督等落实到位，把司法权关进制度的笼子，让公平正义的阳光照进人民心田，让老百姓看到实实在在的改革成效。

下一步，河北高院将紧紧围绕扎牢"数据铁笼"的工作理念，不断拓展丰富平台指标和功能，提高应用的广度和深度，向更智能、更精准、更规范的方向发展。

1. 指标更加丰富，数据更加全面

依据法律规定和监督中发现的突出问题，科学、准确界定审判和执行工作中的廉政风险点，进一步丰富数据范围，如财务数据、人事数据、行政数

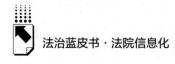
据等，进一步扩展监督指标，进一步提升精准监督的水平，达到对区域、对法院、对法官的精准画像、科学评判。

2. 流程更加规范，规则更加科学

以当前权责清单为基础，进一步理清各管理主体责任范围，谁有权力做什么、谁该承担什么责任，并明确详细的履职监督管理流程，确保监督有制度、有依据。

3. 操作更加智能，技术更加先进

持续优化新的技术应用，优化自动识别规则，提高人工智能应用水平，引入区块链应用，将监督管理过程上链存证，保证监督过程全程留痕，不可删除、不可篡改。增加更多智能监管提醒功能，实现对责任主体的实时主动提醒、动态监控监管。

河南省高级人民法院"智慧画像"系统建设调研报告

河南省高级人民法院课题组*

摘　要： 随着人民法院受理案件逐年增多，传统管理思维和管理方法滞后与繁重的审判执行工作任务之间的矛盾日益凸显。为提高审判管理智能化水平，激励法院干警担当作为，提升审判执行工作质效，河南省高级人民法院加快推进智能化信息化监管平台建设，先后上线以"法官画像""法官助理画像""书记员画像"为内容的"智慧画像"系统，将办案办公系统的案件数据与审判管理部门、人事管理部门考评办法智能结合，实时展示全院审判运行态势，科学分解审判管理指标，以司法大数据为基础，为法院干警"画像"，客观公正评价办案人员的工作质效，为队伍管理、择优选拔提供"智慧方案"。

关键词： 科学考评　"智慧画像"　队伍管理　司法大数据

一　"智慧画像"系统的建设背景

（一）人民法院信息化发展的要求

十八大以来，人民法院坚决贯彻落实党中央网络强国战略，积极推进人

---

* 课题组负责人：刘冠华，河南省高级人民法院党组成员、副院长。课题组成员：王晓东、尹毅、郭琦。执笔人：郭琦，河南省高级人民法院信息处四级主任科员。

民法院信息化建设工作，印发了《最高人民法院关于加快建设智慧法院的意见》《人民法院信息化建设五年发展规划（2021～2025）》《关于推进司法数据中台和智慧法院大脑建设的通知》等重要文件。在智能服务管理方面，要求丰富扩展司法数据资源，深入开展司法大数据研究，不断提升数据汇聚、分析、应用水平。加强大数据在司法管理、廉洁司法中的应用，聚焦案件、政务、人事，加强智慧管理，推进司法人事精细化管理建设，融合人事信息、行政办公信息、审判办案信息，实现人事、案件、政务信息共享和人员多维度管理，对干警工作进行动态管理、智能测算、全方位监督评价考核。以法院人事信息为主体，实现"人—案"关联融合，支持人员动态变化过程中的绩效分析。建立知识自动生成机制。面向态势规律、办案规则、实体关系、基础描述等各类知识应用，推进辖区法院知识积累与深度应用，构建地方特色司法知识模型与知识库。因此，如何利用司法大数据实现智能化管理、精细化管理、科学化管理成为重要研究方向。

（二）法官员额制改革的要求

2013 年，《中共中央关于全面推进依法治国若干重大问题的决定》指出，要建设高素质的正规化、专业化、职业化法治专门队伍，提高职业素养和专业水平，加快建立符合职业特点的法治工作人员管理制度，完善职业保障体系，建立法官专门职务序列及工资制度。最高人民法院先后印发了《最高人民法院关于全面深化人民法院改革的意见——人民法院第四个五年改革纲要（2014～2018）》《最高人民法院关于深化人民法院司法体制综合配套改革的意见——人民法院第五个五年改革纲要（2019～2023）》，对法官员额制改革有了更加详细的规定。由此，各地法院纷纷推进法官员额制改革试点工作，法官员额制改革措施更加细化成熟。随着法官员额制改革，入额法官标准提升，人员数量减少，承担的审判案件工作量却有增无减，案多人少形成巨大矛盾。因此，如何利用大数据、人工智能等技术手段，科学客观评价法官、法官助理、书记员的办案质效，成为新时代人民法院队伍管理的迫切需求。

（三）政法领域全面深化改革的要求

2021 年 7 月 24 日，政法领域全面深化改革会议强调，要严格落实执法司法责任，督促推动广大政法干警依法履职尽责。一是完善"督责"制度机制。健全领导干部办案情况通报制度。探索将履行监管职责情况以及办案质效总体情况，作为领导干部综合考评的重要内容，怠于行使或者不当行使监督管理权的依纪依法追究责任。紧紧抓住法律监督这个利器。二是完善"考责"制度机制。充分发挥考核评价的"指挥棒"作用，把考核评价作为奖勤罚懒、赏优罚劣、激励担当、追责问责的依据，引导干警树立正确的权力观、责任观、政绩观。转变考评理念。通过智能化信息化完善"督责""考责"制度机制，成为人民法院探索新形势下政法全面深化改革的重要方向。

二 "智慧画像"系统建设的必要性

近年来，河南省高级人民法院（以下简称"河南高院"）智慧法院建设高速发展，业务系统覆盖范围及用户规模逐步扩大，信息化软硬件数量迅速增长、应用频次不断加大，逐渐建成包括审判执行系统、诉讼服务平台、办公 OA 系统、考勤系统、集中送达平台等在内的 23 个涉及诉讼服务、审判管理、监督执行、电子送达、无纸化办公、数据汇聚、个人绩效统计的全业务智慧法院体系。随着最高人民法院关于信息化发展规划及法官员额制改革指引出台，数据中台、数据应用、知识服务、法官质效成为推进河南高院司法大数据发展应用、辅助审判、智慧决策的重要方向。

（一）加强精细化管理的需要

智慧画像系统是推进法院队伍精细化管理的重要抓手。该系统通过与办案办公系统的数据对接，全面展示了员额法官、法官助理、书记员工作绩效。法官画像主要包括个人信息、绩效排名、当年/当月/昨日收结案数、临期/超期案件情况、审限变更情况、电子卷宗随案生成率、裁判文书签章率、办公数量、考勤情况以及综合排名等。法官助理画像主要包括参与办理案件数、辅助编写裁判文书数、辅助送达数、辅助制作电子卷宗数，工时强度、办公数量、考勤情况以及综合排名等。书记员画像主要包括书记员与法官的配比、参与开庭情况、庭前准备工作送达数、三个月内操作归档案件数、结案文书有效送达数、操作审判流程系统结案数、扫描制作电子卷宗页数、笔录记录字数六个关键性指标以及综合得分排名情况等。通过以上指标，精准管理每位干警每项办公办案环节，客观反映工作质效，为领导决策、择优选拔提供数据支撑。

（二）提升办案质效的需要

智慧画像系统是推进质效提升的有力举措。为更好地营造"赶、比、追"的案件审理工作氛围，将原先散落在审判执行系统、办公 OA 系统、绩效系统中的人员质效数据进行全面系统梳理，通过模型构建、数据融合和可视化展示，随时查看排名情况，激励质效提升。按照业务方向、流程方向、部门方向细分指标体系，以数据化界面展示，为领导和系统使用者提供直观的综合质效情况。通过人员质效排行榜的轮播、动态的图形分析，结合院机关巨幅展示屏，让干警们对自己的工作成效及所在位次一目了然，形成"你追我赶、争先创优"的工作氛围。

（三）探索知识服务的需要

智慧画像系统是探索数据中台知识服务的重要基础。为更好地推进全省法院数据汇聚与深度应用工作，加快构建"河南特色"司法大数据服务模型，不断完善司法综合指数体系，提高数据研究与挖掘能力，河南高院对原有零散的司法大数据进行整合和融合，通过构建法官综合绩效、法官助理综合绩效、书记员综合绩效指标，详细展示职级、群体特征、绩效排名、光荣榜、办案成效等评价指标，为全省法院"人、案、物"融合一体化的司法综合指数指标体系建设探索创新实践，努力实现司法大数据应用成效升级，推进数字服务成效提升。

三 "智慧画像"系统的建设目标

智慧画像系统适用于员额法官、法官助理、书记员等干警的绩效考评。通过展示不同部门、不同岗位、不同人员的工作绩效,实现"细化办案职责""实化监管责任",围绕"督责""考责""追责"三个环节,以办案的质量、效率、结果为基本内容,以激励队伍、选拔优秀为目标,督促全院干警履职尽责。

(一)以实时数据为基,动态展示主要系统应用成效

通过对接审判管理系统、电子卷宗系统、OA办公系统、考勤系统等,实时展示本院办案成效,包括当年、本月、昨日案件收结存数量、同比环比、OA办公、考勤情况等内容,确保数据的全面性、实效性、准确性。

(二)以提升质效为本,客观评价每位干警工作质效

利用"排行榜"模式,滚动展示当前年度每个业务庭办案质效第一名的员额法官、法官助理、书记员,以期通过展现先进形象,推动整体审判执行工作质效提升。根据"办理案件数、结案数、办理工作量"等指标综合展示各业务条线和各部门的法官排名情况。进入画像详情,要全面展示干警个人办公办案情况。

(三)以态势分析为据,为审判管理提供智能化服务

采用柱状图、饼状图、折线图等图表方式直观展示办案质效态势,为审判管理部门考核当月工作、测算下月各个审判团队预计结案量,以及各个团队预计分配给每名法官的工作量提供数据参考。

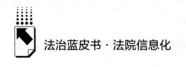

四 "智慧画像"系统的主要功能

智慧画像系统包含法官画像、法官助理画像、书记员画像三个子系统。

（一）法官画像子系统

法官画像子系统通过员额法官排行榜、近一月绩效排名、办案成效、办公成效、员额法官职级分类、员额法官占比六个模块综合展示了河南高院员额法官整体和个人的办案办公绩效。

1. 法官画像首页主要内容

法官画像首页包括以下内容。

"员额法官排行榜"滚动展示每个业务庭办案质效第一名的员额法官，以期通过展现优秀法官的形象，推动整体审判执行工作质效提升。

"本院办案成效"包括新收/已结案情况、临期/超期案件情况、审限变更等情况。新收/已结案情况通过折线图的形式展示近六个月的已结案件数、新收案件数、结案率的变化趋势。临期/超期案件情况通过柱状图的形式展示0～5天、5～10天、10～15天、15～30天、30天以上的临期案件数和超期案件数。审限变更情况以条形图的形式展示全院当年审限变更次数前五的案号和变更次数信息，以及本年度审限变更率前五的法官姓名和审限变更率。新收/已结案件情况、临期/超期案件情况、审限变更情况分组轮播展示，数据每20分钟更新一次。

"员额法官职级分布"通过环形图的形式展示全院法官职级的分布情况。展示院内员额法官总数，并以圆形图直观展示二级大法官、一级高级法官、二级高级法官、三级高级法官、四级高级法官、一级法官数量以及占比。

"全院法官绩效排名"从办理案件数、结案数、办理工作量三个维度，民事、刑事、行政、审监四个业务条线动态展示全院排名前五的法官和部门，并以条形图直观展示对应维度的具体数值。其中"办理工作量"是以

《河南省高级人民法院机关案件工作量折算办法（试行）》为依据，根据设定的案件折算数自动计算生成。折算数选择以再审审查类案件为基准，确定基础系数，其余案件类型相应折算。针对特殊情况，如合议庭审理的案件、不开庭审理的案件，工作量一般按照审判长、主审法官、参审法官20%、70%、10%的比例分配；主审法官同时担任审判长的，工作量按审判长（主审法官）、参审法官、参审法官80%、10%、10%的比例分配。开庭审理的案件，各合议庭成员的工作量分别按审判长、主审法官、参审法官25%、60%、15%的比例分配；主审法官同时担任审判长的，工作量按审判长（主审法官）、参审法官、参审法官70%、15%、15%的比例分配。审委会委员参加审委会讨论案件的，按每件案件工作量的2%计算工作量，意见不属于多数意见的，不计算工作量；但在案件改判、发回重审、指令再审中，意见正确的，其应计的工作量增加20%。

"员额法官占比"同样采用环形图方式展示人员分布情况。展示院内干警总数，并以圆形图形式直观展示河南省高级人民法院员额法官数量和在干警总人数中的占比情况。

"全院干警办公系统应用成效"展示河南省高级人民法院近30天、近7天、近2天发送和接收文件、材料的数量，并用折线图的形式展示近12个月发送文件、材料数量和变化趋势。

2.法官画像个人界面主要内容

点击员额法官头像即可进入该员额法官个人画像界面，包括以下内容。

"法官个人信息"采用法官头像和文字信息结合的方式展示法官的姓名、性别、部门和职级等基本信息。

"绩效排名情况"动态展示该法官在其业务条线和所在部门近六个月的办理案件数、结案数、办理工作量和排名情况。

"个人办案成效"包括该法官当年收结案数、当月收结、昨日收结情况以及同环比情况等。另外，还有办案系统的关键指标，如电子卷宗随案生成率、裁判文书签章率等。

"个人审判预警"指新收/已结案情况、临期/超期案件情况、审限变

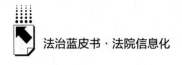
更情况。

"办公成效"指该法官发送和接收文件/材料的数量。

"考勤情况"采用电子日历的样式形象展示当月该法官正常出勤、休假和缺勤情况等。

（二）法官助理画像子系统

法官助理画像子系统通过法官助理排行榜、参与办理案件数排名（近一月）、当年关键性绩效指标统计、办公成效、参与办理案件情况与工时强度情况、法官助理与员额法官配比六个模块综合展示了河南高院法官助理群体和个人的办案、办公成效。

1. 法官助理画像首页主要内容

法官助理画像首页主要包括以下内容。

"法官助理排行榜"按业务部门分组轮播展示优秀法官助理评比结果，展示内容包括优秀法官助理形象以及姓名和部门信息。评比结果由系统根据与法官助理工作相关的关键性绩效指标计算排名得来，指标包括参与办理案件数、辅助编写裁判文书数、辅助送达数、辅助制作电子卷宗数等等。排行榜为全院树立优秀法官助理先进形象。

"当年关键性绩效指标统计"根据法官助理在案件全流程中的岗位职责，对日常工作进行量化分析、数据计算，最终展示全院法官助理当年参与办理案件数、辅助编写裁判文书数、辅助送达数、辅助制作电子卷宗数四个指标值及同比变化情况。

"法官助理与员额法官配比情况"展示员额法官数量和法官助理数量，间接反映员额法官的法官助理配比情况。

"参与办理案件数排名"从民事、刑事、行政、审监四个业务条线动态展示全院参与办理案件数排名前五的法官助理和部门，并以条形图形式直观展示对应案件数量。

"办公成效"展示全体法官助理近30天、近7天、近2天发送和接收文件、材料的数量，并用折线图的形式展示近12个月发送文件、材料数量和变化趋势。

"参与办理案件情况与工时强度情况"通过折线图的方式展示河南省高级人民法院法官助理人均协助办理案件数量和人均工时强度。

2.法官助理画像个人界面主要内容

点击法官助理照片即可进入法官助理个人画像界面，包括以下内容。

"法官助理基本信息"采用法官助理照片和文字信息结合的方式展示法官助理的姓名、性别、部门和年龄等基本信息。

"绩效综合指标得分排名"动态展示当前法官助理在其业务条线和部门内近六个月的绩效得分及排名情况，绩效得分根据与法官助理工作相关的关键性指标计算得来。

"当年关键性绩效指标统计"包括该法官助理当年参与办理案件数、辅助编写裁判文书数、辅助送达数、辅助制作电子卷宗数四个指标值及同比变化情况。

"协助办理案件情况与工时强度情况"采用折线图形式展示该法官助理近六个月协助法官办理的案件数量以及工时强度百分比，工时强度反映了法官助理的工作强度。

"办公成效"展示近30天、近7天、近2天该法官助理发送和接收文件、材料的数量，并用折线图的形式展示近12个月发送数量的变化趋势。

"考勤情况"采用电子日历样式形象展示当月该法官助理正常出勤、休假和缺勤情况等。

（三）书记员画像子系统

书记员画像子系统通过书记员排行榜、绩效综合指标得分排名（近一月）、当年关键性绩效指标统计、参与开庭情况（近一月）、协助办理案件情况与工时强度情况、书记员法官配比等模块综合展示了河南高院书记员群体和个人的办案、办公成效。

1.书记员画像首页主要内容

书记员画像首页包括以下内容。

"书记员排行榜"按业务部门分组轮播展示书记员绩效考核评比结果，展示内容包括优秀书记员形象、姓名、部门以及综合得分。评比结果由系统根据与书记员工作相关的关键性绩效指标计算排名得来，指标包括庭前准备工作送达数、三个月内操作归档案件数、结案文书有效送达数、操作审判流程系统结案数、扫描制作电子卷宗页数、笔录记录字数等。

"关键性绩效指标总体情况"依据书记员工作规范及量化考核办法，对庭前准备工作送达数、三个月内操作归档案件数、结案文书有效送达数、操作审判流程系统结案数、扫描制作电子卷宗页数、笔录记录字数六个关键性指标计算分析，直观展示业务部门每名书记员的工作成效。

"书记员法官配比情况"通过仪表图的形式展示全院业务部门书记员及员额法官数。

"绩效综合指标得分排名"展示各业务条线书记员近一月的得分排名情况。计算结果依托大数据管理中心的底层数据，通过对庭前有效送达数、庭审笔录文字数、扫描制作电子卷宗页数、案件报结数、结案文书送达数、三个月内有效归档案件数等多维度的数据分析、融合及建模，对书记员日常工作进行了量化考核计算，实现评估结果的自动化计算与展示，为书记员绩效考核提供数据参考。

"参与开庭情况"展示业务部门书记员近一月参与开庭情况，主要有参加内网开庭、互联网开庭和内外网融合开庭的数量。

"协助办理案件情况与工时强度情况"包括各月度人均协助办理案件数趋势图和人均工时强度趋势图。

2. 书记员画像个人界面主要内容

点击书记员照片即可进入该书记员个人画像界面，主要包括以下内容。

"书记员基本信息"采用书记员照片和文字信息结合的方式展示书记员的姓名、性别、部门和年龄等基本信息。

"绩效综合指标得分排名"动态展示当前书记员在其业务条线和部门内近六个月的绩效得分及排名情况，绩效得分根据与书记员工作相关的关键性绩效指标计算得来。

"当年关键性绩效指标统计"展示书记员当年庭前准备工作送达数、三个月内操作归档案件数、结案文书有效送达数、操作审判流程系统结案数、扫描制作电子卷宗页数、笔录记录字数六个指标值及同比变化情况。

"协助办理案件情况与工时强度情况"采用折线图的形式展示当前书记员近六个月协助法官办理的案件数量以及工时强度百分比,工时强度反映了书记员当月的工作强度。

"参与开庭情况"通过柱状图展示了当前书记员近一个月参与互联网开庭、内网融合开庭、内网开庭、内网开庭网上直播以及远程开庭的次数。

"考勤情况"采用电子日历的样式形象展示当月该书记员正常出勤、休假和缺勤情况等。

五　"智慧画像"系统的创新成效

（一）用数字化辅助法院精细化管理

《人民法院信息化建设五年发展规划（2021～2025）》提出,要推进司法人事精细化管理,融合人事信息、行政办公信息、审判办案信息,实现人事、案件、政务信息共享和人员多维度管理,对干警工作进行动态管理、智能测算、全方位监督评价考核。智慧画像系统的建设和应用,是河南高院推进司法人事精细化管理的尝试和探索。智慧画像系统融合了干警日常工作的各项数据,从编写裁判文书到撰写电子公文,从扫描电子卷宗到整理案件笔录,从送达文书到打卡考勤,综合汇聚了干警每日的工作数据,经过融合分析,形成干警画像,让原本分散的办案、办公数据以干警为主体聚合在一起,让干警的工作绩效展示更加直观和立体。自智慧画像系统2020年7月上线运行以来,已成为案件质效的"体检表"、推动工作的"指挥棒"。

（二）用可视化激励干警奋勇争先

智慧画像系统将自动计算得出的绩效数据以可视化的形式展现,通过折线图、柱状图以及动态特效形象展示干警绩效排名和指标变化。自该系统上线后，通过院机关大厅巨幅电子屏轮播展示，全院干警可随时驻足查看。绩效排名、审判质效、综合办公不再是每个部门的内部数据，而是全院每日的公开数据，持续激发全体干警的争先创优意识。

（三）用智能化提升法院审判质效

智慧画像系统通过直观的数据展示、多样的审判辅助指标，全方位辅助干警审判工作，并为审判质效提升作出重大贡献。自平台上线以来，通过对法官、法官助理、书记员相关案件办理质效指标的分析展示，极大提升了河南高院案件结案率、平均审理效率、归档率等审判质效指标，平台运行成效显著。在案件结案率和人均结案率方面，2021 年 1～6 月河南高院人均结案数较 2020 年同期提高 47.94%，结案率提高 6.68%。在案件平均审理效率方面，2021 年 1～6 月河南高院民事案件平均审理天数为 65.7 天，2020 年同期为 68.3 天，同比缩短了 3.8%。2021 年 1～6 月行政案件平均审理天数为 51.1 天，2020 年同期为 62.1 天，同比缩短了 17.71%。在案件结案归档率方面，2021 年 6～9 月，书记员在案件结案三个月内归档数逐渐增多，9 月份 291 件，10 月份 251 件，环比 8 月份分别增加 272 件、232 件。这些数据充分验证了可视化预警审判关键指标的智慧画像系统是有助于增强员额法官审限意识、强化审判管理、提升审判质效的创新举措。

六 "智慧画像"系统的问题与展望

（一）存在问题

1. 数据资源有待进一步扩充融合

智慧画像系统虽采集融合了干警办案办公产生的数据，但面对未来不断深化的质效分析、绩效考核需求，已采集的数据资源还远远不能满足基础支撑。当前已实现采集的案件数据主要集中在案件基本信息,只能做一些基础的收结存统计和审限相关统计;已实现采集的办公数据主要是收发文数和考勤数据,仅能用于展示收发文数的趋势变化和考勤打卡情况。随着河南智慧法院建设不断深入,司法大数据体量还在不断扩大,智慧画像系统当前只采集融合了冰山一角,数据"孤岛"问题依然存在,数据价值还有待充分挖掘。

2. 数据准确性、实时性有待提升

当前智慧画像系统还存在数据准确性不足的问题。比如,书记员画像的六大关键性绩效指标,其中"扫描制作电子卷宗页数"和"笔录记录字数"两项指标还存在准确性不足的问题。同时,由于依赖绩效系统的指标计算,智慧画像系统的指标展示实时性也无法得到稳定保障。对接第三方系统采集数据的方式随着业务种类的增加也会带来更多的准确性和实时性问题,因此数据采集、融合、治理方式是后续有待优化的方面。

3. 指标算法科学性有待完善

建设智慧画像系统的目的是科学客观公正评价法院干警办案质效。目前算法科学性方面还存在不足。比如,在法官绩效排名模块展示了法官办理工作量的排名,该工作量计算方法基于《河南省高级人民法院机关案件工作量折算办法(试行)》中的案件折算法实现,即通过选取一个标准案件,其他案件都依据这个标准案件进行折算。这种算法的好处是计算方式简单,不同的折比系数兼顾了不同案件类型的难易程度,但缺点是同类案件的难易程度无法兼顾,难以达到较高的公平性。

4. 智能分析预警能力有待加强

智慧画像系统实现了实时追踪审判运行态势,动态展示审判管理指标,做到了审判工作结果的可视化展示,但还未达到审判管理工作的监督和预警能力。针对超审限未结案件、被发改案件、裁判文书瑕疵、违规庭审行为等问题缺少智能分析发现和预警能力,使审判管理工作很难发挥事前监管作用。

（二）未来展望

1. 扩充数据资源融合，打破数据壁垒

为进一步加强人民法院审判执行工作的统一监督管理，加强对各类人员的精细化管理，实现干警业绩的精准测算与考核，法院应加强数据和知识服务能力建设，全面丰富内外信息资源和数据内容，进一步加强数据关联融合。智慧画像系统可依托河南法院建设的涉诉信访、电子档案、电子送达、诉讼服务网等系统，不断扩充数据融合范围，整合各类业务数据，深度挖掘数据间的关联性。

2. 深化大数据服务能力，提高数据质量

为提高智慧画像系统数据质量，确保数据统一性和准确性，应不断丰富大数据资源，统一数据采集、数据融合标准，提升数据治理能力，建设多源多态数据融合库，建立司法大数据共享应用机制，形成数据服务主体即司法数据中台，提供多元智能的数据和知识服务。将司法数据中台作为智慧画像系统的唯一数据来源，依托数据中台的数据服务能力，让智慧画像系统聚焦大数据深入挖掘分析，提升数据分析质量。

3. 优化数据分析算法，全方位服务质效提升

智慧画像系统通过绩效排名客观反映干警工作成效，其中办理工作量是智慧画像系统的重要绩效计算指标，算法依托简单的案件折算办法实现，无法兼顾同类案件不同复杂度的情况。后续可探索更加科学的计算办法，融入数据标准化过程和权重计算过程，运用数据同趋化处理和无量纲化法，先解决罪名、卷宗册数、开庭次数、送达次数等数据不同性质的问题和可比性问题，再进行加权计算，使工作量折算更加客观和准确。

4. AI 智能化应用深度探索，全方位辅助智能决策

智慧画像系统应强化 AI 分析能力，为智慧管理提供底层计算支撑。通过融入庭审视频分析技术，运用动作识别深度卷积网络算法，完成人体姿态检测和动作识别，实现对庭审活动的可视化分析；加持自然语言处理技术，运用基于神经网络的深度学习框架，结合裁判文书词语分析，实现对文书要素、逻辑、表述、法条引用、裁判尺度、量刑规范的全方位综合评判，实现裁判文书和庭审过程的智能综合评判功能，让法院干警画像更加立体完整，让评价体系更加完善科学，全方位辅助智能决策，推动办案质效"智评"。

B.19
上海法院电子卷宗单套制改革试点实践

曹红星 陆 诚 高忠伟*

摘 要： 作为最高人民法院和国家档案局电子文件单套归档和电子档案单套管理试点单位，上海市高级人民法院积极开展三级法院联动试点，在推动电子档案管理理念、管理模式、信息化建设等方面创新突破，确立了单套管理为核心、兼顾纸质原件的混合管理理念，形成了以法院数据采集中心为原点的诉讼数据规范化采集和管理模式。上海法院电子卷宗单套制改革运用智能编目、区块链存证等技术保障电子文件管理全流程规范性、安全性；以安全保障为底线，积极推进"电子档案库房"建设，确保电子档案的长期保存绝对安全。经过几年的努力，试点工作取得了显著成效。截至 2021 年 8 月底，上海法院共完成电子诉讼卷宗单套制归档 17.4 万件，成功通过了海量档案操作和数据运行的压力测试，为推进全流程网上办案体系建设奠定了数据资源基础。

关键词： 电子卷宗 单套归档 改革试点

一 上海法院电子卷宗单套制改革试点的意义

2018 年最高人民法院在上海等 8 个地区 30 余家法院实施"电子档案为

---

* 曹红星，上海市高级人民法院信息管理处处长；陆诚，上海市高级人民法院信息管理处副处长；高忠伟，上海市高级人民法院办公室档案科科长。

主、纸质档案为辅"的案件归档方式管理试点。2020 年 3 月，国家档案局等三部门联合发文确定上海高院承担电子文件单套归档和电子档案单套管理试点任务，上海高院以此为契机，积极开展三级法院联动试点，在推动电子档案管理理念、管理模式、信息化建设等方面创新突破。经过几年的努力，试点工作取得了显著成效。

上海法院电子卷宗单套制试点改革实践的意义在于以下几个方面。

（一）参与城市数字化转型的重要举措

当前，以互联网、人工智能为代表的信息技术日渐成为创新驱动发展的先导力量，正在全球开启一场全局性、战略性、革命性的数字化转型。"十四五"规划纲要专篇对"加快数字化发展、建设数字中国"作出重要部署。2020 年底，上海市委、市政府印发了《关于全面推进上海城市数字化转型的意见》，从整体性转变、全方位赋能、革命性重塑等方面确定了城市数字化转型的建设任务。推进电子档案单套归档改革，是上海法院贯彻落实中央、市委部署要求的具体实践，也是主动作为、参与城市数字化转型的重要举措。

（二）持续优化法治化营商环境的有力抓手

在世界银行营商环境评价中，法院信息化是"执行合同"指标的重要内容，该指标主要评价法院电子立案、电子送达、电子缴费等在线诉讼的制度建设及应用情况。近年来，上海法院作为电子档案单套归档首批试点单位之一，从规划、技术、管理、服务上积极推进改革试点，逐步形成了新形势下电子诉讼档案单套制管理的"上海经验"，为推动法治化营商环境相关指标提升作出了贡献。优化法治化营商环境是法院的重要职责，而电子档案单套归档改革的持续深入，将进一步促进法治化营商环境提升。

（三）打造全流程网上办案体系的基础保障

2021 年，最高人民法院发布了《人民法院在线诉讼规则》。随着互联网

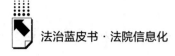

时代的到来，在线诉讼、电子诉讼成为时代趋势，特别是在疫情持续的特殊背景下，在线立案、在线庭审已经成为法院诉讼服务和案件办理的常态化方式。在线诉讼中形成的电子文件，只有符合国家档案技术标准才能以电子文件的形式予以归档。当前，上海法院正处于大力推进在线诉讼和全流程网上办案的关键期，用好电子档案单套归档改革这一重要举措，将为全流程网上办案提供有力的基础保障。

二　电子卷宗单套制改革试点的基本原则和目标

（一）改革试点基本原则

上海法院电子卷宗单套制归档改革试点坚持以电子卷宗归档为核心的试点基本原则，推进实施过程中要坚持安全、可靠、有效的原则，做到归档业务转型与电子档案数据安全两手抓，确保试点进程中业务不断、数据不散、档案不乱。

一是坚持服务审判主线。电子卷宗单套制归档改革牢固树立为审判服务的理念，立足服务诉讼全覆盖、全场景、全流程的要求，尽力贴近不同办案人员的工作习惯，依托电子档案管理方式改革有效减轻办案法官和书记员的归档整理工作负担，避免业务部门和档案部门核对电子卷宗与纸质档案一致性的无效劳动，为提高上海法院审判工作效率提供有力支持。

二是坚持司法便民利民。电子卷宗单套制归档改革充分运用电子档案，拓展"阳光司法，透明法院"建设，进一步为当事人、诉讼参与人和律师参与诉讼提供线上服务，减轻人民群众诉累，提高法院诉讼服务水平。

三是坚持稳妥有序推进。电子卷宗单套制归档改革按照先行试点、逐步扩大、审慎稳妥、有序推进的思路，开展改革试点。在科学制订实施方案的基础上，鼓励基层创新，既发挥顶层设计引领作用，又发挥基层探索探路作用，确保改革行稳致远。

四是坚持现代科技驱动。电子卷宗单套制归档改革牢牢把握现代科技发展趋势，充分运用大数据、区块链、云计算等现代科技，破解电子卷宗单套归档和电子档案单套管理中的改革难题，提升改革效能，为法院档案工作插上现代科技翅膀。

五是坚持信息安全保障。改革牢牢把握电子档案单套归档和单套管理的本质属性，强化试点工作的安全性、保密性，充分认识档案信息安全对维护司法公正和群众利益的重要意义，确保试点工作中法院电子档案信息资源的绝对安全可靠。

（二）改革试点目标

上海法院电子卷宗单套制归档改革试点旨在无缝对接档案管理系统与审判系统网上办案功能，通过归档管理推动实现电子卷宗随案生成、规范运转，大力推广电子签章、元数据采集等技术应用，建立电子诉讼文件真实性、完整性、可用性和安全性检测模式，严格电子档案安全保存机制，努力形成原生电子诉讼卷宗单套归档管理模式。

三　电子卷宗单套制改革的举措

（一）推动形成符合法院特色的电子卷宗单套归档新格局

上海法院以电子文件单套管理理念为引导，着力打造了全流程、立体化的电子文件归档和流转模式。一是探索形成切合实际、以单套管理为核心、兼顾纸质原件的混合管理理念。结合上海法院工作实际，明确了"混合单套"归档理念，以电子档案作为唯一归档方式，将确有必要的纸质原件以电子档案附件形式归档。法院内部产生的电子材料加盖电子签章后直接归档，实行单套制；当事人提供的证据类原件以电子卷宗的纸质附件形式归档；档案部门仅在电子卷宗平台上接收电子档案，不具备原始凭证价值的纸质复印件扫描后不再归档入卷。二是大力推进全流程网上办案。随着互联网时代的到来，在线诉讼、电子诉讼成为时代趋势，特别是在疫情特殊背景下，网上立案、在线庭审成为案件办理的主要形式。上海法院抓住机遇，大力发展全流程网上办案，以在线庭审、庭审记录方式改革、电子档案单套制改革、智能辅助办案系统运用为重点，加快打造全流程网上办案体系，以电子文件即时在线生成促进电子文件归档工作。三是打造立体式电子文件流转模式。为了实现电子档案在一、二审法院的有序流转，上海法院于 2021 年在全市大力推动诉讼档案无纸化上诉移送，二审法院的立案部门根据一审法院移送的电子档案完成立案工作，办案部门根据电子档案审理案件，仅在承办法官认为确有必要核对纸质原件的情况下才需从一审法院调取纸质档案材料。在确定试点单位时，充分兼顾高院、中院、基层法院各层面，在高院选取了金融庭、商事庭，中院选取了金融法院、二中院、三中院，基层选取了徐汇法院、嘉定法院、奉贤法院及上铁法院，实现了电子卷宗上诉移送流转的闭环。

（二）打造电子文件数据采集的新模式

电子文件采集质量是电子卷宗单套制归档的重要基础，上海法院牢固树立前端管理理念，严把诉前、诉中电子文件生成和采集关。一是建立法院数据采集中心。将法院诉讼服务中心扫描服务点打造成为法院数据采集中心，按照统一的标准化流程、格式化规范，对立案阶段的诉讼材料进行扫描，并配合智能识别系统进行辅助编目，确保电子诉讼文件录入质量。二是大力推进在线递交电子诉讼材料规范化工作。在电子卷宗归档改革进程中，办公室会同立案部门充分预判在线诉讼发展前景，共同推动优化网上立案工作、推进网上递交电子诉讼材料规范化建设，从源头抓好电子卷宗影像质量。拓展现有的电子材料提交平台功能，将数据采集中心与上海法院 12368 诉讼服务平台、律师服务平台等网上立案平台无缝连接，实现数据互通共享，引导当事人、律师在线提交电子化材料，网上立案电子材料质量显著改善，在线诉讼递交材料规范化建设初步完成。上海法院与市律协加强沟通，印发了关于优化网上立案工作、推进网上递交电子诉讼材料规范化的工作方案，先后在奉贤、嘉定、徐汇、闵行四个地区开展辖区内律师全员培训并取得显著成效。三是强化诉讼数据采集及时性。由立案扫描和在线提交的电子诉讼材料汇聚形成的电子卷宗进入审理程序后，书记员可继续将当事人补充提供的材料送交采集中心诉中扫描服务点或流动扫描点进行专业扫描。采集中心专职人员同时也对当事人在线提交或书记员上传的电子诉讼材料进行质量检查。抓好全流程网上办案过程中产生材料采集工作的规范化管理，严格按照电子卷宗归档标准，对具备归档价值的诉讼材料要按照"一页不漏"的标准进行高质量采集，确保电子卷宗材料归档完整性。四是打通与业务协同单位电子卷宗及材料的流转通道。2019 年 1 月，上海高院将审判业务系统与公检法司的办案协同平台进行联通，刑事案件中（除涉密案件外），公安部门的侦查卷及检察院的公诉电子材料也同步引入办案电子卷宗，其他所有案件的公安侦查卷、检察卷起诉电子材料均纳入电子卷宗。此外，与司法局也实现了减刑假释案件 100% 电子化移送，2021 年 1~8 月，全市法院接收减刑假释案件 1125 件，电子材料 4 万余份，全部实现电子化移送。五是打通与政府部门的电子数据交换通道。2019 年 11 月，上海高院依托上海市"一网通办"政务总平台的公共支付平台，实现诉讼费票据电子化，当事人通过线上或者线下渠道成功缴纳诉讼费后，市财政局将电子票据相关数据通过接口推送到高院，实现诉讼费电子票据自动归入电子卷宗。此外，上海高院积极推进与市大数据中心的数据对接，实现电子证照数据信息自动进入电子卷宗系统。

（三）实现新技术在档案管理领域的新运用

区块链、云技术等新技术发展为改革提供了新动能，依托上海法院信息化建设优势，努力为试点插上现代科技的翅膀。一是建成了电子诉讼文件归档管理系统。升级改造了电子卷宗随案生成系统，并结合最高人民法院发布的电子卷宗阅卷目录，嵌入包括卷宗整理、归档申请、档案验收等在内的电子卷宗实时归档功能，实现让书记员仅在电子卷宗平台上归档、档案员仅在电子卷宗平台上接收的一体化流程。研究开发单套制档案管理系统，实现电子档案接收归档"四性检测"的基本要求，并通过增加元数据管理、数字签名认证等专业功能，确保单套制电子档案接收后的唯一性和真实性。二是广泛运用电子签章技术。原生性电子文件比例大幅上升，全流程网上办案体系建设初见成效。第二批试点法院由于加入了三家年收案件数万件级别的基层法院，电子卷宗单套制归档改革明显激发了审判业务部门提高归档效率、应用电子签名生成原生电子文件单套归档的积极性，各试点法院普遍形成了研究电子签名、使用电子签名、反馈电子签名改进意见的良好风气，各类电子送达回证、裁判文书签发稿、合议庭笔录、专业法官会议记录应用电子签名的比例大幅上升，电子卷宗单套制归档改革自然而然成为全流程网上办案体系建设的有效抓手。三是完善专业档案信息管理体系标准化建设。制定符合法院特点的电子诉讼文件归档规范，包括元数据采集标准、归档文件格式、归档数据包结构、归档接口等方面的标准。形成以电子卷宗归档为核心的电子诉讼档案归档管理暂行办法，对电子卷宗实施有效的跟踪、监管和保存。强化对电子文件真实性、完整性、可用性、安全性的检测功能、电子文件封装打包功能以及元数据采集功能。

（四）探索电子文件归档保管新路径

鉴于单套制归档试点的核心是基于原生性电子档案的单套制管理，电子档案的数据安全管理标准要远高于一般信息系统数据备份要求，在试点过程中必须绝对确保电子档案数据的长期安全。为此，上海法院积极推进"电子档案库房"建设，形成档案部门对归档电子档案数据在线监管和离线保存的新模式，形成高院数据库汇聚一套以应用为主的在线数据（含本地备份和同城异地备份数据各一套）、各试点法院档案部门存储两种四套离线备份数据（档案级蓝光光盘和离线硬磁盘各两套，其中一套用于异地备份）的电子档案保管模式，同时探索对重要电子档案开展远程异地备份。根据新的工作模式设计了集档案级光盘和硬磁盘离线数据制作、保存一体化的两种离线数据保存柜，包括适用于基层法院和小型机关档案室、一次存放400张蓝光光盘和20个硬磁盘的小型光磁库设备，以及适用于中高级法院和大型档案机构、一次存放8000张蓝光光盘且自动抓取的大型光磁舱设备，均具备温湿度监控和除尘通风功能，以确保电子档案的长期保存绝对安全。

四 电子卷宗单套制改革的主要创新点

（一）保障电子文件的规范性及电子档案"四性"

上海法院在试点过程中，以国家档案局相关技术标准规范为依据，重点通过智能编目、区块链存证、元数据管理等三个方面保障电子文件形成、处理过程中的规范性、安全性，确保电子档案"四性"得到有效控制。

1. 智能编目技术确保电子文件形成规范性

上海法院基于 OCR 识别技术和自然语言处理技术，对电子卷宗加以内容识别、信息抽取，并向已有业务系统进行信息回填，实现卷宗入库自动归目。自动编目功能可以将立案法官从重复、琐碎的人工处理文件工作中解脱出来，全面提高电子文件规范性，提升法官办案体验。

第一，精准的识别技术。系统采用精准的图像处理和 OCR 识别技术，将当事人提交的扫描件材料中的文字转换成字符信息，从而达到提取图片内容的目的，用于减少法院工作人员文书书写工作。目前系统支持千类材料识别印刷体，识别准确率达到 95%，规范手写体识别准确率达到 86%，签名和捺印检测的准确率超过 99%。其中包含近百种手写体材料（起诉书、申请书、上诉状、合同、协议书、收款条、借款条等）、送达回证、票据、身份证、营业执照、律师证、军官证、结婚证等近 60 类证件，自动对材料进行纠偏、去空白页、去黑边，可识别红章、方章、长方章、合缝章及指纹等。

第二，要素抽取引擎。要素抽取引擎采用自然语言处理技术，结合正则表达式和机器学习，将文本中的无结构化信息进行结构化或半结构化处理，最终可以加上不同的应用展现方式变成表格或者图例的组织形式，实现更精确的抽取。要素抽取引擎主要可实现人物信息抽取、案情要素抽取、各类案由所有证据名抽取、客观鉴定类证据信息抽取、自定义证据要素（作案时间、作案地点等）抽取。目前支持民事一审、刑事一审（公诉）、行政一审、普通执行四大类案件立案文书与结案文书的自动转换和信息提取，提取准确率在 95% 以上。

第三，案件信息智能回填。在立案阶段、结案阶段，包括送达、管辖、举证、保全、开庭、合议、调解等多个环节，案件信息智能回填功能可将材料内容与案件信息进行交叉比对验证，同步提高案件信息与文书信息的一致性、完整性。案件信息智能回填还能全面减少案件信息录入工作量、提高民事案件数据质量与文书质量。

第四，自动编目。编目是否规范有序，将极大影响法官电子阅卷的体验感，也是电子卷宗深度应用的基础。法院案件类型多，材料种类繁杂，用传统人工方式进行编目无法很好地解决问题。目前比较有效的途径是借助现有技术手段进行材料自动编目，上海高院在院本部建立了人工智能训练平台，针对不同类型卷宗建立多元化的标签抽取规则，采用深度神经网络、自主强化学习等方式不断完善识别模型，不断提升识别准确率，目前电子编目软件识别率达到80%以上，实现了电子卷宗自动按照案件归档目录进行编排，自动对需要归档的卷宗进行筛选，还可以根据不同的业务场景及法官需求对待归档的卷宗目录进行手动灵活调整。

2. 区块链存证确保电子诉讼文件全流程安全

为确保电子材料、电子文书的安全存储、防丢失、防篡改、操作留痕可溯，电子文件生命周期的存证、取证等，上海法院建立电子卷宗存证机制，充分运用区块链自身的去中心化、分布式存储、可信时间戳、hash链式结构、共识机制等特性，结合区块链提供的标准对外接口服务，对电子卷宗材料的录入、生成、流转、归档等环节进行同步上链存证，对接审判业务系统，实现对电子文件全生命周期的安全保障。2021年1月至8月，上海法院已上链存证材料1925万余份，基本覆盖案件所有证据材料，确保电子卷宗材料的安全可信，让办案人员用得放心。

具体的安全保障流程分为三个部分。①上链存证，通过hash算法提取电子文书的特征，并附带其他重要业务数据进行上链存证。②操作行为存证，通过对电子文书生命周期中的生成、修改、定稿、审批、废弃等操作进行实时上链，形成一个可溯的数据链。③取证、验证、追溯：业务系统根据电子文书的业务数据对区块链所有区块进行过滤，从而实现电子文书的取证；系统计算电子文书的 hash 特征，然后与区块链上存储的文件特征进行比对实现电子文书的验证；通过过滤区块链中同一电子文书的所有操作记录，根据时间戳进行排序，实现电子文书的追溯。

3. 元数据管理确保电子档案数据长期可信

2020 年修订的《档案法》明确了"来源可靠，程序规范，要素合规"，电子档案与传统载体档案具有同等效力，促进了档案信息化建设。元数据作为电子档案的"生命线"，是保障电子档案四性检测要求的基础。上海高院高度重视电子诉讼档案元数据管理功能，详细分析梳理审判业务流程，拟定了《上海法院电子诉讼档案元数据方案（草案)》，作为电子卷宗随案生成系统和电子档案管理系统实现"四性检测"的基本依据。实践中，在庭审改革建设中，上海高院设计了对替代传统纸质庭审笔录的庭审录音录像元数据签名确认制度，在全国法院处于领先水平。目前上海高院已受最高人民法院委托承担"人民法院电子诉讼档案元数据方案稿"的起草任务。

4. 引入自动校验机制，确保电子卷宗完整

为确保电子卷宗在办案中真正发挥作用，上海法院规定："真实、完整、安全、可用的电子卷宗与纸质卷宗具有同等效力，法律、法规另有规定的除外。"为保障电子卷宗的完整度，上海法院建立电子卷宗完整性校验机制，梳理七大类 185 种卷宗材料，将其中的起诉状、身份证明、受理和应诉通知书、裁判文书等 16 种材料作为必备清单，如案件卷宗材料中缺失任一种必备清单所列材料，则该案整个电子卷宗可用率判定为零。

（二）积极推进电子卷宗系统上云

随着电子卷宗应用的不断推进，一方面电子卷宗的材料数量呈倍数增长，另一方面办案法官非常看重系统的响应速度，因此，阅卷速度成为推进电子卷宗深度应用的关键点。2019 年 10 月，借助上海市大数据中心的政务云资源，上海法院主要应用系统都完成了上云部署，电子卷宗系统也在2020 年 3 月完成上云。得益于云资源可配置、易拓展的优越性，目前全市法院 9000 余名干警使用办案平台，即使在办案高峰期并发操作很多的情况

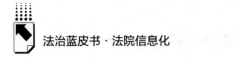

下，电子卷宗、电子签章系统的调取响应时间平均 2 秒，最长不超过 5 秒，实现了对电子卷宗深度应用的强有力支撑。

（三）建立单套制改革的配套管理制度体系

上海高院总结试点经验，以国家档案局最新发布的相关规范标准为依据，同步建设配套管理制度体系，为持续深入推广此项工作奠定坚实基础。

上海高院办公室紧抓制度机制、规范标准的顶层设计，制定了《上海法院电子卷宗单套制归档改革试点工作方案》，统筹指导试点工作，明确了机构职责、推进步骤、组织保障等方面具体要求，为全市法院全面推进归档改革提供了纲领性文件；形成《上海法院电子卷宗随案生成数据采集中心建设规范》《上海法院单套制电子卷宗归档立卷暂行规定》《上海法院单套制电子档案暂行管理规定》《上海法院单套制电子档案数据离线存储暂行管理规定》等管理类规定，规范了扫描操作流程、扫描文件影像质量标准，明确了电子卷宗整理归档的标准规范和操作流程、电子卷宗验收的质量考核标准、电子库房安全管理标准等，对法院传统档案管理模式作了重要突破；制定了《上海法院网上递交电子诉讼材料试行规范》和《上海法院电子诉讼档案元数据方案 1.0（试行）》等技术规范，规范移动微法院律师服务平台以及当事人递交电子诉讼材料质量要求和电子诉讼档案真实性、完整性和可用性、安全性要求；制定了《上海法院单套制电子卷宗归档答疑指南》和《智能编目系统答疑手册》等操作规范，为电子卷宗归档、验收及人工辅助智能编目提供操作指南和答疑。

五 上海法院电子卷宗单套制改革试点成效

在全市法院的共同努力下，电子卷宗单套制归档改革工作在立案庭、审管办、信息处、行装处等相关部门通力合作下，在试点法院及试点部门的共同努力下，主要成效如下。

第一，原生性电子文件比例大幅上升，全流程网上办案体系建设初见成效。第二批试点法院由于加入了3家年收案件数万件级别的基层法院，电子签名应用比例大幅上升，提升了应用电子签名生成原生电子文件单套归档的积极性，提高了案件归档效率。

第二，网上立案电子材料质量明显改善，在线诉讼递交材料规范化建设初步成形。办公室会同立案庭充分预判在线诉讼发展前景，共同推动优化网上立案工作、推进网上递交电子诉讼材料规范化建设，从源头抓好电子卷宗影像质量。目前已经在奉贤、嘉定、徐汇、闵行四个地区开展辖区内律师全员培训，取得显著成效。

第三，强化业务指导，持续优化软件系统功能。与信息处共同配合，高度重视一线法官、书记员以及基层档案干部的实际运用感受，建立试点法院技术需求每周报告制度，每周收集七家试点法院有关软件需求改进问题并及时反馈技术部门予以修改。同时，加强对试点法院的业务培训和现场指导，2021年上半年办公室档案部门对各试点法院分别培训12场，现场调研指导34次，确保全覆盖试运行保障顺畅。

第四，开展单套制电子档案离线数据管理工作。严格执行国家档案局有关确保单套制归档改革后电子档案数据绝对安全的有关要求和业务标准，各试点法院逐渐开展基于档案部门离线冷数据管理、便于异地异质备份方式的新一代光磁库设备的"电子库房"建设。

第五，业务部门归档效率显著提升，档案部门管理效益凸显。使用单套制归档模式后，书记员仅需在电子卷宗平台上整理电子文件并直接提交档案部门申请归档，归档效率显著提升，电子档案利用周期大大压缩。档案部门纸质材料大幅度减少，档案库房压力骤然缓解，节约大量的重复扫描费用以及档案寄存费用。

六　电子卷宗单套制改革试点问题和完善路径

（一）电子卷宗单套制改革试点问题

通过上海法院电子卷宗单套制改革试点发现，当前，影响改革试点成效的，既有内部阻力，更有外部阻力。从内部来看，传统纸质运转流程束缚改革推行，现有的信息化基础设备配套程度、网络带宽保障水平、数据吞吐处理能力等还不能满足单套制流转需求，应用系统分散部署的架构不利于电子卷宗单套制背景下卷宗材料的流转归集。从外部来看，法院电子卷宗单套制需要外部数据交换的支持，但是由于电子数据天生具有系统依赖性、介质与载体的可分离性，使得数据面临真实性、完整性等多方挑战，阻碍在线数据交换；此外，传统的文件流转习惯使得当事人和相关机构对法院出具的电子文件与加盖水印的电子档案缺少认同，不利于电子卷宗单套制的全面推行。

（二）电子卷宗单套制归档改革完善路径

第一，从顶层设计角度推进电子卷宗单套制规则完善。现阶段，从最高人民法院、国家档案局到地方法院都缺少电子档案单套制管理指导性文件，建议加快印发人民法院案件归档改革的指导性文件，对已有试点总结梳理形成指导性案例推动改革，修订《机关档案工作条例》、发布电子档案单套制管理一般要求标准。

第二，继续深入扩大单套制改革范围积累经验。上海高院在第三批试点中，继续深耕"深化型试点""综合型试点"，充分挖掘"上海经验"的示范效应。选择辖区面积最大、案件量多的浦东法院，为政策的大规模施行进行新一轮的可行性与抗压测试检验。

第三，进一步完善系统功能可用性、适用性。上海高院持续跟进各家法院的局部试点成效，论证方案推广可行性，主导将有代表、有示范、有特点的地方智慧融入顶层设计，推动上海法院协同系统的高效平衡发展。

第四，持续扩大全流程网上办案体系改革良性循环。进一步在上海全市法院深化电子卷宗单套制归档改革，强化全流程网上办案的数据基础与保障环节的思想认识。强化标准意识，让电子卷宗全程"能够用"，以数据流转线下到线上的变革促进办案模式改变；强化适用意识，让电子卷宗系统"方便用"，以技术赋能的"便捷性""友好性""智能性"调动改革积极性。以电子卷宗网上流转为驱动推动业务互联，优化电子数据供给链与各办案系统整合与模块嵌入。

B.20

嘉兴法院"3D + AI + 区块链"云上物证室建设调研报告

浙江省嘉兴市中级人民法院课题组*

摘　要： 在浙江法院推进全流程无纸化办案改革过程中，嘉兴法院作为首批试点法院，承担了对传统线下办案流程进行线上化、无纸化、数字化的改革探索任务。围绕物证数字化管理、物证无纸化流转等无纸化办案改革的难点和痛点，嘉兴法院创新运用"3D + AI + 区块链"技术，将传统物证进行数字化扫描，结合人工智能技术进行建模成像，对模型数据运用区块链技术实时存证，建立集数据采集、数据上链、数据管理为一体的"云上物证室"。实现实物证据数字化管理、数字化送达、数字化移送和数字化存储，有效减轻当事人举证成本，提升法官物证查看便利度，进一步破解法院物证管理难、查找难、存储难问题，为法院从无纸化办案改革向数字化转型进行了新的探索。

关键词： 3D　人工智能　区块链　物证　数字化

随着技术日臻成熟及广泛应用，以区块链、人工智能为代表的互联网新兴技术正与传统司法不断发生碰撞，并逐步融合。2019 年，最高人民法院

---

* 课题组负责人：姚海涛，浙江省嘉兴市中级人民法院原院长。课题组成员：孙浩，浙江省嘉兴市中级人民法院审判管理处处长；吴雪峰，浙江省嘉兴市中级人民法院信息技术科科长；邱腾涛，浙江省嘉兴市中级人民法院审判管理处法官助理；陈叶君，浙江省嘉兴市南湖区人民法院民二庭员额法官；曹腾，浙江省海宁市人民法院审判管理处法官助理。执笔人：邱腾涛。

先后发布《最高人民法院关于深化人民法院司法体制综合配套改革的意见——人民法院第五个五年改革纲要（2019～2023）》（以下简称"五五改革纲要"）、《人民法院信息化建设五年发展规划（2019～2023）》。上述文件均明确指出要强化科技驱动，充分运用人工智能等现代科技手段破解改革难题，并特别指出要"结合前沿技术发展，融入人工智能、区块链等技术元素。综合科技创新最新科研进展、互联网法院区块链技术应用等，在建设任务中融入前沿技术应用，体现智能化"。

为贯彻落实最高人民法院"五五改革纲要"的要求，嘉兴法院以推进全流程无纸化办案改革为契机，以物证数字化流程改革为切口，通过"3D + AI + 区块链"的技术创新，打破传统物证提交、认证、存储限制，探索了一条对法院物证进行系统化、数字化、智能化管理的新路径。

一 云上物证室建设背景

（一）新兴技术对审判业务流程的撬动与变革

近年来，人工智能、区块链技术与法院工作发生紧密融合，司法人工智能、司法区块链已经成为推动人民法院工作更好实现公平正义的重要技术手段。在浙江，2019 年 9 月即上线了以金融借款合同纠纷为样本的全流程智审速判 AI 法官助理，以此为代表的人工智能算法全面进入司法审判领域①。依托平台算法及云计算的优势，为繁杂的数据汇聚、清洗、计算提供了极大便利，区块链技术已经深入运用至证据存证领域。同年 10 月，浙江省嘉兴市中级人民法院（以下简称"嘉兴法院"）率先在全省上线"区块链电子存证平台"，为当事人提供证据存证、为审判人员提供证据核验等功能。可以说，人工智能技术和区块链技术与司法审判业务

---

① 《AI 法官助理"小智"上线　浙江开启全流程金融智审》，浙江新闻，https：//zj. zjol. com. cn/news. html？ id = 1293359&from_ channel = 52e5f902cf81d754a434fb50，最后访问日期：2021 年 9 月 21 日。

流程产生了深度融合，技术进步不断推动审判业务流程和审判运行模式的变革。

（二）"在线诉讼"司法模式构建的客观需求

2021 年 6 月，《人民法院在线诉讼规则》（以下简称《在线诉讼规则》）发布。新闻发布会上，最高人民法院司改办领导指出，中国互联网司法的发展已经从"跟跑"走向"领跑"，实现了"弯道超车"，其中表现之一就是在技术融合应用上领先世界①。《在线诉讼规则》用大篇幅对使用区块链技术存储的电子证据的效力、认定作出了规定。例如，第 12 条、第 13 条规定，当事人提交的电子化材料经人民法院审核通过后，可直接在诉讼中使用，并可以视为原物、原件，明确了电子化证据可以视为原件进入诉讼程序。第 16 条规定，当事人作为证据提交的电子数据系通过区块链技术存储，并经技术核验一致的，人民法院可以认定该电子数据上链后未经篡改，但有相反证据足以推翻的除外。这标志着区块链技术已经成为互联网时代人民法院构建新型证据规则体系的重要技术力量②。未来，"在线诉讼"必然成为法院为当事人提供诉讼服务的主阵地，如果不能实现物证的数字化，就难以实现"全流程在线诉讼"，法院仍然需要解决线下示证、质证等难题。因此，如何运用区块链等技术，打破传统物证运用规则，已成为"在线诉讼"大趋势下迫切需要解决的关键问题。

（三）物证管理难、查找难、存储难的现实需求

长期以来，传统的实物证据未能有效实现数据化存储、管理与共享，主要有四方面问题。其一，以图片、视频方式替代实物证据的存储形式，

---

① 《全面规范在线诉讼活动　健全完善互联网司法新模式——相关负责人就〈人民法院在线诉讼规则〉答记者问》，中国法院网，https：//www. chinacourt. org/article/detail/2021/06/id/6099313. shtml，最后访问日期：2021 年 9 月 21 日。
② 《最高法发布〈人民法院在线诉讼规则〉》，最高人民法院公众号，https：//baijiahao. baidu. com/s？ id=1702809184735374230&wfr=spider&for=pc，最后访问日期：2021 年 9 月 21 日。

无法 100% 还原物体原貌，而存储介质亦有管理漏洞，易引发篡改、变更、删除等问题，物证存储的还原度和真实性得不到有效保障。其二，原始证据一般由法院保管，但实物证据与纸质证据相比，往往体积大、结构复杂，无法随卷归档。传统的存储方式是各法院建立物证仓库，统一存储所有的物证材料，但日积月累，各法院物证仓库早已"物满为患"，存储成本逐年升高。其三，缺少系统化的电子证据存储体系，图片或音视频材料等证据长期存储于各种介质中，无法与原物证产生关联性，导致物证电子化后散乱无章，易出现大件物证与卷宗分离，物证的查找、再提取等工作需求得不到保障。其四，针对跨层级、跨部门、跨区域的案件，传统物证的存储、移送、示证程序较为烦琐，而通过图片、视频方式存储的证据亦缺乏精细化展示与可信赖的还原，平台间证据的数据共享得不到确认与保障。

二　云上物证室建设的主要内容

（一）基本架构

"云上物证室"是通过 3D 成像技术对物证进行三维数据采集，同时利用人工智能技术对采集数据进行深度建模，并将模型数据运用区块链技术上链存证的系统化证据管理模式，同时兼容传统的音视频、照片等电子化证据进行存证和管理，是法院证据规范化、数字化、智能化的物证管理系统。

"云上物证室"主要包括物证 3D 采集设备、人工智能算法系统、存证系统、后台管理系统四大部分。基本的架构包括展示层、综合应用层、基础支撑层、数据处理层、数据服务层、数据储存层等。

①展示层：支持数据展示、门户界面、接口平台。②综合应用层：包括日常操作系统、数据分析系统。定期输出物证分析的数据及专项报告。③基础支撑层：包括物证管理系统平台建设、二维码服务平台、组织机构与权限

服务、图像等非结构化数据资源管理与服务平台、统一门户平台。④数据处理层：包括基础数据和业务数据源等数据资产管理、平台运维管理、大数据管理。实现数据服务和交换规范；实现证据生成与采集、证据管理与存证，并对源系统数据资源采集、整合及应用。⑤数据服务层：对基础支撑层、数据资源层、平台运维管理提供数据。⑥数据储存层：在需要调取电子证据包时，对证据包内的电子证据通过3D数据模型进行展示，同时存储物证数据的区块链存证数据，确保证据不可篡改，查阅、调取、验证全流程的透明可追溯。

（二）功能模块

系统建设过程中，对系统功能建立三张清单。一是功能模块清单。梳理确定系统管理、数据管理、数据统计、集中存储、区块链存证、内外网交互等六大功能模块23个子功能（见表1）。二是数据共享清单。为实现法院物证数据化后数据的共享，基于全省政法一体化办案系统，与公安、检察院建立数据共享清单，实现刑事案件在侦查、起诉等阶段形成的大容量音视频、物证数据模型等通过数据共享接口直接进入法院办案系统。三是用户功能清单。区分法官、法官助理、系统管理员、其他申请阅证人员等不同用户，确定相应的使用功能。法官助理常用功能确定为物证采集、上链功能，其门户应直接显示已采集待上链的物证清单，并可快速办理新增物证、批量上链业务。法官常用功能为审阅物证、证据处理，其门户应显示本人在办的案件清单，可快速定位某个案件并浏览物证。系统管理员常用功能为对整个物证管理系统进行配置管理，其门户应显示法院列表、人员及角色列表、物证类型分支，方便其管理。其他申请阅证人员常用功能为浏览申请案件的物证，实现在主界面输入个人身份证明（身份证号、律师证号、行政机关单位工作证号），系统确认无误后即可显示其申请的案件物证。

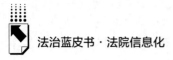

表1 "云上物证室"系统功能模块

模 块	功 能	说 明
系统管理模块	用户登录	系统与全省法院办案办公平台对接,使用统一用户体系,采用单点登录的方式进行登录
	菜单管理	系统管理员可以根据需要增减系统菜单
	法院管理	与办案办公系统的法院、部门、用户信息进行同步,管理登记新入驻物证管理系统法院,修改法院信息
	用户管理	系统管理员可以新增或修改物证管理系统中的角色、用户,修改角色及用户权限
	门户管理	门户首页要根据用户角色特点来展示不同的内容,并根据授权情况自动生成相关内容,展示可授权访问的菜单,并设置访问快捷通道
	日志记录	对系统全部操作(包括系统登录、物证采集、物证上链、状态编辑、批量入卷)在后台自动记录,相关日志实时进行异地备份并上链存证,实现系统全程留痕、可追溯
数据管理模块	搜索引擎	接入电子卷宗系统、办案办公平台审判系统,支持案号、案件类型、立案时间、法院代码、案号区间进行精准或模糊搜索关联案件
	数据建模	引入人工智能算法,生成物证数据模型,并与相应案件实现关联,通过案件电子卷宗可直接访问数据模型
	基础数据	针对已扫描采集上传的物证数据,抓取要素化、模式化的物证信息特征存储,形成数据模型底层数据库
	对接案件管理中心	接入案件管理中心,物证信息采集上传一键入卷,可供承办人随时调阅查看。如果案件进入二审程序,二审法院可直接提取,无须人工移送物证
	数据共享	建立与公安、检察、行政机关等存在数据共享需求的数据共享机制
数据统计模块	案件数据统计	统计案件数量、地域信息、案件发生频率、案件关联性,实时监控载入数据大屏,统计结果随时更新可供查询
	当事人数据统计	统计当事人信息、地域信息、原被告当事人诉讼频率、当事人关联性,实时监控载入数据大屏,统计结果实时动态更新可供查询
	物证数据统计	统计物证数量、入卷情况、物证特征信息、案件关联性,实时监控载入数据大屏,统计结果实时动态更新可供查询
	区块链数据统计	统计物证上链情况,是否上链、上链数据比、上链物证调用情况、调用率统计,实时监控载入数据大屏,统计结果实时动态更新可供查询

模　块	功　能	说　明
集中存储模块	关系型数据库	通过抓取物证特征、案件类型类似程度,建立关系网,组成关系型数据库
	内存数据库	将数据放在内存中直接操作的数据库
	大数据存储	通过人工智能+手工打标,标记物证特征,加以3D建模上传至大数据库,建设各类品牌数据库,出现侵权类案可调用大数据库进行特征比对
	数据安全	物证管理系统建立于内网系统基础上,通过内外网光闸实现交互,生成外网数据仅供浏览,不可修改,安全可靠
区块链存证模块	物证上链	物证模型数据进行区块链hash计算,并对接最高人民法院统建的"司法链"系统,自动生成存证证书,支持批量上链
	物证状态查询	在物证文件上链后,支持随时查询物证信息物证状态,并可供"司法链"上法院审理案件查询调用,无须移送物证
内外网交互模块	物证数据同步	通过内外网光闸交互,将内网物证管理平台保存的物证信息有选择性地同步展示至外网平台仅供浏览
	上链统计数据同步	统计物证上链情况,是否上链、上链数据比、上链物证调用情况、调用率统计,实时监控载入数据大屏,统计结果实时动态更新可供查询

(三)业务流程

根据对传统物证在审理程序中的提供、调取、送达、质证、移送、保管等流程的调研及分析,确定"云上物证室"的主要使用人员包括当事人(物证提供方)、当事人(质证方)、业务庭法官助理、业务庭法官、申请阅证人员、系统管理员。根据不同角色,研究确定各环节系统建设功能。

一是当事人(物证提供方):对于当事人提供的物证,业务庭法官助理现场扫描,当事人在签署承诺书后领回物证。提供物证方当事人主要使用系统文书模块中的承诺函生成、在线签字功能。

二是当事人(质证方):由法院向质证方通过电子送达的方式送达3D物证数据访问链接(二维码),质证方可直接在线查看已由法院扫描采集后生成的3D物证模型数据。质证方主要使用根据身份信息登录访问物证数据

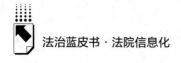

并对物证数据发表质证意见功能。

三是业务庭法官助理：法官助理将当事人提交的物证逐一登记，并现场扫描采集，将采集到的图片、视频、3D模型数据通过"司法链"平台进行区块链存证，并将物证数据模型及存证信息组织当事人在线确认。业务庭法官助理主要使用信息采集、资料上传、数据上链存证、文书生成、电子送达和归档等功能。

四是业务庭法官：审阅其主办案件的电子物证，制作法律文书，查找在办案件的关联案件和类似案件中的物证数据。业务庭法官主要使用根据身份信息登录办案办公平台访问物证数据、通过测量软件测量物证、组织双方当事人对物证数据进行质证等功能。

五是申请阅证人员：提交阅证申请，通过在线诉讼服务系统浏览权限范围内的物证数据。申请阅证人员主要使用提交阅证申请、在线查阅证据等功能。

六是系统管理员：对"云上物证室"进行配置管理，配置扫描（归档）和阅证目录的模板，并对相关用户进行权限管理。系统管理员主要使用后台管理的功能，覆盖系统设计全部功能。

按照上述功能建设需求，确定以下业务流程（见图1）。

1. 证据采集流程

对于当事人提交的证据，由法官助理或者书记员用3D扫描仪采集数据，并经过当事人确认后上链存证。每位当事人可获得一个二维码，用以查阅证据。对于无须法院保存原件的实物证据，当庭退还给当事人，由当事人进行保管。对于法院依职权查验取得的证据，通过扫描仪现场扫描取证后，进入"云上物证室"存储，同时生成访问二维码后，通过送达平台送达各方当事人查阅质证。原物视情况确定是否由法院保管。

2. 上链及入卷流程

对于采集完毕的证据，由物证平台运算打包后生成3D文件进入"云上物证室"清单式管理。同时，对生成的数据，在"司法链"平台上链存证，并生成存证凭证。生成的存证凭证以及3D文件实现一键进入电子卷宗，供

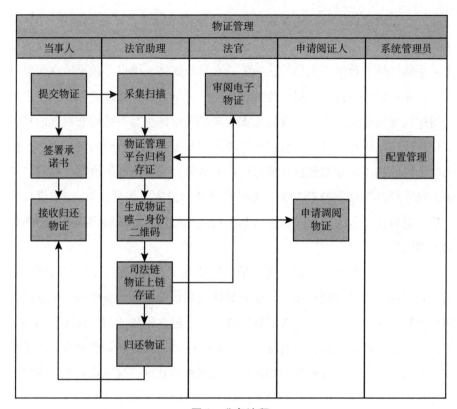

图1　业务流程

法官在线调取查看。

3. 调取及阅卷流程

法官可当庭审阅电子物证信息，或从电子卷宗内查看案件关联的电子物证数据。其他申请阅证人或其代理人完成申请流程后，获取物证二维码，扫码浏览物证信息。

4. 后台管理流程

系统管理员可对物证管理平台进行法院进驻、人员角色权限等增删改、物证目录分类增删改等操作。

（四）核心功能

一是3D成像技术，有效解决采集物证三维数据的问题。该技术在公安现场勘查遗留痕迹还原，古文物的修复、复刻等场景已有成熟运用。3D成像技术运用激光雷达感光探头与传统图像纹理探头相结合，图像纹理探头负责采集物体外形数据、激光雷达探头负责采集物体三维尺寸数据。在研发过程中，嘉兴法院与技术公司对传统纹理扫描设备进行升级改造，在扫描设备上增加激光雷达摄像头，实现激光雷达与纹理摄像头基于结构光投影的技术支持，运用三维重建技术实现物证及现场的精准还原。精密的激光雷达摄像头所采集的物理尺寸精细度目前可达0.1毫米，能够精准还原物品原貌，基本满足审判实践运用场景需求。为提升物证扫描的准确度，3D扫描仪按照扫描对象特点，分为固定式扫描仪和手持式扫描仪，分别对应扫描小型物证和大型物证。

二是人工智能技术，有效提升采集物体还原的准确度。3D扫描仪负责采集物证的三维和纹理数据，为更好地建立高精度物证数据模型，配套研发物证数据建模软件，并加入人工智能算法，对经过采集的图像纹理数据与物体三维数据，在系统后台进行加工、优化。通过人工智能算法介入，有效提升了扫描物体还原的准确度和精细度。通过配套软件，法官在查看三维物证数据模型的过程中，还能够查验物体的各角度细节，并通过研发的测量工具对物证实际的长宽高、体积、表面积等物理维度进行有效测量，为不同物证的数据比对提供技术支持。

三是运用区块链技术，有效提升物证数据的管理水平。"云上物证室"已与最高人民法院专网搭建的"司法链"平台实现对接。经过扫描加工形成的物证数据，可实时在"司法链"平台进行存证。存证完毕后，自动生成存证证书，明确记载物证的唯一存证编号、存证人、存证时间和存证内容。基于区块链时间戳、节点共识、分布式存储等机制，有效提升物证数据完整度、可信度。

四是运用在线管理平台的优势，建立系统的物证管理体系。"云上物证室"基于云存储打造，数据全部上云存储，并对原有的线下物证管理进行清理和统一入库。对线下实物证据进行"一物一码"管理，并与系统内电子数据一一对应，有效解决证据管理难、查找难的问题。传统录制方式形成的音视频、图片等电子化材料，同样进入"云上物证室"进行统一管理，建立了系统化、数字化的物证管理体系。

三　云上物证室的特点

（一）以数字赋能促进整体智治

"云上物证室"融入区块链、人工智能、3D 成像等前沿技术，将相关技术融入法院办案流程，为智能化管理、智能化审判提供信息技术支撑。

一是运用区块链技术实现物证数据的全流程存证。从物证数据采集开始，到物证数据完成归档，全部节点纳入区块链存证管理，实现物证数据、操作流程、访问记录的可溯源、防篡改。

二是运用人工智能算法及 3D 成像技术精准还原物证。在 3D 设备采集数据后，引入人工智能算法对数据进行精细化建模，完整记录物证的外形、颜色、尺寸，1∶1 还原物证三维原型。

三是引入 3D 扫描设备补足物证数据采集短板。传统的物证只能通过图片、视频等方式进行记录和存储，无法采集物证的三维尺寸。3D 扫描仪通过结构光技术，完整测量物证三维尺寸，并支持尺寸测量。

物证数据完成采集、建模、上链后，成为法院审判数据中的一部分，并实现数据赋能。以知识产权纠纷中侵犯外观专利案件为例，案件办理过程中，支持将涉案侵权物证进行 3D 扫描，引入系统后可直接与版权产品的三维数据进行精准比对，准确提示侵权产品与正版产品的差异，为法官查明案件事实提供数字化能力支撑。

（二）以多跨协同推进共治共享

"云上物证室"以实现实物证据数字化为特色，同时兼容各类影像材料。在各类案件办理过程中，实现数据的共享复用，大大提升办案效率和数据的重复利用率。

一是实现法院间数字化证据共享共用。进入"云上物证室"的数字化证据，依托全市法院办案办公平台数据互联互通的优势，支持三级法院根据办案需要直接调取。减少因为上诉、再审或关联案件的办案需要不断移动、现场查看物证的手续，降低办案成本。基于全国法院四级专网的建立，未来还可实现全国法院的实时共享、调取。

二是实现协同办案机关之间数字化证据共享共用。在刑事案件中，公安机关、检察机关在侦查阶段往往产生大量音视频、涉案财物证据，通过建立跨部门的数据共享通道，由公安、检察机关在侦查阶段即完成证据的数字化，一方面可实现刑事案件大容量音视频的共享复用，降低存储成本；另一方面还可实现涉案财物只在公安机关涉案财物管理中心统一存储，庭审过程只调取三维数据模型即可完成庭审举证、示证、质证，真正实现公检法等部门"一次录入，多方共享"的高效协同模式。

三是实现多部门之间的数字化证据共享共用。对于"云上物证室"中存储的数据材料，可支持社会矛盾纠纷化解的其他职能部门根据申请调取，实现数字化证据的多部门共享，助力构建社会矛盾治理的共享共建共治格局。

（三）以精密智控强化物证管理

"云上物证室"改变了传统物证管理的模式，创设"一物一码"管理模式，有效实现物证与数字化双向对接。

一是完善线下实物证据管理。对于确实需要法院保管的证据，对每一个物证贴上唯一的二维码，并将二维码信息扫描进入"云上物证室"管理系统，与办案办公平台案件信息、当事人信息等一一对应。实现"通过案件找物，通过物证追溯案件"的双向查询功能。

二是提升物证存储安全。"云上物证室"的每一件物证在采集完毕后，经当事人现场确认，将素材导入"司法链"平台上链存证，"司法链"平台自行将存证数据传送回"云上物证室"，并将素材与案号、证物名称、证物归属人等信息整合进入办案平台。同时通过异地容灾数据的备份，在物证灭失、系统损毁等极端情况下，也能确保电子数据的安全。

三是实现实物证据的动态监管。根据"云上物证室"迭代升级的计划，"云上物证室" 2.0 版将引入物联网技术，将在法院物证仓库的所有实物证据加贴射频芯片，通过物联网技术对物证的地理位置进行实时监督管理和移动预警，提高法院物证管理的精密化和智能化。

（四）以流程变革驱动制度重塑

"3D＋AI＋区块链"技术的引入，有效解决了全流程"在线诉讼"过程中物证的示证、质证问题。线下诉讼模式下诉讼材料和证据材料一般要求提交原件原物，特定情形下可以提交复印件，而在线诉讼如果要求一律提交原件原物，既不利于案件在线审理，还将加重当事人的负担。同时，《人民法院在线诉讼规则》第 12 条虽然规定了电子化材料"视同原件"的情形，但同时仍要求法院对电子材料进行证据三性的审查。这一定程度上导致"在线诉讼"要求的便捷度与诉讼程序要求的证据审查严谨性产生矛盾。而"3D＋AI＋区块链"技术的引入，大大增强了电子化证据的真实性，其改变了传统案件办理过程中移送、保存原物，庭审示证、质证过程，更利于"在线诉讼"的进一步推广。

四　云上物证室的运用成效

"3D＋AI＋区块链"云上物证室自 2020 年 10 月投入运行以来，已在民事物证采集、刑事涉案凶器还原、执行拍卖标的物在线看样等司法领域深度运用。截至 2021 年 8 月底，嘉兴地区两级法院"云上物证室"已上传各类物证数据近 5000 条，物证数据全部在"司法链"平台完成存证。同时，对 3000 余件历史库存物证进行清理，累计腾空物证库房 500 余平方米。2021 年 1 月，浙江省高级人民法院在嘉兴中院召开全省"云上物证室"现场会，将"云上物证室"系统推广至全省。

（一）物证数据化条件下审判业务流程完成迭代升级

2020 年，嘉兴法院率先在全省完成全流程无纸化办案改革，实现立案、送达、庭审、示证、结案、归档等全部审判流程的线上化改造。"云上物证室"上线后,当事人在向法院提交实物证据时,即可通过扫描设备对物证进行数据化并存证入卷,扫描后的实物证据原物基本退还给当事人,由当事人保管;对特殊的物证,则继续由法院保管,并按照"一物一码"对应存储。整体实现了审判业务流程的数字化、智能化升级。

(二)物证数据化有效化解法院实物证据存储难题

长期以来,法院物证管理缺乏完善的系统,物证保管及存储、调取基本处于粗放管理状态,且各地法院保管条件不一,物证的存放无法得到高质量保证。"云上物证室"建立后,首先对历史物证进行清理,建立"退回当事人""少部分原物由法院继续保管""涉假冒伪劣产品物证依法销毁"等物证管理规则。据统计,每件上云后的物证数据存储容量在 100MB 以内,相较于传统在仓库堆叠存放物证改进明显,基本解决了物证储存难管理难的问题。

(三)场景数字化还原助推执行财产处置效果

在执行领域,通过对 3D 扫描仪的升级,为外出执行过程中的查封、扣押、清点执行物品提供了极大便利。执行人员可通过扫描仪对执行现场进行扫描采集,固定执行现场证据,既减少工作量,又提升了办案效率和司法公信力。同时,通过 3D 建模技术与虚拟现实技术进行结合,迭代原有的"实景看房"技术,为司法网拍参与人提供身临其境式的查看拍卖标的体验,这一尝试尤其在疫情期间取得良好效果,受到社会各界一致好评。

(四)刑事物证建立公检法数据共享共用机制

在刑事办案领域,嘉兴中院与浙江省嘉兴市人民检察院、嘉兴市公安局共同出台《刑事物证数字化管理应用暂行规定》,明确为推进刑事案件和政法一体化单轨制办案机制,公检法三家在办理相关案件过程中,共同对物证数据进行数字化采集,采集后的数据进入"云上物证室"支持三家共同访问、查阅。确立了以公安前端扫描、入库保存原物为主，检察院、法院访问电子数据为原则，调取原物为例外的工作机制。

五 完善路径与未来展望

囿于传统诉讼理念、诉讼规则、现有技术"瓶颈"等问题，"云上物证室"在建设推进过程中仍存在短板和不足。主要包括物证数据模型的证据性质争议、技术尚有迭代优化空间等。作为一种新技术与司法实践的结合，问题的出现不可避免，经过近一年的实践和经验积累，提出以下完善路径。

（一）理念层面：以现代化思维驱动司法体制改革

中国审判能力现代化有明显的信息化驱动特征，但关键还在于审判主体本身的现代化，即能否在司法活动中运用现代化的思维重新审视审判流程、司法产品以及整个诉讼业态，能否主动推动信息技术与传统司法的深度融合应用。"云上物证室"自投入运行以来，审判人员、诉讼参与人对于改变传统物证保管方式心存顾虑，究其原因还是在于司法理念未能完全转变，对人工智能算法、区块链技术的原理并未完全理解。因此，在推广运用过程中，除了加强顶层设计上的路线指引、制度考核中的容错率考量以及技术方面的科学支撑外，还必须重视审判主体现代司法理念和能力的塑造，从审判主体入手逐步提高诉讼各方对于"云上物证"的接受度。

（二）规则层面：以立法完善厘定数字化物证性质

对于物证数据化后的证据性质，按现有法律及司法解释规定，尚不能明确归类为某一种证据类型。譬如《民事诉讼法》规定的"视听资料"仅指以录音、录像等设备所存储的信息，"电子数据"则归结为以电子、电磁、光学等形式或类似形式储存在计算机中的信息，主要指原本就以电子形式储存在计算机的数据，而"云上物证"是实物证据通过3D成像技术转换而来的数据，与前两者均具有一定区别。鉴于立法上未明确定性及归类，目前试

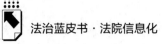

点法院对于"云上物证"的使用仅能在现有法律框架内寻求出路、线上诉讼活动中笼统归结为"电子化材料"使用，非线上诉讼活动中则主要参照《最高人民法院关于民事诉讼证据的若干规定》第 12 条的"原物的其他替代品"使用，尽管在理论上尚存争议，但实践表明，由于"云上物证"成像的精确性和区块链存证技术的可靠性，当事人对于"云上物证"的信赖度均较高，基本能认可视同原物直接使用到证据交换中。因此，随着在线诉讼以及法院数字化改革的深入推进，"云上物证"的使用也亟须为立法所关注，建议通过立法完善拓展电子证据内涵并将其纳入，毕竟物证数据化后其常态就是数据格式。

（三）技术层面：以科技赋能提升系统功能

"云上物证室"研发及投入运行时间尚短，在技术层面还有很多可提升空间。比如，目前使用的 3D 成像及人工智能技术，虽能基本还原物品原貌，但尚无法还原或自动记录物品材质、温度、气味及物证环境条件等要素，也存在部分被扫描物体因材质、反光等导致无法扫描的问题，后期研发中将引入 VR 等技术，进一步提升扫描的成功率以及附带信息的完整性；再如，目前"云上物证室"的主要功能在于存证，人工智能技术仅介入物证数据化的过程中，下一步可拓展平台对物证的智能分析功能，除目前已实现的面积、体积等基本算法外，深化 AI 技术运用开发物证同一性比对、环境模拟、自动识别和关联检索等应用，逐步实现对用户决策的智能辅助。

随着在线诉讼以及法院数字化改革的推进，通过数字孪生、全息成像等高度还原实物、场景等技术，不仅物证在进行数据化，整个诉讼流程也在全面数据化。嘉兴法院将继续以全流程无纸化办案改革为基础，继续探索法院全域数字化改革工作，将更多实用、管用的新型技术引入司法实践。

智慧社会治理
Smart Social Governance

B.21

"智引、智解、智办"一站式多元解纷和智慧诉讼服务体系调研报告

四川省崇州市人民法院课题组 *

摘　要： 近年来，四川省崇州市人民法院坚持人本、高效、精细价值导向，创设"辅分调裁审执"模式，打造形成全业务网上办理、全流程电子流转、全方位智能服务的一站式多元解纷和诉讼服务体系。基于全节点无纸化办公办案，创新构建 7×24 小时无间断便民诉讼服务，全面实施"一窗式通办＋静默化叫号＋多平台提示"受理模式，配套升级"智能导办＋人工指引代办"立体化导诉、"示范判例＋专业调解＋司法确认"全链条式解纷、繁简分流速裁快审、审判辅助事务集约化管理等机制，全举助推司法体系和司法能力现代化，有效满足人民群众司法新需求。

---

* 课题组负责人：张静，四川省崇州市人民法院原党组书记、院长。课题组成员：李玉玲、孙家坤、魏悦悦、徐婷婷。执笔人：徐婷婷，四川省崇州市人民法院机关党委副书记；魏悦悦，四川省崇州市人民法院审判管理办公室法官助理。

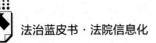

关键词： 智慧诉讼服务 "全天候"诉讼服务 智能化 一站式多元解纷

四川省崇州市人民法院（以下简称"崇州法院"）以科技创新驱动智慧诉讼服务建设，2020年6月升级打造现代化诉讼服务中心，优化设计诉讼服务中心安检区、自助服务区、诉前解纷区等六大服务区域，构建综合性的诉讼服务全科"门诊部"，多元解纷、立案速裁、归档结案、执行督促一站式、全功能、全闭环运行，简化事务办理流程，延展服务时间与效能，诉讼服务指导中心信息平台得分持续位列成都市第一、四川省前列，为人民群众提供普惠均等、便捷高效、智能精准的诉讼服务，为法官提供集中集约、减负减量、可视可感的审判辅助服务。

一 建设背景

（一）国家层面

2019年2月27日，最高人民法院发布《关于深化人民法院司法体制综合配套改革的意见——人民法院第五个五年改革纲要（2019～2023）》，要求人民法院以习近平新时代中国特色社会主义思想为根本指导，以满足人民群众不断增长的司法需求为基本导向，构建以人民为中心的诉讼服务制度体系，深化多元化纠纷解决机制改革，推动把非诉讼纠纷解决机制挺在前面，努力实现司法更加亲民、诉讼更加便民、改革更加惠民。2020年、2021年召开的全国法院院长会亦要求人民法院切实加强智慧法院建设统筹、标准规范和系统研发，补齐智能化服务短板，畅通诉讼服务"最后一公里"；聚焦适老诉讼服务举措，避免审执领域出现"数字鸿沟"。四川崇州法院深度接合上级要求，以科技创新驱动智慧诉讼服务建设，打造形成全业务网上办理、全流程电子流转、全方位智能服务的一站式多元解纷和智慧诉讼服务体系，诉讼服务内涵不断丰富，司法办案质效和为民服务效能同步提升。

（二）社会层面

诉讼服务中心是人民群众接触法院的"第一门户"，新形势下，人民法院诉讼服务中心建设与人民群众日益增长的多元司法需求相比，存在"案多人少"、信息化不足、审判质效偏低、当事人司法体验感差等突出问题。《中共中央关于全面深化改革若干重大问题的决定》明确提出"推进国家治理体系和治理能力现代化"的总体改革目标和"创新社会治理体制"的具体改革要求，建设打造"智引、智解、智办"一站式多元解纷和智慧诉讼服务体系，实现技术现代化、服务现代化双重"指标"，正是基于这一目标和要求而作出的实践方案设计。

（三）基层实际

四川崇州位于成都市郊县地区，地方经济发展相对落后，人民法院案件体量适中，基本符合全国绝大多数基层法院发展情况。随着人民群众司法需求的日益多元化和爆发式的案件增量，作为相对落后地区法院，崇州法院借智慧法院建设之机，构建一站式多元解纷和智慧诉讼服务，"以点带面"实现各项工作"弯道超车"，既是实现自身突破、谋求发展的重要路径，更是满足新时代司法需求的必经之路。

二　实现路径

（一）坚持问题导向，畅通多元化解纷流程

将诉前辅导、多元调解、立案、速裁、执前督促全部统筹纳入诉讼服务中心管理，通过诉讼服务管理平台统一调度，最大化发挥资源集聚优势，健全程序转换机制，畅通卷宗流转渠道，形成分层递进、繁简结合和配套衔接的多元解纷体系。

1.构建"智能为主、人工为辅"导诉模式，提升服务效能

为贯彻司法为民宗旨、改进司法工作机制，崇州法院构建导诉人员、法

官及审辅人员等多元主体前端引导,智能设备后端联动引导的导诉"链路"体系,开展实质化纠纷引导。建立"来访事由预测—诉前辅导—诉前调解"三段式分流机制,创设"固定导诉台指引 + 流动导诉员代办"引导模式,导诉台随时保留 1 名专职导诉员,"便携式信息收集 + 可视化同屏显示 + 嵌入式人脸识别"功能助力当事人快速获取案件查询、联系法官等服务;2 名导诉服务人员"走出来在大厅主动接引",开展人员分流、事务引导、自助设备代办、分析诉讼风险等服务,让当事人享受"进门智引、咨询智答、纠纷智解、办事智帮"的"一对一"贴心服务;利用自主研发的"小崇"及"崇小立""崇小引"系列衍生产品开展辅助引导,当事人可就婚姻家事、劳动争议等11类常见常发矛盾纠纷向"小崇"语音咨询法律问题,获取案件风险评估报告和相关法律法规;"崇小立"为前来办理诉讼业务的群众提供程序引导、诉状模板自动提供、当事人涉法涉诉问题解答等服务;"崇小引"承担人机对话、方位引导等虚拟导诉功能,充分引导当事人选择调解、仲裁等多元纠纷解决机制,实现程序更优、解纷更快。运行以来,已提供引导服务 19322 人次,"小崇"系列机器人累计服务 169584 人次,创新构建的小额诉讼分层递进引导机制被《人民法院司法改革案例选编(九)》采用推广,引导适用小额诉讼案件占民事案件的 33.69%。

2. 形成"示范判例 + 专业调解 + 司法确认"解纷机制,"链条"化解矛盾纠纷

崇州法院将司法解纷和司法服务功能向外延伸,推动特邀调解专业化、规范化发展。诉讼服务中心配设 5 个调解室,邀请特邀调解员、调解组织入驻开展"线上 + 线下"调解及心理疏导服务。特邀调解组织涵盖人民调解、行政调解、行业调解等多元调解范畴,实施特邀调解员倍增计划,人员涵盖行业范围广,推动特邀调解员队伍实现了从零散到规模、从单一到多元的根本性转变。2021 年特邀调解员已达 88 名,同比增长 319%。立案庭专门负责管理,制定标准化解纷流程,加强诉前调解与司法确认,以"法官 + 特邀调解员 + 法官助理"组合办案模式充分整合资源,团队以法官为调解管理核心,1 名特邀调解员负责诉前调解案件辅助工作,尤其是引发调解意愿

后，做好宣传引导、争点梳理、要素归纳等工作，识别案件繁简程度，1名法官助理协助"一键"完成司法确认，通过优化资源配置、细化人员分工、提高专业水平来增强调解效果。2021年以来，崇州法院已办理司法确认243件、小额诉讼程序案件448件、简易程序案件835件，占全院民商事案件的98%。其中司法确认后申请执行比例仅为4.74%。

3. 健全诉调对接机制，强化审执联动保障

崇州法院依托"一站式"多元解纷平台，加大诉调对接，对调解不成的案件，直接移送速裁团队，由速裁团队在大厅互联网及速裁法庭立即审判。速裁团队利用前期调解固定的争议焦点、确认的事实证据，能够快速进入实质审理；将送达地址确认等程序性事项和当事人双方共同认可的事实部分予以固定，提高办案效率；充分利用正向激励和督促履行机制提高案件自动履行率，已发送自动履行证明书96份。小额诉讼程序案件送达裁判文书时，法院一并送达"执行通知书""财产报告令"，随案执行不成功的，及时转执行。2021年以来小额诉讼案件审理期限仅为17.51天，当事人自动履行171件。

（二）坚持科学务实，打造一站式诉讼服务

崇州法院加大"统""效"力度，打造全时全域、线上线下的智慧诉讼服务中心，最大限度便民利民惠民，构筑群众表达诉求、参与诉讼、解决纠纷的"第一"窗口。

1. 创新智能化服务方式，诉讼事务全时智办

崇州法院打造7×24小时"不打烊"的诉讼服务区，在突出显眼位置标识"24小时诉讼服务"，方便办事群众远距离识别。日间为当事人提供"导诉＋代办"服务；夜间诉讼服务"不断电"，在无工作人员辅助下，当事人也可"自助办""一键办"除开庭、调解外的所有诉讼事务，切实突破线下服务具有固定工作时间的局限。2021年以来，智能化设备服务群众9940次，其中非工作时间3255次，占比32.74%。通过"拓宽服务范围"突破线性思维方式，崇州法院根据需要在区域内社区、医院、企业等重点场所配备"小崇"系列法律服务机器人、自助立案阅卷一体机等设备，切实

打造"家门口"的"24 小时自助服务区",实现诉讼事项全天候、一站式"就近办"。现在崇州法院已在 88 个点位为群众提供服务。

2. 搭建立体化服务渠道,诉讼事务就近可办

线下,崇州法院部署信息采集系统,当事人仅需首次来院办事时进行人脸及身份信息采集,后台可通过当事人信息与案件关联,预测其来院诉讼事项,合理分流到不同的窗口办理事务,同时可实现"刷脸"安检通行及物品存放、预约排号、联系法官、查阅卷宗等,最大化便利诉讼,目前已存储人脸信息 19739 人次,关联案件 9284 件。同时,将联系法官、旁听庭审、阅卷查档、打印文书等功能集中剥离到诉讼服务大厅,可扫码迁移到手机或发送邮箱、可在线浏览、可实时打印,满足当事人所有事务办理需求。线上,崇州法院依托最高人民法院诉讼服务平台、12368 诉讼服务热线、四川微法院等开展诉讼服务,实现线上线下双线融合;坚持全域服务理念,加强司法协作,跨域立案 20 件,作为全省唯一成员首批加入跨域审判辅助事务协作机制委员会,与北京市丰台法院等 66 家基层法院协同开展无纸化跨域协作,已完成跨域送达取证任务 18 起,从发起到完成,事均办理时长 2.86 天。

3. 秉持人性化服务理念,诉讼事务智办快办

在诉讼事务办理区,崇州法院除设置鉴定、保全、缴费专门窗口,由银行、鉴定机构驻点办理事务外,其余 4 个窗口不区分事务类别,一号通办、一网通办、一窗通办,系统数据流转紧密联系后台审执人员,避免当事人来回奔波。2021 年以来,已办理事务 11840 件,案事比 271%①。采用静默式叫号模式,通过微信公众号以及挂壁式 LED 显示屏精准推送窗口业务服务情况,完成全方位暖心舒心的事务办理提示。探索"零障碍"沟通模式,案件受理分案后,通过微信公众号向当事人推送案件承办法官姓名、办公电话以及承办法官正在办理的案件数量,将法官日程管理系统、案件审判管理系统、联系法官终端、12368 服务热线等相关联,多方位掌握法官动向,多渠道实现信息推送、传递的便捷、精准和高效,确保当事人联系法官到位率 100%。

---

① "案事比",即人民法院事务数除以案件数。

（三）坚持需求导向，打造集约化司法模式

崇州法院构建集约、高效的新型审判团队，提升司法运行效能，改变传统的"法官＋法官助理＋书记员"办案团队模式，将审判辅助事务剥离、重组，法官助理跟人，专注于辅助法官裁判；其他辅助人员不跟人、不跟庭，只跟事，集约办理条块式的审判辅助专门事项。这一模式不仅将扫描装订、司法送达等辅助性、事务性工作剥离到诉讼服务中心集约管理，同时将归档结案、卷宗管理等审判质效管理事项统归到"前台"，实现管理规范化、集约化、实质化。

1.诉讼事务无纸化办理

推进电子卷宗深度应用，前台集中扫描所有纸质材料，系统进行智能编目并同步生成电子卷宗，立案后电子卷宗一键秒传至事务办理各方，法官、法官助理、书记员团队、速录和送达团队并行开展相关工作，结案时电子卷宗一键归档，减少反复扫描、删除整理等重复劳动，极大提高办事效率，提升办案体验；创新设计可视化同屏显示屏，当事人、诉讼服务中心前台工作人员均同步掌握事务办理情况，引用电子化签名，事务办理签字确认"一屏"内完成，事务办理过程不产生一张纸，实现当事人"无纸诉讼"、法官"无卷开庭、电子执行"。运行以来，已无纸化办案17325件，节约纸张约6.4万张，平均节约群众办事时间0.4小时，平均庭审时长缩短30分钟。

2.辅助事务集约化管理

在诉讼服务中心构建送达、扫描、速录、档案数字化和书记员管理5个审判辅助事务中心，运用审判辅助事务管理平台，连接审判团队与审辅中心，实现任务发起、任务实施、任务反馈一键即达。专门事项"专业办"，7名送达人员、4名扫描人员、8名速录员、2名档案管理人员和4名书记员等25名审判辅助人员办理全院36名法官每年近1万件案件的辅助事务，实现材料流转"无纸化"、事务交接"不见面"、过程办理"可视化"、结果反馈"网上达"。重塑审判辅助事务办理流程，立案后案件同步移交承办法官及送达团队，送达团队根据送达情况安排开庭排期及庭审速录等事项，形成了精准、

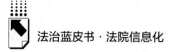

快速、可控、安全的全流程审判辅助事务办理闭环。小额诉讼程序案件庭审全部实行"以庭审录音录像替代庭审笔录"，庭审更加顺畅。运行以来，平均送达耗时 6.36 天，扫描 235 页/天，电子送达占比 81.49%，法官安心、放心和专心于裁判，平均审理天数 29.52 天，同比减少 16.33 天。

3. 审判质效静默化监管

在诉讼服务大厅设办案质效管理中心，加强案件审判过程监管，档案管理人员前移到诉讼服务中心，充分改进、利用智能中间柜，对全院审理过程中纸质卷宗按照档案的要求和标准进行过程整理、集中管理，纸质卷宗流转8437 次。运用区块链存证，确保信息准确、安全，目前存证 81344 次。裁判文书送达完毕后，由档案管理人员检查卷宗是否符合结案标准，符合标准的电子卷宗一键转档，纸质卷宗简约归档，运行以来一键转档 10251 件，确保输出高质量的"司法作品"。

（四）坚持效果引领，提升服务效能

积极探索"司法供应链"管理新模式，创新诉讼服务和审判管理保障机制，瞄准服务理念、资源配置、流程管理三个靶点，着力提升服务质效。

1. 设计自主可控外包管理模式，精准推进诉讼服务

通过购买社会化服务将导诉事务"外包"，制定《智慧诉服中心诉讼引导服务建议》，明确工作内容、指标要求、工作礼仪等，严把关口、规范程序。固定服务流程，前端引导分流后，实时答疑解惑，确保每个现场诉求解答到位；无法当场答复的，及时将咨询时间、事项记录在案并转交承办法官，真正将当事人诉求点转化为承办人的任务点，节省法院人力资源的同时实现专业、规范指引。借助"考核上岗 + 择优录用"机制前置精干力量，构建"岗前培训、按月考核、数据监管"三位一体管理模式，落实首问责任制，确保导诉专员工作严谨、服务规范。

2. 树立以需求为导向服务理念，实质引导诉讼服务

为贯彻"以人为本"理念，崇州法院将服务端口前移，"接诉"锚定需求点，最大化满足不同群体办事需求。向当事人发放立案指南，为 24 小时自助

智能设备配置使用说明,便于办事群众在具体操作时有章可循;打造多元解纷长廊,直观展示非诉讼纠纷解决的渠道、内容与优势,助力当事人纠纷化解"弯道超车";针对立案、调解、查询阅卷等不同诉讼服务,梳理并固化"一对一"引导服务标准流程及沟通要点,同时考虑来访人员年龄、性别、职业、情绪状态等因素,有针对性地采用不同话术思路及技巧,实现群众"随心问"、法院"优质答";开展"私人定制"服务,用心、用情为群众办好事,帮助老弱病残孕及"数字弱势"群体,解决"数字鸿沟"难题。

3. 加强法院安全保卫管理工作,切实构筑安全防线

积极落实安保措施,部署全方位的周界安全监控系统,对"24 小时自助诉讼服务中心"内外实现无死角的全程留痕。设置身份证核验、人脸识别等身份验证系统,与诉讼服务功能系统进行深度关联与融合。当事人日间通过访客门禁系统进行身份鉴定,安检后进入诉讼服务大厅办理事务,夜间刷取身份证进入自助区,最大化确保场所安全与秩序。强化技术运维力度,加强网络安全建设和管理,严格跨网信息交换要求,加强安全边界防护,防范和杜绝非法访问;严格落实备份恢复机制,保证业务系统正常运行。规范保存、使用"24 小时自助诉讼服务中心"区域形成的音视频、电子档案等材料,维护群众信息安全。

三 存在问题

(一)存在信息化管理、保障不当风险

1. 电子数据传输、存储风险高

目前,法院在与第三方技术公司合作研发软件平台时,通常重点对功能成效进行详细约定,最多加设保密条款,对数据产生后的存储和使用,往往约定不明;第三方公司技术手段不足,保存不当,客观上导致对数据存储和使用管控缺乏可操作性。另外,在网络具备开放、交互特点的情况下,法院的网络安全和基础设施建设不足,网络安全管理模式较为粗放,只重视外围

边界建设，忽视内网安全防护，缺乏有效的数据外泄隐患防护机制。再加上工作人员网络安全意识不强、办理过程操作不当或遇突发情况处理不当，就存在信息泄露、审判数据丢失、数据被篡改和网络黑客攻击等风险。

2. 在线平台建设亟待优化

虽然法院已形成较为完备的系统平台，但平台载体建设仍存在不少问题。一方面，目前实践中缺少统筹协同各基层矛盾化解部门的统一平台，出现了同一矛盾在收集、分流、处理等多个阶段重复作业的现象。例如，崇州市委政法委以"矛盾纠纷多元化解信息平台"为操作网站，而上级法院则要求使用"和合智解"e调解平台，二者不互通、数据不共享，甚至为工作考评出现数据的"二次录入"，给崇州法院工作增加负担。另一方面，法院调解系统设计复杂，导致在线调解对当事人的学习能力、信息化水平要求较高，实践中当事人常因系统操作难、不会使用或使用不便而放弃在线化解矛盾，造成法院调解平台使用率偏低。例如，崇州法院2020年无一起当事人主动通过"和合智解"e调解平台申请解纷的案件。

（二）存在解纷效能不佳问题

1. 治理主体间协调性不足

崇州市虽然形成了政法委牵头、法院主导、部门联动的工作格局，但实践中"执行不力"的问题较为突出。因各部门间缺少统一部署指挥、未形成并适用统一标准和规范、缺乏有效信息共享机制及纠纷联合处理机制，不同主体的化解工作虽然"亮点纷呈"，但职能定位重复、化解工作"各自为政"、信息交流滞后，出现了调解事项对接不畅、行动不一等状况，制约了纠纷多元化解机制整体效能的提高，甚至因数据未公开导致法院无法全面掌握各部门解纷情况，进而影响了数据分析及结果评价。同时，因责任分配不明确及有关部门的部分工作人员对纠纷多元化解工作认识不到位——错误地认为"法院是纠纷多元化解机制中的绝对主体"，对自身解纷工作不重视，推进力度有限，并对法院产生依赖，遇到解纷困难不愿"迎难而上"加大工作力度，而是将纠纷推向法院，如崇州市住建局将化解有困难的200余件涉房地产纠纷案件全部交由崇州法院处理，客观上使法院诉讼案件大量增加。

2. 工作量大而人力不足

"案多人少"是造成人民法院调解成功率低的根源所在。一方面，调解队伍不稳定，调解员"专职不专"。崇州法院民商事收案4865件，特邀调解员88人，其中专职调解员仅4人。工作人员的严重不足与日益繁重的工作任务极不适应，客观上导致其办案压力较大、办事效率不高。不仅如此，受制于资金管控、机制不足等因素，法院还面临着专职调解员工作积极性低、流动率高而导致的工作滞后等问题。崇州法院专职调解员月工资较低，且未设立正向激励机制，无绩效、奖金及个案补贴，难以对其产生吸引力，故一年内连续离职2名专职调解员，人员流动频繁导致调解队伍内部产生"断层"与"空档"。另一方面，特邀调解员业务能力参差不齐。因基层法律服务的准入门槛过低，部分调解员专业业务水平不高，有些甚至未接受过正规法律培训。崇州法院特邀调解员整体学历偏低，法学专业或从事与法律相关行业的仅为半数左右，办案力量相对不足的问题更为突出，使得法院开展纠纷多元化解机制建设的投入产出严重不成正比。

四　展望

（一）有效提升信息技术能力，切实把控数据安全

1. 完善数据安全管理，加强法院网络安全建设

加强对技术公司的筛选审查，与公司签署保密协议，明确数据存储、使用等约定，严格控制公司对法院信息数据的知悉范围，规范开展合作。加强内部安全管理措施，制定完整的数据安全管理制度，严格内外网数据连接，信息技术部门定期对数据安全状况进行测评并查漏补缺，严格控制系统管理人员范围，提升法院数据安全性。加强跨学科的法律科技复合型人才培养，定期对干警进行网络安全与技术知识培训，提升法院自身建设能力。

2.完善专业解纷平台，推动解纷服务优化升级

强化平台与平台之间、智能调解设备与平台之间的对接联通工作，构建多层次、立体化、全覆盖、普惠式的服务系统。优化线上调解平台，在定期收集体验数据、监测洞悉客情的基础上，通过完善网上诉讼服务中心、网上调解平台等信息系统，扩大使用者可办理业务范围，优化操作和说明元素，提升用户使用体验，为当事人利用互联网非诉解决纠纷奠定基础。

（二）着眼服务大局优化，实质推动多元解纷

1.加强外部监督管理，推动责任有效落实

一方面，加强定位监管，将纠纷多元化解机制运行情况纳入对各政府部门、乡镇或街道的目标考核，出台督查考评工作细则，明确以各单位前端化解纠纷数量为基础，结合民事行政案件万人起诉率、矛盾纠纷同比增长率、委托调解案件成功率等指标，严格、统一实施考核，并将评估结果及时、主动向上级部门报告，对先进单位予以表彰奖励，助推纠纷多元化解机制各项工作任务落地落实。另一方面，强化不定期监管，将第三方监测延伸覆盖至其他部门，由其不定期检查监督工作职责的完成情况，提升有关工作人员开展纠纷多元化解工作的积极性。

2.加强内部监督管理，确保调解规范高效

一方面，改进人员管理工作，增强队伍稳定性。给予调解人员人性化关怀与尊重，为之营造和谐的工作氛围，减少现有人才资源流失；提供合理的薪酬，科学设计激励机制，明确基本任务数和奖励方法，以案件受理数、调解成功率、当事人满意度等作为工作评价标准，加大奖励力度，激发调解员投入矛盾纠纷化解的积极性。另一方面，推进专业调解服务，提升调解规范性。制定法院调解人员调解规范，提高准入门槛，落实主体责任，明确工作纪律。业务上加强"线上＋线下"培训教育，要求调解人员在调解工作中优先适用法律法规，在无法律规定时可适用民间习惯和道德规范；工作中要求建立台账进行纠纷登记统计，确保有据可查、管理规范。

B.22
湖州法院建设"绿源智治"生态环境
多跨协同治理系统调研报告

浙江省湖州市中级人民法院课题组*

摘　要： "绿源智治"生态环境多跨协同治理系统作为化解生态环境治理
多头管理、治理体系不健全等问题而研发的线上智慧协同平台，
具有深刻的时代背景，是践行"绿水青山就是金山银山"理念、
优化社会治理、探索科技创新的重要举措。"绿源智治"协同系
统通过资源整合、打通数据壁垒，构建起从前端线索发现到后端
修复的全生命周期管理系统。其功能价值主要在于全流程在线执
法办案、多主体在线协同共享、智能化同步数据分析。通过重塑
流程机制，切实解决生态环境治理难题。今后，"绿源智治"系
统协同将增加生态环境立法监督、生态环境云端普法等功能，进
一步拓宽协同治理、公众参与的广度和深度。

关键词： "绿源智治"协同系统　生态环境　智能治理　协同治理

党的十九大报告提出，要构建现代环境治理体系。2020年3月，中共中
央办公厅、国务院办公厅印发《关于构建现代环境治理体系的指导意见》，就

---

* 课题组成员：杜前，浙江省湖州市中级人民法院党组书记、院长；周文霞，浙江省湖州市中
级人民法院副院长、党组成员；赵龙，浙江省湖州市中级人民法院研究室主任；孟振华，
浙江省湖州市中级人民法院大数据中心主任；许婷婷，浙江省湖州市中级人民法院环境资源
庭庭长；徐旭芬，浙江省湖州市中级人民法院审判管理办公室副主任；沈庆琪，浙江省湖州
市中级人民法院研究室干部。执笔人：徐旭芬。

现代环境治理体系建设提出具体要求。十九届五中全会明确提出 2035 年"美丽中国建设目标基本实现"的愿景目标和"十四五"时期"生态文明建设实现新进步"的新目标新任务，并就"推动绿色发展，促进人与自然和谐共生"作出具体部署，进一步为新时期加强生态文明建设和生态环境保护工作提供了方向指引和行动指南①。

作为"绿水青山就是金山银山"理念发源地，湖州以建设"展示人与自然和谐共生、生态文明高度发达的重要窗口"示范样板地为己任，积极推动构建党委领导、政府主导、司法保障、社会参与的现代环境治理体系②。2020 年 11 月，湖州市中级人民法院在浙江省高级人民法院的指导下，联合生态环境等主管部门、司法机关开发建设了全国首个生态环境多跨协同治理系统——"绿源智治"协同系统，创造性地开启了生态环境执法司法协同保护 e 时代。开发建设"绿源智治"生态环境多跨协同治理系统是新时期湖州法院贯彻落实党中央关于生态文明建设战略部署、积极参与生态文明体制改革的重要举措，是解决当前生态环境治理中存在的生态破坏不可逆转、环境治理职能分散、环境案件专业性强等堵点难点痛点问题的有效手段，是共建共享绿色家园、助力实现共同富裕的创新载体。

一 "绿源智治"协同系统建设的背景

（一）"绿源智治"协同系统建设的必要性

生态环境问题在经济转型时期往往显得尤为复杂，跨区域性、跨专业性特点更为突出。环境治理作为一项系统工程，仅仅依靠某一机关或者单一诉讼途径，已经无法满足社会对于高质量、高效率解决生态环境纠纷的需

---

① 参见莫纪宏《论习近平新时代中国特色社会主义生态法治思想的特征》，《新疆师范大学学报》（哲学社会科学版）2018 年第 2 期。

② 参见宋华琳《论政府规制中的合作治理》，《政治与法律》2016 年第 8 期。

求①。行政、司法、社会公众等多元主体共同参与环境治理，是提升环境治理能力的时代要求和关键所在，决定了在环境保护领域建立协同治理专门平台的必要性。中共中央、国务院印发的《关于构建现代环境治理体系的指导意见》中亦强调，要建立生态环境保护行政机关、公安机关、检察机关、审判机关之间的信息共享、案情通报、案件移送制度。坚持多方共治已成为现代环境治理体系的鲜明特点②。

（二）"绿源智治"协同系统建设的现实性

建设生态环境多跨协同治理系统，是湖州深入践行"绿水青山就是金山银山"理念的生动实践和建设现代环境治理体系示范区的重要举措，更是解决相关职能部门多头管理协同不足等问题的实践创新。当前，环境治理和社会治理领域存在诸多难点，既需要加快形成人民群众广泛参与、环境执法与司法有序衔接、社会服务资源充分整合的多方共治格局，也需要进一步强化人工智能与环境治理有机结合，通过创新驱动促使人工智能在生态环境保护领域发挥突出优势，从而为破解环境治理难题和社会治理痛点提供可行路径。

（三）"绿源智治"协同系统建设的可行性

作为习近平生态文明思想的发源地，湖州始终牢记总书记嘱托，历任领导均高度重视生态环境治理工作。系统上线以来，得到了市委的充分肯定和上级法院的精心指导，外部发展环境良好。从制度创新层面看，湖州率先开展生态文明先行示范区建设地方立法，试行环境资源案件"四合一"跨区域集中管辖，生态环境保护的"制度矩阵"已初步形成，有条件进一步探索环境治理机制创新。此外，湖州在全省率先建立环境执法与司法协调联动机制，法院与公安、检察以及环境资源行政主管部门建立了广泛协作，具有协调联动的基础优势。湖州将每年的 8 月 15 日设为市生态文明日，形成了

---

① 参见吕忠梅《生态文明建设的法治思考》，《法学杂志》2014 年第 5 期。

② 参见程多威、王灿发《论生态环境损害赔偿制度与环境公益诉讼的衔接》，《环境保护》2016 年第 2 期。

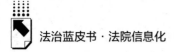

全民关注、支持、参与环保的良好风尚，为平台建设奠定了良好的社会基础。

二 "绿源智治"协同系统建设的意义

（一）践行生态文明理念

生态文明思想是习近平新时代中国特色社会主义思想的重要组成部分，党的十九大报告强调指出："建设生态文明是中华民族永续发展的千年大计。必须树立和践行绿水青山就是金山银山的理念，坚持资源节约和保护环境的基本国策，像对待生命一样对待生态环境。"① 在 2018 年全国生态环境保护大会上，习近平总书记明确要求，要用最严格的制度、最严密的法治保护生态环境。"绿源智治"生态环境多跨协同智能治理系统根据环境资源案件的跨区域性、专业性、复杂性、社会性等特点，针对提起诉讼难、收集证据难、因果关系鉴定难、法律责任比例划分难等"痛点"②，提供线上解决方案，提高了此类纠纷的处理效率和质量，是践行"绿水青山就是金山银山"理念的重要途径，将为实现青山常在、清水长流、空气常新的生态目标提供强有力的机制保障和技术支撑。

（二）优化社会治理

《中共中央关于全面推进依法治国若干重大问题的决定》提出，要"完善调解、仲裁、行政裁决、行政复议、诉讼等有机衔接、相互协调的多元化纠纷解决机制"。"绿源智治"生态环境多跨协同智能治理系统作为环境资源纠纷类型案件的专题解纷中心，对提升社会治理水平、减少矛盾纠纷的发生及缓解司法资源紧缺等均具有积极作用。对各职能部门而言，

---

① 中国共产党第十九次全国代表大会《决战全面建成小康社会　夺取新时代中国特色社会主义伟大胜利》。
② 参见巩固《环境民事公益诉讼性质定位省思》，《法学研究》2019 年第 3 期。

该系统突破了区域限制，湖州市域内五区县的纠纷案件得以统筹处置，多部门可以在线磋商纠纷解决方案，避免了推诿扯皮，履行了让人民群众"最多跑一次"和"数据多跑路、群众少跑腿"的承诺。同时，系统可通过在线智能"环保＋法律"咨询积累咨询数据，进行后续的大数据分析，对因环境资源引发社会矛盾聚集的地区进行预警，形成的数据可以为政府环境治理、环境资源纠纷处理、环境资源科普以及环境资源普法提供有价值的信息和分析参考。对社会公众而言，"绿源智治"生态环境多跨协同智能治理系统为每一个普通人通过互联网进行环境事件查询、环境知识咨询提供有效途径。公众不再需要因诉讼成本而选择聚众闹事、散布流言、引导舆论等容易引发群体性事件的方式解决纠纷。同时，"绿源智治"生态环境多跨协同智能治理系统作为司法、行政部门的宣传通道，引导公权力与私权利建立互信关系，形成一个多元共治、各方参与、人人有责、协同齐进、相融互动的体系化社会治理机制。总之，"绿源智治"生态环境多跨协同智能治理系统作为线下社会治理的线上创新模式，是优化服务改革道路上的关键之举，可极大地缩短群众办事的时空距离，有效增强政务服务的便民利民惠民性，为加快实现治理能力和治理体系现代化的目标提供有效途径。

（三）探索科技创新

"绿源智治"生态环境多跨协同智能治理系统提供的在线存证功能，可以精准提示使用者补充证据，全面完善形成证据链；在线申请环境保护禁止令、环境损害鉴定评估等特色功能，实现了纠纷解决的案件预判、数据分析等效果；通过接入环境资源专业鉴定机构，合理配置鉴定资源，用户可一键申请司法鉴定，减少鉴定前期时间和精力成本；生态环境损害赔偿磋商形成修复方案的，系统将设置节点验收流程监督功能，形成过程留痕、责任签章、案卷留存的业务环节，便利后续的提醒和方案实现；大数据和人工智能等高科技作为平台的建设基础，拥有应用知识图谱、异步响应、视频语音、OCR光学字符识别、IVR智能在线语音调解系统、情绪识别以及大数据分析等技术。综上，"绿源智治"生态环境多跨协同智能治理系统作为环境资源纠纷融合高科技技术的创新解纷产物，可通过运用合理的解纷流程将矛盾纠纷逐层消化分流，构建科学、系统的"社会解纷新模型"，做到各部门纠纷解决信息资源共享、互联互通、高效便捷。平台充分融合"法律＋科技"优势，引导形成共建、共治、共享解纷新格局。

三 "绿源智治"协同系统具体内容

"绿源智治"生态环境多跨协同治理系统整合生态环境治理职能部门和第三方资源，以前端线索发现到后期修复完成为脉络，以环境资源执法、司法为主干向两端延伸，着力构建从生态环境科学立法、严格执法、公正司法到全民守法的协同治理闭环，实现全流程在线执法办案，多主体在线协作共享，智能化同步数据分析，促进生态环境问题源头预防、高效司法、智能治理。

系统结合环境资源行政执法和司法职能特点①，区分六大展示板块构建起环境资源纠纷诉前调解、在线诉讼、司法令状、评估鉴定、专家意见、生态修复、司法建议等十大功能区。针对不同用户主体的差异化需求，在浙江法院网上开设专栏模块为社会公众提供六项服务，在"浙政钉"上增加功能模块助推环境资源执法、司法十个方面的协调联动。同时，依托两大阵地畅通环境资源行政执法、司法协作的"小循环"与社会公众参与环境治理的"大循环"，形成既具差异化、又迅捷高效的环境协同治理机制。具体包括以下主要功能。

（一）打通数据壁垒

系统在浙政钉"绿源智治"系统"我的案件"部分设置"环境执法""诉前调解""司法案件"三个功能模块。

---

① 参见朱晓勤《生态环境修复责任制度探析》，《吉林大学社会科学学报》2017 年第 5 期。

第一，自动获取环境行政执法案件。系统与浙江省大数据公共数据平台实现对接，能够获取全省环境行政处罚、行政强制信息，行政机关可针对本部门的行政处罚信息在线申请禁止令等司法令状。目前系统已共享环境行政处罚等信息3000余条。

第二，自动获取环境资源诉前调解案件。系统对接浙江在线矛盾纠纷多元化解平台，将适宜调解的案件推送浙江解纷码，进行专业化的诉前调解工作。同时对接业务中台，自动获取涉环境资源的诉前调解案件。

第三，自动获取环境资源司法案件。系统增加与业务中台—用户中心的接口，依附现有浙政钉用户体系，实时获取对应合议庭成员的涉环境资源司法案件；对于非法院角色，通过用户信息数据存储的方式，实时获取相关的案件信息。目前，系统已流转司法案件358件。

通过打通上述数据端口，全省环境资源执法、司法、调解案件实现在系统内集成、流转、共享，为下一步的环境资源执法与司法协作提供了基础。

（二）提供协作服务

在实现环境行政执法与司法案件数据共享的基础上，系统为行政机关、司法机关工作人员提供下列"绿源服务"。

第一，司法令状功能。在作出行政处罚后，等待当事人起诉或者复议期限内，行政部门为防止环境污染损失扩大，可以在线申请禁止令。在诉讼案件审理过程中，当事人也可提交禁止令和修复令等令状申请，人民法院即时接收审查，并作出裁定。实现方式：系统增加与业务中台收立案的接口，推送禁止令申请至业务中台，进行非诉行审案件的立案审批，并实时获取立案进展。

第二，非诉执行功能。当事人在法定期限内不申请行政复议或者提起行政诉讼，又不履行行政决定的，没有行政强制执行权的行政机关可以自期限届满之日起三个月内，就行政处罚结果向人民法院提交非诉执行审查和申请执行。实现方式：系统增加与业务中台入卷接口，推送令状申请至业务中台对应案件卷宗，实现材料入卷。湖州各区县的环境资源非诉执行审查案件均已通过系统发起申请,实现了该类案件全流程无纸化高效办理。

第三,公益诉讼、生态环境损害赔偿功能。依法有权的机关或者检察院可在线向人民法院提起环境公益诉讼,或者提起生态环境损害赔偿诉讼,或者申请生态环境损害赔偿磋商协议,人民政府、生态环境局等部门可以在线发起生态环境损害赔偿磋商会议。实现方式:提供申请入口,跳转至浙江法院网,完成立案审批流程。目前,湖州市检察院已成功通过上述方式完成公益诉讼案件立案。长兴县人民法院办结的全市首例生态环境损害赔偿磋商案件通过该系统完成在线磋商。

第四,生态修复功能。系统支持法院或者修复执行机关、监督机关在线发布生态修复任务、监督验收生态修复成果,构建各方协同参与的生态修复体系。实现方式:提供生态环境修复任务的发布服务,依托浙政钉用户体系,选择委托单位、监督单位、验收单位,实现任务的全流程监督;同时提供生态环境修复成果的发布,并同步到浙江法院网,接受社会公众监督。

第五,司法建议功能。系统以法院的司法建议与检察院的检察建议为核心功能,为法院、检察院参与生态环境治理提供便利。实现方式:提供司法建议、检察建议发送功能,依托浙政钉现有的消息服务,实现法院司法建议和检察院检察建议的在线接收和反馈。

第六,专家咨询功能。系统整合环境资源领域专业资源,为生态环境治理提供全程智力支持。实现方式:整合专家资源入驻浙政钉,实现在线沟通功能;支持专业咨询邀请及专家意见反馈。

第七,评估鉴定功能。系统实现线上查询专业的评估鉴定机构名录,为环境资源案件处理提供便利。实现方式:增加与省法院现有对外委托机构平台接口,实时获取环境资源相关的评估、鉴定机构。

第八,法律法规功能。系统整合环境资源类的相关法律法规,构建系统的知识谱图。实现方式:"绿源智治"提供法律法规,方便用户查阅。

第九,新闻/通知/公告功能。新闻/通知/公告模块通过线上形式,构建部门间以及公众端的畅通沟通渠道,加强彼此间的联系协作,形成在线联动机制。实现方式:通过新闻、公告发布功能,发布公告、新闻并同步到浙江法院网;通过通知功能,实现浙政钉用户成员间的通知发送和接收。

第十,可视化大屏功能。各部门领导可实时了解全省生态环境协同治理情况,掌握本辖区生态环境治理协同现状。实现方式:根据省级统计需要,打通与业务中台案件等数据、浙政钉用户等数据平台,实现可视化大屏指标统计并实时呈现。

(三)展示治理成效

在浙江法院网首页新增"绿源智治"宣传窗口,将浙政钉"绿源智治"系统中行政执法与司法机关业务互动过程中可以对外公开的内容,通过浙江法院网主动公开,主要包括"协同部门""典型案例""修复成果""新闻动态""公告发布""法律法规"等六方面信息,主动接受社会监督,并起到环境资源普法宣传、展示环境保护成效的作用。

四 "绿源智治"协同系统功能价值

(一)全流程在线执法办案,构建环境治理智能化系统

"绿源智治"协同系统将线下传统的环境资源执法与司法业务衔接流程迁移至线上。行政机关可通过浙政钉在线提起非诉执行申请、生态赔偿协议司法确认和环境资源诉讼。对于适宜调解的案件,系统已对接浙江解纷码平台,可一键完成分流引调。在行政执法和诉讼过程中,行政机关发现环境破坏行为仍在持续等情况的,还可以在线申请法院对行为人发出禁止令、修复令等司法令状,防止环境损害扩大。案件审理和执行过程中,人民法院可以在线委托行政机关协助确定修复方案,共同执行、监督生态修复。至此,从环境执法到司法诉讼乃至执行修复的全流程业务均可实现网上办理。

(二)多主体在线协作共享,开辟多元参与治理新渠道

法院、检察、公安以及生态环境、自然资源、农业农村等环境资源行政

主管部门，均作为成员单位入驻"绿源智治"协同系统。成员单位可将各自收到的环境资源案件线索和材料移送、同步推送至相关机关，并可针对疑难复杂问题进行在线会商。系统还引入了环境资源咨询专家、鉴定评估机构等第三方服务资源，成员单位可在线发起咨询、委托评估鉴定，为专业治理生态环境提供了极大便利。同时，在浙江法院网实时更新生态修复、公告通知、案件数量等环境资源保护相关工作情况，为人民群众监督生态环境治理开辟渠道。

（三）智能化同步数据分析，智能支撑生态环境决策

"绿源智治"系统通过对接浙江法院网、浙江省统一行政执法办案平台，实现环境资源行政执法和司法案件信息在线实时共享，同时能够对流通系统的各类数据进行同步大数据分析，将涉及各环境资源保护领域的线索、信息分别推送至相应行政主管部门和司法机关，对生态环境问题的易发领域、地域分布、数量变化等进行实时动态数据分析，有力服务生态环境科学治理和立法顶层设计。

五　"绿源智治"协同系统实现路径

为推进"绿源智治"生态环境多跨协同治理系统顺利建设，实现预期功能，湖州市中级人民法院从五个方面谋划实现路径并予以落实。

（一）建立 V 字模型，逐级拆解任务

拆解出用户融合升级、平台化改造等一级任务 4 个，全流程执法监督、全在线司法业务等二级任务 9 个以及司法令状、非诉执行、生态修复等三级任务 28 个，直至拆解出最小颗粒度的任务，并明确具体责任单位。

（二）建立指标体系，加强考核通报

围绕浙政钉端和浙江法院网端制定生态环境执法合规率、生态修复情

况、司法令状发布情况、协同部门上线率等 18 项可量化指标，并建立周通报制度，有力提升系统的推广、运用力度。

（三）建立协同体系，实现五跨协同

支持省、市、区县三级，法院、检察、生态环境等九大条线，837 个职能部门开展业务协同，整合各类环境资源专家专业机构，畅通社会公众参与治理渠道，着力实现跨层级、跨地域、跨系统、跨部门、跨业务协同。

（四）建立数据体系，自动抓取共享

系统对接浙江 ODR、省大数据局公共平台、省统一行政执法办案平台、省法院办案办公平台以及浙政钉用户数据库等。

（五）建立领导驾驶舱，可视化服务决策

集成业务协作产生的各项数据，形成案件类型、生态修复、趋势分析、协调联动等可视化模块。

六　"绿源智治"协同系统治理成效

（一）解决生态治理难题

首先，生态环境破坏具有不可逆转的特点，以往执法、司法实践往往仅重视事后惩罚。通过"绿源智治"协同系统禁止令、修复令的功能促进了源头预防，并通过生态修复任务、修复结果发布功能，解决了生态修复责任不明确、修复不及时、过程不透明等问题①。其次，生态环境治理具有职能分散的特点，以往各生态环境治理部门、治理环节各自为阵。通过"绿源智治"协同系统实现了执法、司法案件情况的共享以及各业务环节的联通，

---

① 参见吕忠梅、窦海阳《修复生态环境责任的实证解析》，《法学研究》2017 年第 3 期。

为下一步业务流程改造打下了基础。最后，环境资源案件具有专业性强的特点。为提升办案质效，"绿源智治"协同系统通过整合各方主体和第三方资源协助、服务办案，并通过大数据分析有效服务纠纷预防、化解。

2021年初，湖州市中级人民法院依托"绿源智治"协同系统办理一起破坏生态环境民事公益诉讼案，该案从立案到修复完成全程在线操作、留痕，作为数字化成果服务生态环境治理的重要实践入选浙江法院十大环境资源典型案例。长兴县人民法院指导生态环境部门依托"绿源智治"协同系统完成全市首例生态环境损害赔偿案，该案入选长三角司法协作典型案例。2021年4月至9月，湖州法院共依托系统办理环境资源非诉执行审查案件125件，法官办案耗时从7～30天缩短至1天。

（二）推动改革突破

"绿源智治"协同系统的开发与运用，有效促进了生态环境问题信息碎片化向信息集约转变，促进生态执法办案过程即时性向全程留痕转变，促进环境资源案件裁判标准不统一向规范统一转变，在生态环境保护方面实现了多跨协同，凝聚了保护合力。自"绿源智治"协同系统于2020年11月上线至2021年9月，系统已共享环境资源执法案件信息1866637条，流转环境资源司法案件668件，各入驻机关依托系统开展在线协同4320次。

（三）重塑流程机制

一是在实现全流程无纸化办理环境资源非诉案件的基础上，在全省首创裁执分离案件执行督办机制，即针对司法实践中裁执分离案件裁而不执现象突出的问题，在当前"绿源智治"系统已实现环境资源行政非诉执行审查案件全流程在线办理的基础上，开发行政非诉执行督促功能，设计督促流程，法院作出裁定后由执行法官启动督促程序，乡镇街道等执行责任主体在执行期限内反馈执行情况，由申请单位、属地司法局和法院联合审查；逾期未反馈且未申请延期执行的，由作出裁定的法院发出督促执行通知书并抄送同级司法局，到期仍未反馈的，由作出裁定的法院上报上级法院，上级法院通报同级司法局，从而跟踪、督促执行情况。二是在实现环境资源执法司法业务在线协同的基础上，探索环境资源案件"民刑责任统筹"办理机制，即针对司法实践中同一行为人因同一环境侵权行为同时受到刑事制裁与民事追偿的情形，探索将民事公益诉讼中赔偿义务人的生态环境损害赔偿责任履行情况和对生态环境的修复程度作为刑事案件的量刑参考，引导其更积极主动地采取修复措施履行赔偿义务，以争取在刑事诉讼中从轻或者减轻处罚，建立刑事制裁、民事赔偿与生态补偿有机衔接的环境修复责任制度，起到降低环境治理成本、提高生态修复实效的双重作用。三是在实现环境资源案件"一案一修复"的基础上，建立生态修复基地群团和修复管理人机制，在全市建立优美生态环境展示、生态环境修复、环境保护科普教育等三种类型十余个基地。

七 "绿源智治"协同系统的完善

当前，"绿源智治"协同系统的功能主要聚焦于环境资源执法、司法环节。下一步，"绿源智治"协同系统将紧紧围绕"数字法治"建设目标，以环境资源执法办案为中心，进一步拓展协同治理、公众参与的广度和深度，开发生态环境立法、守法延伸功能，具体完善规划如下。

（一）增加生态环境立法监督功能

在调研过程中，湖州市人大城乡建设与环境资源保护委员会、监察和司法委员会等相关部门提出通过"绿源智治"系统查看环境资源执法、公益诉讼、司法建议、检察建议以及地方立法贯彻实施情况等需求。对此，"绿源智治"生态环境多跨协同治理系统将进一步扩大用户体系，赋予人大工作人员查看上述案件信息、文书的权限。对于地方立法贯彻实施情况，通过进一步优化系统功能，以及对相关部门执法系统进行改造，在结案时勾选是否适用地方立法，并将相关文书通过"绿源智治"系统推送至人大。通过线上推动功能改造，更有利于人大行使监督权，从而推动立法完善。

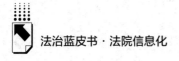

（二）完善生态环境云端普法功能

为进一步强化"绿源智治"生态环境多跨协同治理系统的普法宣传功能，将在普法宣传功能模块的基础上，构建生态普法云端模块，通过开发定向普法功能，引入企业主管行政机关等作为协同单位，面向重点污染企业设计环保云课堂等功能模块，实现普法宣传多元化功能。同时，在对接司法局现有的社区矫正智能化平台基础上，增加环境资源专门特色的学习和任务，切实提升环境资源刑事案件罪犯的社区矫正与"绿源智治"融合的契合度。

结　语

2021 年，党中央赋予浙江高质量发展建设共同富裕示范区的光荣使命，湖州作为全国首个以"绿色智造"为发展主线的"中国制造 2025"试点示范城市，理应在共同富裕示范区建设过程中积极打造绿色样本。湖州作为"绿水青山就是金山银山"理念的诞生地，在高质量发展建设共同富裕示范区的时代背景下，对于生态环境的保护和绿色产业的发展，显然更具政治意义。在"绿源智治"生态环境多跨协同治理系统的研发基础上，湖州法院通过强调"数字化"场景应用，加快推进"绿色共富司法保障数字化平台"建设，助力绿色产业全生命周期、全产业结构、全从业人员的司法保护应用场景建设，从而为共同富裕示范区和生态文明"重要窗口"建设贡献力量。

B.23
合川法院探索多元解纷
与社会治理的深度融合实践

重庆市合川区人民法院课题组*

摘　要： "一站式建设"既是人民法院推动多元解纷的司法实践，也是人民法院参与社会治理的重要举措。多元解纷与社会治理的功能融合，是一站式建设的必由之路。重庆市合川区人民法院坚持科学理念、合理机制、精细方法，将一站式建设置于全区社会治理大格局中，与全区城乡治理体系深度融合，发挥法治保障作用，推动矛盾纠纷源头化解。从建设路径上看，一站式建设具有线上、线下"双线"推进特征。无论是线上建设的外网化、在线化、集约化，还是线下建设的效力层级化、程序限缩化、保障体系化，都趋向于构建解纷多元功能与社会治理能力多元互补、全面覆盖的组织共同体。而以"完善党委领导、政府负责、民主协商、社会协同、公众参与、法治保障、科技支撑的社会治理体系"为顶层设计，融合一站式建设的基层社会治理的体系化发展，在省（市）级、区县、镇街层面应当各有侧重。

关键词： 社会治理　多元解纷　"一站式建设"

---

* 课题组成员：谢宝红，重庆市合川区人民法院党组书记、院长；吴家川，重庆市合川区人民法院党组成员、副院长；黄艳，重庆市合川区人民法院党组成员、政治部主任；熊思明，重庆市合川区人民法院综合办公室主任；殷坤炙，重庆市合川区人民法院审管办（研究室）副主任；陈庚，重庆市合川区人民法院审管办（研究室）法官助理。执笔人：殷坤炙、陈庚。

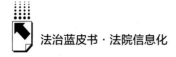

党的十九届四中全会对坚持和完善共建共治共享的社会治理制度提出了明确要求，为新时代加强和创新社会治理指明了方向。一站式建设是人民法院参与社会治理的重要抓手，"南昌会议"和2020年的全国高级法院院长座谈会均对一站式建设工作进行了全面、具体部署。重庆市高级人民法院明确了重庆法院推进一站式建设的具体工作要求、方法和路径。重庆市合川区人民法院（以下简称合川法院）认真贯彻习近平法治思想，认真落实上级法院部署要求，结合合川区推进市域社会治理现代化试点实际，将一站式建设工作融入全区社会治理工作，以多元解纷与社会治理相融合为关键，不断提升人民法院化解矛盾纠纷、服务人民群众的能力和水平，为推进社会治理现代化贡献法院力量和智慧。

一　理念先行：对一站式建设的认识与理解

习近平总书记强调，要完善共建共治共享的社会治理制度，实现政府治理同社会调节、居民自治良性互动，建设人人有责、人人尽责、人人享有的社会治理共同体。一站式建设是法院统筹平衡司法供给和司法需求的关键改革举措，更是社会治理在司法领域中的具体实践。推进一站式建设，要有科学的理念、合理的机制、精细的方法，才能建有所需、建有所用、建有所成。

（一）理念的科学化

做好一站式建设工作离不开科学理念的指导。建设理念要科学。一站式建设要坚持以习近平新时代中国特色社会主义思想为指导，认真贯彻习近平法治思想，坚持走中国特色社会主义法治道路，才能建成符合中国国情、满足人民期待、体现司法规律的特色纠纷解决和诉讼服务模式。目标理念要科学。要将一站式建设置于提升国家治理体系和治理能力现代化效能的战略高度，注重从全局谋划一域、以一域服务全局，以法院一站式建设推动完善基层社会治理体系，助力国家治理体系和治理能力现代化。效果理念要科学。一站式建设要把以人民为中心作为根本立场，聚焦人民群众的操心事、烦心事、揪心事，实现矛盾纠纷便捷、高效、公正化解，以实际成果提升人民群众的获得感、幸福感、安全感，让人民群众成为一站式建设的最大受益者。

（二）机制的合理化

一站式建设必须置于各地的社会治理大格局中，争取各方力量参与"齐抓共管"而不是法院"单打独斗"。完善党委领导机制。党的领导是一站式建设的显著特征、最大优势，要始终将党的领导作为根本保证，充分发挥党总揽全局、协调各方的作用，推动一站式建设融入地区经济社会发展全过程，推动提升将党的领导转化为一站式建设的效能。完善联动融合的协同机制。一站式建设要融入城乡社会治理体系，实现职能机构、市场主体和社会各方都参与，横向要打破各部门、各单位、各机构"各自为战"的局面，推动建立起信息互通、资源共享、程序对接机制，构筑全区"一盘棋"局面；纵向要建立起有效的上下协同机制，实现上面有部署、下面有落实，确保工作要求"一竿子插到底"。完善人人出力的参与机制。一站式建设需要人人参与、人人尽责，才能实现人人享有。要发挥群众自治作用，搭建便捷议事平台、组建基层自治组织，做到民事民议、民事民办、民事民管，增强基层群众自治活力。拓宽群众参与一站式建设渠道，最大限度调动群众参与的积极性、主动性、创造性。

（三）方式的精细化

当前中国社会利益关系日趋复杂，价值取向更加多元，利益诉求更加多样，要求一站式建设的方式更加精细、措施更加精准。权力责任要明确。党的十九届四中全会提出完善党委领导、政府负责、民主协商、社会协同、公众参与、法治保障、科技支撑的社会治理体系，一站式建设中各方力量如何参与、如何协同、权责如何需要更精细的划分、更明确的界定。线上线下要协同。坚持线上线下为同心圆，线上技术为载体、线下实体为支撑，推动形

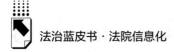

成一站式建设多种资源整合、多种手段结合的大格局。基层基础要稳固。一站式建设的重点在基层、力量来自基层，必须把抓基层打基础作为长远之计、固本之策，使每一股基层力量都活跃起来，切实将矛盾纠纷化解在基层，将和谐稳定创建在基层。

二 实践探索：一站式建设的主要做法和经验

合川法院坚持将一站式建设工作置于全区社会治理大格局中，依靠党委领导凝聚起推动一站式建设的力量，也让一站式建设更好地服务保障党委中心工作。同时，充分发挥法治的引领、推动、保障作用，将一站式建设与自治、法治、德治相结合的城乡治理体系深度融合，为基层社会治理体系建设提供更有力的保障，为完善基层社会治理体系提供法治助力。

（一）将一站式建设置于全区社会治理大格局中

1. 一站式建设工作由法院"自己干"升级为全区"大家干"

始终坚持区委对法院工作的领导。主动向区委汇报一站式建设工作情况，多次受到区委领导的批示肯定，一站式建设工作得到全区的认可和赞同。2019年6月，区委明确将法院一站式建设的品牌——"合舟共济"上升为全区战略，全区以"合舟共济、治善至美"理念推进社会治理工作，使得一站式建设工作在法院萌芽、在全区生长，一站式建设工作既成为全区社会治理的重要内容，更有了区委的坚强领导和全区的大力支持、共同参与。完善考核保障机制。区委政法委明确将街镇万人成讼率、调解员调解成功率等纳入全区平安综治考核，法院在矛盾纠纷化解中发挥好法治保障作用，推动一站式建设工作融入全区社会治理体系，实现全区各部门、各街镇共同参与、共同负责。

2. 矛盾纠纷化解平台由法院"单建"升级为全区"共建"

在区委的支持下，2020年1月，将法院原有的合舟共济e+平台入驻合川区综治大平台升级为全区矛盾纠纷调处平台，与全区网格化服务平台、雪亮工程指挥平台、平安建设效能测评平台等相互融通，共同组成全区"政法大数据云"，平台功能从以诉调对接为主到实现了立审执一体服务。通过全区综治大平台实现矛盾纠纷一键调。当事人申请化解矛盾纠纷的，平台根据情况分别指派给区、街镇、村社三级调解组织调解，调解成功的可申请司法确认，不成功的可转入法院诉讼立案；到法院起诉有调解基础的，法院通过平台委托给指定调解组织调解。当事人有了多种选择，解纷也从"单车道"转变为"多车道"。2020年1～12月，调解组织调解成功率超过九成。综合事务一键办。执行案件需要调查被执行人现状的，调解案件需要送达文书资料的，通过平台向各网格发送工作指令，"民情全掌握"的网格员及时办好回复，省时省力，成功率高。需要查找人员、车辆等行踪信息的，通过平台人脸识别、车辆识别系统等一键定位，保证执行人员准确、快速行动。全年利用平台委托基层组织办理被执行人查找、文书送达等事项1200余件次。社会治理一键管。平台利用大数据分析，实时统计群众意见、纠纷类型、社会评价、街镇万人成讼率、调解员调解成功率等，准确掌握社会热点、民生焦点，既可预测风险、又可优化考核，还能辅助决策，推动全区社会治理工作逐步实现从"经验治理"到"数据治理"、从"碎片化治理"到"一体化治理"、从事后治理到事前治理的转变。

（二）将一站式建设工作与全区城乡治理体系深度融合

在全区各单位、部门等的支持下，在所有街镇、重点行业、部分村社建立纠纷易解工作站（点），以纠纷易解工作站点为载体，聚集各类解纷资源、力量，传递法治理念、方式，规范基层社会治理机制，推动完善城乡社会治理体系。

1. 解纷主体2＋X，优化解纷力量组合

在每个纠纷易解工作站点配备1名指导法官、1名调解员，建立"固定＋随机"的联络方式，指导法官每两个月前往站点开展巡回审判、联合调解，收集社情民意；有矛盾纠纷化解需求则随时前往。根据解纷需要，还可邀请代表委员、律师、行业专家、村社干部等第三方人员参与解纷，实现工作有

"呼"，第三方有"应"，让第三方由解纷的"旁观者"变成"参与者"。例如，在涉原合川市丝绸厂的劳动争议系列案中，群众到法院起诉要求确认劳动关系并补办社保，但提供的证据真假难辨，法院委托与区人力社保局共建的纠纷易解工作站，邀请当事人所在街道、村社以及公安、市场监管等部门、代表委员等第三方参与，发挥区人力社保局人员熟悉政策的优势，公安、村社干部熟悉当事人的优势，街镇、市场监管等熟悉厂情的优势，合力化解了400余件案件，关联案件也得到有效平息。

2. 解纷路径"三级过滤"，重塑基层解纷模式

坚持将一站式工作机制建在最基层、矛盾发生的最前沿，推动构建起分层递进、分类分流的矛盾纠纷一站式化解机制，微纠纷先由民间自治群体、村居委会等基层组织先行调解一级过滤，小纠纷由各镇街、各组织、各行业的专职调解员进行专业调解二级过滤，不能调解的复杂纠纷最后进入法院化解。对进入法院的纠纷进行繁简分流，开展简单案件集中速裁快审，建立"741＋X"工作模式，设立物业、金融借款、劳动争议等案件速裁快审团队7个，采用门诊式4个步骤"分科""导诊""问诊""处方"审理，形成X方联动（院内各部门、法官和法官助理、审判和调解），保障当事人只跑1次就能解决纠纷。速裁快审案件占民商事案件的近五成。简案快审案件平均用时20天，确调速裁案件平均用时2天，通过速裁快审助推审判质效提升效果明显。

（三）发挥法治保障作用，推动矛盾纠纷源头化解

将一站式建设工作的重心放在基层，把基层打造成矛盾纠纷化解的"主阵地"，让更多的矛盾纠纷化解在基层、消除在萌芽。充分发挥法治的保障作用，推动基层社会治理的探索创新、常规工作都在法治的轨道上运行，用法治的方式为完善全区社会治理体系建基础、强基础。

1. 一站点一特色，打造不同的解纷品牌

将法院一站式建设与各街镇自有资源融合，打造具有各街镇特色、契合当地实情的一站式建设品牌，推动法院工作延伸、融入各街镇的社会治理

中。例如：易解合阳站，将一站式建设与延续优秀传统的"申明亭"工作室结合，调解的数量多，成功率高；易解南津站，将一站式建设与街道"党建+化解"结合，开展由党员法官、街镇党员干部、小区党员业主共同参与的"红细胞·微治理"项目，党建引领社区治理，南津街街道的物业案件大幅下降；易解沙南点，将专业心理疏导引入一站式建设中，开展"心参与·新化解"工作，依托全区最大的心理服务中心，开展矛盾纠纷疏导化解；易解涞滩站，将一站式建设与"一庭两所"建设有序衔接，加强乡村地区司法资源供给，推动矛盾纠纷联动化解；易解铁家村点，坚持和发展新时代"枫桥经验"，将一站式建设与人大代表、政协委员、村社乡贤等参与结合，推动矛盾纠纷就地化解，实现"小事不出村、大事不出镇"，深化"无讼村"打造。

2. 加强调解员业务培训，筑牢解纷基础

加强与司法行政机关的沟通联系，将基层调解员的培训指导纳入每年的工作计划，推动建立基层调解员定期培训制度，已连续三年联合司法行政机关组织全区基层调解员进行培训，累计培训调解员400余人次。建立纠纷易解工作站点联络微信群，调解员可直接在群内提问，法院负责人员实时进行答疑解惑。通过示范庭审、示范调解，选取物业纠纷、劳动争议、民间借贷等常见多发领域的典型案件开展以案说法，提升基层调解员实战技能。同时，编撰司法确认便民手册、物业案件审判白皮书、劳动争议案件白皮书、机动车交通事故责任纠纷白皮书等工作手册，向各站（点）赠送工作手册5000余份，供调解员参考常见、多发案例的处理方式，提升调解工作效果。

三 路径梳理：一站式建设的"双线"路径

"合舟共济"一站式建设的核心路径具有线上线下相互并行、相互促进的双线推进特征。在合川法院一站式建设融入该区社会治理工作体系的过程中，这一路径方向提供了广泛可行的相关机制创新空间。

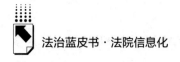

（一）强化线上建设的科技应用，创新拓展原有解纷功能实现形式

线上建设以功能实现方式的便捷化为导向，主要表现为内网功能外网化、线下功能在线化和分散功能集约化。

1. 内网功能外网化

即依托重庆法院贯穿内外网的"4＋1"智慧法院建设体系，以功能相对完善的法院审管系统内网带动初创建设的解纷化解平台外网，通过部分内网功能的外网化，实现更加透明地服务群众、更高效地指导非诉解纷工作。例如，平台类案智推功能原本是内网"易审"系统用以服务法官办案的智能辅助功能，经外网化转变为解纷导航功能后，一方面能为当事人提供生动直观的类案案例，提示不同程序下的解纷成本，引导群众建立合理预期，选择适合自己的解纷方案；另一方面能充分展示不同程序下的规范要求，指导不同领域的解纷工作人员依法依规开展解纷工作，避免因程序瑕疵而损害解纷效果。值得注意的是，目前，该平台解纷导航功能的基础数据库主要针对婚姻家庭、民间借贷等6类常见纠纷，相较于庞大的民事案由体系而言，进一步拓展的技术应用空间非常大。

2. 线下功能在线化

即依托现代信息技术的普及，将多元化解机制下现场办理的部分工作转为在线办理，如受理、前期引导和诉前处置等，实现更方便服务群众启动纠纷化解程序，克服人力资源稀缺性问题。例如，在线纠纷受理可以减少群众奔波，利于其主动选择相关解纷程序。在线前期引导和诉前处置，一方面能为当事人提供规范的解纷指引，推动纠纷诉前化解；另一方面还能够通过数据检索、弱人工智能等方式实现较高程度的人工咨询替代。但就现有的功能替代内容看，前期引导所依赖的数据库支撑仍有待强化；诉前处置对调解员等人力投入依赖较高；总体上，该平台在纠纷处置活动中主要发挥纠纷信息流转作用，服务于"政法大数据云"等全区综治平台。

3. 分散功能集约化

即将分散于各部门的纠纷化解功能（调解、诉讼）集约到平台网站上，实现"一站式"解纷。分散功能的集约化，从组织构建的阶段性看：首先是要实现包括牵头部门在内的各部门对自身职能的在线化，如法院合舟共济e＋平台对诉讼纠纷的线上受理、前期引导等；然后是实现部门间的数据互联，即搭建数据通道，如合舟共济e＋平台与合川区综治大平台的互联；最后是构建起功能多元且互补的线上组织体系，即以诉调对接、纠纷受理、人民调解处置等功能优化为目标，将各原有功能相对单一的部门网站转变为功能较为多元的线上组织共同体，推动实现法院"单建"向全区"共建"升级。

（二）强化线下建设的机制联系，规范保障多元解纷组织共同健康发展

线下建设以多元解纷组织间的业务交互规范化为导向，注重各解纷机制的对接融合，主要涉及规范效力层级化、解纷程序限缩化和解纷保障体系化。

1. 解纷效力层级化

即根据法院、人民调委会等解纷主体及其所制作的法律文书效力的差异性，通过效力补强程序或"法律赋能"实现解纷组织的工作对接，打造差异化的解纷品牌。从理论上看，纠纷解决存在当事人和解和第三方介入以"决定"形式解决两种范式，后者的作用基础在于作为"决定"的第三方享有多大的权威，以及有何措施保障其执行力。在司法规范体系中，享有最大权威的群体是法官，最强的保障措施是强制执行程序。而在多元化解机制中，作出"决定"的第三方包括而不限于法官，其"决定"内容既有可能属于诉讼程序的调整范围，也可能超越诉讼程序的调整范围。这意味着存在一个远大于司法规范体系的解纷效力体系，故与之相应的效力补强程序可以不局限于司法确认程序，如土地权属争议解决机制可以补强村民协商达成的土地权属状态的法律效力，人大立法机制可以补强制度改革成果或特定地方习俗的法律效力。由此可见，效力补强程序是建立在效力层级化基础上的"赋权"保障机制，在目前的多元化解机制中，其主要表现为司法确认程序。

2. 解纷程序限缩化

即在多种解纷程序的推进过程中，以整体意义的程序限缩为导向，通过对程序选择权益的限缩实现更为高效的解纷程序终局，形成"三级过滤"等解纷模式。即在纠纷受到解纷程序干预的同时，限缩后续的解纷程序选择权益，就制度设计目的而言，一是防止部分当事人滥用程序权力；二是参照司法程序平衡原被告的程序权益，强化非诉解纷程序启动的重要性；三是配合效力补强程序的制度安排，突破解纷程序的并行结构提高不同解纷程序间的流转效率。以全程调解模式为例，其诉调并行结构不仅易产生诉调反复、调解偏利等问题，更为严重的是过长的处置时间，会放任矛盾冲突风险的加剧，且消磨解纷主体的公信力。而变全程调解为诉前调解的程序限缩化安排，不仅有利于实现多元化解机制"当调则调，当判则判"的程序适用原则，且有利于提高人员配备等保障工作的可行性。简言之，诉调对接模式对先行调解、司法确认等程序的先后顺序安排，既是实体考量，也包含程序效力上的追求，是以解纷程序限缩化为导向的线下组织对接路径。

3. 解纷保障体系化

即依托多元结构，为"一线"解纷人员提供针对解纷活动的体系化保障，主要区别于传统的针对解纷人员的物质激励性或团队辅助性的保障。在全区城乡治理体系中，当"一线"调解受阻时，调解员可在个案中获得不同领域"专家"建议，帮助其从更加专业、规范的角度推进解纷活动，而不是获得基于解纷活动的物质激励或辅助人手。换言之，调解员在处置纠纷时，可以请求乡镇街道、法院庭室、行业机构等单位给予个案化的意见建议，甚至提出纠纷移送处置的请求。应当重视的是，在多元化解机制中，必须注重发挥司法对非诉解纷活动的指导、规范和纠偏作用，在没有组织科层关系下的强制管理权力时，应注意加强以工作规范留痕、纠纷态势分析为核心的台账管理和统计分析，前者立足于事中管理，有利于促进多元化解机制的整体规范化；后者则可依托大数据技术，为需要纠纷态势分析结论辅助的决策活动提供参考服务。

四 认知升华：一站式建设融入社会治理的启示与思考

从既有实践来看，法院一站式建设融入城乡社会治理体系的路径，无论是线上建设的外网化、在线化、集约化，还是线下建设的效力层级化、程序限缩化、保障体系化，都趋向于构建解纷多元功能与社会治理能力多元互补、全面覆盖的组织共同体。要推动这一共同体健康发展，应当做到以下四点。

（一）毫不动摇坚持和加强党的全面领导

坚持党的领导，一站式建设工作才有支撑，通过党委领导能够实现地区资源整合、优势互补、优化考核等，让一站式建设成为全区的共识，得到全区更广泛的参与、更大力度的支持。坚持党的领导，一站式建设工作才有效能，通过党建联建、制度共建、治理协同等，将制度优势转化为社会治理效能，一站式建设效果由法院"一枝独秀"到全区社会治理"百花齐放"，推动实现系统治理、综合治理、依法治理、源头治理。坚持党的领导，一站式建设工作才有发展，一站式建设不是一成不变而是与时俱进的，坚持党的领导才能时时立足区情，才能将参与全区社会治理与满足群众需求有效结合，使一站式建设持续发挥作用，进而推动一站式建设工作不断发展。

（二）不断完善基层社会治理程序和方式

一站式建设助力完善基层社会治理体系就是要实现程序更优、方式更佳，推动社会治理链条不断扩展、变长变宽。就程序而言，要通过制定政策、深化改革、建立机制等，建立社会矛盾纠纷分类化解和多层次化解机制，让各类解纷程序发挥应有的作用、让法院从解纷的第一线"退下来"，构建起"源头预防为主、非诉机制在前、法院裁判终局"的基层解纷路径。就方式而言，通过一站式建设唤醒各类"沉睡"的解纷力量、拉近各类"分散"的解纷资源，为基层社会治理当好"试验田"，推动基层社会治理有效整合政治、法治、德治、自治、智治的功能，建立起现代化的社会治理方式。

（三）坚持线上线下相协调的创新驱动

一站式建设线上要加强与信息技术的深度融合运用，才能促进各类平台、资源、信息在线集成，不断提升建设效果。线下要促进各类解纷、服务程序、机制的有效对接，坚持"引进来"与"走出去"相结合，推动纠纷化解和事务办理集约化、联动化；做细做实线下好传统，发扬"溜索法官"精神，利用巡回审判、家门口立案等，有效满足人民群众各类司法需求。同时，坚持线上线下相结合，促进线上线下双向优化、互为补充，不断完善一站式建设工作机制。

（四）进一步夯实基层组织基础

习近平总书记指出："要推动社会治理重心向基层下移，把更多资源、服务、管理放到社区。"一站式建设的重点和关键点都应放在基层，加强基层人民法庭、综治中心、派出所、司法所、派驻检察室等的联动融合，发挥好综治干部、村社干部、网格员、便民联络员等的作用，为推进基层社会治理工作积聚力量。加强顶层设计、统筹协调，将重心放在基层、让力量沉到基层，不断增强基层吸引力，让各种资源、各方力量、各种服务都愿意到基层、主动到基层，为一站式建设取得成效、完善基层社会治理体系筑牢坚实的基础。同时，不断完善基层工作机制，强化基层人员、经费等保障，让参与一站式建设成为基层工作人员的自觉行为而不是工作负担，让一站式建设工作在基层推进更顺畅，进而为完善基层社会治理体系营造良好的基层参与环境。

五　未来展望：基层社会治理的体系化发展

党的十九届四中全会通过的《中共中央关于坚持和完善中国特色社会

主义制度 推进国家治理体系和治理能力现代化若干重大问题的决定》提出，"完善党委领导、政府负责、民主协商、社会协同、公众参与、法治保障、科技支撑的社会治理体系"。以重庆地区的实践基础为例，未来的基层社会治理发展应当以之为顶层设计，遵循在省（市）级、区县、镇街层面各有侧重的体系化发展。

（一）在省（市）级层面突出"党委领导""法治保障""科技支撑"，构建统一线上平台

当前，重庆市委政法委已在全市推动建立区域性矛盾纠纷调处平台、行业性重点领域纠纷调处平台、矛盾纠纷信息管理平台，以之为基础，整合重庆市高级人民法院主导的纠纷易解平台、律师调解平台等既有线上资源，可进一步升级建设统一的重庆市矛盾纠纷化解平台。

该平台的功能至少应涵盖以下内容。一是以平台为公共服务核心，整合当前重庆地区政法系统既有网络解纷资源。即通过建设市级"渝快调"平台，解决原有平台权限开放不够的问题，全面打通法院、公安、司法、信访等部门的连接壁垒，为诉调对接、警调对接、访调对接提供程序和技术保障，实现数据共享、资源共用、纠纷共调，凝聚起矛盾纠纷化解合力。同时，应将"渝快调"平台推广到全市应用，要求各区县整合辖区内部平台资源建立对应的子平台，并依据各部门既有的行政职能和科层结构赋予相应的信息采集、使用、分析等职权职责。二是以平台为矛盾纠纷信息分析核心，构建公共解纷服务供需协调机制。这要求平台不仅具有对既有公共解纷资源的管理职能，还需配套建立全覆盖矛盾纠纷的分析、发现、报告机制，进而通过平台直接提取分析全市矛盾纠纷的类型数量、分布区域、变化趋势等，构建维护全市安全稳定的"信息先知系统"，为社会治理和社会建设的各项举措提供决策参考。同时，亦可在处理重大、跨区域的矛盾纠纷时，通过平台实现统一指挥、统一调度，协调不同地区、不同部门的力量共同参与化解。三是以平台为统一的部门职能考核核心，构建标准化的社会治理评价体系。通过全市统一平台，应可直接对地区万人成讼率、民商事案件诉前调

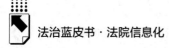

解率等指标进行考核评价，进而最大限度地调动体制内部力量共同参与矛盾纠纷化解的积极性、主动性。

（二）在区县层面突出"政府负责""社会协同"，推进线下源头防治

重庆各区县在线下建立实体的区（县）级矛盾纠纷调处中心，应依托行政区划固有的社会经济结构，构建适应当地的矛盾纠纷防范化解专门事务中心。就其建设要点而言，一是要以解纷工作为突破口，实现由"多中心"到"一中心"的体系归口化管理，形成一站式多元解纷格局。利用各区县已有的综治中心或信访办升级打造区县级独立的矛盾纠纷调处中心，整合综治中心、信访接待中心、诉讼服务中心、公共法律服务中心、行政争议调解中心、检察服务中心等力量，成建制入驻矛盾纠纷调处中心，以一个中心满足人民群众各种解纷需求。二是要以服务集约化为导向，实现定点驻地的窗口服务由"单功能"到"多功能"转变。矛盾纠纷调处中心所实行的窗口化服务，应普遍提供接访、诉讼、调解、劳动监察仲裁、行政复议和公共法律服务等，同时吸引各类专业性调委会入驻，为群众提供全面优质的服务。有解纷需要的群众，既可以直接到各区县矛盾纠纷调处中心申请解决，也可以到原有的信访接待中心、诉讼服务中心、行政争议调解中心等申请解纷。但对后者应注重引导其至矛盾纠纷调处中心统一解决，或引导其通过"渝快调"平台申请解纷，即由平台视情况指派对应窗口的组织和人员介入相应的纠纷处理过程。三是要以线上服务为支撑，实现人民群众办事由"各处跑"到"一地办""一网办"。矛盾纠纷调处中心和原有的信访接待中心、诉讼服务中心、行政争议调解中心等均应对接"渝快调"平台，对群众的各类解纷申请实现统一受理，自动指派到具体的责任部门、责任人员跟进办理，让群众"跑一地""登一网"就能办好解纷事项。同时，基于线上平台的程序衔接功能，对纠纷调解成功的当事人，应提供司法确认等后续服务；对纠纷调解不成功的，可直接衔接诉讼程序。

（三）在镇街层面突出"民主协商""公众参与"，培育基层解纷力量

习近平总书记强调指出："基层是一切工作的落脚点，社会治理的重心必须落实到城乡、社区。"而让社会治理的各项要求、举措精准落地镇街基层的要点，则在于"民主协商""公众参与"。这就要求在镇街基层培育和形成广泛且有序的基层解纷力量，让社会治理体系逐步实现基层"自治"。就具体的工作形式而言，建议根据镇街具体情况选择性地采取以下方式。一是培育创新"点"。即以打造品牌亮点为突破口，寻找常态化工作与社会治理工作的契合点，形成发掘相关工作开展的创新性，调动相关干部人员的工作积极性。譬如，以"党建＋治理"为契机，可尝试打造老党员调解、老党员评理等"亮点"形式，既可丰富退休老党员的社会生活，又为基层社会治理增添了人力资源。二是串起资源"线"。这一实践路径的重点在于加强基层"一庭两所"建设，深化综治部门、行政机关、人民调解、行业调解、仲裁机构等的对接，同时注重发挥群团组织作用，通过支持工会、妇联、共青团、法学会等组织参与纠纷解决，全面联通基层各类解纷资源和力量。三是拓宽参与"面"。由于基层化解矛盾纠纷不仅需要调解员、法官等专职解纷人员，也需要其他熟悉政策、掌握情况、专业过硬的第三方人员参与，故应积极引导人大代表、政协委员、律师、基层负责人、专业技术人员、志愿者等参与解纷活动。四是打造训练"场"。即依托矛盾纠纷调处中心资源和力量，建立科学合理的调解人员训练、培养体系，通过专业知识培训、实践锻炼培训，不断提升调解人员业务素质；同时完善调解人员职业道德规范和职业标准规范，培养一支适应新时代需求的职业化、专业化调解员队伍，不断提升矛盾纠纷化解效果。

大 事 记

Highlights

B.24
2021年中国法院信息化大事记

一 月

1月14日 最高人民法院发布实施《最高人民法院 司法部关于为律师提供一站式诉讼服务的意见》。该意见要求，人民法院依托律师服务平台、诉讼服务大厅、12368诉讼服务热线等立体化渠道，为律师提供一站式诉讼服务，更加便利律师参与诉讼，维护当事人合法权益。同时正式上线人民法院律师服务平台，为律师提供35项在线诉讼服务。

二 月

2月1日 最高人民法院联合人民网、中国法院网共同举办跨域立案服务全覆盖全媒体访谈。最高人民法院有关部门负责人介绍，自2月1日起，跨域立案服务在全国四级法院实现全覆盖。当事人可以就近选择一家中基层法院或者人民法庭,申请对四级法院管辖的案件提供跨域立案服务。

2月3日 为全面推进人民法院一站式多元解纷和诉讼服务体系建设,提升人民法院服务跨境诉讼当事人的能力水平,支持营造国际一流营商环境,最高人民法院发布《关于为跨境诉讼当事人提供网上立案服务的若干规定》,依托中国移动微法院为跨境诉讼当事人提供网上立案服务。

2月20日 最高人民法院举行人民法院调解平台应用成效暨《中国法院的多元化纠纷解决机制改革报告(2015~2020)》新闻发布会。会上发布了人民法院调解平台上线三年来在线多元调解的应用成效和人民法院多元化纠纷解决机制改革成果。随着一站式多元解纷机制和人民法院调解平台作用的日益发挥,诉前调解成功案件越来越多,使得更多的纠纷尚未进入诉讼程序就在诉前得以化解,大量诉前调解成功案件自动履行,矛盾纠纷在基层得到有效化解,大大减轻了人民群众诉累,充分缓和了社会矛盾冲突,有力促进了社会和谐稳定。

2月25日 最高人民法院司法改革领导小组2021年第一次会议召开。会议要求,要聚焦基础性攻坚性改革,健全一站式多元解纷和诉讼服务体系,深入开展民事诉讼程序繁简分流改革试点工作,在更高起点上深化互联网司法建设,持续推出司法改革新亮点。

三 月

3月4日 最高人民法院召开人民法院一站式多元解纷和诉讼服务体系基本建成新闻发布会,这标志着人民法院诉讼服务迈入现代化这一新的发展阶段。最高人民法院有关部门负责人表示,全国法院多元解纷区、在线调解室、自动繁简分流实现100%全覆盖。在全面实现网上立案的同时,人民法院还实现了跨域立案服务四级法院全覆盖,解决群众异地诉讼不便问题。线上线下相结合的中国特色一站式多元解纷格局基本形成。

3月10日 最高人民法院举办第五场2021年全国两会最高人民法院工作报告解读系列全媒体直播访谈。解读指出,人民法院将推进智慧法院数据中台建设，增强数据收集、管理、分析、应用能力，推动从智能化向智慧化发展。加强总体设计，整合优化信息系统，打通"信息孤岛"和"数据壁垒"。构建系统完备的在线诉讼规则体系，推动办案全流程在线支持、全过程智能辅助、全方位信息公开。加强互联网法院建设，推进移动电子诉讼应用，以数字正义推动实现更高水平的公平正义。

四 月

4月14日 中国社会科学院法学研究所、社会科学文献出版社联合主办的"法治蓝皮书《中国法院信息化发展报告 No. 5（2021）》发布暨智慧法院建设研讨会"在江苏省南通市举行。蓝皮书指出，人民法院信息化紧紧围绕司法为民宗旨，把满足人民群众对美好生活的追求、对公平正义的期待摆在突出位置，在推进现代科技在诉讼服务领域全面应用的过程中，不断创新推出便民利民举措。最高人民法院全面总结党的十八大以来诉讼服务中心建设经验和司法体制改革成果，提出一站式多元解纷和诉讼服务体系建设这一重大改革部署，突出一站、集约、集成、在线、融合五个关键，以实现群众打官司"只进一个门、最多跑一次、可以不用跑"的目标。

五 月

5月13日 最高人民法院召开最高人民法院网络安全和信息化领导小组2021年第一次全体会议。会议强调，要坚持以习近平新时代中国特色社会主义思想为指导，深入贯彻习近平法治思想，认真学习贯彻习近平总书记关于网络强国的重要论述精神，全面深化智慧法院建设，以司法数据中台、智慧法院大脑、在线法院建设为牵引，推进人民法院信息化4.0版建设，促进审判体系和审判能力现代化，推动新时代人民法院工作高质量发展。

5月16日 "信息技术与法治建设"科学与技术前沿论坛在最高人民

法院举行。会议强调，要扎实推进信息技术与法治建设融合促进，全面深化智慧法院建设。会议表示，要依靠科技创新驱动智慧法院建设，通过司法服务保障科技创新。要扎实推动人民法院工作与科技深度融合，以司法数据中台、智慧法院大脑、在线法院建设为牵引，大力建设人民法院信息化4.0版，推进智慧法院建设迈向更高层次，创造更高水平的数字正义，助力国家治理体系和治理能力现代化。

六　月

6月2日　重庆法院"车载便民法庭"首车交付仪式在重庆市高级人民法院举行。"车载便民法庭"是重庆法院为回应人民群众多元司法需求，在"好传统＋高科技"理念指导下，利用5G移动物联、人工智能技术，把智慧法院一站式诉讼服务"装上车"，为实现司法为民、便民、护民而打造的家门口法院。"车载便民法庭"具备全域立案、全域送达、智能庭审、诉调确认、当场裁判五大特色功能。

6月9日　最高人民法院在四川成都召开"总对总"在线诉调对接推进会（南片区），共有上海、江苏、浙江等16个南方省市参加。会上，安徽省高级人民法院就"加强在线多元解纷，推深做实诉源治理"作了经验分享；江西省高级人民法院分享了e网治理线上解纷主要做法；安徽省天长市人民法院通过视频连线，汇报了该院人民法院调解平台与工商联商会调解服务平台"总对总"对接以来的主要做法和工作经验。

6月17日　最高人民法院召开《人民法院在线诉讼规则》新闻发布会。该规则是最高人民法院颁布的首部指导全国法院开展在线诉讼工作的司法解释，于2021年8月1日起施行。该规则首次构建了涵盖各审判领域、覆盖诉讼全流程的在线诉讼规则体系，全面总结体现了近年来人民法院在线诉讼领域探索成果，积极回应了人民群众互联网时代司法新需求，对推动司法审判模式划时代变革具有重大意义。该规则的制定印发，是构建完善"中国特色、世界领先"的互联网司法模式的关键举措。

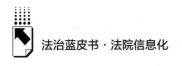

七 月

7月21日 最高人民法院"一站式"国际商事纠纷多元化解决平台在国际商事法庭网站上线启动试运行。该平台的建成，是最高人民法院贯彻落实中央重大战略部署的又一重要举措。"一站式"国际商事纠纷多元化解决平台，可实现系统数据传输对接、机构网站相互链接，并为中外当事人提供立案、调解、证据交换、开庭等纠纷解决全流程线上办理服务。

八 月

8月24日 最高人民法院在全媒体新闻发布厅召开《建设智慧法院促进绿色发展成效分析报告》发布会。该报告从服务人民群众、服务审判执行、服务司法管理三个方面分析了智慧法院应用较传统线下方式对减少出行、降低能耗、减少碳排、节约纸张、节省成本等方面的成效。下一步，人民法院将继续深化智慧法院建设，坚持服务人民群众、服务审判执行、服务司法管理，促进"节能降碳，绿色发展"。

九 月

9月10日 最高人民法院信息中心在中国司法大数据研究院召开了"司法数据中台和智慧法院大脑建设研讨部署会"，明确了中国司法大数据研究院作为项目技术总体单位，统筹开展司法数据中台和智慧法院大脑建设，推动体系性建设全面落实。

9月15日 最高人民法院正式对外发布《关于推动新时代人民法庭工作高质量发展的意见》。意见从加强基础设施建设、加强安保工作、完善经费保障制度、加强购买社会化服务的规模化和规范化、加强人民法庭"两个平台"建设等五方面作出规范。要求高级人民法院力争在"十四五"期间实现人民法庭办公办案和辅助用房得到充分保障，规范化标准化建设得到显著加强，业务装备配备水平得到较大提升，网上立案、电子送达、网上开庭等信息化设施设备配备齐全，信息化建设应用效果进一步强化，人民法庭外观标识完全统一，人民法庭工作生活条件得到较大改善。

十　月

10 月 21 日至 27 日　智慧法院科技创新成果参加了在北京展览馆举行的"国家'十三五'科技创新成就展"，组织制作了智慧服务、智慧审判、智慧执行、智慧管理、人民法院大数据管理和服务平台、司法公开、中国移动微法院、智能庭审、法信平台、一站式多元解纷和诉讼服务、减刑假释和监外执行办案平台、远程庭审系统等交互平台和播放视频在现场展示互动，与最高人民检察院、司法部部分成果组成智慧司法展厅，与公安部、应急管理部等部门的社会治安、灾害事故防控救援成果构成整个平安中国展区。

十一月

11 月 18 日　最高人民法院召开最高人民法院网络安全和信息化领导小组 2021 年第二次全体会议。会议强调，要坚持以习近平新时代中国特色社会主义思想为指导，认真学习贯彻党的十九届六中全会精神，深入贯彻习近平法治思想，紧紧抓住新一轮科技革命机遇，坚持创新引领，加强应用整合，持续推进司法数据中台、智慧法院大脑、在线法院建设，全面提升智慧法院建设水平，加快推进审判体系和审判能力现代化，为全面建设社会主义现代化国家提供有力的司法服务。会议审议并原则通过《最高人民法院网络安全和信息化领导小组 2021 年重点工作报告及下一步工作安排》《法院系统关键信息基础设施认定规则和清单编制说明》《智慧法院建设评价指标（2021 年版）》等，听取了人民法院在线法院规则及配套信息化标准体系制定和信息系统工程建设、刑事审判信息化建设等情况汇报。

11月19日　首届中国网络文明大会网络法治论坛在北京举行。论坛提出，数字经济快速发展给网络法治建设带来前所未有的机遇和挑战。人民法院全面深化智慧法院建设，建设互联网法院，出台在线诉讼规则，出台规范人脸识别应用相关司法解释，审理了一大批具有广泛社会影响的互联网案件，为净化网络空间、促进数字经济依法规范发展作出了积极贡献。

11月25日　由最高人民法院、最高人民检察院、科学技术部、司法部、中国科学院、中国工程院联合举办的"区块链在司法领域应用研讨会暨信息技术与法治建设科学与技术前沿论坛"在最高人民法院举行。论坛提出，要坚持以习近平新时代中国特色社会主义思想为指导，深入贯彻习近平法治思想和习近平总书记关于网络强国的重要思想，认真贯彻落实党的十九届六中全会精神，全面深化智慧法院建设，促进信息技术与法治建设融合发展，推进法治中国和科技强国建设，为全面建设社会主义现代化国家作出新的更大贡献。

11月29日　中国—上合组织国家地方法院大法官论坛在山东青岛举行。本次论坛由山东省高级人民法院主办，以线上线下相结合的方式举行。论坛提出，要积极拓展司法合作领域，积极运用法官学院、司法交流培训基地开展双边多边交流合作，鼓励各国地方法院在司法改革、信息化建设、案例交流、审判实践等领域建立信息共享机制。

11月30日至12月14日　最高人民法院信息中心组织开展全国四级法院中国移动微法院标准版演练工作，演练系统包括最高人民法院本级微法院以及全国31个省、自治区、直辖市分平台以及新疆生产建设兵团分平台，共计33个微法院分平台，演练功能包括审判立案、执行立案、手机阅卷、事项申请、案件调解、证据提交、电子送达、多方视频、材料入卷、共享空间、执行终本约谈、执行节点采集、司法公开等模块，演练角色包括当事人和法官。

十二月

12月1日　最高人民法院印发并施行《最高人民法院统一法律适用工

作实施办法》，从最高审判机关的职能定位出发，对进一步规范统一法律适用工作、确保法律统一正确实施提出具体要求，切实维护国家法制尊严权威，确保司法公正，提高司法公信力。实施办法规定，最高人民法院建立统一法律适用平台及其数据库，由审判管理办公室、研究室、中国应用法学研究所、人民法院信息技术服务中心根据各自职能分工，负责平台及数据库的规划、建设、研发、运行维护和升级完善。

12 月 8 日 最高人民法院信息中心牵头承担的国家重点研发计划"公共安全风险防控与应急技术装备"重点专项司法专题任务"司法区块链关键技术及典型应用示范研究"项目启动会暨实施方案论证会通过线上线下相结合的方式在北京举行。该项目将围绕亟待解决的司法领域区块链科技需求，着力从申报指南凝练出的 5 个课题研究方向，开展基础理论研究和关键技术攻关，并将突破性采用中央和地方两级联动方式，在最高人民法院、最高人民检察院、司法部中央本级以及上海、江苏、江西三地法检司三部门开展典型应用示范。

12 月 31 日 最高人民法院发布《人民法院在线调解规则》，自 2022 年 1 月 1 日起施行。规则对于完善具有鲜明中国特色、实践特色、时代特色的纠纷解决制度体系，构建中国特色、世界领先的互联网司法新模式，实现更高水平的数字正义，具有里程碑意义。

Abstract

In 2021, the first year of the 14th Five-Year Plan and the beginning year of a new journey to build a modern socialist country in an all-round way, People's courts at all levels comprehensively deepened the construction of smart courts from a higher starting point, promoted the construction of People's court informatization version 4.0, integrated and optimized information systems, pushed forward the construction of smart court data center stations, improved the four public platforms, upgraded the online services of people's courts, built a world-leading Internet judicial model with Chinese characteristics, and created a higher level of digital justice. with digital justice. *Annual Report on Informatization of Chinese Courts No. 6 (2022)* summarizes the informatization achievements and problems of the People's courts in 2021, presents the prospect of court informatization construction in 2022, and evaluates the informatization construction progress of more than 3500 courts in China from four dimensions: smart trial, smart litigation service, smart enforcement, and judicial big data. It believes that the informatization construction of the People's courts continued to maintain the leading position in the world and advance steadily, made a good start in the new historical period, and won the initiative to build the informatization version 4.0 of the People's courts. Moreover, the *Blue Book* sets up sections such as e-litigation practice, smart trial enforcement, smart trial management, and smart social governance, and publishes typical cases of court informatization construction in various places. The e-litigation practice section describes the construction practice of e-litigation platforms in courts in Beijing and Shandong; the smart trial enforcement section demonstrates the work effectiveness of applying the latest techniques to the trial enforcement process in the courts in Jiangxi, Jilin, Guangdong, Jiangsu, Zhejiang, and other places; the smart trial management section shows the practice of courts in Henan, Hebei, Shanghai, and other places to enhance trial supervision and provide "smart portraits" for judges; the smart social governance section summarizes the innovative measures taken by courts in Sichuan and Chongqing to participate in social governance by smart means.

Keywords: Court Informatization Version 4.0; Data Center Station; E-litigation; Smart Social Governance

Contents

I   General Report

Abstract: In 2021, the first year of the 14th Five-Year Plan for national economic and social development of the People's Republic of China, under the Guidance of the *Outline of the 14th Five-Year Plan* (2021 −2025) *for National Economic and Social Development and Vision* 2035 *of the People's Republic of China* and *the Five-Year Development Plan for Informatization Construction of People's Courts* (2021 − 2025), People's courts at all levels earnestly fulfilled various tasks of informatization construction in the first year of the 14th Five-Year Plan for, solidly pushed forward the construction of smart brain and data center stations, accelerated the construction of a world-leading Internet judicial model with Chinese characteristics, provided strong scientific and technological support for the modernization of the judicial system and judicial capacity, and made new contributions to pushing forward the national governance system and governance capacity and the start of building a modern socialist power in an all-round way. In 2021, the informatization construction of the People's courts continued to highlight the essential characteristics of "people-centered", the integration of information technology and trial enforcement business was further improved, the quality and efficiency of judicial management reached a new level, and the dimension of judicial work participating in social governance was expanded. While maintaining a strong development momentum, it is still necessary for the informatization construction of the People's courts to properly handle the three pairs of contradictions: the contradiction between local innovation and national overall planning, the contradiction between the needs of different user groups, and the contradiction between deep involvement in social governance and personal information protection using big data. Moreover, Internet justice is also facing an increasingly severe network security situation. In the future, in terms of the informatization construction of the People's courts, we shall further focus on coordinating the relationship between top-level design and local innovation, providing personalized solutions for users with different needs, meeting the requirements of personal information protection, deepening the application of informatization in the field of social governance, and enhance the awareness and guarantee of network security.

Keywords: People's Court Informatization; Smart Court; Judicial Reform; Judicial Justice

Ⅱ Research and Assessment Reports

B.2 Third-Party Assessment Report on "Smart Trial" of Chinese Courts (2021)

Project Team of Rule of Law Index Innovation Project of
Institute of Law of Chinese Academy of Social Sciences / 023

Abstract: In 2021, entrusted by the Supreme People's Court, Project Team of Rule of Law Index Innovation Project of Institute of Law of Chinese Academy of Social Sciences carried out the sixth third-party assessment on the construction of smart trials in courts nationwide. Through the assessment, it is found that in the first year of the construction of court informatization version 4. 0, the "smart trial" of People's courts further explored the work of arming the courts with science and technology, promoting the integrated construction of the case handling platform and improving the trial quality and efficiency by smart management and made a series of new achievements. The trial and judgment by judges are increasingly inseparable from the latest achievements of smart trials. However, it is also found that the construction of smart trials still faces challenges in some aspects. There is room for further improvement in the level of intelligence and integration of smart trials. The construction of smart trial also needs to orient to users, especially to vulnerable groups. In addition, more attention shall be paid to the security of judicial information and the development of smart trials still has a long way to go.

Keywords: Smart Trial; E-litigation; Paperless Case Handling; Third-Party Assessment

B. 3 Third-Party Assessment Report on "Smart Litigation Service" of Chinese Courts (2021)

Project Team of Rule of Law Index Innovation Project of

Institute of Law of Chinese Academy of Social Sciences / 041

Abstract: In recent years, smart litigation service has gradually been the mainstream of litigation service in People's courts. The nationwide "Internet + litigation service", with Chinese mobile micro court as the basis and all kinds of service platforms as the extension, highlight one-stop, intensiveness, integration, online and combination and constantly improves one-stop diversified dispute resolution and litigation service information architecture system. However, there is still much room for improvement in the application rate, professional level, accuracy, and actual effect of its intelligent assistance. In the future, the integration of litigation services with all links of judicial activities and external justice shall be improved and full-process, full-business, full-time and space, quality, targeted and intelligent litigation, and related services shall be provided to the parties and the people based on informatization.

Keywords: Smart Litigation Service; Third-Party Assessment; Multi-element Dispute Resolution; Social Governance

B.4 Third-Party Assessment Report on "Smart Enforcement" of People's Courts (2021)

Project Team of Rule of Law Index Innovation Project of

Institute of Law of Chinese Academy of Social Sciences / 057

Abstract: In 2021, with the implementation of the 14th Five-Year Plan and the promulgation of the *Data Security Law*, the implementation of Chinese courts ushered in new opportunities and challenges. The construction of enforcement informatization focused on the "1 + 2 + N" enforcement informatization system, continuously deepened the substantive operation mechanism of the enforcement command centers, improved the enforcement process information management system, expanded the functions of the network inspection and control system, implemented the comprehensive integration reform of "one thing for enforcement", and promoted the enforcement of whole-process paperless case handling, finely managed the enforcement property using IoT, helped enforcement and social governance by big data, established a rule system matching the enforcement system, and pushed forward the priority construction of regional intelligent enforcement system. With the support of informatization, the enforcement work of Chinese courts developed in high quality, taking another substantive step towards the goal of "effectively solving the difficulty of enforcement". In the future, we shall promote informatization construction on the track of rule of law, strive to improve the level of system integration and intelligence, and improve the user experience; enhance the construction of supporting mechanisms to maximize the potential of the system; establish safety thinking to prevent data leakage and improper utilization; abandon formalism and bureaucracy to avoid image projects and ultimate waste; pay attention to integrity risk control and strive to build clean projects.

Keywords: Court Informatization; Smart Enforcement 4. 0; Data Security; Clean Project

B. 5 Development, Challenge, and Response of Chinese Judicial Big Data

Project Team of Rule of Law Index Innovation Project of

Institute of Law of Chinese Academy of Social Sciences / 074

Abstract: The development of Chinese judicial big data has experienced four stages: electronization, networking, digitization, and intelligence. So far, courts at all levels have strengthened data links and get through the last kilometer of data by formulating data specifications, consummating data platforms, and improving data quality, laying a solid foundation for judicial big data. In terms of specific applications, Chinese judicial big data continues to make efforts in the optimization of judicial resources, smart management of courts, helping epidemic prevention and control, serving the overall social situation, and preventing judicial corruption, providing a judicial sample for the construction of Digital China. While recognizing the achievements in the construction of judicial big data, we shall also be vigilant against the challenges it faces. In the era of big data, capital's involvement in the development of big data may result in infringement of judicial value, impact on judicial authority, and interference with judicial power. In the future, we shall deeply study the litigation theory, avoid inequality between litigants by improving the design of judicial system, prevent interference with a judge's fair judgment by establishing a firewall and control the direction of public opinion in time.

Keywords: Judicial Big Data; Judicial Authority; Judicial Justice

Ⅲ　Practice of E-litigation

B. 6　Research Report on the Construction of Beijing Court Online

Trial System　　　　*Beijing Court Online Trial Research Group* / 086

Abstract: To promote the modernization of the trial system and trial capacity of Beijing courts, meet the online litigation needs of litigants for "high efficiency", "low cost" and "zero distance", and make the people feel the convenience and intelligence of remote trial, Beijing High People's Court has deeply integrated Internet, cloud computing, big data, artificial intelligence and other techniques with trial rules, striving to build a modern online trial system. Through the construction of this system, Beijing courts have built a online court trial system covering three-level courts in the city, and continuously launched innovative applications such as virtual court cabin and high-definition 5G tribunal, forming relatively complete online trial rules and relatively mature online trial skills, realizing the leap forward of the online trial system to modernization and achieving great results in practical application.

Keywords: Online Trial; Virtual Court; Cloud Court

B. 7　Application of Online Litigation Rules in the Whole-Process

Paperless Online Case Handling　　　　*Zhou Junyang* / 100

Abstract: In recent years, Shandong courts have vigorously enhanced the construction of smart courts and focused on the construction and generalization of one-stop litigation service system and whole-process paperless online case handling system to help realize the modernization of trial system and trial capacity. The promulgation of the *Rules of Online Litigation of People's Court* provides a definite legal basis for People's courts and all litigation subjects to carry out online litigation activities, preliminarily building the online litigation rule system, and making up for the relevant legal gaps. This paper describes the development stage of the whole-process paperless online case handling mode of Shandong courts, and the operation of online litigation rules under the whole-process online case handling mode of Shandong. In addition, this paper finds that in practice, the online litigation mode is faced with problems and challenges urgently need the recognition and acceptance of the parties, the mutual recognition, and support of the social system, the active participation of the legal professional community, the standardization of the Internet court order, the integration between business systems and the data security.

Keywords: Smart Court; E-litigation; Online Case Handling; Online Litigation Rules

B.8   Construction Practice of E-litigation Platform of Chengdu Intermediate People's Court

Research Group of Chengdu Intermediate People's Court / 114

Abstract: To protect the legitimate litigation rights and interests of the people, reduce the litigation costs of the parties, and meet the diversified, efficient and convenient dispute resolution needs of the people, Chengdu Intermediate People's Court has built and operated the "Rongyisu" e-litigation platform by taking the important opportunity of the reform of the diversion of complex and simple civil litigation procedures, providing an important carrier for the further promotion of the reform of e-litigation. The "Rongyisu" platform supports all civil and administrative cases to be handled online. Through the integration of online and offline, it supports the asynchronous trial of cases in different regions. The parties and their litigation agents can freely switch online mode and offline mode, flexibly choose to apply e- litigation in any link or the whole process of a case, and complete the whole litigation process. The "Rongyisu" platform integrates electronic files and trial intelligent applications, supports the functions of evidence display, generation of cross examination report, legal provisions and case recommendation, and provides intelligent assistance for judges' trials. Through "two-sides-in-one and two-way coordination", Chengdu courts have effectively built the "Chengdu Model" of e-litigation to serve the two groups i. e. parties and judges so as to promote the overall improvement of the effectiveness of the construction of smart courts.

Keywords: E- litigation; "Rongyisu"; 5G-related Judgment

IV Intelligent Trial Enforcement

B.9   Research on the Path of Intellectual Service Type

"Digital Brain Innovation" Based on the Analysis of

Legal Documents in the Whole Area

Research Group of "Digital Brain Innovation" of Jiangxi Courts / 130

Abstract: To deepen the construction of smart courts and push forward the modernization of the judicial system and judicial capacity, Jiangxi High People's Court, focusing on the goal of "knowledge-centered", has explored the construction of a judicial data application system with data governance and smart brain as the core. On one hand, based on the analysis of unstructured legal documents, it has made every effort to build an intellectual data platform integrating all dimensions, all elements, all labels and all indicators, and strengthen the ability of knowledge collaboration, knowledge association and knowledge sharing; on the other hand, combined with business demand scenarios, it has applied knowledge atlas, artificial intelligence and other techniques to create intelligent application service fanctions such as intelligent application market, intelligent audit flow data backfilling and inspection, and element intelligent push, tries special application analysis, and turned intelligent tools from able- to-use to easy-to-use by deeply excavating data potential. This paper analyzes the background and objectives of Jiangxi courts to explore and promote the construction of data platform based on the analysis of global legal documents, describes the specific construction contents and characteristics of the platform, and summarizes the application value and practical results of the platform.

Keywords: Data Center Station; Element Analysis; Intelligent Document Generation; Review Flow Data Backfilling; Digital Portrait

B.10 Exploration on Practical Problems of Whole-Process Paperless
　　　　Case Handling of Jilin Courts　　　　*Wang Shuyuan* / 147

Abstract: Since the 18th National Congress of the Communist Party of China, the CPC Central Committee with President Xi Jinping at its core has attached great importance to informatization work and made a series of major decisions and important arrangements to point out the direction and provide fundamental guidelines for the People's courts in promoting informatization work in the new era. As an application of information technology, the whole-process paperless case handling is an important practical path for People's courts to realize the modernization of the trial system and trial ability, which is of great significance to change the judicial trial mode, build a new pattern of trial assistance and improve the application experience. With the gradual advancement of whole-process paperless case handling, the problems of certain courts such as incomplete promotion, deficient systematic design and insufficient practical effect have been exposed. In the next step, we need to solve comprehensive problems such as multi-business department cooperation, multi-content cross promotion and multi-angle practical application at the macro level, and solve complex problems such as improving trial efficiency, enhancing the sense of judicial access and enhancing the effect of court management at the micro-level.

Keywords: Smart Court; Wise Judgment; Whole-Process Paperless Case Handling; Intensive Management of Trial Support Services

B.11 Guangzhou Sample of Deep Integration of Bankruptcy
Trial and Cutting-Edge Techniques

Research Group of Guangzhou Intermediate People's Court / 163

Abstract: To hear bankruptcy cases efficiently pursuant to laws, strive to improve the quality and efficiency of handling bankruptcy, and serve the quality development of the economy, Guangzhou Intermediate People's Court, based on its trial function, has deeply integrated judicial laws, cutting-edge techniques, and bankruptcy trial, and created the first smart bankruptcy integrated information system platform with the full process, wide coverage and fine matching in China. With "bankruptcy case fund management system, smart bankruptcy trial system and bankruptcy reorganization ' Zhirong' platform" as the core, the platform has imported core functions such as online case handling, fund supervision, administrator assessment, online meeting and voting, creditor evaluation, property disposal, and reorganization financial support, and connects multiple subjects such as courts, creditors, debtors, and administrators, realizing the supervision and evaluation of bankruptcy fund supervision and the work of administrators by judges; effectively assuring the administrator's self-supervision and efficient handling of bankruptcy affairs; fully protecting creditors' right to know, participate and make decisions; combining multiple resources, maximizing the efficiency and value of asset disposal, comprehensively improving the quality and efficiency of bankruptcy trial, and helping build a market-oriented, legal and international business environment.

Keywords: Smart Bankruptcy; Integrated Information System; Bankruptcy Case Informatization; Business Environment

371

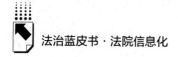

B.12 Suzhou Intermediate People's Court Has Forged a "Two Management and One Control" Platform to Promote the Implementation of Digital Transformation

Research Group of Jiangsu Suzhou Intermediate People's Court / 178

Abstract: Aiming at the problems of case supervision, team cooperation, and court coordination after the implementation of decentralization and intensification reform, Suzhou Intermediate People's Court of Jiangsu Province, relying on paperless case handling, has taken the lead in building a "two management and one control" digital execution system with "visual" supervision, "three unification" case management and "networked" inspection and control as the core, and comprehensively pushed forward the digital transformation of enforcement. The cases to be enforced can be circulated, traced, and supervised online in the whole process; auxiliary affairs and coordination matters can be applied, processed, and fed back online; the real estates, vehicles, provident funds, and other major properties can be deeply inspected and controlled online; the president and the director can supervise the implementation of quality and efficiency and the handling of matters in a real-time manner, and remind them in time, and the parties can access to the information of important process nodes and essential electronic files. The "two management and one control" digital enforcement system pushes forward the transformation of the implementation mode from "handling cases" to "handling affairs", promotes the formation of the implementation pattern of "horizontal coordination, vertical connection, and municipal integration", and effectively improves the implementation quality and efficiency and standardization level.

Keywords: Digital Enforcement; Paperless Case Handling; "Visual" Supervision; "Three Unification" Case Management; "Networked" Inspection and Control

B.13 Research Report on Judicial Application of "IoT + Enforcement"

Min Shijun, Wang Yanran, Hu Youhu and Zhou Tongze / 192

Abstract: The application of "IoT + Enforcement", the latest achievement of the enforcement information construction of Wuxi courts in Jiangsu Province, plays an important role in realizing the modernization of enforcement mode, pushing forward the wide and in-depth application of modern information techniques in the field of enforcement, enhancing the standardization of enforcement behavior, and helping solve the difficulties in enforcement. In the process of transformation of practically solving the difficulties in enforcement to effectively solution of the difficulties in enforcement, Wuxi courts have applied the IoT to the field of enforcement, and developed IoT electronic seal, IoT weighing system, and IoT seizure property supervision system with Wuxi IoT Industry Research Institute and applied them to the links such as property inspection, control, supervision, and disposal, achieving a good effect in reflecting the concept of good faith and civilized enforcement, creating a legal business environment and safeguarding the legitimate rights and interests of the people.

Keywords: Information Techniques; Smart Court; LoT; Enforcement

B.14 Exploration on Application of Element Type Intelligent Trial Model in Guangzhou Internet Court

Zhang Chunhe, Deng Danyun and Li Xiaohong / 207

Abstract: It is simple trial wisdom to conduct a trial around the basic elements and make judgment documents in courts. This paper demonstrates the feasibility and necessity of the element type intelligent trial model from five aspects: traceability, empirical investigation, paradigm analysis, utility evaluation, and application prospect. Taking the ZHI System of the full element trial of network copyright disputes in Guangzhou Internet Court as an example, the full process element intelligent mode featured by a large number of cases and a small number of persons, especially under the background of the blowout of network copyright dispute cases, can effectively solve the current judicial pain points of intellectual property, improve the quality and efficiency of judicial protection of Internet intellectual property, and assure the healthy development of digital culture market.

Keywords: Element Type Trial; Knowledge Atlas; Intelligent Justice; Artificial Intelligence; Copyright Disputes

B.15　Research Report on "Phoenix Financial Intelligent Trial" System of Zhejiang Courts

Research Group of Hangzhou Shangcheng District People's Court / 224

Abstract: Since Hangzhou Shangcheng District People's Court was identified by Zhejiang Provincial High Court as the pilot court for the whole-process intelligent trial of financial loan disputes, it has released the AI judge assistant "Xiaozhi", initiated the "Phoenix Financial Intelligent Trial" model characterized by "man-machine integration, intelligent trial, and quick judgment", and promoted the whole-process intelligent trial mode from the experimental stage to application practice. Based on continuously expanding the application scope of the system and optimizing the system functions, Shangcheng Court has generalized the model experience in courts in Ningbo, Jiaxing, Taizhou, and other places, connected with the financial comprehensive service platform of Zhejiang Banking and Insurance Regulatory Bureau. It lauched the model over the province, and was approved as the pilot court of Phoenix Financial Intelligent Trial Version 3.0 Intelligent Construction Project. In 2021, Shangcheng Court implemented the digital reform of Zhejiang Province and the construction deployment of Zhejiang "global digital court", fully supported the R&D of Phoenix Financial Intelligent Trial Version 3.0, pushed forward the optimization and reconstruction of the whole process, further improved the efficiency and accessibility, enhanced the intelligent level of digital rule of law, and contributed to pushing forward the overall intelligent governance in the financial field.

Keywords: Digitization; Intellectualization; Whole-process Automatic Circulation

B.16   R&D and Application Practice of Comprehensive Information Management Platform for Bankruptcy Cases of Nantong Court

Research Group of Jiangsu Nantong Intermediate People's Court / 236

Abstract: The handling of bankruptcy cases involves a large number of professional and technical legal and non-legal affairs, which requires a lot of human and material resources. To this end, Jiangsu Nantong Court has developed and built a comprehensive information management platform for bankruptcy cases (also known as Zhiyun Bankruptcy Management System) based on the connection with the "Bank Law" system and the inter-reminder of related cases in the province. The system mainly includes an internet terminal and court intranet terminal, serving judges, bankruptcy administrators, creditors, debtors, investors, etc. When examining the bankruptcy application, a judge can comprehensively query the related information of the bankrupt enterprise in a real-time manner. After a bankruptcy case is accepted, the system can push the bankruptcy filing information to the judge handling the related cases of the bankrupt enterprise in time; for the bankruptcy procedure, the judge can urge the whole process of the cases and supervise the account funds. Creditors can declare their claims online and attend creditors' meetings. Review of creditor's rights, request for instructions and reports, bankruptcy expenses, batch distribution of creditor's rights, and other administrators' work is moved from offline to online. Since the system was launched, the cost of handling bankruptcy cases has been greatly reduced, the trial efficiency of bankruptcy cases has been significantly improved, and the risk of

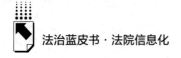
bankruptcy case management has been effectively decreased.

Keywords: Bankruptcy Case Management; "Connection with "Bank Law" System; Inter- reminder; Transparency; Effective Supervision

V Smart Trial Management

B.17 Research Report on the Construction and Application of "Integrated Judicial Power Supervision and Restriction Platform" of Hebei Court

Research Group of "Integrated Judicial Power Supervision and Restriction Platform" of Hebei Superior People's Court / 250

Abstract: To comprehensively deepen the comprehensive supporting reform of the judicial responsibility system and enhance the supervision and management duties of all functional departments and court officers, Hebei Superior People's Court has innovatively developed an integrated judicial power operation supervision and restriction platform integrating the automatic supervision and warning platform and the intelligent supervision platform of court institutions dispatched by Hebei Discipline Inspection Commission. The integrated judicial power supervision and restriction platform import the relevant data of 15 trial enforcement application systems. By setting warning values in different stages, it can supervise the whole process of sensitive nodes and key nodes, and automatically promote to president supervision or discipline inspection in the event of overdue, so as to effectively promote the management subject to give full play to its supervision and management duties and avoid inadequate management and untimely management, assures the accuracy, timeliness, and comprehensiveness of supervision, and forms an integrated supervision and restriction system for the operation of judicial power with Hebei characteristics. In addition, there are still some problems for certain courts in the operation of the platform, such as insufficient understanding, low involvement, indeterminate supporting management system, and short intelligent support and data analysis capacity and they need to be further improved.

Keywords: Subject Responsibility; Discipline Supervision; Big Data; Judicial Responsibility System

B . 18   Research Report on the Construction of "Smart Portrait" System of Henan High People's Court, P. R. China

Research Group of Henan High People's Court, P. R. China / 267

Abstract: With the increasing number of cases accepted by People's courts year by year, the contradiction between the lag of traditional management thinking as well as management methods and the heavy task of trial enforcement has become increasingly prominent. To improve the intelligent level of trial management, encourage the police officers to take responsibility, and improve the quality and efficiency of trial enforcement, Henan High People's Court, P. R. China has accelerated the construction of intelligent information supervision platform, and successively launched the "smart portrait" system with "portrait of judges", "portrait of judge assistants" and "portrait of clerks" as the content, intelligently combined the case data of the case handling office system with the assessment methods of the trial management department and the personnel management department, displayed the trial operation situation of the whole court in real time, scientifically decomposed the trial management indicators, provided "portraits" for the court police officers based on judicial big data, objectively and fairly evaluated the work quality and efficiency of case handling personnel, and provided "smart scheme" for team management and selection.

Keywords: Scientific Assessment; "Smart Portrait"; Team Management; Judicial Big Data

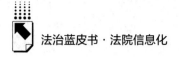

B.19　Pilot Practice of Single Set System Reform of Electronic Files in Shanghai Courts

Cao Hongxing, Lu Cheng and Gao Zhongwei / 282

Abstract：As the pilot unit of the Supreme People's Court and National Archives Administration of China for single set archiving of electronic files and single set management of electronic archives, Shanghai High People's Court has actively carried out the inter-pilot of three-level courts, made innovations and breakthroughs in pushing forward the management concept, management mode and information construction of electronic archives, and established the compound management concept with single set management as the core and paper originals as the supplement, and formed standard acquisition and management model of litigation data with the court data acquisition center as the origin. In the reform of the single set system of electronic files of Shanghai courts, intelligent cataloging, blockchain witness and other techniques are used to assure the standardization and security of the whole process of electronic files management; with security as the bottom line, the construction of "electronic archives warehouse" has been actively pushed forward to assure the absolute safety of durable preservation of electronic archives. With years of efforts, the pilot work has achieved remarkable results. By the end of August 2021, the Shanghai court has completed the archiving of 174000 single set electronic litigation files, and successfully passed the stress test of massive archive operation and data operation, laying a data resource foundation for pushing forward the construction of the whole-process online case handling system.

Keywords：Electronic File; Single Set Archiving; Reform Pilot

Abstract: During promotion by Zhejiang courts of the whole-process paperless case handling reform, Jiaxing courts, as the first batch of pilot courts, have undertaken the task of online, paperless, and digital reform and exploration of the traditional offline case handling process. Focusing on the difficulties and pain points of paperless case handling reform such as digital management and paperless circulation of physical evidence, Jiaxing courts have digitally scanned traditional physical evidence originally using "3D + AI + blockchain", conducted modeling and imaging in combination with AI, stored model data using blockchain, and established the "cloud physical evidence room" integrating data acquisition, data chaining, and data management, realizing the digital management, digital delivery, digital transfer and digital storage of physical evidence, effectively reducing the burden of proof of the parties, improving the convenience of viewing the judge's physical evidence, further solving the difficulties in management, search and storage of court physical evidence, and making a new exploration for the transformation of the courts from paperless case handling to digitalization.

Keywords: 3D; Artificial Intelligence; Blockchain; Physical Evidence; Digitization

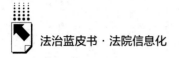
Ⅵ Smart Social Governance

B.21 Construction of "Smart Introduction, Smart Solution and Smart
Handling" One-Stop Diversified Dispute Resolution and Smart
Litigation Service System

Research Group of Sichuan Chongzhou People's Court / 311

Abstract: In recent years, Sichuan Chongzhou People's Court has adhered
to the people-oriented, efficient, and fine values, created the "supporting,
diversion, adjustment, adjudication and enforcement" mode, and forged a one-
stop diversified dispute resolution and litigation service system integrating full-
service online handling, full process electronic circulation and all-round intelligent
services. Based on the paperless office case handling of all nodes, the court has
innovated 7 ×24h uninterrupted convenient litigation service, fully implemented
the acceptance model of "one-window handling + silent call + multi-platform
prompt", and upgraded the "intelligent guidance + manual guidance agency"
three-dimensional litigation guidance, "typical judgment + professional mediation
+ judicial confirmation" full-chain dispute resolution, complex and simple rapid
adjudication and quick trial, intensive management of trial auxiliary services and
other mechanisms, promoted the modernization of the judicial system and judicial
capacity by all means and effectively satisfied the new judicial needs of the people.

Keywords: Smart Litigation Service; "Clock-Round" Litigation Services;
Intellectualization; One-Stop Diversified Dispute Resolution

B. 22 Research Report on Construction by Huzhou Courts of
Collaborative Management System of "Lvyuan Smart
Governance" Ecological Environment

Research Group of Zhejiang Huzhou Intermediate People's Court / 323

Abstract: As an online smart collaborative platform developed to solve the overlapping management and deficient governance system of ecological environment governance, the "Lvyuan Smart Governance" ecological environment collaborative governance system has a profound background of the times and is an important measure to practice the concept that "green mountains and clear water are equal to mountains of gold and silver", optimize social governance and explore sci-tech innovation. "Lvyuan Smart Governance" collaborative system has built a life-cycle management system from front-end clue discovery to back-end repair through resource integration and breaking data barriers and reflected its functional value mainly in the whole-process online law enforcement and case handling, multi-subject online collaborative sharing, and intelligent synchronous data analysis. By remolding the process mechanism, the difficulties of ecological environment governance can be effectively solved. In the future, the "Lvyuan Smart Governance" system will set the functions of ecological environment legislative supervision and ecological environment cloud law popularization to further broaden the width and depth of collaborative governance and public participation.

Keywords: "Lvyuan Smart Governance" Collaborative System; Ecological Environment; Intelligent Governance; Collaborative Governance

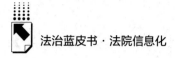
B . 23 Hechuan Courts Practice of Exploring the Deep Integration

of Diversified Dispute Resolution and Social Governance

Research Group of Hechuan District People's Court of Chongqing / 337

Abstract: "one-stop construction" is not only a judicial practice of People's courts to promote diversified dispute resolution, but also an important measure for People's courts to participate in social governance. The integration of diversified dispute resolution and social governance is an inevitable course of one-stop construction. Chongqing Hechuan People's Court has adhered to scientific ideas, reasonable mechanisms and fine methods, placed one-stop construction in the overall pattern of social governance of the whole district, deeply integrated it with the urban and rural governance system of the whole district, given play to the role of the rule of law, and pushed forward the resolution of contradictions and disputes at the source. From the perspective of construction path, one-stop construction has both online and offline characteristics. Both the extranet, liveness and intensification of online construction, and the effectiveness hierarchy, procedure limitation and guarantee systematization of offline construction tend to build an organizational community with diversified, mutually complementary and completely covered dispute resolution functions and social governance capabilities. Provinces, cities, districts/counties and towns/streets shall pay attention to the systematic development of community-level social governance with "improving the social governance system led by CPC committees, in the charge of governments, consulted democratically, coordinated by the society, participated by masses, secured by laws and supported by sci-tech" as the top-level design and integrating one-stop construction.

Keywords: Social Governance; Diversification and Dissolution; "One – Stop Construction"

Ⅶ Highlights

社会科学文献出版社

皮书

智库成果出版与传播平台

❋ 皮书定义 ❋

皮书是对中国与世界发展状况和热点问题进行年度监测，以专业的角度、专家的视野和实证研究方法，针对某一领域或区域现状与发展态势展开分析和预测，具备前沿性、原创性、实证性、连续性、时效性等特点的公开出版物，由一系列权威研究报告组成。

❋ 皮书作者 ❋

皮书系列报告作者以国内外一流研究机构、知名高校等重点智库的研究人员为主，多为相关领域一流专家学者，他们的观点代表了当下学界对中国与世界的现实和未来最高水平的解读与分析。截至2021年底，皮书研创机构逾千家，报告作者累计超过10万人。

❋ 皮书荣誉 ❋

皮书作为中国社会科学院基础理论研究与应用对策研究融合发展的代表性成果，不仅是哲学社会科学工作者服务中国特色社会主义现代化建设的重要成果，更是助力中国特色新型智库建设、构建中国特色哲学社会科学"三大体系"的重要平台。皮书系列先后被列入"十二五""十三五""十四五"时期国家重点出版物出版专项规划项目；2013~2022年，重点皮书列入中国社会科学院国家哲学社会科学创新工程项目。

权威报告·连续出版·独家资源

皮书数据库
ANNUAL REPORT(YEARBOOK)
DATABASE

分析解读当下中国发展变迁的高端智库平台

所获荣誉

- 2020年，入选全国新闻出版深度融合发展创新案例
- 2019年，入选国家新闻出版署数字出版精品遴选推荐计划
- 2016年，入选"十三五"国家重点电子出版物出版规划骨干工程
- 2013年，荣获"中国出版政府奖·网络出版物奖"提名奖
- 连续多年荣获中国数字出版博览会"数字出版·优秀品牌"奖

皮书数据库

"社科数托邦"
微信公众号

成为会员

登录网址www.pishu.com.cn访问皮书数据库网站或下载皮书数据库APP，通过手机号码验证或邮箱验证即可成为皮书数据库会员。

会员福利

- 已注册用户购书后可免费获赠100元皮书数据库充值卡。刮开充值卡涂层获取充值密码，登录并进入"会员中心"—"在线充值"—"充值卡充值"，充值成功即可购买和查看数据库内容。
- 会员福利最终解释权归社会科学文献出版社所有。

数据库服务热线：400-008-6695
数据库服务QQ：2475522410
数据库服务邮箱：database@ssap.cn
图书销售热线：010-59367070/7028
图书服务QQ：1265056568
图书服务邮箱：duzhe@ssap.cn

社会科学文献出版社 皮书系列
SOCIAL SCIENCES ACADEMIC PRESS (CHINA)

卡号：917366371669
密码：

S 基本子库
UB DATABASE

中国社会发展数据库（下设 12 个专题子库）

紧扣人口、政治、外交、法律、教育、医疗卫生、资源环境等 12 个社会发展领域的前沿和热点，全面整合专业著作、智库报告、学术资讯、调研数据等类型资源，帮助用户追踪中国社会发展动态、研究社会发展战略与政策、了解社会热点问题、分析社会发展趋势。

中国经济发展数据库（下设 12 专题子库）

内容涵盖宏观经济、产业经济、工业经济、农业经济、财政金融、房地产经济、城市经济、商业贸易等 12 个重点经济领域，为把握经济运行态势、洞察经济发展规律、研判经济发展趋势、进行经济调控决策提供参考和依据。

中国行业发展数据库（下设 17 个专题子库）

以中国国民经济行业分类为依据，覆盖金融业、旅游业、交通运输业、能源矿产业、制造业等 100 多个行业，跟踪分析国民经济相关行业市场运行状况和政策导向，汇集行业发展前沿资讯，为投资、从业及各种经济决策提供理论支撑和实践指导。

中国区域发展数据库（下设 4 个专题子库）

对中国特定区域内的经济、社会、文化等领域现状与发展情况进行深度分析和预测，涉及省级行政区、城市群、城市、农村等不同维度，研究层级至县及县以下行政区，为学者研究地方经济社会宏观态势、经验模式、发展案例提供支撑，为地方政府决策提供参考。

中国文化传媒数据库（下设 18 个专题子库）

内容覆盖文化产业、新闻传播、电影娱乐、文学艺术、群众文化、图书情报等 18 个重点研究领域，聚焦文化传媒领域发展前沿、热点话题、行业实践，服务用户的教学科研、文化投资、企业规划等需要。

世界经济与国际关系数据库（下设 6 个专题子库）

整合世界经济、国际政治、世界文化与科技、全球性问题、国际组织与国际法、区域研究 6 大领域研究成果，对世界经济形势、国际形势进行连续性深度分析，对年度热点问题进行专题解读，为研判全球发展趋势提供事实和数据支持。

法律声明

“皮书系列”（含蓝皮书、绿皮书、黄皮书）之品牌由社会科学文献出版社最早使用并持续至今，现已被中国图书行业所熟知。“皮书系列”的相关商标已在国家商标管理部门商标局注册，包括但不限于LOGO（ ）、皮书、Pishu、经济蓝皮书、社会蓝皮书等。“皮书系列”图书的注册商标专用权及封面设计、版式设计的著作权均为社会科学文献出版社所有。未经社会科学文献出版社书面授权许可，任何使用与“皮书系列”图书注册商标、封面设计、版式设计相同或者近似的文字、图形或其组合的行为均系侵权行为。

经作者授权，本书的专有出版权及信息网络传播权等为社会科学文献出版社享有。未经社会科学文献出版社书面授权许可，任何就本书内容的复制、发行或以数字形式进行网络传播的行为均系侵权行为。

社会科学文献出版社将通过法律途径追究上述侵权行为的法律责任，维护自身合法权益。

欢迎社会各界人士对侵犯社会科学文献出版社上述权利的侵权行为进行举报。电话：010-59367121，电子邮箱：fawubu@ssap.cn。

社会科学文献出版社